NCS 능력단위를 반영한

중소기업 회계·경영 지원 실무

중소기업 경리실무

서정록 · 김재승 공저

도서출판 어울림
www.aubook.co.kr

머리말

　기업현장에서의 교육은 전통적으로 OJT(일상실무훈련)교육이 기본이었습니다. 이는 경험많은 사수가 신입사원을 1:1로 일상적으로 일어나는 일들에 대해 도제식으로 가르치는 방식을 말합니다. 그러나 최근 업무의 난이도와 정보의 양이 폭발적으로 증가하면서 더 이상 1:1의 도제식 교육은 불가능하게 되었습니다. 이에 국가에서는 산업현장의 신입사원에 대한 재교육 비용을 줄이고, 실무적응능력을 향상시키고자 국가직무능력표준(National Competency Standards : NCS)을 선정하고 해당 직무에 요구되는 능력단위 및 능력단위요소와 수행준거를 제시하여 교육과정에 반영하도록 요구하게 되었습니다.

　저자들은 이러한 NCS 도입 취지와 방향성에 전적으로 공감하고 있습니다. 하지만 산업현장에서는 대학에서 익힌 전공지식뿐만 아니라 인접한 영역에 대한 다양한 업무수행능력을 요구하고 있습니다. 회계·세무 분야를 예를 들어 살펴보면, NCS에서 분류한 회계·감사와 세무분야의 업무수행능력에 추가적으로 총무(자산관리, 인장관리), 인사(급여관리, 4대 보험관리), 무역(수출입관리, 통관관리), 영업관리 등 다양한 능력을 요구하고 있으며, 실제로 여러 분야에 능통한 지식과 업무역량이 있어야 관리자로서 성장할 수 있는 실정입니다.

　국가에서도 이러한 점을 감안하여 "NCS 기반 자격 교육·훈련과정 개발기준"을 발표하였으며, 세무·회계정보 관리를 위한 훈련과정에서는 필수능력단위로 7개(전표관리(2), 자금관리, 결산관리(2), 회계정보시스템 운용, 업무지원)를, 선택능력단위로 10개(비품관리, 퇴직업무지원, 문서작성, 문서관리, 사무행정 회계처리, 추정재무제표 작성, 세무정보시스템 운용, 원천징수, 부가가치세 신고, 급여지원)를 제시하고 있습니다. 이 중 필수능력단위에 속하는 업무지원에 인장관리, 출장관리, 제 증명관리 등이 포함되어 있다는 점은 경리담당자에게는 회계·세무분야 뿐만 아니라 총무, 인사 등 전체 사무분야를 아우르는 업무능력이 있어야함을 의미합니다.

　이 같은 시대적 상황과 산업현장, 특히 중소기업 현장에서 요구되는 직무능력에 조금이나마 부합하기 위한 교재의 필요성을 느껴 "NCS 능력단위를 반영한 중소기업 경리실무"를 저술하게 되었습니다.

머리말

본 교재의 특징은 다음과 같습니다.

첫째, NCS 능력단위를 제시하고, 해당 직무수행에 필요한 개념을 설명하였으며, 실무에서 사용되는 각종 양식과 작성 방법 및 예제를 수록하였습니다.

둘째, 경리분야의 범주를 넘어 경영지원팀에서 요구되어지는 회계·세무뿐만 아니라 총무분야에 속하는 자산관리와 업무지원관리를, 인사분야에 속하는 근태관리, 급여관리, 4대사회보험관리 등을 추가하였습니다.

셋째, 기업에서의 업무처리는 선배의 경험이나 본인의 노하우에 의한 것이 아니라 철저히 규정 중심으로 이루어져야 합니다. 따라서 각 능력단위에 해당되는 제 규정을 수록하였습니다.

넷째, 회계·세무 분야의 직무능력을 설명함에 있어 미시적 관점보다는 거시적 관점에서 집필하려고 노력하였습니다. 이는 신입사원에게는 나무 그 자체에 집중하는 것 이외에도 전체적인 숲을 보는 능력이 더욱 중요하다고 판단되었기 때문입니다.

끝으로 이 같은 저자들의 집필의도와는 다르게 많은 아쉬움도 있을 것입니다. 이러한 부분에 대해 독자들께서 조언과 질책을 해주신다면 지속적으로 보완, 발전시켜 완성도 높은 교재가 될 수 있도록 노력하겠습니다.

그동안 NCS 능력단위에 기반한 중소기업 회계·경영지원 실무라는 교재 개발의 필요성에 대해 적극 공감하시고 출판의 기회를 주신 허병관 사장님과 세심한 작업으로 교재의 완성도를 높여주신 편집부 직원분들께도 감사드립니다.

저자 씀

목 차

제1부 경영지원팀의 업무 흐름

제1장 경영지원팀의 업무 개관 ··· 11
제2장 경리실무자의 관리업무 ··· 15
제3장 월별 세무일지 ·· 20

제2부 전표관리 / 회계업무 실무

제1장 회계상 거래의 인식 ·· 40
   제1절 거 래 ·· 40
   제2절 계 정 ·· 41
   제3절 재무제표의 구성요소 ··· 43
   제4절 분 개 ·· 47

제2장 전표 및 장부의 작성 ·· 55
   제1절 경리실무자가 작성해야 할 장부 ································ 55
   제2절 일, 월, 연단위로 정리해야 하는 장부의 흐름 ··········· 57
   제3절 수기기장과 전산기장의 차이점 ·································· 60
   제4절 전표의 작성 ··· 63
   제5절 지출품의서의 작성 ·· 72
   제6절 지출결의서의 작성 ·· 75
   제7절 거래명세서의 작성 ·· 79
   제8절 입금표의 작성 ··· 83
   제9절 경비 등 송금명세서의 작성 ······································· 85
   제10절 지출증명서류합계표의 작성 ····································· 88

제11절 세금계산서 작성 및 발급 ·· 91
제12절 업무용 승용차관리 ·· 102
제13절 전산기장 시 자동으로 작성되는 장부 ······························ 108

제3장 증빙서류관리

제1절 정규영수증 ·· 112
제2절 정규영수증 수취대상 거래 ··· 114
제3절 정규영수증 수취대상이 아닌 경우 ······································ 115
제4절 정규영수증을 수취하지 않아도 되는 거래 ························ 116
제5절 정규영수증 관리 및 보관 ··· 119
제6절 정규영수증 미 수취에 대한 가산세 ···································· 128
제7절 주요경비에 대한 지출증빙 사례 ··· 131
붙임 : 회계규정 ·· 134

제3부 자금관리 / 자금업무 실무

제1장 자금일보의 작성 및 보고 ·· 152
붙임 : 자금관리 규정 ·· 168

제2장 현금시재관리 ·· 174
붙임 : 현금회계 규정 ·· 179
붙임 : 출납 규정 ·· 186

제3장 소액현금과 가지급금관리 ·· 192
붙임 : 전도금(소액현금) 관리 규정 ··· 194
붙임 : 가지급금 관리 규정 ··· 197

제4장 예금관리 ·· 199

제5장 법인카드관리 ·· 206

제6장 어음·수표관리 ·· 210
붙임 : 받을어음관리 규정 ·· 228

제4부 업무지원

제1장 인장관리 ······ 236
  붙임 : 인장관리 규정 ······ 244

제2장 출장관리 ······ 248
  붙임 : 출장여비관리 규정 ······ 254

제3장 제 증명관리 ······ 261

제5부 자산관리

제1장 부동산관리 ······ 267

제2장 비품관리 ······ 294
  붙임 : 고정자산관리 규정 ······ 302

제6부 급여관리

제1장 출근부의 관리 ······ 333
  붙임 : 복무관리 규정(일부 발췌) ······ 340

제2장 급여대장관리 ······ 345
  붙임 : 임직원보수 규정 ······ 350

제3장 4대 사회보험 업무 ······ 355
  제1절 4대 사회보험의 개요 ······ 355
  제2절 가입대상 사업장과 가입대상자 ······ 360
  제3절 업무처리 프로세스 ······ 363
    1. 사업장 적용신고 ······ 363
    2. 근로자의 피보험자격 취득 및 내역 변경 신고 ······ 368
    3. 보험료 원천징수 및 신고·납부 ······ 374
    4. 퇴직자의 자격상실신고 ······ 376

5. 기준보수월액의 확정 및 보험료의 정산 ·· 380
　　　6. 보험요율 ·· 385
　　　7. 신고 불이행시 과태료 ··· 387

제4장 연말정산업무 ·· 391

제1절 연말정산 신고 업무 ·· 391
　　　1. 연말정산 신고절차 ··· 391
　　　2. 연말정산 필요서류 및 중점 확인사항 ·· 395

제2절 근로소득자의 세액계산 ·· 401
　　　1. 근로소득공제 ·· 401
　　　2. 인적공제 ·· 401
　　　3. 연금보험료공제 ·· 404
　　　4. 특별소득공제 ·· 405
　　　5. 세액감면(공제) ·· 406

제3절 연말정산 종합사례(국세청 제공) ··· 410
　　　1. 소득·세액공제 금액 계산 ·· 410
　　　2. 소득·세액공제신고서 작성 ·· 417
　　　3. 명세서의 작성 ·· 423
　　　4. 근로소득 원천징수영수증의 작성 ··· 429

제5장 퇴직급여의 관리 ··· 438

제1절 퇴직금과 퇴직연금 ·· 438
　　　1. 퇴직금세도 ·· 438
　　　2. 퇴직연금제도 ·· 440

제2절 퇴직소득세 ·· 442
　　　1. 퇴직소득세의 과세 ··· 442
　　　2. 퇴직소득세의 이연제도 ··· 446
　　　3. 퇴직소득세액의 계산사례 ·· 447
　　　4. 퇴직소득세액의 계산사례 ·· 448
　　　5. 퇴직소득 원천징수영수증의 작성 ··· 450

해 답 편 ·· 455

제1부

경리업무의 흐름

제1장
경영지원팀의 업무 개관

1. 경영지원팀의 주요 업무 내용

기업에서 회계와 세무를 담당하는 부서의 명칭은 기업의 규모와 성격에 따라 여러 형태로 나누어져 있다. 대기업의 경우는 회계, 자금, 세무 등으로 세분화되어 업무를 구분하고 있으나, 중소기업은 소규모의 인력으로 구성된 하나의 팀에서 회계와 세무 그리고 인사와 총무 업무까지 수행하는 것이 대부분이다. 통상적으로 기업의 규모와 상관없이 회계와 세무업무를 담당하는 부서를 경리부 또는 경영지원부라고 하며 담당하는 업무를 경리업무라고 한다. 본 교재에서는 회계와 세무 그리고 인사 총무 업무를 수행하는 부서를 **경영지원부**라 정의하고, 경리업무를 수행하는 담당자를 **경리실무자**로 정의하여, 경영지원부의 업무내용과 경리실무자의 역할에 대하여 자세하게 설명하기로 한다.

경영지원 업무는 기업의 살림꾼과도 같은 역할로서 주요 업무로는 각종 거래의 기록으로부터 재무제표의 작성에 이르는 회계업무, 발생된 세금의 관리 및 신고를 담당하는 세무업무, 자금 조달 및 관리업무를 주로 담당하는 재무업무, 인력의 채용, 배치, 교육, 급여 등을 담당하는 인사업무가 있으며, 회사의 각종 행사를 주관하며 자재 및 비품 등을 관리하는 총무업무 등으로 구분할 수 있다.

회계업무는 기업의 이익을 창출하는 과정에서 발생하는 모든 거래의 기록에서 부터 결산작업을 통하여 재무상태표와 손익계산서의 재무제표를 작성하기까지 필요한 업무로 다음과 같이 열거할 수가 있다.

- 전자세금계산서 및 적격증빙의 수취
- 전표의 작성 및 입력(입금, 출금, 대체전표)
- 장부(원장과 보조장)의 기록 및 관리
- 결산업무(월, 분기, 반기, 년)
- 원가계산 및 관리
- 회계감사 수검

- 재고자산관리
- 수출입관리

세무업무는 거래를 수행하는 과정에 발생하는 부가가치세를 비롯하여 기업에서 발생하는 제반 세금에 대한 신고·납부를 위해 필요한 업무로 다음과 같이 열거할 수 있다.
- 전자세금계산서 발행 및 수취
- 부가가치세 신고 및 납부
- 법인세 또는 종합소득세 신고 및 납부
- 지방세 및 재산제세 신고 및 납부
- 종업원의 근로소득세 원천징수 및 납부

재무업무는 기업활동에 필요한 자금의 조달 및 관리를 위해 필요한 업무로 다음과 같이 열거할 수 있다.
- 자금일보(일계표)의 작성
- 현금시재, 자금수지계획 작성 및 관리
- 소액현금관리
- 예금관리
- 법인카드관리
- 어음·수표관리

인사업무는 종업원의 채용에서부터 퇴직에 이르기까지 발생하는 제반 인사 사항을 관리하기 위해 필요한 업무로 다음과 같이 열거할 수 있다.
- 연봉계약서를 비롯한 인사서류의 작성과 관리
- 근태관리
- 급여, 상여금 및 복리후생비 관리
- 4대보험(건강보험, 국민연금, 고용보험, 산재보험)관리
- 연말정산
- 퇴직금 및 퇴직연금 관리

총무업무는 기업의 존속을 위해 필요한 제반업무를 수행하는 과정에서 필요한 업무로 다음과 같이 열거할 수 있다.
- 회사 정관 및 제규정의 제·개정 및 관리

- 계약 및 유지보수 관리
- 계약서를 비롯한 문서관리
- 회사의 자산관리
- 법인인감 및 인감카드 관리
- 주주총회와 이사회 개최 및 관련업무
- 등기관련 관리

2. 경영지원 업무의 흐름

경영지원 업무는 그 특성상 전표의 작성과 같이 매일 반복적으로 발생하는 업무뿐만 아니라 원천징수세액의 납부나 부가가치세 신고와 같이 월별 또는 분기별로 반복적으로 수행하는 업무로 구성되어 있다.

일일 업무는 기업활동 과정에서 발생하는 거래의 기록과 같이 매일 반복적으로 발생하는 업무로써 다음과 같이 열거할 수가 있다.
- 자금일계표의 작성 및 보고
- 입출금 거래내역 확인 및 전표의 발행과 입력
- 지출결의서의 작성과 어음·수표의 발행
- 재고자산의 관리

수시 업무는 기업활동 과정에서 수입통관과 같이 특정한 사유가 발생하는 경우에 수행해야하는 업무가 있을 수 있으며 다음과 같이 열거할 수가 있다.
- 수입통관업무
- 자산(재고자산, 유형자산)의 관리
- 원가계산 및 분석
- 경영의사결정을 위한 회계정보 보고

월별 업무는 주로 월말 결산업무를 수행하는 과정에서 발생하는 업무와 행정의 편의를 위하여 매월 정해진 기간에 수행할 수 있도록 법령으로 정해진 업무로 구성되어 있으며 다음과 같이 열거할 수 있다.
- 매출세금계산서의 발행 및 제출
- 종업원 급여의 계산 및 지급

- 원천징수세액의 징수 및 납부
- 4대 보험의 자격 취득, 상실, 변경신고와 보험료의 징수 및 납부,
- 법인카드 관리(결재예정액의 확인 및 납부)

분(반)기별 업무는 매 분기별 또는 반기별로 수행해야 하는 업무로 다음과 같이 열거할 수 있다.
- 분(반)기 결산업무
- 부가가치세의 신고 및 납부

연간 업무는 기업의 회계연도가 주로 1년 단위로 이루어지기 때문에, 1년간의 활동에 대한 결산업무를 수행할 필요가 있다. 이 때 1년간 발생한 수입과 지출 등에 대한 거래를 마감하여 기업의 이해관계자에게 요약·정리·보고하는 활동을 결산업무라고 한다. 연간업무에는 다음과 같은 업무가 포함된다.
- 종업원 연말정산 업무
- 연말결산작업
- 법인세(소득세) 및 지방소득세 신고 및 납부(세무조정업무)
- 회계감사 수범 업무
- 재무제표의 분석과 보고
- 이사회 및 주주총회의 개최 및 재무보고
- 고용보험료 및 산재보험료의 산출 및 납부

제2장
경리실무자의 관리업무

1. 전표 관리

전표는 회사의 회계업무 처리에 있어 가장 기본적인 업무로 이를 통해서 제 장부 등이 작성되어지므로 전표관리는 회계의 가장 기초적 단계에 해당된다. 이러한 전표의 종류에는 현금유출 시 사용하는 출금전표, 현금유입 시 사용하는 입금전표, 그리고 현금유·출입 이외의 거래 시 사용하는 대체전표가 있다.

구 분	사용시기
입금전표	현금의 입금 시 작성(통장에서 시재 인출 시)
출금전표	현금의 출금 시 작성
대체전표	일부 현금 입금이나 지출시 또는 전부 현금거래가 아닌 거래 시 작성

2. 통장 정리

법인사업자의 경우에는 법인통장에 기재된 것을 회계장부로 이기하는데 있어 상당한 주의를 필요로 한다. 따라서 회계담당자는 법인통장을 은행 마감시간 후 입·출금 내역을 출력하여 이를 분석하고 적절한 회계처리를 수행하여야 한다. 특히 이는 자금일보 작성과 관련된 부분으로 장부금액과 실제금액의 차이가 발생되지 않도록 관리되어야 한다.

(1) 입·출금 통장에서 현금을 인출할 경우 : 입금전표에 기재
(2) 인출한 현금으로 지출할 경우 : 출금전표에 기재
(3) 통장에 대한 전표 발행 시에는 거래처를 관리해야 하는데, 전산기장 시는 거래처코드를 반드시 선택하여 외상대금의 정산 시 누락되는 항목이 없도록 해야 한다.

3. 매출(매입)시 관리

1) 매출처원장

　매출과 관련하여 아래와 같은 매출처원장이라는 보조원장을 가지고 있으면 부가가치세 신고 시에 유용하게 사용할 수 있다. 다만, 전산기장 시는 매입매출전표 입력 메뉴에서 유형 선택과 동시에 부가세신고서가 자동으로 작성되어지므로 매입매출전표의 매출유형(11과세~24현영)을 정확하게 구분하는 것이 중요하다.

[매출처 원장]

날짜	품목	공급가액	세액	합계	거래처	입금시기	입금종류 (계정과목)

* 입금 시기는 자금이 들어오는 시기를 알 수 있어서 일일, 월별 자금수지계획을 세우는데 유용하다.
* 입금 종류는 현금, 어음, 보통예금을 적는다.

2) 매입처원장

　매입과 관련하여 아래와 같은 매입처원장이라는 보조원장을 가지고 있으면 부가가치세 신고 시에 유용하게 사용할 수 있다. 다만, 전산기장 시는 매입매출전표 입력 메뉴에서 유형 선택과 동시에 부가세신고서가 자동으로 작성되어지므로 매입매출전표의 매입유형(51과세~62현면)을 정확하게 구분하는 것이 중요하다.

[매입처 원장]

날짜	품목	공급가액	부가세	합계	거래처	출금시기	출금종류 (계정과목)

* 출금 시기는 자금이 빠져나가는 시기를 예측할 수 있어서 자금의 지출 규모를 확인할 수 있다.

3) 세금계산서 관리

가공 세금계산서 또는 위장 세금계산서를 발행하거나 수취하지 않도록 철저한 관리를 해야 한다. 가공 또는 위장 거래의 징후나 실제 거래가 발생될 것을 방지하기 위해서는 관련 증빙을 철저히 확인하여 한다. 따라서 하나의 거래에 대해 다음의 4가지의 증빙이 한 묶음이 되도록 관리되어야 한다.

① 거래명세서(사업자등록증사본)
② 계약서 및 견적서
③ 입금표 및 계좌이체확인서 등
④ 세금계산서

4. 고정자산 관리 대장

건물, 차량, 기계장치, 비품과 기구 등을 구입하는 경우에는 고정자산 취득 내역을 고정자산 관리대장에 기록하여 관리한다. 전산회계 프로그램을 이용하는 경우 세금계산서 수취와 동시에 매입매출전표에 입력하고, 이를 즉시 고정자산등록 메뉴에 등록하면 고정자산을 자동으로 관리할 수 있는 장점이 있다.

[고정자산 관리 대장]

자산번호	계정과목	관리부서	취득일자	품명	세부내역		내용연수	수량	단가	취득가액
					모델	규격				

5. 일반영수증 관리

영수증 관리는 [제2부 전표관리]에서 자세히 설명한다. 기업은 사업과 관련된 경비지출 시 반드시 그 지출을 입증할 수 있는 증빙을 확보하여야 한다. 이때 반드시 적격증빙을 수취해야 하는데 적격증빙을 수취하지 않은 경우에는 영수증수취명세서를 제출하여야 하며, 미 제출시 1%의 가산세를 부담하게 되므로 지출금액에 대한 영수증(신용카드, 현금영수증, 간이영수증)을 철저히 관리해야 한다.

6. 재고 관리

재고 관리는 재고자산 평가방법에 따라서 재고수불부를 작성하고 월말 남은 재고와 장부상 재고를 파악해서 그 차이를 분석해야 한다. 기업에서는 재고자산을 관리함에 있어 계속기록법과 기말실지재고조사법을 병행하므로 연말 결산시에는 기말 실제 재고액과 장부상 재고액의 차이를 확인하여 수량의 부족분에 대해 정상감모분인지, 비정상감모분인지를 판단하고 이를 적절하게 회계장부에 반영하여야 한다.

7. 원가 관리

손익분기점 분석, 목표이익 분석, 영업레버리지 분석 등 각종 원가분석 방법을 통하여 제품의 원가, 손익분기점 파악, 목표이익 분석을 통하여 원가동인별로 과도하게 지출되는 원가부분에 대해서는 원가통제 및 관리가 이루어지도록 해야 한다.

8. 인사 관리

출근부를 통한 근태기록을 급여내역에 반영한다. 또한 급여지급을 위한 근태기록부, 급여대장의 관리, 4대보험의 관리, 제 규정 및 지급명세서 등을 관리해야 한다.
 (1) 급여대장
 (2) 4대 보험 관리대장(국민연금, 건강보험, 고용보험, 산재보험)
 (3) 각종 제 규정의 구비 : 퇴직금규정, 연차규정 등
 (4) 일용직 급여대장 및 지급명세서

9. 매일 관리해야 하는 장부

구 분	내용
매일 관리하는 장부	입·출금 증빙 및 지출결의서 매입·매출 거래명세서와 매입처원장, 매출처원장 기타
매일 보고받을 장부	자금일보 일일 자금수지운영계획(계획/실적) 전표(입금, 출금, 대체전표) 일계표
채권관리	외상매출금명세서를 통해 매일 매출 입금 실적을 확인하면서 매출목표관리와 미수채권 관리를 한다.
재고현황과 매출현황 파악	재고수불부를 통해 매일 매일의 재고현황을 파악한 후 매출장을 통해 일일 제품별 판매현황을 파악해 재고주문 시점을 결정한다.
입금증빙과 지출증빙	입금 시에는 입금증을, 지출 시에는 지출결의서와 법정증빙을 주고받는데 위의 입·출금내역이 현금 또는 어음, 외상매출 관련 장부와 일치하는지 확인한다.
예금통장 관리	예금의 입·출금 내역과 예금기입장의 입·출금 내역이 일치하는지 여부를 확인한다.

출처: 손원준(2013)

제3장
월별 세무일지

1. 1월 세무일지

세 목		대상기간	신고기한	납부기한
원천세 신고·납부	월 별	직전연도 12월분	1.10	1.10
	분기별	직전연도 7월~12월분	1.10	1.10
4대 보험료 고지납부		직전연도 12월분	-	1.10
일용직 근로내역확인서		직전연도 12월분	1.15	-
2기 부가가치세 확정신고·납부		당해연도 7월~12월분 (예정신고한 자는 10월~12월분)	1.25	1.25
4/4분기 일용근로소득 지급명세서 제출		직전연도 10월~12월분	1.10	-
근로소득 간이지급명세서 반기 제출		직전연도 7월~12월분	1.10	-

(1) 원천징수이행상황신고서 제출 및 소득세 등 납부

전년도 12월 1일부터 12월 31일까지 급여지급시 원천징수한 근로소득세 등을 신고하기 위해 세무서에 「원천징수이행상황신고서」를 제출하고, 근로소득세와 지방소득세를 납부한다.

(2) 4대보험 납부

부과고지사업장은 건강보험공단에서 고지된 전월분 국민연금·건강보험·고용보험·산재보험료를 납부하여야 한다.

(3) 근로내용확인신고서 제출

당월에 고용한 일용근로자의 근로일수, 임금 등이 적힌 근로내용확인신고서를 익월 15일까지 사업장 관할 고용센터 또는 근로복지공단 지사에 제출하여야 한다. 또는 고용·산재보험 토탈서비스(http://total.kcomwel.or.kr)로 전산제출해도 된다.

(4) 부가가치세 확정신고·납부

① 일반과세자

사업자등록 신청 시 일반과세자(법인 또는 개인)로 사업자등록을 받은 사업자는 다음과 같이 부가가치세 신고·납부 의무가 있다.

구 분		과세대상기간	신고·납부기간	신고대상자
제1기 (1.1~6.30)	예정신고	1.1~3.31	4.1~4.25	법인과 예정신고가능자인 개인사업자
	확정신고	1.1~6.30	7.1~7.25	일반과세자(법인·개인)
제2기 (7.1~12.31)	예정신고	7.1~9.30	10.1~10.25	법인과 예정신고가능자인 개인사업자
	확정신고	7.1~12.31	익년 1.1~1.25	일반과세자(법인·개인)

· 개인사업자 중 예정신고가능자(예정신고납부와 예정고지납부 중 하나를 선택할 수 있음)
  ▶ 휴업 또는 사업부진 등으로 인하여 각 예정신고기간의 공급가액 및 납부세액이 직전 과세기간의 공급가액 및 납부세액의 1/3에 미달하는 자
  ▶ 예정신고기간분에 대하여 조기환급을 받고자 하는 자

② 간이과세자

간이과세자란 직전연도 재화·용역의 공급대가(부가가치세 포함 금액)가 4천800만원에 미달하는 개인사업자를 말한다. 단, 제조업, 도매업 등은 간이과세자 배제업종이다.

간이과세자는 과세기간이 1.1~12.31이므로 다음해 1.25까지 확정신고를 하면 된다. 즉 간이과세자는 부가가치세 신고·납부를 연 1회만 하면 된다.

2. 2월 세무일지

세 목	대상기간	신고기한	납부기한
원천세 신고·납부	1월분	2.10	2.10
4대 보험료 고지납부	1월분	-	2.10
면세사업장 현황신고	직전연도 1월~12월분	2.10	-
일용직 근로내역확인서	1월분	2.15	-
지급명세서(원천징수영수증)제출	직전연도 1월~12월분	2.28	-

(1) 사업장현황신고

부가가치세의 신고·납부의무가 없는 개인면세사업자는 직전연도의 사업현황을 신고하는 사업장현황신고를 2월 10일까지 하여야 한다. 이 때 복식부기의무자는 매출·매입계산서합계표와 매입처별세금계산서합계표를 제출하여야 하며, 미제출시 공급가액의 0.5%에 상당하는 가산세를 부담(제출기한이 지난 후 1개월 이내 제출시에는 0.3% 부담)한다. 사업자(의료업·수의업·약사업에 한함)가 사업장 현황신고를 하지 아니하거나 수입금액을 과소신고한 경우에는 미신고 또는 과소신고 수입금액의 0.5%에 상당하는 가산세를 부담한다.

(2) 연말정산

연말정산이란 1년간 원천징수한 근로소득세와 각종 공제를 한 후 확정된 근로소득세를 비교하여 과다 징수한 경우에는 환급하여 주고, 과소 징수한 경우에는 추가징수하는 절차를 말한다. 연말정산은 2월분의 급여 지급 시 해야 한다.

또한 연말정산으로 인한 추가징수액이 10만원을 초과하는 경우에는 3개월 동안 분할하여 징수할 수 있다.

(3) 지급명세서 제출

작년 1년 동안 개인 또는 법인들에게 소득을 지급하면서 원천징수한 인별 내역을 원천징수영수증이라 하며, 소득자보관용·발행자보관용·발행자보고용 등 3장이 있으며, 이 중 발행자보고용을 제출하는 것을 '지급명세서의 제출'이라고 한다. 이 때 지급명세서의 소득종류별 제출기한은 다음과 같다.

지급명세서 종류	제출기한
이자소득, 배당소득, 기타소득, 연금소득 등	2월 말일
상용근로자의 근로소득, 퇴직소득, 사업소득	3.10

* 휴업 또는 폐업한 경우에는 휴·폐업일의 다음달 말일까지 제출한다.

기한 내에 미제출 또는 부실 기재하는 경우에는 미제출·부실기재 금액의 1%의 가산세가 부과된다. 단, 제출기한 경과 후 3개월 이내에 제출하는 경우에는 지급금액의 0.5%에 상당하는 금액을 가산세로 부과한다(2018. 1. 1 이후 신고분).

3. 3월 세무일지

세 목		대상기간	신고기한	납부기한
원천세 신고·납부		2월분 및 직전연도 1월~12월 연말정산분	3.10	3.10
4대 보험료 고지납부		2월분	-	3.10
일용직 근로내역확인서		2월분	3.15	-
연말정산 환급 신청	월별	직전연도 1월~12월연말정산분	3.10	-
지급명세서(원천징수영수증) 제출		직전연도 1월~12월분	3.10	-
건강·고용·산재보험료 보수총액 신고		직전연도 1월~12월분	3.15	-
12월말 결산법인의 법인세 신고·납부		직전연도 1월~12월분	3.31	3.31

(1) 지급명세서 제출(기부금명세서·의료비지급명세서 포함)

2월 말일까지의 급여 지급분의 근로소득세 등을 신고·납부하면서 연말정산과 관련된 원천징수영수증(지급명세서)을 제출한다. 미제출 또는 부실 기재 시 미제출·부실기재 금액의 1%에 상당하는 가산세가 부과된다. 단, 제출기한 경과 후 3개월 이내에 제출하는 경우에는 지급금액의 0.5%에 상당하는 금액을 가산세로 부과한다.

또한 연말정산과 관련하여 다음에 해당하는 경우에는 기부금명세서, 의료비지급명세서도 같이 제출하여야 한다.

> 의료비지급명세서 ➡ 의료비 세액공제금액이 있는 경우
> 기부금명세서 ➡ 기부금 세액공제금액이 있는 경우

(2) 건강보험 보수총액통보서 제출

3월 10일까지 건강보험 보수총액통보서를 제출하여 건강보험료를 정산하여야 한다. 국민연금의 경우에는 연말정산 후 국세청에 근로소득 지급명세서를 제출한 경우에는 신고를 생략한다.

단, 개인사업자, 국세청에 근로소득 지급명세서 미제출자, 자료 착오자 등은 5월 중 직전년도 귀속 소득총액신고서를 공단에서 발송한다.

(3) 고용·산재보험 보수총액 신고

부과고지사업장은 3월 15일까지 고용·산재보험 보수총액신고서를 제출하여 고용·산재보험료를 정산하여야 한다. 단, 건설업, 벌목업 등의 자진신고납부방식의 업종은 제외한다.

(4) 고용·산재보험의 확정·개산보험료 신고·납부(건설업, 벌목업 등)

자진신고방식인 건설업, 벌목업 등은 3월31일까지 고용·산재보험의 확정·개산보험료를 신고·납부하여야 한다. 확정보험료는 3월31일까지 납부하여야 하며, 개산보험료는 분납(3/31일, 5/15일, 8/15일, 11/15일)이 가능하고 일시납하는 경우에는 3% 세액공제를 적용 받을 수 있다.

(5) 법인세 확정 신고·납부

법인세는 사업연도 종료일이 속하는 달의 말일로부터 3월 이내에 확정 신고·납부하여야 한다. 법인세 신고 시 재무상태표·포괄손익계산서·이익잉여금처분계산서(또는 결손금처리계산서)·세무조정계산서를 제출하여야 한다. 하나라도 누락하면 무신고로 본다.

외부감사대상 법인이 전자신고를 통하여 신고하는 때에는 그 신고서에 대표자가 서명 날인하여 서면으로 납세지 관할세무서장에게 제출하여야 한다.

4. 4월 세무일지

세 목	대상기간	신고기한	납부기한
원천세 신고·납부	3월분	4.10	4.10
4대 보험료 고지납부	3월분	-	4.10
일용직 근로내역확인서	3월분	4.15	-
1기 부가가치세 예정신고·납부	1~3월분	4.25	4.25
1기 부가가치세 예정고지·납부	1~3월분	-	4.25
1/4분기 일용근로자 지급명세서 제출	1~3월분	4.10	-
12월 결산법인의 법인분 지방소득세 신고·납부	3월 법인세납부액	4.30	4.30

(1) 1기 부가가치세 예정 신고·납부

법인 : 1월1일부터 3월31일분까지의 부가가치세를 신고·납부하여야 한다.
개인 : 세무서에서 고지된 예정고지서에 의해 납부만 하면 된다.
   (고지금액이 30만원 미만인 경우 고지 생략)

(2) 12월말 법인 법인세 분납기한(비중소법인)

중소기업이 아닌 법인이 3월말까지 확정신고한 법인세액이 1천만원 이상인 경우 1천만원을 초과하는 세액은 납부기한이 지난 날부터 1개월(중소법인은 2개월) 이내에 분납할 수 있다. 통상적으로 4월 30일이 분납기한이 된다.

법인세액이 2천만원 초과하는 경우에는 50%에 상당하는 세액을 분납할 수 있다.

총 법인세액	3/31일 납부	4/30일(5/31일)
1천만원 이상~2천만원 이하	1천만원	1천만원 초과 금액
2천만원 초과	세액의 1/2	세액의 1/2

(3) 법인지방소득세 납부

2015년부터는 법인세분 지방소득세가 독립세제인 법인지방소득세로 변경되어 법인지방소득세를 법인세와 독립적으로 계산하여 사업장 소재지 관할 시·군·구청에 신고·납부하여야 하며, 신고서도 반드시 제출해야 한다.

국세인 법인세는 본점 소재지에서 일괄 납부하면 되지만, 지방세인 법인지방소득세는 본사·지사별로, 즉 사업장별로 사업장 면적과 종업원 수의 비율에 따라 안분하여 각각 신고 납부해야 한다. 또한, 법인지방소득세 신고시에는 재무상태표·포괄손익계산서·이익잉여금처분계산서(또는 결손금처리계산서)·세무조정계산서를 제출하여야 한다.

무신고시에는 산출세액의 20%~40%, 과소신고시에는 10%~40%, 미납부하는 경우에는 1일당 0.025%의 가산세를 추가 부담하여야 한다.

(4) 일용직근로자 지급명세서 제출

일용근로자는 지급명세서를 다음과 같이 분기별로 제출한다. 미제출시에는 미제출 급여액의 1%의 가산세를 부담한다(단, 3개월 이내 제출시는 0.5% 적용). 따라서 1분기의 일용직근로자 지급명세서는 4월10일까지 제출하여야 한다.

단, 매월 고용센터 또는 근로복지공단에 근로내역확인신고서를 제출한 경우에는 국세청에 지급명세서를 제출한 것으로 본다.

```
1분기(1월~3월 귀속)      ➡      4/10일까지
2분기(4월~6월 귀속)      ➡      7/10일까지
3분기(7월~9월 귀속)      ➡      10/10일까지
4분기(10월~12월 귀속)    ➡      다음해 1월 10까지
```

5. 5월 세무일지

세 목	대상기간	신고기한	납부기한
원천세 신고·납부	4월분	5.10	5.10
4대 보험료 고지납부	4월분	-	5.10
일용직 근로내역확인서	4월분	5.15	-
종합소득세 확정신고·납부	직전연도 1월~12월분	5.31	5.31
양도소득세 확정신고·납부	직전연도 1월~12월분	5.31	5.31
국민연금 소득총액 신고	직전연도 1월~12월분	5.31	-
근로장려금 신청기한	5월1일~5월 31일	5.31	-

(1) 12월말 법인 법인세 분납기한(중소법인)

중소기업 법인의 분납기한은 납부기한이 지난 날부터 2개월 이내에 분납할 수 있다. 통상적으로 5월31일까지 분납할 수 있으며, 분납방법과 금액은 비중소법인과 동일하다.

(2) 종합소득세 신고·납부 및 개인지방소득세 납부

개인사업자는 직전연도의 종합소득에 대해 다음해 5월 31일까지 종합소득세를 확정신고·납부하여야 한다. 종합소득은 이자소득, 배당소득, 사업소득, 근로소득, 연금소득, 기타소득을 말한다. 따라서 사업소득이 종합소득 중의 하나에 해당되므로 사업소득을 포함한 다른 종합소득이 있다면 합산해서 신고·납부하여야 한다.

종합소득세액의 10%에 해당하는 개인지방소득세도 5월31일까지 사업장 소재지 관할시·군·구청에 납부하여야 한다. 이때 법인지방소득세와는 다르게 별도의 신고서 제출이 필요하지는 않는다.

(3) 사업용 계좌 신고, 변경신고

① 사업용 계좌의 사용 및 신고

개인사업자 중 복식부기의무자는 사업과 관련하여 재화·용역을 공급받거나 공급하는 경우로서 ❶거래 대금을 금융회사 등을 통하여 결제하거나 결제받는 경우, ❷ 인건비 및 임차료를 지급하거나 지급받는 경우에는 사업용 계좌를 사용하여야 한다.

사업용 계좌는 복식부기의무자에 해당하는 과세기간의 개시일(사업 개시와 동시에 복식부기의무자(전문직 업종 등)에 해당되는 경우에는 다음 과세기간 개시일)부터 6개월 이내에 사업장 관할 세무서장에게 사업용계좌를 신고하여야 한다.

사업용 계좌는 사업장별로 신고하여야 하며, 1개의 계좌를 2개 이상의 사업장에 대한 사업용계좌로 신고할 수 있다. 또한 사업용 계좌를 변경하거나 추가하는 경우 종합소득세 확정신고기한인 다음해 5월31일까지 신고하면 된다.

② 가산세

사업용 계좌를 사용하지 않거나 기한 내에 신고하지 않으면 다음과 같은 가산세를 부담한다.

사업용 계좌를 사용하지 않은 경우	사용하지 아니한 금액의 0.2%
사업용 계좌를 신고하지 않은 경우	Max[❶, ❷] ❶ 사업용 계좌를 신고하지 아니한 기간*의 수입금액**의 0.2% ❷ 의무사용 거래금액*** 합계액의 0.2%

* 신고기한의 다음 날부터 신고일 전날까지의 일수(이하 "미신고기간"이라 함)를 말하며, 이 경우 미신고기간이 2개 이상의 과세기간에 걸쳐 있으면 각 과세기간별로 미신고기간을 적용함.
** 수입금액 = 해당 과세기간의 수입금액 × 미신고기간 / 365(윤년에는 366)
*** 재화·용역을 공급받거나 공급하는 경우로서 거래 대금을 금융회사 등을 통하여 결제하거나 결제받은 경우와 인건비 및 임차료를 지급하거나 지급받은 경우에 해당하는 금액

(4) 국민연금 소득총액 신고

사업장가입자별 당해연도 7월부터 그 다음해 6월까지 적용할 국민연금보험료 산정을 위하여 매년 전년도 소득총액에 대하여 신고한다.

(5) 근로장려금 신청

연간소득합계가 2,000만원 미만(단독가구), 3,000만원 미만(배우자 등이 있는 자로 홑벌이가구), 또는 3,600만원 미만(맞벌이가구)인 근로소득자는 근로장려금을 신청한다.

6. 6월 세무일지

세 목	대상기간	신고기한	납부기한
원천세 신고·납부	5월분	6.10	6.10
4대 보험료 고지납부	5월분	-	6.10
일용직 근로내역확인서	5월분	6.15	-
건강·장기요양보험료 보수총액신고	직전연도 1월~12월분	6.10	-
종합소득세 확정신고·납부 (성실신고확인 대상 사업자)	직전연도 1월~12월분	6.30	6.30
원천세 반기별 납부 신청기한	7월~12월분	6.30	-
자동차세 납부	1월~6월분	-	6.30

(1) 건강·장기요양보험료 보수총액신고

개인사업장 사용자 본인의 건강·장기요양보험료 연말정산을 위하여 보수총액을 공단에 신고한다.

(2) 성실신고확인대상사업자는 6월 말일까지 종합소득세 확정신고

(3) 주사업장 총괄납부 신청 및 포기 신고

주사업장 총괄납부란 사업장이 2개 이상인 법인 또는 개인이 주된 사업장에서 다른 사업장의 부가가치세를 합산하여 납부할 수 있는 제도를 말한다. 납부만 총괄해서 하므로 부가가치세 신고는 각 사업장별로 하여야 한다. 여기서 주된 사업장이란 법인의 본점(주사무소 포함, 지점도 가능), 개인의 주사무소를 말한다.

주사업장 총괄납부를 하려는 자는 그 납부하려는 과세기간 개시 20일 전에 「주사업장총괄납부신고서」를 주된 사업장의 관할세무서장에게 제출하면 된다. 따라서 2기부터(7/1~12/31) 적용하려면 6월 10일까지 신청하여야 한다. 단, 신규로 사업을 개시하는 자가 주된 사업장의 사업자등록증을 받은 날부터 20일 이내에 주사업장 총괄납부를 신청한 경우에 해당 신청일이 속하는 과세기간부터 총괄납부가 적용된다.

또한 주사업장 총괄납부사업자가 주사업장 총괄납부를 포기하고 각 사업장에서 납부하려고 할 때에는 그 납부하려는 과세기간 개시 20일 전에 「주사업장총괄납부포기신고서」를 주된 사업장 관할세무서장에게 제출(국세정보통신망에 의한 제출 포함)하여야 한다. 즉 2기부터 각 사업장에서 납부를 하려는 자는 6월10일까지 포기 신고하여야 한다.

(4) 사업자단위 과세사업자 등록

사업자단위 과세제도란 2개 이상의 사업장이 있는 사업자가 사업자단위로 본점 또는 주사무소 관할세무서장에게 등록한 경우 사업자등록, 세금계산서 발급, 부가가치세 신고·납부, 경정 등의 납세의무를 본점 또는 주사무소에서 이행하는 것을 말한다. 따라서 사업자단위 과세사업자는 사업장이 2개 이상이더라도 사업자등록번호가 사업장별로 부여되지 않고 하나로 관리된다.

주사업장 총괄납부는 납부(환급)만 통합하지만 사업자단위 과세제도는 사업자등록, 세금계산서 교부, 부가가치세 신고 및 경정 등의 납세의무 전체를 통합해서 한다. 신청과 포기 등의 절차는 주사업장 총괄납부제도와 동일하다.

(5) 소규모 사업자의 원천세 반기별 납부 승인 신청

직전과세기간의 연 평균 매월 상시근로자의 인원이 20인 이하인 소규모사업자는 근로소득에 대한 원천세를 반기별로 납부할 수 있다. 승인신청을 하여 승인을 받은 후 반기별 납부를 하면 되고, 월별로 납부해서는 안 된다.

(6) 자동차세 납부

법인 명의의 차량이 있는 경우 사업장 소재지 관할 시·군·구청에서 자동차세 고지서가 발송되며 6월 30일까지 납부한다.

7. 7월 세무일지

세 목		대상기간	신고기한	납부기한
원천세 신고·납부	월별	6월분	7.10	7.10
	반기별	1월~6월분 및 직전연도 1월~12월 연말정산 분	7.10	7.10
4대 보험료 고지납부		6월분	-	7.10
일용직 근로내역확인서		6월분	7.15	-
1기 부가가치세 확정신고·납부		1월~6월분 (예정신고한 자는 4월~6월)	7.25	7.25
재산세 납부(2분의 1)			-	7.31
주민세 납부			7.1~7.31	7.31
2/4분기 일용근로자 지급명세서 제출		4~6월분	7.31	-
근로소득 간이 지급명세서 반기제출		1월~6월분	7.10	

(1) 소규모 사업자 원천세 반기별 납부

원천세 반기별 납부자는 1월부터 6월까지 원천징수한 내역을 7월 10일까지 1장의 「원천징수이행상황신고서」에 합산하여 신고·납부한다.

(2) 원천세 반기별 신고·납부

1월~6월 급여 지급분에 대한 간이세액과 직전연도 근로소득에 대한 연말정산세액을 가감해서 그 차액을 납부하거나 환급받는다.

(3) 1기 부가가치세 확정신고·납부

개인사업자는 제1기 과세기간(1.1~6.30)에 대해, 법인사업자는 제1기 최종3월분(4.1~6.30)에 대해 부가가치세를 신고·납부한다. 음식, 숙박업 및 기타서비스업자는 부가가치세 확정신고 시 사업장의 규모, 종업원 수, 월경비 등을 기재한 사업장현황명세서를 첨부서류로 제출하여야 한다.

(4) 재산세 납부

매년 6월1일 현재 건물 등을 소유한 자는 재산세를 납부하여야 하는데, 재산세 총액의 1/2을 고지된 고지서에 의해 납부하면 된다.

(5) 주민세(재산분) 신고·납부

과세기준일(7/1일) 현재 사업소 연면적(종업원에 제공되는 복리후생시설 등 비과세 면적제외) 1㎡당 250원의 표준세율을 적용하여 사업소 관할 지방자치단체에 7/1~7/31일까지 신고·납부하여야 한다.

무신고한 경우에는 산출세액의 20%(부정 무신고는 40%), 과소신고한 경우에는 산출세액의 10%에 상당하는 가산세를 부과하며, 납부하지 않은 경우에는 미납세액(또는 과소납부세액)의 1일 3/10,000을 적용한 가산세를 부과한다.

(6) 종합소득세 분납기한

확정신고한 종합소득세액이 1천만원 이상인 경우에는 다음과 같이 종합소득세 납부기한으로부터 2개월 이내에 분납할 수 있다.

종합소득세액	분납 방법	
	5/31 납부	7/31일* 납부
1천만원 이상~2천만원 이하	1천만원	1천만원 초과금액
2천만원 초과	종합소득세액의 1/2	종합소득세액의 1/2

* 납부기한 지난 후 2개월 이내

(7) 2분기 일용직근로자 지급명세서 제출

4월부터 6월까지 지급한 일용직근로자의 지급명세서를 7월 10일까지 제출하여야 한다. 미제출시에는 1%의 가산세를 부담한다(단, 3개월 이내 제출시는 0.5% 적용).

(8) 근로소득 간이 지급명세서 반기 제출

1월부터 6월까지 상용근로자, 원천징수대상 사업소득을 지급하는 자는 반기의 마지막 달의 다음달 10말까지 제출, 미제출시 지급금액의 0.5% 가산세 부과(단, 3개월 이내 신고시 50% 감면)

8. 8월 세무일지

세 목	대상기간	신고기한	납부기한
원천세 신고·납부	7월분	8.10	8.10
4대 보험료 고지납부	7월분	–	8.10
일용직 근로내역확인서	7월분	8.15	–
12월말 결산법인의 법인세 중간예납	1월~6월분	8.31	8.31
법인균등분 주민세 납부	1년분	8.16~8.31	

(1) **법인세 중간예납 신고·납부**

중간예납은 직전연도 법인세 납부액의 1/2을 사업연도 중에 미리 납부하는 제도이다. 직전연도 납부금액을 기준으로 신고·납부하는 방법(직전연도 실적기준)과 중간예납 기간의 실적에 의한 가결산으로 신고·납부하는 방법이 있다.

(2) **법인균등분 주민세 납부**

매년 8월1일 현재 사업장을 둔 사업자(법인, 개인 모두)는 균등분 주민세를 고지서에 의해 납부하여야 한다.

9. 9월 세무일지

세 목	대상기간	신고기한	납부기한
원천세 신고·납부	8월분	9.10	9.10
4대 보험료 고지납부	8월분	–	9.10
일용직 근로내역확인서	8월분	9.15	–
법인세 중간예납(비중소법인)			9.30
재산세 납부(2분의 1)			9.30
종합부동산세 과세특례신고	당해연도분	9.30	–
종합부동산세 임대주택 합산배제 신고			

(1) **법인세 중간예납 분납기한(비중소법인)**

법인세 중간예납분에 대해서도 확정분 분납 방법과 동일하게 분납할 수 있다.

(2) **재산세 납부**

7월에 재산세의 1/2을 납부하고, 9월 30일까지 1/2을 납부한다.

(3) **종합부동산세 과세특례신고**

종합부동산세 과세특례대상은 실질적으로 개별향교(종교)단체가 소유하고 있으나, 관리목적 상 향교 등 재단명의로 종합부동산세법 시행일(2005.1.5.) 전에 등기한 주택 또는 토지이며, 개별단체를 실질 소유자로 신고하면 향교 등 재단은 해당 부동산이 종합부동산세 과세대상에서 제외되고, 실질적으로 소유하고 있는 개별단체 명의로 종합부동산세가 부과된다.

(4) 종합부동산세 임대주택 합산배제 신고

매입임대주택(수도권, 지방 구분 없이 1호 이상의 일정요건을 만족하는 임대주택)의 비과세 요건을 만족하는 주택은 종합부동산세 세액 계산 시 과세대상에서 제외되므로 9월 30일까지 관할세무서에 신고해야 한다.

10. 10월 세무일지

세 목	대상기간	신고기한	납부기한
원천세 신고·납부	9월분	10.10	10.10
4대 보험료 고지납부	9월분	-	10.10
일용직 근로내역확인서	9월분	10.15	-
2기 부가가치세 예정신고·납부	7월~9월분	10.25	10.25
2기 부가가치세 예정고지·납부	7월~9월분	-	10.25
3/4분기 일용근로소득 지급명세서 제출	7월~9월분	10.10	-

(1) 2기 부가가치세 예정신고 및 납부

법인사업자는 제2기 예정신고기간(7.1~9.30) 거래분에 대해 부가가치세를 예정신고한다. 반면 개인사업자는 이 기간에 세무서로부터 부가세 예정고지서를 받게 되는데, 고지서에 기재된 금액(7월25일 납부한 부가세 납부세액의 1/2에 상당하는 금액)을 납부하고 그 다음해 1월25일 2기 부가세 확정신고 시에는 예정고지세액을 차감한 차액만 납부한다.

(2) 3분기 일용직근로자 지급명세서 제출

7월부터 9월까지 지급한 일용직근로자의 지급명세서를 10월10일까지 제출하여야 한다. 미제출시에는 1%의 가산세를 부담한다(단, 3개월 이내 제출시는 0.5% 적용).

11. 11월 세무일지

세 목	대상기간	신고기한	납부기한
원천세 신고·납부	10월분	11.10	11.10
4대 보험료 고지납부	10월분	-	11.10
일용직 근로내역확인서	10월분	11.15	-
소득세 중간예납	1월~6월분	-	11.30

(1) 소득세중간예납

법인세 중간예납은 신고·납부가 원칙이나, 소득세는 고지납부가 원칙이다. 이 경우 중간예납세액이 30만원 미만이면 고지되지 않으므로 소득세 중간예납의무는 없다.

12. 12월 세무일지

세 목	대상기간	신고기한	납부기한
원천세 신고·납부	11월분	12.10	12.10
4대 보험료 고지납부	11월분	-	12.10
일용직 근로내역확인서	11월분	12.15	-
종합부동산세 정기고지 및 정기신고·납부	당해연도분	12.15	12.15
원천세 반기별 납부 신청	내년도 상반기(1월~6월분)	12.31	-

(1) 종합부동산세 신고(고지)·납부

매년 6월1일 현재 종합부동산세 과세대상에 해당하는 부동산을 소유한 경우 세무서에서 고지된 고지서로 12월1일부터 15일까지 납부한다.

제2부

전표관리/회계업무 실무

I. 전표관리 능력단위

분류번호 : 0203020101_14v2

능력단위 명칭 : 전표관리

능력단위 정의 : 전표관리란 회계상 거래를 인식하고, 전표 작성 및 이에 따른 증빙서류를 처리 및 관리하는 능력이다.

능력단위요소	수 행 준 거
0203020101_14v2.1 회계상 거래 인식하기	1.1 회계상 거래를 인식하기 위하여 회계상 거래와 일상생활에서의 거래를 구분할 수 있다. 1.2 회계상 거래를 구성 요소별로 파악하여 거래의 결합관계를 차변 요소와 대변 요소로 구분할 수 있다. 1.3 회계상 거래의 결합관계를 통해 거래 종류별로 구분하여 파악할 수 있다. 1.4 거래의 이중성에 따라서 기입된 내용의 분석을 통해 대차평균의 원리를 파악할 수 있다.
	【지 식】 ○ 회계상 거래와 일상생활에서의 거래를 구분하는 지식 ○ 교환거래, 손익거래, 혼합거래 ○ 거래의 이중성
	【기 술】 ○ 거래의 결합관계 구분 능력 ○ 다양한 거래 유형에 대한 구분 능력 ○ 거래를 장부에 기입·분석하는 능력
	【태 도】 ○ 거래를 신속하고 정확하게 구분하려는 태도 ○ 거래에 대한 정확한 판단력

능력단위요소	수 행 준 거
0203020101_14v2.2 전표 작성하기	2.1 회계상 거래를 현금거래 유무에 따라 사용되는 입금 전표, 출금 전표, 대체 전표로 구분할 수 있다. 2.2 현금의 수입 거래를 파악하여 입금 전표를 작성할 수 있다. 2.3 현금의 지출 거래를 파악하여 출금 전표를 작성할 수 있다. 2.4 현금의 수입과 지출이 없는 거래를 파악하여 대체 전표를 작성할 수 있다.
	【지 식】 ○ 입금·출금·대체 전표에 대한 지식
	【기 술】 ○ 거래 유형별로 전표 작성 능력
	【태 도】 ○ 전표를 신속하고 정확하게 작성하려는 태도 ○ 거래 유형에 대한 정확한 판단력
0203020101_14v2.3 증빙서류 관리하기	3.1 발생한 거래에 따라 필요한 관련 서류 등을 확인하여 증빙여부를 검토할 수 있다. 3.2 발생한 거래에 따라 관련 규정을 준수하여 증빙서류를 구분·대조할 수 있다. 3.3 증빙서류 관련 규정에 따라 제 증빙자료를 관리할 수 있다.
	【지 식】 ○ 증빙서류 종류 ○ 증빙서류 관리 관련 규정
	【기 술】 ○ 증빙 서류를 처리하는 능력
	【태 도】 ○ 신속·정확성 ○ 판단력 ○ 증빙서류 관리 관련 규정을 준수하는 태도

◉ 적용범위 및 작업상황

고려사항

- 이 능력단위는 기업 활동 중 발생하는 거래의 인식여부를 판단하는 업무에 적용하여 회계장부를 기록하고 관리하는 업무에 적용한다.
- 현금 수입·지출 거래를 파악할 때 일자, 금액, 거래처, 내용 및 증빙 서류를 고려해야 한다.
- 증빙서류를 관리하는데 있어서 관련 규정이란 상법, 세법, 사내규정 등 회계장부의 보관 및 관리에 관한 내용을 말한다.
- 거래 발생 시 증빙서류로는 세금계산서, 계산서, 신용카드매출전표, 신용카드 매입전표, 현금영수증, 계약서, 송금증, 입금증 등이 있다.

자료 및 관련서류

- 상법
- 세법
- 사내규정
- 증빙서류(계약서, 세금계산서, 계산서, 신용카드매출전표, 신용카드매입전표, 현금영수증, 송금증, 입금증 등)

장비 및 도구

- 컴퓨터
- 복합기
- 계산기
- 회계 관련 프로그램
- OA 관련 프로그램

재 료

- 해당없음

제1장
회계상 거래의 인식

제1절 거 래

    회계에서 **거래**란 자산·부채·자본의 증감변화를 일으키거나 수익·비용을 발생하게 하는 경제적 사건 중에서 화폐단위로 측정할 수 있는 것을 말한다. 예를 들어 기업이 상품을 외상으로 매입한 경우 상품이라는 자산이 증가함과 동시에 외상매입금이라는 부채가 증가한다. 이와 같이 재무상태와 경영성과의 변화를 일으키는 것을 **회계상 거래**라고 하고, 장부기록의 대상이 되는 것이다.

    일반적으로 회계상 거래는 일상적인 생활 속에서 의미하는 거래와는 일치하지 않는다는 것을 주의해야 한다. 예를 들어 상품을 주문하는 경우 일상적인 생활 속에서는 중요한 거래이지만 회계에서는 단지 주문에 불과할 뿐 실질적으로 상품이라는 자산이 증가하지도 상품대금을 지급한 것도 아니기 때문에 거래로 인식하지 않는다.

[회계상 거래와 일상적 거래의 비교]

일상적 거래	일상적 거래 및 회계상 거래	회계상 거래
• 부동산의 임대차계약 • 건물·토지의 담보설정 • 상품의 주문 • 구두계약	• 상품의 매매 • 건물이나 비품 구입 • 채권, 채무의 발생과 소멸	• 화재, 도난, 파손 • 재해손실 • 기증행위 등

    회계상 거래는 손익거래의 발생여부, 현금의 유출입 여부에 따라 다음과 같이 분류된다.

1. 손익발생 여부에 따른 분류

(1) **교환거래** : 손익(수익·비용)과는 관계없이 자산·부채·자본의 증감변화를 일으키는 거래를 말한다. 예를 들어 상품 10,000원을 외상으로 구입하는 경우이다.
(2) **손익거래** : 자산·부채·자본의 증감이 반드시 수익과 비용의 발생에 따라 일어나는 거래를 말한다. 예를 들어 접대비 10,000원을 현금으로 지급하는 경우이다.
(3) **혼합거래** : 교환거래와 손익거래가 동시에 발생하는 거래를 말한다. 예를 들어 상품 10,000원을 12,000원에 외상으로 매출하는 경우이다.

2. 현금 유·출입 여부에 따른 분류

(1) **현금거래** : 거래가 발생하였을 때 현금의 유·출입을 수반하는 거래로, 현금이 유입되는 **입금거래**와 현금이 유출되는 **출금거래**로 구분된다. 예를 들어 '상품 10,000원을 현금으로 판매하다(입금거래)'와 '상품 10,000원을 현금으로 구입하다(출금거래)'를 들 수 있다.
(2) **대체거래** : 현금유·출입이 전혀 없는 **전부대체거래**(외상거래)와 일부의 현금유·출입이 수반되는 **일부대체거래**(혼합거래)로 구분된다. 예를 들어 '상품 10,000원을 외상으로 구입하다(전부대체거래)'와 '상품 10,000원을 구입하고 대금의 50%는 외상으로, 50%는 현금으로 지급하다(일부대체거래)'를 들 수 있다.

제2절 계 정

1. 계정의 개념

자산·부채·자본·수익·비용에 속하는 항목들의 증감을 기록하는 계산단위를 **계정**이라 하고 계정의 명칭을 **계정과목**이라 하며, 계정마다 기록계산을 하기 위하여 장부에 설정된 장소를 **계정계좌**라 한다.
계정은 재무상태표계정과 손익계산서계정으로 분류하며, 이는 다시 자산계정, 부채계정, 자본계정, 수익계정, 비용계정으로 분류된다.

계정의 형식에는 여러 가지 있으나 총계정원장 등과 같은 장부에 전기하는 것을 연습하기 위해 T계정 양식을 많이 사용한다.

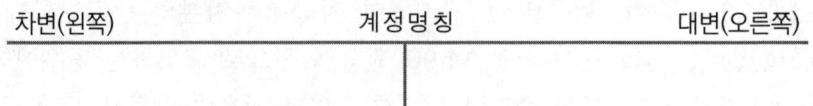

T계정 가운데 중앙선을 기준으로 왼쪽과 오른쪽으로 나누어져 있는데 왼쪽을 **차변**, 오른쪽을 **대변**이라고 한다. 여기서 차변과 대변의 명칭은 특별한 의미가 있는 것이 아니고, 단지 왼쪽과 오른쪽 방향을 가리키는 명칭에 불과하다.

2. 계정기입의 법칙

모든 거래는 계정이라는 형식에 기입하여 계산되며, 계정의 오른쪽과 왼쪽 중 어느 쪽에 기입하는가를 나타내는 원칙을 **계정기입의 법칙**이라고 한다.
① 자산계정 : 증가는 차변, 감소는 대변
② 부채계정 : 증가는 대변, 감소는 차변
③ 자본계정 : 증가는 대변, 감소는 차변
④ 비용계정 : 발생은 차변, 소멸은 대변
⑤ 수익계정 : 발생은 대변, 소멸은 차변

《계정기입의 법칙》

자산계정		부채계정	
증가 (+)	감소 (-)	감소 (-)	증가 (+)

		자본계정	
		감소 (-)	증가 (+)

비용계정		수익계정	
발생 (+)	소멸 (-)	소멸 (-)	발생 (+)

3. 대차평균의 원리

거래의 이중성과 계정기입의 법칙에 따라 모든 거래는 반드시 차변에 기입된 금액과 동일한 금액이 대변에 기입된다. 따라서 '차변금액의 합계액 = 대변금액의 합계액'

이라는 등식이 성립되는데, 이러한 관계를 **대차평균(또는 대차평형)의 원리**라고 한다.

대차평균의 원리에 의해서 차변합계액과 대변합계액을 상호 비교하여 그것이 일치하는지 여부를 통해 오류를 자동적으로 검증할 수 있는데, 이러한 자기검증기능은 복식부기에만 있는 독특한 특징이다.

제3절 재무제표의 구성요소

1. 재무상태표의 기본요소

재무상태표는 특정시점에서 기업의 재무상태를 나타내기 위해 작성되는 재무보고서이다. **재무상태**란 특정일 현재의 자산, 부채 그리고 자본 각각의 구성내용 및 그 크기를 의미한다. 재무상태표의 구성요소를 등식으로 표현하면 다음과 같다.

$$\underline{\text{자 산}} = \underline{\text{부 채}} + \underline{\text{자 본}}$$
$$\text{(기업의 경제적 자원)} \quad \text{(채권자지분)} \quad \text{(소유주지분)}$$

투자활동   **재무활동**

이러한 등식을 **재무상태표 등식** 또는 **회계 등식**이라고 한다. 이 등식은 기업이 소유하고 있는 경제적 자원(자산)의 합계는 이들 자산에 대한 청구권(부채와 자본)의 합계와 같다는 가정 하에 성립된다.

1) 자산

과거의 거래나 사건의 결과로서 현재 기업실체에 의해 지배되고 미래에 경제적 효익을 창출할 것으로 기대되는 자원이다.

2) 부채

과거의 거래나 사건의 결과로 현재 기업실체가 부담하고 있고 미래에 자원의 유출 또는 사용이 예상되는 의무이다.

3) 자본

기업실체의 자산 총액에서 부채 총액을 차감한 잔여액 또는 순자산으로서 기업실체의 자산에 대한 소유주의 잔여청구권이다.

[자산의 분류체계]

분류		계정과목
유동자산	당좌자산	현금, 당좌예금, 보통예금, 단기매매증권, 단기투자자산, 매출채권(외상매출금, 받을어음), 단기대여금, 미수금, 미수수익, 선급금, 선급비용, 부가세대급금, 이연법인세자산
	재고자산	상품, 제품, 반제품, 재공품, 원재료, 부재료, 저장품
비유동자산	투자자산	장기금융상품, 매도가능증권, 만기보유증권, 장기대여금, 투자부동산, 지분법적용투자주식
	유형자산	토지, 건물, 구축물, 기계장치, 차량운반구, 비품, 공구와 기구, 건설중인자산
	무형자산	산업재산권, 라이선스와 프랜차이즈, 저작권, 컴퓨터소프트웨어, 개발비, 임차권리권, 광업권, 어업권
	기타 비유동자산	장기성매출채권, 장기미수금, 부도어음과 수표, 전세권, 임차보증금, 이연법인세자산

[부채의 분류체계]

분류	계정과목
유동부채	매입채무(외상매입금, 지급어음), 단기차입금, 미지급금, 미지급비용, 선수금, 선수수익, 예수금, 미지급법인세, 미지급배당금, 부가세예수금, 유동성장기부채, 이연법인세부채
비유동부채	사채, 장기차입금, 장기성매입채무, 장기미지급금, 임대보증금, 퇴직급여충당부채, 이연법인세부채

[자본의 분류체계]

분류		계정과목
자본금		보통주자본금, 우선주자본금
자본잉여금		주식발행초과금, 감자차익, 기타자본잉여금(자기주식처분이익 등)
자본조정		주식할인발행차금, 배당건설이자, 자기주식, 미교부주식배당금, 감자차손, 자기주식처분손실, 신주청약증거금
기타포괄손익누계액		매도가능증권평가이익, 매도가능증권평가손실, 해외사업환산이익, 해외사업환산손실, 현금흐름위험회피파생상품평가이익, 현금흐름위험회피파생상품평가손실
이익잉여금	법정적립금	이익준비금, 기타법정적립금(재무구조개선적립금, 기업합리화적립금)
	임의적립금	감채적립금, 신축적립금, 사업확장적립금, 배당평균적립금, 임원퇴직급여적립금
	미처분이월이익잉여금	이익잉여금처분계산서상의 임의적립금이입액과 이익잉여금처분액이 반영되기 전 금액

2. 손익계산서의 기본요소

손익계산서는 특정기업의 일정기간 동안 경영성과를 보고하는 재무보고서이다. 기업의 경영성과는 이익의 크기로 결정되는데, 이때 **이익**은 기업에서 실현된 수익에서 발생한 비용을 차감한 금액으로 계산된다. 이러한 관계를 식으로 나타내면 다음과 같다.

$$수익 - 비용 + 차익 - 차손 = 순이익$$

1) 포괄이익

(1) 포괄이익은 기업실체가 일정 기간 동안 소유주와의 자본거래를 제외한 모든 거래나 사건에서 인식한 자본의 변동을 말한다. 포괄이익은 수익의 합계에서 비용의 합계를 차감하여 측정한다. 그러나 매도가능증권평가차손익, 해외사업환산차손익 등이 당기순이익에 반영되지 않고 누적기타포괄이익(손실)의 항목으로 자본에 표시되는 경우 포괄이익과 당기순이익은 일치하지 않는다.
(2) 포괄이익은 화폐자본유지에 근거한 투자이익의 개념이다. 화폐자본 개념 하에서는 자산 및 부채에 대해 인식한 가격변동 효과를 보유손익으로 보아 투자이익에 포함시키게 된다. 반면, 실물자본개념 하에서는 이러한 가격변동효과를 유지해야 할 자본의 일부로 간주하여 자본의 조정항목으로 처리한다.
(3) 명목화폐자본유지 개념은 회계실무에서 오랫동안 사용되고 있는 자본유지 개념으로 현행의 회계기준도 이에 근거하고 있다.
(4) 재무회계 개념체계에서 포괄이익은 소유주와의 자본거래를 제외하고 회계기간말의 명목화폐자본이 회계기간초의 명목화폐자본을 초과하는 금액으로 측정된다.

2) 수익

기업실체의 경영활동과 관련된 재화의 판매 또는 용역의 제공 등에 대한 대가로 발생하는 자산의 유입 또는 부채의 감소이다.

3) 차익

차익(이득)이란 기업실체의 주요 경영활동을 제외한 부수적인 거래나 사건으로서 소유주의 투자가 아닌 거래나 사건의 결과로 발생하는 순자산의 증가로 정의된다.

4) 비용

기업실체의 경영활동과 관련된 재화의 판매 또는 용역의 제공 등에 따라 발생하는 자산의 유출이나 사용 또는 부채의 증가이다.

5) 차손

차손(손실)이란 기업실체의 주요 경영활동을 제외한 부수적인 거래나 사건으로서 소유주에 대한 분배가 아닌 거래나 사건의 결과로 발생하는 순자산의 감소로 정의된다.

[수익의 분류체계]

분 류	계정과목
영업수익	매출액(= 총매출액 – 매출에누리와환입 – 매출할인)
영업외수익	이자수익, 수입수수료, 배당금수익, 임대료, 투자자산처분이익, 단기매매증권평가이익, 외환차익, 외화환산이익, 지분법이익, 장기투자증권손상차손환입, 유형자산처분이익, 사채상환이익, 자산수증이익, 채무면제이익, 보험차익, 잡이익, 전기오류수정이익(중요성이 낮음)

[비용의 분류체계]

분 류	계정과목
매출원가	판매된 상품의 구입원가 또는 제품제조원가〈 = 기초상품(제품) + 당기상품매입액(당기제품제조원가) – 기말상품(제품)〉
판매비와관리비	급여, 퇴직급여, 복리후생비, 여비교통비, 수도광열비, 전력비, 교육훈련비, 임차료, 접대비, 감가상각비, 무형자산상각비, 세금과공과, 광고선전비, 연구비, 경상개발비, 대손상각비, 잡비
영업외비용	이자비용, 기타대손상각비, 단기매매증권평가손실, 외화차손, 외화환산손실, 기부금, 지분법손실, 장기투자증권손상차손, 투자자산처분손실, 유형자산처분손실, 사채상환손실, 법인세추납액, 재고자산감모손실, 잡손실, 재해손실, 전기오류수정손실(중요성이 낮음)
법인세비용	기업이 획득한 소득에 대해 국가에 신고납부하는 조세

| 제4절 | 분 개 |

1. 분개의 의의

분개란 회계상 거래를 계정기입의 법칙에 따라 차변과 대변으로 나누어 기입하는 절차를 말하며, 분개를 기입하는 장부를 **분개장**이라고 한다.
① 거래가 일어나면 어느 계정에 기입할 것인가? (계정과목의 결정)
② 차변 또는 대변 어느 쪽에 기입할 것인가? (대차의 결정)
③ 기입할 금액은 얼마인가? (금액의 결정)

2. 분개의 방법

회계상 거래를 분개하는 방법은 계정기입의 법칙과 동일한데, 이를 요약하면 다음과 같다.

《분개의 법칙》

차변(왼쪽)	대변(오른쪽)
자산의 증가	자산의 감소
부채의 감소	부채의 증가
자본의 감소	자본의 증가
비용의 발생	비용의 소멸
수익의 소멸	수익의 발생

(예제 1) 다음 증빙을 참고하여 회계처리하시오(부가세는 고려하지 말 것).

[1] 상품판매에 대한 외상대금을 현금으로 받고 발급한 입금표이다.

입금표		(공급받는자용)
NO 마포전자		귀하

공급자	사업자등록번호	107-26-35019		
	상호	㈜숭의상사	성명	이우진
	사업장소재지	서울 서대문구 충정로 7길 31		
	업태	도·소매업	종목	가전제품

작성일자	공급대가총액	비고
2019.06.12	4,300,000	
내역		
외상대금 회수		
합 계	₩4,300,000	
위 금액을 영수(청구)함		

(차)   (대)

[2] 상품 배송용 트럭에 대한 자동차세를 현금으로 납부하였다.

2018 년분 자동차세 세액 신고납부서   납세자 보관용 영수증

납세자 주소	㈜숭의상사 서울 서대문구 충정로 7길 31				
납세번호	기관번호	제목	납세년월기		과세번호
과세대상	52거 3875 (1.5트럭)	구 분	자동차세	지방교육세	납부할 세액 합계
		당초산출세액	628,500	자동차세액 × 30%	628,500원
		선납공제액(10%)			
과세기간	2019. 4. 1. ~2020. 6. 30.	요일제감면액(5%)			
		납 부 할 세 액	628,500	0	

〈납부장소〉

위의 금액을 영수합니다.
2019 년 6 월 30 일

*수납인이 없으면 이 영수증은 무효입니다.   *공무원은 현금을 수납하지 않습니다.

(차)   (대)

[3] 직원들의 야근 업무 시 식사대금을 현금으로 지급하고 받은 영수증이다.

영 수 증			(공급받는자용)	
NO 숭의상사 귀하				
공급자	사업자 등록번호	211-26-11112		
	상 호	충정로식당	성명	김순자
	사업장 소재지	서울 서대문구 충정로7길 29-8		
	업 태	음식업	종목	한식점업
작성일자		공급대가총액		비고
2019.07.02		18,000		
공 급 내 역				
월/일	품명	수량	단가	금액
7. 2	식대			18,000
합 계		₩18,000		
위 금액을 영수(청구)함				

(차)		(대)	

[4] 문구류를 구입하고 받은 현금영수증이다.

```
            ** 현금영수증 **
                (지출증빙용)
사업자등록번호    : 137-81-25151  박동길
사업자명         : 마포기업
단말기ID        : 73453259(tel:02-345-4546)
가맹점주소       : 서울 중구 남대문시장길 14

현금영수증 회원번호
211-22-00067                    ㈜숭의상사
승인번호         : 83746302    (PK)
거래일시         : 2019년 7월 05일 16시28분21초
--------------------------------------
공급금액                              150,000원
부가세금액
총합계                               150,000원
--------------------------------------
휴대전화, 카드번호 등록
http://현금영수증.kr
국세청문의(126)
        <<<<<이용해 주셔서 감사합니다.>>>>>
```

(차)		(대)	

[5] 신규 거래처에 선물할 과일세트를 구입하고 신용카드(국민카드)로 결제하였다.

(차)	(대)

[6] 6월 급여지급분에 대한 건강보험료를 납부기한 일에 시티은행 보통예금 계좌에서 이체하여 납부하였다. 건강보험료의 50%는 급여 지급 시 원천징수한 금액이며, 나머지 50%는 회사부담분이다. 당사는 회사부담분을 '복리후생비'로 처리하고 있다.

[자료 1]

[자료 2] 보통예금(시티은행) 거래내역

번호	거래일	내용	찾으신금액	맡기신금액	잔액	거래점
		계좌번호 556-21-333-751 숭의상사				
1	2019-07-10	건강보험료	256,000		***	서대문점

(차)		(대)	

[7] 영업부의 전화요금 청구서이다. 대금은 시티은행 보통예금계좌에서 이체하여 납부하였다.(단, 당사는 납부기한일에 납부하면서 비용으로 처리하고 있다.)

2019년 6월 청구서

작성일자: 2019. 7.11
납부기한: 2019. 7.31

금 액	135,740원
고객명	㈜숭의상사
이용번호	02-469-4545
명세서번호	45928
이용기간	6월1일~6월30일
6월 이용요금	135,740원
공급자등록번호	121-81-12646
공급받는자 등록번호	107-26-35019
공급가액	123,400원
부가가치세(VAT)	12,340원
10원미만 할인요금	0원
입금전용계좌	우리은행 1002-451-101157

이 청구서는 부가가치세법 시행령 53조 제4항에 따라 발행하는 전자세금계산서입니다.

(주)케이티 서대문지점(전화국)장

(차)	(대)

[8] 한림상사와 상품을 구입하기로 계약하고 계약금을 시티은행 보통예금 통장에서 이체하였다.

[자료 1] 보통예금(시티은행) 거래내역

번호	거래일	내용	찾으신금액	맡기신금액	잔액	거래점
		계좌번호 556-21-333-751 ㈜숭의상사					
1	2019-8-2	한림상사	500,000		***	서대문점

(차)	(대)

[9] 상품을 구입하고 발급 받은 거래명세서이다. 8월 12일 지급한 계약금 500,000원을 차감한 잔액은 외상으로 하였다.

거 래 명 세 서
(공급받는자 보관용)

납품년월일 : 2019년 09월 02일
증빙번호   당거래액:

공급자	등록번호	110-01-81516			공급받는자	등록번호	107-26-35019		
	상 호	한림상사	성명	이한림		상 호	㈜숭의상사	성명	이우진
	주 소	서울 서대문구 연세로 50				주 소	서울 서대문구 충정로 7길 31		
	업 태	제조	종목	컴퓨터 외		업 태	도소매업	종목	전자제품

순번	품 명	규 격	단 위	수량	단 가	금 액	비 고
	외장하드			100	40,000	4,000,000	
수량계	100		부가세계		공급가액계	4,000,000	
비 고		미수금액		공급가액	세액	총 합계금액	인수자
				4,000,000		4,000,000	

(차)		(대)	

[10] 상품을 매출하고 발급한 거래명세서이다. 대금 중 일부는 현금으로 받고 잔액은 9월 말일에 받기로 하였다.

거 래 명 세 서
(공급자 보관용)

납품년월일 : 2019년 9월 25일
증빙번호   당거래액:

공급자	등록번호	107-26-35019			공급받는자	등록번호	119-81-07607		
	상 호	㈜숭의상사	성명	이우진		상 호	강동전자	성명	김한석
	주 소	서울 서대문구 충정로 7길 31				주 소	서울 금천구 벚꽃로 115		
	업 태	소매업	종목	가전제품		업 태	도·소매업	종목	생활가구 외

순번	품 명	규 격	단 위	수량	단 가	금 액	비 고
	가전제품			10	330,000	3,300,000	

수량계		부가세계		공급가액계		3,300,000	
비 고		미수금액	입금액		세액	총 합계금액	인수자
		3,000,000	300,000			3,300,000	

(차)		(대)	

[11] 10월분 급여를 지급하면서 소득세, 지방소득세, 국민연금, 건강보험료, 고용보험료를 제외한 잔액을 시티은행 보통예금통장에서 계좌 이체하여 지급하다.

급 여 명 세 서
(단위:원)

구분	수당항목				공제항목			차인지급액
	기본급	직책수당	식대	급여총액	소득세	국민연금	고용보험	
	차량보조금	야근근로	가족수당		지방소득세	건강보험	공제계	
관리부	3,000,000	500,000	80,000	4,000,000	40,000	50,000	20,000	3,856,000
(김송화)	200,000	200,000	20,000		4,000	30,000	144,000	
영업부	2,000,000	200,000	80,000	3,000,000	50,000	60,000	15,000	2,830,000
(전종훈)	300,000	300,000	120,000		5,000	40,000	170,000	
계	5,000,000	700,000	160,000	7,000,000	90,000	110,000	35,000	6,686,000
	500,000	500,000	140,000		9,000	70,000	314,000	

(차)		(대)	

제2장
전표 및 장부의 작성

제1절 경리실무자가 작성해야 할 장부

경리담당자가 최소한 작성해야 하는 장부를 살펴보면 다음과 같다. 그러나 전산기장 시는 전표입력과 동시에 주요부와 보조부에 속하는 제 장부가 자동으로 작성되어지므로, 이러한 장부를 조회하고 활용할 수 있는 능력이 요구되는 시대적 흐름이다.

구분	사용되는 곳
전표 또는 분개장	전표는 분개전표 또는 대체전표 한 장만을 사용하는 1전표제와 입금전표, 출금전표, 대체전표 3종류의 전표를 사용하는 3전표제가 있다. ▶ 분개전표 또는 대체전표 : 모든 회계상 거래를 분개 형식으로 한 장의 전표에서 발행하는 것이다. ▶ 입금전표 : 현금이 들어오는 거래 시에만 발행하는 전표이다. ▶ 출금전표 : 현금이 나가는 거래 시에만 발행하는 전표이다. ▶ 대체전표 : 현금이 일부 들어오고 비현금이 일부 들어오는 거래나 전부 비현금이 들어오는 거래 또는 현금이 일부 나가는 거래나 전부 비현금이 나가는 거래를 기록하는 전표이다. 위의 전표를 사용하지 않고 분개장을 만들어 날짜별로 분개를 하기도 한다.
총계정원장	줄여서 원장이라고도 하며, 이는 계정과목별로 거래내역을 기록해 둔 장부를 말한다.
현금출납장	현금의 입·출금 및 그에 따라 변화하는 시재액을 적는 장부이다.
예금기입장	예금의 입·출금 및 그에 따라 변화하는 시재액을 적는 장부로서 회사의 모든 예금을 한 장의 장부에 기록해도 되고 은행별 또는 금융상품별로 각각 구분해서 작성한다.
어음기입장	어음기입장은 어음의 입출내역을 기록하는 장부이다. 이는 받아야 하는 어음과 지급해야하는 어음을 구분해 받을어음기입장, 지급어음기입장으로 각각 작성하거나 거래처별로 각각 구분해 거래처별 어음기입장으로 작성한다.
재고수불부	재고수불부는 재고의 입출내역을 기록하는 장부이다. 이는 재고자산 품목별로 또는 각 거래처별로 구분해서 기록을 한다.
매출장	매출장은 회사의 판매내역을 적는 장부로 거래처별로 구분해서 사용하는 경우 매출처별원장(거래처별 매출내역 집계)이 된다.
매출처원장	거래처별로 매출을 기록하는 장부이다. 매출의 내용과 금액 및 입금액, 잔액 등을 상세히 기록한다.

구분	사용되는 곳
매입처원장	거래처별로 매입을 기록하는 장부이다. 매입의 내용과 금액 및 입금액, 잔액 등을 상세히 기록한다.
매입장	매입장은 회사의 구입내역을 적는 장부로 거래처별로 구분해서 사용하는 경우 매입처별 원장(거래처별 매입내역 집계)이 된다.
급여대장	급여대장은 급여의 지급내역을 기록하는 장부로 직원 각 개인별로 개인별 급여대장을 별도로 관리한다.
일계표	일계표는 각 계정과목별 거래내역을 일단위로 집계해 둔 장부로 시산표를 사용하기도 한다.
월계표	월계표는 각 계정과목별 거래내역을 월단위로 집계해 둔 장부로 시산표를 사용하기도 한다.
재무제표	재무제표는 회사의 이해관계자에게 회사의 현재 재무상태와 경영성과를 보여주기 위해 작성하는 재무보고서이다. 재무제표의 종류는 크게 재무상태표와 포괄손익계산서, 자본변동표, 현금흐름표, 주석 등이 있다.

출처: 손원준(2013)

| 제2절 | 일, 월, 연단위로 정리해야 하는 장부의 흐름 |

1. 일단위 장부흐름

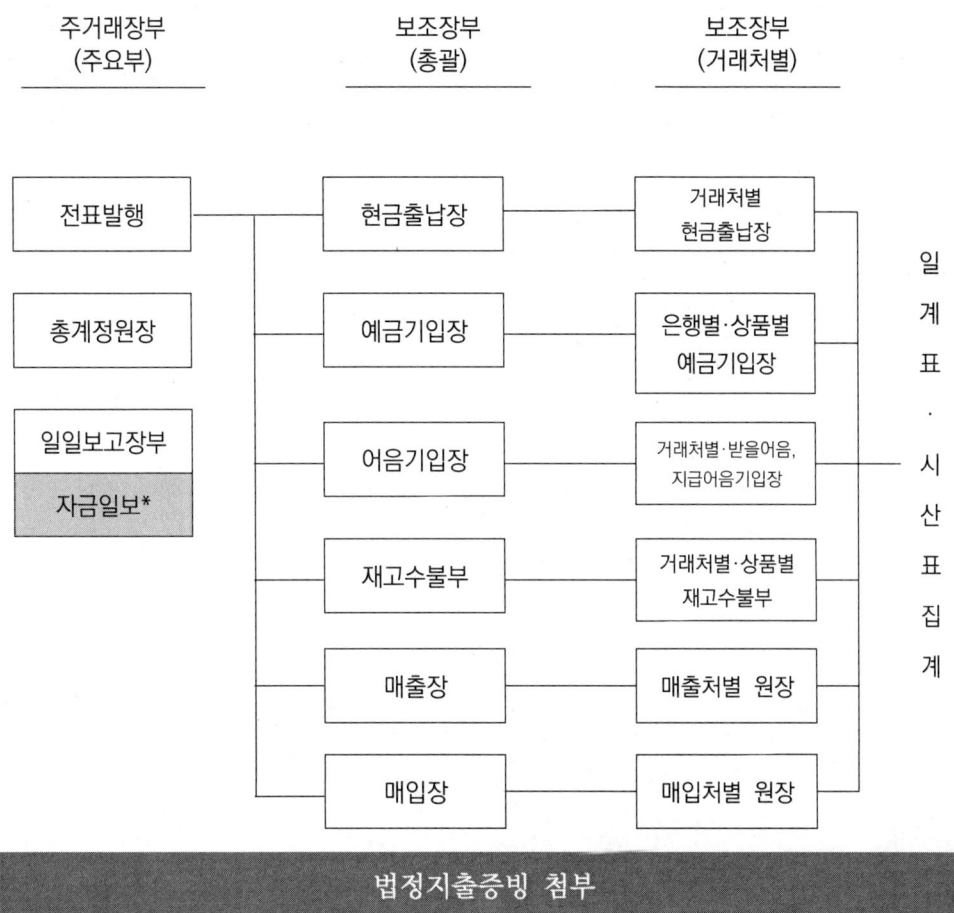

출처: 손원준(2013)

* 자금일보 : 경리일보라고도 하며, 현금 및 제 예금 잔액에 대하여 당일 입금내역과 출금내역을 상세히 기록함으로써 일일자금 흐름을 상세히 파악하고 통제하기 위한 보고서이다.

모든 거래에 대한 장부작성의 시작은 전표에서부터 시작을 한다. 즉 회계 상의 거래가 발생하면 전표를 발행하게 되고 발행된 전표내역은 주요부인 총계정원장과 분개장에 작성되어야 한다. 또한 보조부인 월계표, 계정별원장, 현금출납장, 거래처원장 등의 보조부에도 기록된다.

전산기장 시에는 이러한 일련의 절차가 주요부와 보조부에 실시간으로 집계가 이루어지게 되어 일단위, 월단위, 연단위 등으로 기업 재무상태와 경영성과를 원하는 시점에 확인할 수 있는 장점이 있다. 반면 수기로 작성하는 경우에는 일일이 전표뿐만 아니라 원하는 장부를 만들어 옮겨 적어야 하는 불편과 재무상태 등을 원하는 시점에 실시간으로 볼 수 없다는 단점이 있다.

따라서 최근 대부분의 기업들은 업무 효율성 제고를 위해 세무신고 대행은 세무회계사무소 등에 맡기더라도 실제 전산회계 프로그램을 자체적으로 운용함으로써 원가분석, 경영성과 분석, 자산관리 등에 활용하고 있다.

2. 월, 연단위 장부흐름

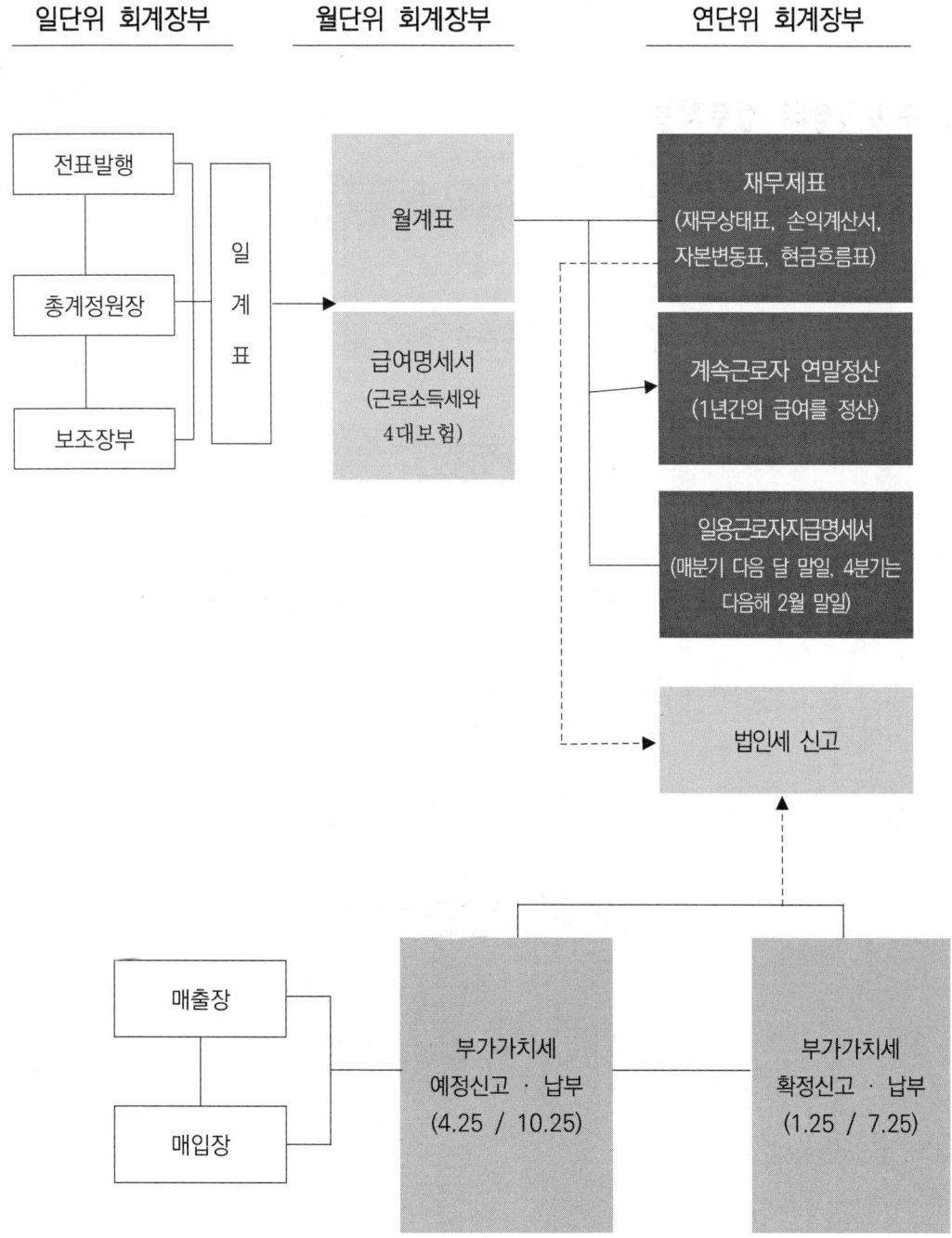

출처: 손원준(2013)

제3절 수기기장과 전산기장의 차이점

1. 수기기장의 장부흐름

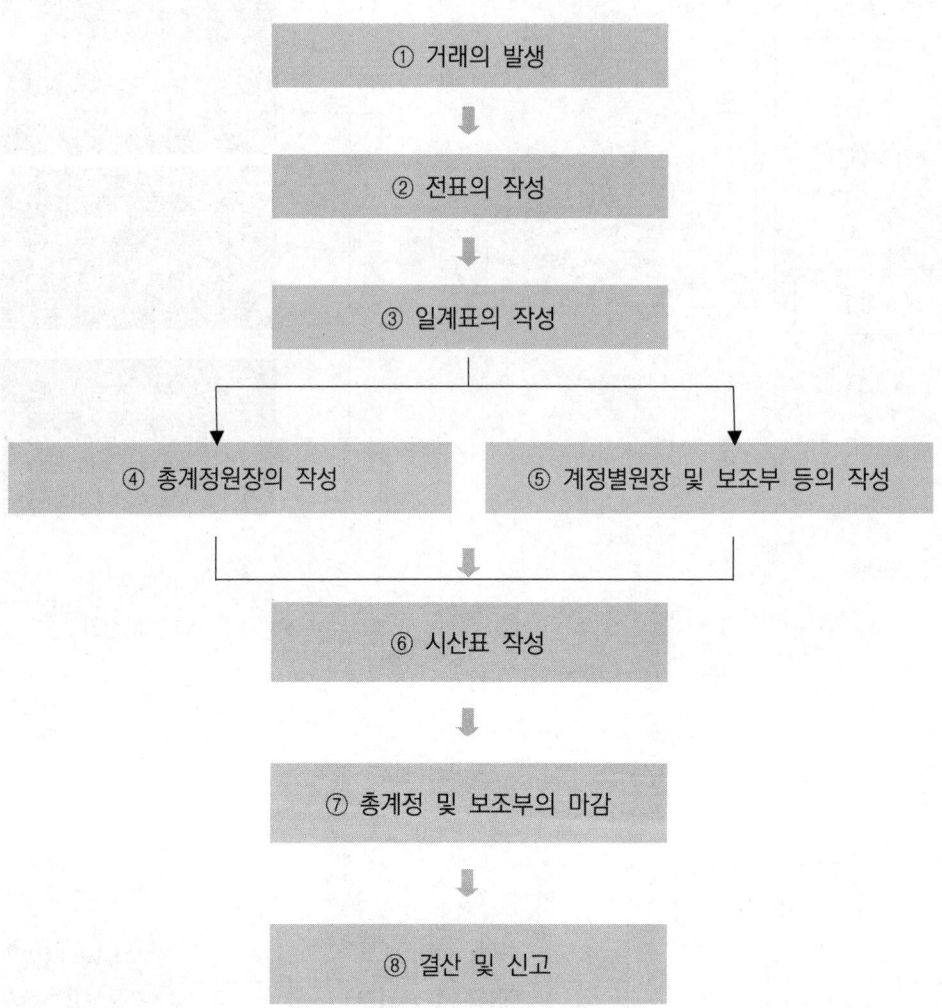

출처: 김경하(2016)

2. 전산기장의 장부흐름

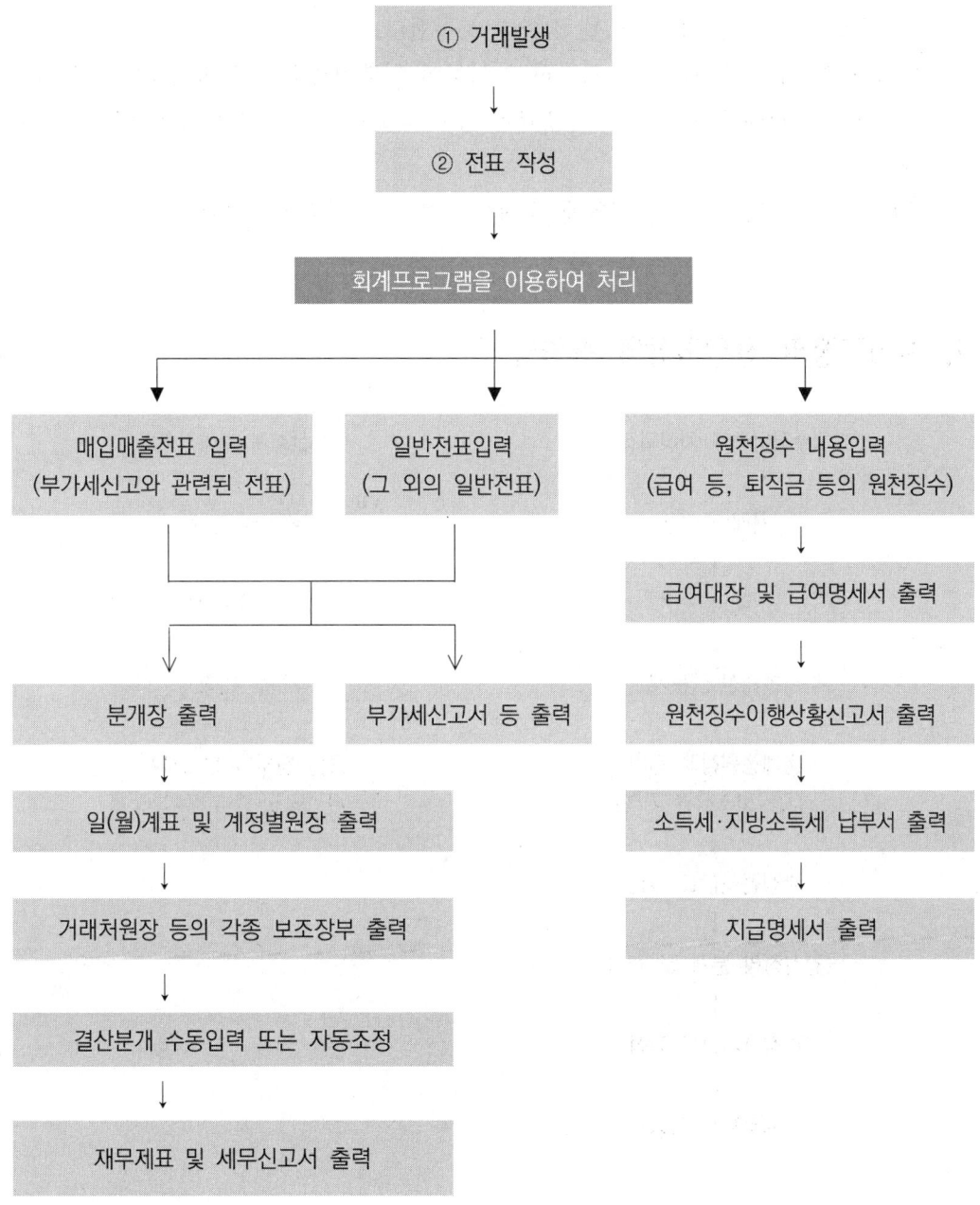

출처: 김경하(2016)

☞ 전산기장 시 유의사항
▶ 계정과목을 코드별로 인식하므로 제조원가로 분류되는 계정코드와 손익계산서의 비용으로 분류되는 계정코드를 정확히 분류한다.
▶ 분개 입력 시 거래처코드를 정확히 부여하여 거래처별원장이 작성되도록 한다.
▶ 재고자산이 판매목적 이외로 사용되는 경우 적요를 '타계정으로 대체'를 선택한다.
▶ 접대비, 가지급금, 가수금내역에 대해서는 반드시 적요를 등록한다.

3. 수기기장과 전산기장의 차이점

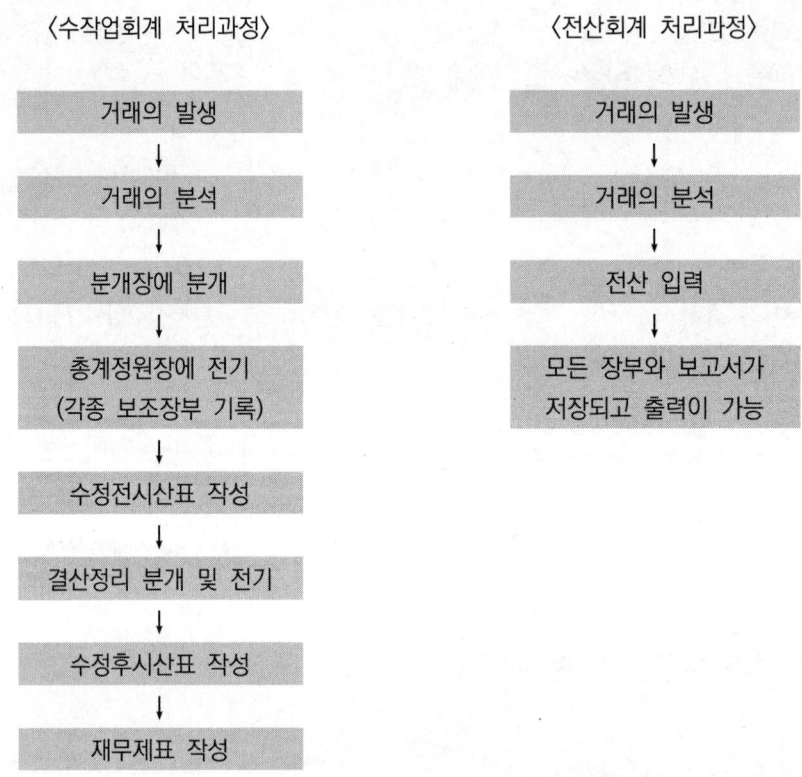

 전산회계프로그램을 이용하여 기업의 회계업무처리를 하게 되면 회계자료는 하드디스크 또는 일정한 저장매체에 저장된다. 따라서 회계자료는 외부저장매체(예: USB·외장하드 등)에 정기적으로 저장하여 별도 보관해야 하고, 회계담당자는 회계자료의 보안을 유지하기 위해 비밀번호를 설정하는 등 기업의 내부정보가 외부로 누설되지 않도록 해야 한다.

수기 기장과 비교해 볼 때 전산기장은 다음과 같은 특징이 있다.
① 전산기장은 한 거래에 대해 1회만 입력하면 모든 처리가 종료된다. 그러나 수기 기장은 분개장, 총계정원장, 보조부 등 여러 장부에 기장해야 하므로 오류가 발생하기 쉽다.
② 전산기장은 회계처리의 업무내용이 전부 코드화되어 시기적절하게 조회와 검색이 가능하므로 의사결정에 유용한 회계정보를 적시에 제공하고, 회계작업의 비용도 절감할 수 있다.
③ 전산회계 프로그램에 의해 처리된 회계자료는 파일로 보관되기 때문에 직접 거래내용을 확인하기 어렵지만 기록된 내용의 변경은 쉽게 할 수 있다.
④ 전산기장은 다양한 장부와 보고서를 화면 또는 종이에 신속하게 출력해 준다.

제4절 전표의 작성

1. 전표

전표란 실무적으로 분개를 기록해 둔 표로서 그 용도는 다음과 같다.
① 거래에 대한 분개는 물론 거래내용을 일목요연하게 정리하고,
② 거래의 증거가 되는 증빙문서를 첨부하며,
③ 기업내부에서 내부통제의 목적 및 결제수단으로 이용된다.

전표는 여러 형태로 분류되니 실무적으로는 현금의 유·출입에 따른 입금전표, 출금전표, 대체전표의 분류방식을 많이 사용한다. 요즈음은 전산으로 장부를 작성하기 때문에 전산에 분개(회계처리)를 입력하는 것 자체가 전표를 발생시키는 것이다.

2. 입금전표

1) 입금거래와 입금전표의 발생

기업으로 현금이 들어오는 거래를 입금거래라 하고, 입금거래 시 입금전표가 발생한다. 입금전표는 현금의 유입이 가시적으로 보이므로 현금전표임을 쉽게 알 수 있

고 또 적시에 작성할 수 있다. 만약, 입금전표를 누락하면 자금시재의 차이로 인한 오류를 찾기도 쉽다.

여기서 현금이란 다음과 같은 것을 말한다.

현 금	현금 아닌 것
금전, 지폐, 자기앞수표, 소액환, 외화	받을어음, 우표, 인지, 증지

입금전표가 발생하는 경우를 그 유형별로 집계하면 다음과 같다.

차 변	대 변
현금의 증가	① 자산의 감소 ② 부채의 증가 ③ 자본의 증가 ④ 수익의 발생

2) 입금전표의 작성요령

분개에서 자산인 현금이 증가한 것을 차변에 기록하는데 이러한 거래를 입금전표에 기입한다. 하지만 입금전표의 "과목란"에는 분개할 때 현금계정의 상대계정과목인 "대변계정"만을 기입한다. 왜냐하면 입금전표 자체가 차변의 현금계정임을 뜻하는 전표이기 때문이다.

3) 입금전표 양식 및 작성요령

입 금 전 표
년 월 일

결재	담당	과장	부장	사장

과목		항목	
적요		금액	
합계			

- 날짜 : 거래가 발생한 날을 기입한다(입금이 된 날을 의미).
- 과목 : 거래의 기록 과정에서 대변에 기록할 계정을 적는다.
- 항목 : 판매한 제품이나 상품 등의 제품번호, 상품명, 수량 등을 기록한다.
- 적요 : 거래사실을 요약해서 적는다(거래품목, 종류, 거래처 상호명, 수량 등).
- 금액 : 해당 금액을 확인하고 정확하게 적는다.
- 합계 : 합계금액을 계산하고, 금액을 적는다.
- 결재란 : 담당직원이 결재하고 사장까지 결재하되, 전결규정에 따라 전결권자까지 결재한다.

4) 입금전표 작성 사례

(예제 2-1) 2월 1일 (주)상동에 대한 외상매출금 1,000,000원이 현금으로 회수되다.

(예제 2-2) 2월 2일 상품(갑) 1개를 2,000,000원(부가가치세 별도)에 (주)상동에 현금판매하고 전자세금계산서를 발행하다.

✎(예제 2-1)

입 금 전 표				
년 월 일	결재 담당 과장 부장 사장			

과목		항목		
적요		금액		
합계				

✎ (예제 2-2)

	담당	과장	부장	사장
결재				

입 금 전 표
년   월   일

과목		항목	
	적요		금액
	합계		

3. 출금전표

1) 출금거래와 출금전표의 발생

기업에서 현금이 인출되는 거래를 출금거래라 하며, 이 출금거래 시 출금전표를 작성한다. 따라서 현금의 시재액은 입금전표와 출금전표를 비교하여 그 잔액이 항상 맞아야 하며, 전표나 증빙이 없이 출금되어서는 안 된다.

출금전표가 발생하는 경우를 그 유형별로 집계하면 다음과 같다.

차 변	대 변
① 자산의 증가 ② 부채의 감소 ③ 자본의 감소 ④ 비용의 발생	현금의 감소

2) 출금전표의 작성방법

분개에서 자산인 현금이 감소한 것을 대변에 기록하는데 이러한 거래를 출금전표에 기입한다. 그러나 출금전표의 "과목란"에는 분개할 때 현금계정의 상대계정과목인 "차변계정"만을 기입한다. 왜냐하면 출금전표 자체가 대변에 현금계정임을 뜻하는 전표이기 때문이다.

3) 출금전표 양식 및 작성요령

	담당	과장	부장	사장
결재				

출 금 전 표
년 월 일

과목		항목	
적요		금액	
합계			

- 날짜 : 거래가 발생한 날을 기입한다(출금이 된 날을 의미).
- 과목 : 거래의 기록 과정에서 차변에 기록할 계정을 적는다.
- 항목 : 매입한 상품이나 비품 등의 상품번호, 비품명, 수량 등을 기록한다.
- 적요 : 거래사실을 요약해서 적는다(거래품목, 종류, 거래처 상호명, 수량 등).
- 금액 : 해당 금액을 확인하고 정확하게 적는다.
- 합계 : 합계금액을 계산하고 금액을 적는다.
- 결재란 : 담당직원이 결재하고 사장까지 결재하되, 전결규정에 따라 전결권자까지 결재한다.

☞ 실무적으로 출금전표 이면에 지출결의서를 붙인다.

4) 출금전표 작성 사례

(예제 3-1) 3월 10일 (주)중동으로부터 영업부에서 사용할 컴퓨터 1대를 1,200,000원 (부가가치세 별도)에 현금 구입하고, 전자세금계산서를 교부받다.

(예제 3-2) 3월 20일 (주)하동의 외상매입금 2,000,000원을 현금으로 지급하다.

✎(예제 3-1)

과목		항목	
적요		금액	
합계			

출 금 전 표
년 월 일

결재	담당	과장	부장	사장

✎(예제 3-2)

출 금 전 표
년 월 일

결재	담당	과장	부장	사장

과목		항목	
적요		금액	
합계			

4. 대체전표

1) 대체거래와 대체전표의 발생

대체거래란 현금이 전혀 수반되지 않거나 일부만 수반되는 거래를 말하며, 대체거래 발생시 대체전표를 사용한다. 현금의 유·출입이 없으므로 가시적으로 보이지는 않지만 입·출금전표에 비해 경우의 수가 더 다양하고 복잡하다.

대체전표가 발생하는 경우를 그 유형별로 나타내면 다음과 같다.

차 변	대 변
① 자산의 증가	① 자산의 감소
② 부채의 감소	② 부채의 증가
③ 자본의 감소	③ 자본의 증가
④ 비용의 발생	④ 수익의 발생
⑤ 자산 · 부채 · 자본 · 수익 · 비용 내에서의 이동	

2) 대체전표의 작성방법

입금전표, 출금전표, 대체전표 세 가지 종류를 사용하는 경우를 3전표 제도라고 한다. 세 가지 전표를 사용하는 경우 입금 거래와 출금 거래를 제외한 모든 거래는 대체 거래이다. 대체전표는 입금전표, 출금전표와 달리 전표에 차변과 대변이 구분되어 있다. 따라서 전부대체분개는 일반적인 분개와 같이 차변에 발생하는 계정은 왼쪽에 대변에 발생하는 계정은 오른쪽에 금액과 함께 기록한다.

다만, 받아야 할 금액 중 일부를 현금으로 수령한 경우 받은 현금만큼은 입금 전표에, 나머지는 대체전표에 기록한다. 또한 지급해야 하는 금액 중 일부를 현금으로 지출한 경우 지출한 금액만큼은 출금전표에, 나머지 금액은 대체 전표를 사용해 기록한다.

그럼에도 불구하고 일부 대체 거래에서 출금전표와 대체전표 또는 입금전표와 대체전표를 함께 사용해 거래를 기록할 경우 하나의 거래임에도 불구하고 2개의 거래로 오인할 수 있으므로 두 가지 전표를 각각 기록하지 않고 대체전표 하나만을 사용하여 거래를 기록하는 것이 일반적이다.

3) 출금전표 양식 및 작성요령

	과목	적요	금액	과목	적요	금액
	합 계			합 계		

대 체 전 표
년 월 일

결재: 담당 | 과장 | 부장 | 사장

- 날짜 : 거래가 발생한 날을 기입한다.
- 과목 : 차변에 기록할 계정과 대변에 기록할 계정을 각각 적는다.
- 적요 : 거래사실을 간략하게 적는다. 특히 매출 시에는 매출내용과 외상매출금의 거래처가 중요하다. 따라서 매출에는 품목을 적요란에, 외상매출금에 대해서는 거래처명을 기록한다.
- 금액 : 해당 금액을 확인하고 정확하게 적는다.
- 합계 : 합계금액을 계산하고, 금액을 적는다.
- 결재란 : 담당직원이 결재하고 사장까지 결재하되, 전결규정에 따라 전결권자까지 결재한다.

4) 대체전표 작성 사례

(예제 4-1) 4월 12일 상품(갑) 1개를 2,000,000원(부가가치세 별도)에 (주)상동에 외상 판매하고 전자세금계산서를 발행하다.

(예제 4-2) 4월 25일 매출거래처 직원에 대한 식사대 50,000원을 법인 국민신용카드로 결제하다.

✎(예제 4-1)

과목	적요	금액	과목	적요	금액
합계			합계		

✎(예제 4-2)

과목	적요	금액	과목	적요	금액
합계			합계		

제5절 지출품의서의 작성

1. 의의

회사의 자금을 지출할 때에는 회사 결정권자의 결재를 받아 지출을 하는 것이 일반적이다. 소규모 회사라면 모든 집행의 결정이 신속하게 이루어질 수 있기 때문에 별도로 자금을 지출하기 전에 사전허가를 얻을 필요는 없겠으나, 일정 규모 이상의 회사라면 크고 작은 비용 지출이 지속적으로 발생되기 때문에 결정권자 혼자서 모든 의사결정을 수행할 수가 없다.

따라서 지출(품의)결의서를 사용하여 사전에 자금 지출에 대한 결재를 받고 자금집행의 결과로 지출일자, 지출금액, 관련 영수증 등을 첨부하여 결과사항을 다시 결재를 받아 합리적인 지출의사결정을 수행할 수 있다.

지출품의서는 다양한 품의서 중 임금이나 대금 등 회사 비용의 지출에 관련하여 결재를 받기 위한 문서로 상황에 따라 여러 형태로 작성하여 사용할 수 있다. 지출품의서 작성이 필요한 경우로는 지출 업무를 진행하기 위한 결재서류 작성, 접수한 문서의 처리, 상급자 지시사항의 처리, 법령이나 각종규정 등의 근거에 의하여 필요한 경우 등이다.

2. 지출품의서 필요성

지출품의서가 가장 필요한 부서는 구매부서와 자금부서이다. 왜냐하면 구입 전에 여러 가지 대안들을 검토하여 전결조항에 따라 승인을 받아야 하고, 금액도 소소한 일상 비용보다 훨씬 큰 액수이기 때문이다. 소규모 사업자도 마찬가지로 자금을 지출하기 전에 신중한 검토가 필요한 사항에 대해 금액기준과 항목기준을 사전에 설정해 놓는 것이 지출의사결정에 유용하다.

3. 양식 및 작성요령

지 출 품 의 서		담당	과장	이사	대표이사

부서명		직위		성명	
지출금액					
제목					
지출형태	현금		계좌이체		기타
지 출 내 역						
계정과목	적요	금액	지급처	비고	
합계			₩0		

위와 같이 지출품의서를 제출하오니 결재하여 주시기 바랍니다.
　　　　　　년　　　　월　　　일

- 부서명, 직위, 성명 : 자금을 사용하는 부서에서 부서장의 승인을 받아 지출승인을 회계팀(경리팀)에 요청할 때 작성하는 것으로 부서명란을 보면 어떤 부서에서 누가 어느 용도로 자금을 요청했는 지를 알 수 있다.
- 지출금액 : 자금 지출금액을 기록한다.
- 제목 : 지출되는 대표적인 거래내용을 기록한다.
- 지출형태 : 지출이 현금인지, 통장계좌인지 등을 기록한다.
- 계정과목 : 회계처리 시 계정과목을 적는다.
- 적요 : 자금을 지출하는 용도를 기술한다.
- 금액 : 금액을 적는다.
- 비고 : 지출품의서 내용에 대해 참조사항이나 '특이사항'을 기록한다.

4. 작성사례

(예제 5) 5월 2일 구매부서의 과장 일지매는 본사에서 사용할 목적으로 구입할 업무용 컴퓨터 10대(공급대가 11,000,000원)에 대해 지출품의서를 결재 받고자 한다. 지출품의서를 작성하시오.
  ▶ 거래처명 : ㈜일신전자
  ▶ 입금계좌번호 : 국민은행 110-11-11324

지 출 품 의 서			담당	과장	이사	대표이사

부서명		직위		성명	
지출금액					
제목					
지출형태	현금		계좌이체		기타	

지 출 내 역

계정과목	적요	금액	지급처	비고
합계			₩0	

위와 같이 지출품의서를 제출하오니 결재하여 주시기 바랍니다.
년   월   일

제6절 지출결의서의 작성

1. 의의

지출결의서는 비용발생 시 내부관리 상 지출에 대하여 사전 승인을 요청한다는 관리서류이다. 지출결의서는 회사에서 비용이 지출될 때 결정권자에게 결재를 받기 위해 작성하거나, 지출에 대한 '내부통제용'으로 사용하기 위해 작성하는 것이 일반적이다.
필요에 따라 지출의 현황, 어느 부서에서 필요한 물품인지, 언제 지출되어야 하는지, 결재조건은 무엇인지, 거래처나 고객 접대 시 어떤 인물인지 등의 여부를 기재하여 결재를 하는 부서에서 올바른 판단을 위한 기초자료가로 활용된다.

2. 지출결의서 필요성

1) 회사의 자금을 지출할 때에는 관리자의 결재를 받아 지출을 하는 것이 일반적이다. 규모가 작은 회사라면 모든 집행의 결정이 간단하게 이루어질 수 있기 때문에 별도로 자금을 지출하기 전에 사전허가를 생략하는 경우도 있으나, 일정규모 이상의 회사라면 수시로 크고 작은 비용지출이 이루어지기 때문에 결정권자 혼자서는 모든 결정을 다 수행할 수 없게 된다.
2) 따라서 사전에 지출결의서를 통해 자금 지출에 대한 결재를 받고 자금 집행의 결과로 지출일자, 지출금액, 관련 증빙서류 등을 첨부하여 결과사항에 관하여 보고한다.
3) 지출결의서의 작성은 올바른 회계처리를 위한 기초자료임과 동시에 대표자와 경영진이 올바른 자금집행을 하기 위한 중요한 자료가 된다.

3. 지출결의서 종류

종류	내용
입금 결의서	제 수입 사항 및 기타 입금사항이 있는 사용
지출 결의서	지출발생 시 회사 내부 관리 상 지출의 사전 승인요청을 할 경우에 사용
대체 결의서	미지급 계정 설정 시 사용

* 입금결의서, 지출결의서, 대체결의서 작성의 편의를 위하여 지출(입금, 출금, 대체)결의서로 통합하여 사용하기도 한다.

4. 지출결의서와 지출품의서의 차이점

1) 지출결의서 작성의 전 단계인 지출품의서는 어떠한 물품을 구매하거나 지출해도 좋은지 승낙을 받는 문서이고, 지출결의서는 품의서에 의하여 승낙을 받은 물품대금을 지급하겠다는 결의서이다.
2) 지출결의서 서식은 회사마다 규정이 다르기 때문에 다소 차이가 있다. 그러나 엄격히 따져보면 지출품의서는 예상되는 지출에 대하여 승낙을 받는 절차로 사전승인을 받는 것이고, 지출결의서는 실제 지출이 이루어지는 자금 집행의 결과 및 회계처리를 나타내는 것으로 볼 수 있다.

5. 지출결의서 작성 시 유의사항

1) 원칙적으로 사업자가 사업 상 지출되는 경비에 대해서는 그 증빙을 반드시 수취, 보관하고 있어야 하므로 3만원 초과 경비를 지출할 때에는 세금계산서, 계산서, 신용카드매출전표, 현금영수증 등을 수취하여야 한다.
2) 3만원 이하의 경비 지출 시에도 원칙적으로 영수증을 수령해야 한다. 단, 현실적으로 영수증을 수취할 수 없는 경우에는 사용자를 기재하고 해당 부서장이 확인한 지출결의서를 꼭 작성해야 한다.
3) 물품대금을 선 지급 하거나 업무 상 가지급금을 지급할 때 등 금전의 지출이 발생할 때는 관련 증빙서류와 함께 지출결의서를 첨부하여 증빙처리를 할 수 있어야 한다.
4) 지출결의서는 비용 발생 시 회사 내부관리 상 지출을 사전에 승인 요청한다는 관리서류이다. 동시에 출금전표로 사용하는 회사도 있을 수 있는데, 지출결의서와 전표가 혼용된 지출결의서는 비용 지출 시 지출결의서 뒷면에 관련증빙을 첨부하게 된다. 또한 지출결의서는 내부통제용이므로 경리부서에서만 작성하는 것이 아니고, 경리지식이 없는 타부서 직원들도 작성할 수도 있기 때문에 작성 요령을 숙지하고 있어야 한다.
5) 지출결의서는 자금과 회계의 기초 자료이므로 분명하게 기재해야 한다. 지출결의서에는 구매(지출)의 내용, 어느 부서에서 필요한 물품(지출)인지, 언제 대금이 지출되어야 하는 지, 결재조건은 무엇인지 등에 대한 올바른 회계처리를 하기 위한 기초자료임과 동시에 대표자나 경영진이 자금집행을 하기 위한 가장 중요한 자료이므로 신중하게 작성해야 한다.

6. 지출결의서 양식 및 작성요령

지 출 결 의 서			담당	과장	이사	대표이사

부 서 명		직 위		성 명		
지출금액			지출예정일			
제목						
지출형태	현 금		계좌이체		기 타	
지 출 내 역						
계정과목	적요		금액	지급처	증빙서류	
합계			₩0			
위 금액을 청구하오니 결재 바랍니다.(사전 지출품의서, 영수증 뒷면 첨부) 년 월 일						

- 부서명, 직위, 성명 : 자금을 사용하는 부서에서 부서장의 승인을 받아 지출승인을 회계팀(경리팀)에 요청할 때 작성하는 것으로 부서명란을 보면 어떤 부서에서 누가 어느 용도로 자금을 요청했는지 알 수 있다.
- 지출금액 : 자금 지출금액을 기록한다.
- 제목 : 지출되는 대표적인 거래내용을 기록한다.
- 지출형태 : 지출형태(현금, 통장, 카드)등을 기록한다.
- 계정과목 : 회계장부에 기록해야 할 계정과목을 기록한다.
- 적요 : 자금을 지출하는 용도를 간략하게 기술한다.
- 금액 : 금액을 기록한다.
- 지급처 : 대금 지급처를 기록한다.
- 증빙서류 : 세금계산서, 계산서, 신용카드, 현금영수증, 영수증을 기록한다.

7. 작성사례

(예제6) 5월 2일 지출품의 하였던 업무용 컴퓨터 10대(공급대가 11,000,000)원에 대해 전자세금계산서를 수취하였으며, 5월 20일 경리담당 김세무에게 지출결의를 의뢰하다. 이에 김세무는 지출결의서를 작성하여 결재를 받았다. 지출결의서와 대금지급에 따른 대체전표를 작성하시오.

지 출 결 의 서					담당	과장	이사	대표이사
부서명			직위		성명			
지출금액				지출예정일				
제목								
지출형태	현금			계좌이체			기타	
지 출 내 역								
계정과목	적요		금액		지급처		증빙서류	
합계			₩0					
위 금액을 청구하오니 결재 바랍니다.(사전 지출품의서, 영수증 뒷면 첨부) 년 월 일								

대 체 전 표				결재	담당	과장	부장	사장
년 월 일								

과목	적요	금액	과목	적요	금액
합 계			합 계		

제7절 거래명세서의 작성

1. 의의

공급한 자와 공급받은 자의 인적사항, 거래일자, 거래내용, 공급가액, 세액, 비고 등이 기재된 명세서를 말한다. 사업자가 고정거래처와 거래를 하는 경우에는 1역월 범위내에서 일정기간의 거래를 합계한 세금계산서를 발급할 수 있다. 따라서 거래가 빈번히 발생되는 경우 그 공급시기마다 세금계산서를 발행하기보다 거래명세서를 발급하는 것이 효율적이다.

2. 거래명세서의 기능

거래명세서란 재화나 용역의 거래가 발생하는 경우 거래 상대방과의 물품의 인도나 인수거래가 잘 이루어졌다는 의미에서 보다 상세하게 기재된 증거자료를 말하는 것이며 세무 상으로 강제하고 있지는 않으나 내부적으로는 잘 보관하여야 한다. 물품을 인도, 인수 시에는 거래명세서를 가지고 확인을 하는 것이 상거래의 관례이기 때문이다.

물품의 인도자는 인수자의 확인을 꼭 받아야 하고, 반대로 인수자는 거래명세서의 물품과 수량을 확인하여야 한다. 이러한 거래명세서는 물품을 파는 공급자가 발행하는 것으로서 세금계산서와 마찬가지로 거래명세서도 공급자용과 공급받는자용으로 두 장이 한 세트로 구성되어져 있다. 거래명세서의 앞장이 공급받는자용이고 뒷장이 공급자용이기 때문에 거래명세서 상의 공급받는자용과 공급자용을 잘 확인하면 된다.

일반적으로 상품을 판매하거나 판매할 상품을 납품을 받을 때 적격증빙인 세금계산서를 발급 또는 수취해야 하나 세금계산서, 계산서, 영수증에는 거래내역을 상세히 기록하는 것이 불가능하므로 세부적인 거래내역이나 사실을 뒷받침 할 수 있도록 거래가 발생한 시점에 거래명세서를 두 장(공급받는자용, 공급자용) 작성해서 거래물품의 수령 여부를 확인한다. 공급자와 공급받는자의 인적사항, 거래일자, 거래내용, 공급가액, 세액, 비고 등이 기재된 거래명세서는 거래처와의 거래사실을 확인하는 증빙이나, 법적인 구속력을 갖는 것은 아니므로 반드시 법적 증빙인 세금계산서를 발급 또는 수취해야 한다.

3. 거래명세서의 필요성

세무서에서는 매입 거래에 대하여 자료상을 통한 무자료 가공거래를 적발하기 위하여 매입세액 부당공제 혐의가 있다고 판단되면 소명자료의 제출을 요구하게 된다. 소명자료 제출 시 세금계산서와는 별도로 매입행위 자체가 정당하다는 가장 객관적인 자료인 은행 송금증 혹은 입금표와 함께 「거래명세서」를 제출한다. 따라서 거래명세서 또한 「사적증빙」으로 가치가 있으므로 회사 내부관리 차원에서 「세금계산서」와 같이 별도로 관리하는 것이 유용하다. 「세금계산서」처럼 적격증빙 이외의 「거래명세서」등의 자료는 납세자와 관세관청 사이의 분쟁 시 「실질과세의 원칙」에 의해 납세자의 측면에서 일종의 안전장치의 역할을 할 수 있기 때문이다.

4. 거래명세서의 보관

일반적으로 기업에서는 거래명세서를 세금계산서 뒷면에 붙여서 보관한다. 따라서 별도의 세금계산서철을 관리할 필요가 있다. 왜냐하면 부가가치세 불부합자료에 대한 소명자료를 제출할 때 세금계산서와 거래명세서를 모두 제출할 필요가 있기 때문이다.

5. 거래명세서 양식 및 작성요령

거래명세서 (공급자 보관용)									
납품년월일 :									
증빙번호									
공급받는자	등록번호					공급자	등록번호			
	상 호		성명				상 호		성명
	주 소						주 소		
	업 태		종목				업 태		종목
순번	품 명	규 격	단 위	수 량	단 가	금 액		비 고	
수량계			부가세계			공급가액계			
비 고		전일미수액		당일거래총액		입금액	미수액		인수자

- 납품년월일 : 납품한 날짜를 기록한다.
- 증빙번호 : 거래명세서의 발행번호를 기입한다.
- 공급자 : 자사의 사업자등록번호 등을 기입한다.
- 공급받는자 : 상대 거래처의 사업자등록번호 등을 기입한다.
- 품명·규격·단위·수량·단가 : 거래하는 물품의 품목에 대해 규격, 단위를 기입한다.
- 금액 : 수량과 단가를 곱한 총금액을 기입한다.
- 수량계 : 수량의 총계를 기입한다.
- 부가세계 : 과세거래인 경우 총금액의 10%에 해당하는 금액을 기입한다.
- 공급가액 계 : 과세거래인 경우 부가가치세를 제외한 금액을 기입한다.
- 전일미수액 : 전일까지의 미수액을 기입한다.
- 당일거래총액 : 당일 거래의 총액(부가세를 포함한 금액)을 기입한다.
- 입금액 : 당일 입금액을 기록한다. 이때 입금표 등의 제반 증빙을 수취 또는 지급한다.
- 미수액 : 미수잔액(전일미수액 + 당일거래총액 - 입금액)을 기입한다.
- 인수자 : 거래상대방의 정확한 기명날인 여부를 확인한다.

6. 작성 사례

(예제 7) 7월 25일 (주)숭의상사는 (주)세운전자에 하드디스크 20개(@80,000원, 부가세 별도)를 외상판매하고 거래명세서를 발급하였다. 대금은 1개월 뒤에 지급받는 조건이며, 전일미수액은 2,500,000원이다.(인수자는 홍길동이며, 증빙번호는 생략할 것).

등록번호	상호	성명	사업장주소	업태	종목
107-26-35109	(주)숭의상사	이우진	생략	제조	전자제품
211-23-11111	(주)세운전자	김찬영	생략	도소매업	전자제품

거 래 명 세 서
(공급자 보관용)

납품년월일 :
증빙번호 :

공급자	등록번호		성명		공급받는자	등록번호		성명	
	상 호					상 호			
	주 소					주 소			
	업 태		종목			업 태		종목	

순번	품 명	규 격	단 위	수 량	단 가	금 액	비 고

수량계		부가세계		공급가액계			
비 고		전일미수액	당일거래총액	입금액	미수액	인수자	

제8절 입금표의 작성

1. 의의

외상대금의 회수가 통장인 경우에는 예금통장이 증빙자료가 되지만, 현금 또는 어음 등으로 회수하는 경우에는 입금표가 그 증빙자료이다. 입금표는 대금결재 시 작성하는 장부이며, 2장을 작성하여 공급자용은 보관하고 공급받는자용은 거래상대방에게 발급한다.

2. 입금표 양식 및 작성방법

일련NO.																					
			입 금 표 (공급받는자 보관용)																		
	귀하																				
공급자	사업자 등록번호																				
	상 호								성 명												
	사업장 소재지																				
	업 태								종 목												
작 성				금 액									세 액								
연	월	일	공란수	십	억	천	백	십	만	천	백	십	일	천	백	십	만	천	백	십	일
합 계				십	억	천	백	십	만	천	백	십	일								
내 용																					
위 금액을 영수함.																					

※ 본 입금표는 계약금 또는 선수금을 받을 때와 법정 계산서 또는 검인 받은 거래 명세서표에 의하여 물건을 외상으로 판매하고 대금을 받을 때 사용하는 것이다.

- 귀하란 : 공급받는자의 상호를 기입한다.
- 공급자란 : 공급자의 등록번호 등을 기입한다.
- 작성년월일란 : 작성년월일을 기입한다.
- 공급가액 및 세액란 : 공급가액과 세액을 기입한다.
- 내용란 : 결재은행, 결재일, 어음번호 등을 기입한다.

3. 작성 사례

(예제 8) 8월 10일 ㈜세운전자에 대한 외상매출금 1,760,000원 전액을 현금으로 지급받다(입금표를 작성하시오).

일련NO.																			
			입 금 표 (공급받는자 보관용)																
	귀하																		
공급자	사업자 등록번호																		
	상 호									성 명									
	사업장 소재지																		
	업 태									종 목									
작 성			금 액									세 액							
연	월	일	공란수	십	억	천	백	십	만	천	백	십	일	천	백	십	만	천	백	십	일
합 계				십	억	천	백	십	만	천	백	십	일						
내 용:																			
				위 금액을 영수함.															
※ 본 입금표는 계약금 또는 선수금을 받을 때와 법정 계산서 또는 검인 받은 거래 명세서표에 의하여 물건을 외상으로 판매하고 대금을 받을 때 사용하는 것이다.																			

제9절 경비 등 송금명세서의 작성

1. 의의

경비 등의 송금명세서란 지출증빙의 수취특례 규정으로, 사업자가 정규지출증빙(적격지출증빙)을 수취하지 않더라도 증빙불비가산세(미수취금액의 2%)를 부과하지 않는다는 규정으로써 반드시 금융기관을 통하여 지급해야 하며, 법인세 과세표준신고서 또는 종합소득과세표준신고서에 송금사실을 기재하여 제출해야 한다. 하지만 실무적으로 세무조사를 하지 않으면 경비 등의 송금명세서를 제출했는지 안했는지를 알 수 없으며, 금액이 소액인 경우가 대부분이어서 가산세가 크지 않는 반면, 과세표준신고시 송금사실을 기재하여 제출하는 것이 업무에 큰 부담이 되어 이를 신고하지 않는 경우가 일반적이다.

2. 작성 대상

1) 법인이 「법인세법 시행령」제41조제2항제2호에 따라 농·어민(한국표준산업분류에 따른 농업 중 작물재배업·축산업·복합농업, 임업 또는 어업에 종사하는 자를 말하며, 법인은 제외한다)으로부터 직접 재화를 공급받는 경우 금융회사 등을 통하여 그 대가를 지급하는 거래에 대하여 작성한다.
2) 법인이 3만원을 초과하는 재화 또는 용역을 공급받고 그 대가를 「법인세법 시행규칙」제79조제10호에 따라 금융회사 등을 통하여 지급하는 다음의 거래에 대하여 작성한다.

구분	내용
①	「부가가치세법」 제25조의 규정을 적용받는 사업자로부터 부동산임대용역을 제공받은 경우
②	임가공용역을 제공받은 경우(법인과의 거래를 제외한다)
③	운수업을 영위하는 자(「부가가치세법」 제25조의 규정을 적용받는 사업자에 한한다)가 제공하는 운송용역을 공급받은 경우(제7호의 규정을 적용받는 경우를 제외한다)
④	「부가가치세법」 제25조의 규정을 적용받는 사업자로부터 「조세특례제한법 시행령」 제110조 제4항 각호의 규정에 의한 재활용폐자원 등이나 「자원의 절약과 재활용촉진에 관한 법률」 제2조 제2호에 따른 재활용가능자원(동법 시행규칙 별표 1 제1호 내지 제9호에 열거된 것에 한한다)을 공급받은 경우
⑤	「항공법」에 의한 상업서류 송달용역을 제공받는 경우
⑥	「공인중개사의 업무 및 부동산 거래신고에 관한 법률」에 따른 중개업자에게 수수료를 지급하는 경우
⑦	「복권 및 복권기금법」에 의한 복권사업자가 복권을 판매하는 자에게 수수료를 지급하는 경우
⑧	「전자상거래 등에서의 소비자보호에 관한 법률」 제2조제2호 본문에 따른 통신판매에 따라 재화 또는 용역을 공급받은 경우

3. 경비 등의 송금명세서 양식 및 작성방법

경비 등의 송금명세서

사업연도	. . . ~ . . .		
공급받는자 (신고법인)	①법 인 명		②사업자등록번호
	③대표자성명		④전화번호

거래, 송금내역 및 공급자

⑤ 일련 번호	⑥ 거래 일자	⑦ 법인명(상호) ⑧ 성 명	⑨ 사 업 자 등록번호	⑩ 거래내역	⑪ 거래금액	⑫ 송금 일자	⑬ 은 행 명 ⑭ 계좌번호
계							

- 사업연도 : 제출하고자 하는 사업연도를 기재한다.
- 공급받는자 : 신고법인, 즉 경비 등을 송금한 신고법인을 기재한다.
- 거래 및 송금내역, 공급자는 거래일자 순으로 거래상대방의 인적사항과 거래내역 등을 적는다.
  - ⑩란은 공급받은 재화 또는 용역의 품명, 내용 등을 적는다.
  - ⑭란은 무통장입금, 계좌자동이체, 지로송금시 거래상대방의 계좌번호 또는 지로번호를 적는다.

제10절 지출증명서류합계표의 작성

1. 의의

그동안 법인의 지출에 대해서는 세법에서 정하고 있는 서류를 수취하여 5년간 보관하기만 하면 그것으로 추가적인 의무는 없었다. 그러나 신설된 규정에 따르기 위해서는 법에 정한 적격증빙의 수취·보관만으로는 부족하다. 법인의 손익계산서 및 원가명세서 상의 지출과 대차대조표 상의 유형·무형고정자산의 취득을 위한 지출에 대해 표준재무제표 상의 계정과목별로 사업자와 거래인지를 판단하고, 사업자와의 거래인 경우에는 수취한 적격증빙의 종류에 따라 신용카드, 현금영수증, 세금계산서 및 계산서 수취 상황을 점검하여야 한다. 사업자가 아닌 자와 거래하거나 적격증빙 수취 의무가 면제된 거래를 한 경우에는 "차이"(=계정 금액-적격증빙 수취합계액)를 표시하는 합계표를 작성하여 보관해야 한다.

2. 주요내용

구분	내용
대상	직전사업연도 수입금액이 20억 이상인 법인(약 15만개 법인) * 수입금액이 20억원 미만인 사업자는 제외
자료 관련 의무	자료 작성 보관
제출시기	세무관서에서 요구 시 제출(전자제출) * 12월말 법인의 경우 1년 후 세무관리상 필요한 때 세무관서가 요구하면 제출
시행시기	2017년 사업연도분부터
미제출시 불이익	사후 검증
가산세 부과 여부	부과할 수 있음
작성 및 보관 근거	법인세법시행령

3. 양식 및 작성요령

지출증빙서류 검토표

1. 표준대차대조표 계정과목별 지출증빙서류 수취금액

계정과목			지출증빙서류 수취금액					⑨수취 제외대상금액	⑩차이 (③-④-⑨)
①코드	②과목명	③금액	④계 (⑤+⑥+⑦+⑧)	⑤신용카드	⑥현금영수증	⑦세금계산서	⑧계산서		
⑪ 소 계									

2. 표준손익계산서 계정과목별 지출증빙서류 수취금액

계정과목			지출증빙서류 수취금액					⑳수취 제외대상금액	㉑차이 (⑭-⑮-⑳)
⑫코드	⑬과목명	⑭금액	⑮계 (⑯+⑰+⑱+⑲)	⑯신용카드	⑰현금영수증	⑱세금계산서	⑲계산서		
㉒ 소 계									

3. 표준손익계산서부속명세서 계정과목별 지출증빙서류 수취금액

계정과목				지출증빙서류 수취금액					㉜수취 제외대상금액	㉝차이 (㉖-㉗-㉜)
㉓구분	㉔코드	㉕과목명	㉖금액	㉗계 (㉘+㉙+㉚+㉛)	㉘신용카드	㉙현금영수증	㉚세금계산서	㉛계산서		
㉞ 소 계										
㉟ 합 계(⑪+㉒+㉞)										

작 성 방 법

1. 표준대차대조표 계정과목별 지출증빙서류 수취금액
   가. 당해 사업연도에 취득한 유형·무형자산에 대하여 작성합니다.
   나. 계정과목(①~③란) : 지출증빙서류 수취 대상 거래가 포함된 계정과목에 대하여 "표준대차대조표(별지 제3호의2서식)"의 각 계정과목별 코드, 계정과목명, 금액(당해 사업연도 취득금액)을 적습니다.
   다. 지출증빙서류 수취금액(④~⑧란) : 각 계정과목별로 신용카드 매출전표 등 법인세법 제116조제2항 각 호의 지출증빙서류 수취금액을 적습니다.
   라. 수취 제외대상금액(⑨란) : 법인세법시행령 제158조제1항제1호(제2호, 제3호) 단서, 법인세법시행령 제158조제2항에 해당되는 경우
   마. 계정과목 예시 : 건물, 기계장치, 선박·항공기, 건설용장비, 차량운반구, 건설중인유형자산, 시설장치, 공구기구비품, 기타유형자산, 무형자산 (영업권, 산업재산권, 광업권, 어업권, 차지권, 개발비, 소프트웨어, 저작권, 제이용권, 기타무형자산)

2. 표준손익계산서 계정과목별 지출증빙서류 수취금액
   가. 당해 사업연도에 지출한 비용에 대하여 작성합니다.
   나. 계정과목(⑫~⑭란) : 지출증빙서류 수취 대상 거래가 포함된 계정과목에 대하여 "표준손익계산서(별지 제3호의3서식)"의 각 계정과목별 코드, 계정과목명, 금액(손익계산서 금액)을 적습니다.
   다. 지출증빙서류 수취금액(⑮~⑲란) : 각 계정과목별로 신용카드 매출전표 등 법인세법 제116조제2항 각 호의 지출증빙서류 수취금액을 적습니다.
   라. 일반법인용 표준손익계산서상 "제조, 공사, 임대, 분양, 운송, 기타 원가" 당기총원가(코드 16)의 경우 표준손익계산서부속명세서 각 계정과목별로 "3.표준손익계산서부속명세서 계정과목별 지출증빙서류 수취금액"에 적습니다.
   마. 수취 제외대상금액(⑳란) : 법인세법시행령 제158조제1항제1호(제2호, 제3호) 단서, 법인세법시행령 제158조제2항에 해당되는 경우
   바. 계정과목 예시 : 당기매입원가, 임차료, 광고선전비, 차량유지비, 수주비, 지급수수료, 판매수수료, 소모품비, 통신비, 운반비, 보관료, 건물·시설관리비, 수선비, 수도광열비, 전기료, 인쇄비, 외주용역비, 기타판관비 등

3. 표준손익계산서부속명세서 계정과목별 지출증빙서류 수취금액
   가. 당해 사업연도에 지출한 비용에 대하여 작성합니다.
   나. 구분(㉓란) : 해당 부속명세서에 따라 아래의 코드를 적습니다.

구분	제조	공사	임대	분양	운송	기타
코드	1	2	3	4	5	6

   다. 계정과목(㉔~㉖란) : 지출증빙서류 수취 대상 거래가 포함된 계정과목에 대하여 "부속명세서[별지 제3호의3(3)서식]"의 각 계정과목별 코드, 계정과목명, 금액(부속명세서 금액)을 적습니다.
   라. 지출증빙서류 수취금액(㉗~㉛란) : 각 계정과목별로 신용카드 매출전표 등 법인세법 제116조제2항 각 호의 지출증빙서류 수취금액을 적습니다.
   마. 수취 제외대상금액(㉜란) : 법인세법시행령 제158조제1항제1호(제2호, 제3호) 단서, 법인세법시행령 제158조제2항에 해당되는 경우
   바. 계정과목 예시 : 당기재료매입액, 외주비, 전력비, 가스·수도·유류비, 운임, 수선비, 소모품비, 임차료, 통신비, 차량유지비, 외주가공비, 특허권사용료, 포장비, 중장비유지비, 하자보수비, 지급수수료, 용역비, 인쇄비, 보관료 등

제11절 세금계산서 작성 및 발급

1. 의의

세금계산서란 사업자가 재화 또는 용역을 공급할 때 부가가치세를 거래징수하고, 거래사실과 부가가치세의 징수사실을 증명할 수 있는 일종의 증빙서류에 해당한다. 이러한 세금계산서는 증빙서류로서의 역할뿐만 아니라 과세자료, 청구서, 영수증, 기장의 근거자료로 이용되기도 한다.

2. 세금계산서의 기재사항

필요적 기재사항	임의적 기재사항
① 공급하는 사업자의 등록번호와 성명 또는 명칭 ② 공급받는 자의 등록번호 ③ 공급가액과 부가가치세액 ④ 작성연월일	① 공급하는 자의 주소 ② 공급받는 자의 상호, 성명, 주소 ③ 공급하는 자와 공급받는 자의 업태와 종목 ④ 공급품목 ⑤ 단가와 수량 ⑥ 공급연월일 등

3. 교부 당사자, 대상거래

1) 교부당사자

납세의무자로 등록한 과세사업자이다. 사업자 등록을 한 일반과세자이며, 간이과세자는 영수증교부대상이다.

2) 교부대상거래

(1) 원칙

과세되는 재화·용역의 공급에 대해서 원칙적으로 세금계산서를 교부해야 한다. 다만, 소매업 등 주로 사업자가 아닌 소비자에게 재화 또는 용역을 공급하는 사업을 영위하는 사업자는 세금계산서 대신에 영수증을 교부한다. 하지만 공급받는자가 세금계산서를 요구하면 세금계산서를 교부해야 한다.

(2) 교부의무 면제

사업자가 재화 또는 용역을 공급하는 경우에는 세금계산서 또는 영수증을 교부하는 것이 원칙이다. 다만, 다음의 경우에는 세금계산서 교부의무가 면제된다.
① 택시운송사업자·노점·행상·무인판매기를 이용하여 재화·용역을 공급하는 자
② 소매업을 영위하는 자가 제공하는 재화·용역(사업자가 요구 시에는 발행해야 한다)
③ 목욕·이발·미용업을 영위하는 자가 공급하는 용역
④ 간주공급에 해당하는 재화의 공급 ↔ 직매장반출은 교부
⑤ 부동산임대용역 중 간주임대료
⑥ 직수출 ↔ 간접수출 시는 교부
⑦ 입장권 발행사업(연극, 영화관 등)을 영위하는 자가 공급하는 용역
⑧ 여객운송업자가 공급하는 용역
⑨ 성형수술비, 운전면허학원비, 무도학원비 사용분
⑩ 간이과세자

(3) 영수증 교부대상자

모든 일반과세자(제조, 도매업 등도 인정)가 그 대상이다.

4. 교부시기의 특례

공급시기 전	폐업일 이후 도래 시 : 폐업일	
	① 대가의 전부 또는 일부를 받은 경우는 공급시기 전 교부 가능 ② 대가를 먼저 받고 공급시기가 되기 전의 다른 과세기간에 세금계산서를 발급하는 경우도 가능	
	① 세금계산서 교부 후 7일 이내에 대금 지급이 이루어지는 경우와 대금지급이 7일 이상 지연되더라도 30일 이내에 받은 경우 선발행한 세금계산서를 적법한 세금계산서로 인정 ② 세금계산서 발급 후 동일 과세기간 이내에 대가를 받는 경우(단, 조기환급을 받기 위해서는 30일 이내 대가를 지급받아야 함)	

공급시기 후	공급일이 속하는 달의 다음달 10일까지 세금계산서 교부 가능
	① 거래처별로 1역월(한 달)의 공급가액을 합계하여 당해 월의 말일 자를 발행일자로 하여 세금계산서를 교부하는 경우 1/1~1/31 인 경우 : 1/31 발행일자로 2/10 까지 교부
	② 거래처별로 1역월 이내에서 사업자가 임의로 정한 기간의 공급가액을 합계하여 그 기간의 종료 일자를 발행일자로 하여 세금계산서를 교부하는 경우 1/1~1/15, 1/16~1/31 인 경우 : 1/15, 1/31 발행일자로 2/10 까지 교부
	③ 관계 증빙서류 등에 의하여 실제거래사실이 확인되는 경우로서 당해 거래 일자를 발행일자로 세금계산서를 교부하는 경우 1/7 매출 분 세금계산서 교부 누락 : 1/7 발행일자로 2/10 까지 교부

5. 전자세금계산서

1) 전자세금계산서의 발급기한

(1) 원칙적으로 재화 또는 용역을 공급하는 때에 발급
(2) 월합계 세금계산서 등의 경우 예외적으로 공급시기가 속하는 다음달 10일까지 발급(다만, 발급기간이 토요일 또는 공유일인 경우에는 그 다음날까지 발급)

2) 전자세금계산서의 전송기한

전자세금계산서를 발급한 후 즉시 국세청에 전송함을 원칙으로 하되, 발급일의 다음날까지는 국세청에 전송해야 한다. 이때 e세로는 발급 즉시 전송되므로 별도의 전송이 필요없으나, 시스템사업자(ASP, ERP 등)를 통하여 전자세금계산서를 발급한 경우의 발급일은 전자서명을 한 날이다.

3) 전자세금계산서 발급의무 대상자 :

(1) 법인사업자
(2) 개인사업자로 직전연도 사업장별 공급가액이 3억원 이상인 경우

4) 전자세금계산서 관련 가산세

구분	내용	가산세 (법인, 개인)
미발급	○ 전자세금계산서 발급의무자가 전자세금계산서 미발급 ○ 재화·용역의 공급시기가 속하는 과세기간에 대한 확정신고기한이 경과되어 발급하는 경우	공급가액 × 2%
지연발급	○ 재화·용역의 공급시기가 속하는 과세기간에 대한 확정신고기한 내에 발급하는 경우 ○ 발급시기에 전자세금계산서를 발급해야할 의무자가 전자세금계산서 대신에 종이세금계산서를 발급하는 경우	공급가액 × 1%
지연전송	○ 발급일의 다음날이 지나서 과세기간에 대한 확정신고기한까지 예) 20x8년 8월 1일 발급한 경우, 20x8년 8.3~20x9년 1월 25일까지	공급가액 × 0.3%
미전송	○ 공급시기가 속하는 과세기간에 대하나 확정신고 기한까지 미전송하는 경우 예) 20x8년 8월 1일 발급한 경우, 20x9년 1월 25일까지 미전송	공급가액 × 0.5%

(사례 1) 전자세금계산서 발급

공급일자	발급일자	발급일자	발급일자
2.20	3.10	3.11~7.25	7.26 부터
	정상발급	지연발급	미발급

공급일자	발급일자	발급일자	발급일자
6.20	6.20~ 7.10	7.11~7.25	7.26 부터
	정상발급	지연발급	미발급

(사례 2) 전자세금계산서 전송

발급일자	전송일자	전송일자	전송일자
2.5	2.6	2.7~7.25	7.26 부터
	정상전송	지연전송	미전송

(사례 3) 예시

거래발생일	전자세금계산서 발행	가산세 적용
1월 30일	2월 10일	가산세 없음
	2월 11일	지연발급가산세 : 1%
	3월 11일	
	4월 11일	
	5월 11일	
	6월 10일	
	7월 10일	
	7월 25일	
	7월 26일	미발급가산세 : 2%
6월 30일	7월 10일	가산세 없음
	7월 25일	지연발급가산세 : 1%
	7월 26일	미발급가산세 : 2%

6. 부가가치세법 상 가산세

1) 사업자 미등록 가산세

사업개시일로부터 20일이내 사업자 등록을 하지 아니하거나, 또는 타인명의로 허위등록하거나, 또는 타인명의의 사업자등록을 이용하여 사업을 하는 경우
  : 등록신청일의 직전일까지의 공급가액 × 1%

2) 세금계산서 불성실 가산세

(1) 가공세금계산서

재화·용역의 공급없이 세금계산서를 발급한 경우 : 공급가액 × 3%

(2) 사실과 다른 세금계산서 가산세

고의로 공급가액을 일부 부풀린 경우 : 공급가액 × 2%

(3) 위장세금계산서 가산세

재화·용역을 공급하고 공급자 또는 공급받는 자가 아닌 자의 명의로 발급
  : 공급가액 × 2%

(4) 세금계산서 지연 발급가산세

세금계산서 지연발급 또는 기재사항누락분, 사실과 다른 경우 : 공급가액 × 1%

(5) 가공·공급가액을 고의로 부풀림, 위장세금계산서 수취 가산세

  : 공급가액 × 2%

3) 전자세금계산서발급명세 지연전송(미전송) 가산세

(1) 지연전송 가산세 :

전자세금계산서발급명세를 발급일의 다음날이 지나서 과세시간 확정신고기한 전송
  : 공급가액 × 0.3%

(2) 미전송 가산세 :

전자세금계산서발급명세를 공급시기가 속하는 과세기간에 대한 확정신고기한까지 미전송 : 공급가액 × 0.5%

4) 세금계산서합계표 불성실가산세

(1) 매출처별세금계산서 합계표 불성실 가산세

① 미제출·부실기재의 경우

예정신고 또는 확정신고 시 매출처별 세금계산서합계표를 제출하지 않거나, 부실기재한 경우 : 공급가액 0.5%

☞ 단, 무신고자가 법정신고기한 경과 후 1월 이내에 세금계산서합계표를 제출하는 경우 가산세 50% 감면.

② 지연제출의 경우

예정신고 미제출분을 확정신고 시 제출하는 경우 : 공급가액 × 0.3%

(2) 매입처별세금계산서 합계표 불성실가산세

① 지연수취

재화 또는 용역의 공급시기 이후에 발급받은 세금계산서로서 해당 공급시기가 속하는 과세기간 확정신고 종료일까지 발급받은 경우 : 공급가액 × 0.5%

② 미제출 후 경정청구 시 제출 : 공급가액 × 0.5%

③ 과다기재

제출한 매입처별세금계산서합계표의 기재사항 중 공급가액을 사실과 다르게 과다하게 기재하여 신고한 때 : 공급가액 × 0.5%

5) 신고불성실 가산세

① 부정행위에 따른 부당 무신고 : 납부세액 × 40%
② 그 외 일반 무신고 : 납부세액 × 20%

☞ 무신고자가 법정신고기한 경과 후 기한후 신고만 하여도 무신고가산세 감면 (1개월 이내 50% 감면, 1개월 초과 6개월 이내 20% 감면)

③ 신고불성실 가산세 과소·초과신고분

법정신고기한까지 신고한 경우로써 신고하여야 할 금액보다 과소신고한 납부세액

또는 초과신고한 환급세액

㉮ 부당과소신고 및 초과환급 신고

: 부당 과소 납부 및 초과환급 신고세액 × 40/100

㉯ 일반과소신고 및 초과환급 신고

: 일반 과소납부 및 초과환급 신고세액 × 10/100

☞ 과소·초과환급 신고분에 대해 수정신고만 하여도 가산세 감면
(6개월 이내 50% 감면, 6개월 초과 1년 이내 20% 감면, 1년초과 2년이내 10% 감면)

6) 납부불성실 가산세

예정신고、확정신고 규정에 의하여 납부하지 아니하거나 납부한 세액이 납부하여야 할 세액에 미달하는 때 또는 초과환급을 받은 경우에는 다음 산식을 적용하여 계산한 금액

> 무·과소 납부세액 × 납부기한의 다음날부터 자진납부일 또는 고지일까지의 기간 × 25/10,000
> 초과환급세액 × 환급받은 날의 다음날부터 자진납부일 또는 고지일까지의 기간 × 25/10,000

7) 영세율과세표준신고불성실 가산세

영세율이 적용되는 과세표준을 신고하지 아니하거나 신고한 과세표준이 신고하여야 할 과세표준에 미달하는 때나 또는 영세율과세표준을 신고하였으나 영세율첨부서류를 제출하지 아니한 경우 : 무신고 또는 미달신고한 과세표준 × 0.5%

☞ 무신고 또는 미달신고분에 대해 수정신고·납부하는 경우 가산세 감면
(6개월 이내 50% 감면, 6개월 초과 1년 이내 20% 감면, 1년 초과 2년이내 10% 감면)

7. 전자세금계산서 양식

										(적 색)
전자세금계산서 (공급자 보관용)						승인번호				

공급자	등록번호					공급받는자	등록번호				
	상호		성 명 (대표자)				상호		성 명 (대표자)		
	사업장 주소						사업장 주소				
	업태			종사업장번호			업태			종사업장번호	
	종목						종목				
	E-Mail						E-Mail				

작성일자		공급가액		세액	

월	일	품목명	규격	수량	단가	공급가액	세액	비고

합계금액	현금	수표	어음	외상미수금	이 금액을	○ 영수 ◉ 청구	함

(예제 9) 9월 2일 다음의 거래명세서에 의해 상품을 공급하였으며, 대금은 당월말일에 받기로 하다. 전자세금계산서를 발급 및 전송하시오(Smart A 전산회계프로그램을 이용).

거래명세서
(공급자 보관용)

납품년월일 : 2018. 9. 2
증빙번호 :

공급자	등록번호	107-26-35109			공급받는자	등록번호	211-23-11111		
	상 호	(주)숭의상사	성명	이우진		상 호	(주)세운전자	성명	김찬영
	주 소	서울 서대문구 충정로7길 31				주 소	서울 구로구 구로동로 30		
	업 태	제조업	종목	전자제품		업 태	도소매업	종목	전자제품
	부서명		담당자			부서명	구매부	담당자	박동호
	이메일	winer@bill36524.com				이메일	karl@bill36524.com		

순번	품 명	규 격	단 위	수량	단 가	금 액	비 고
	하드디스크			10	170,000	1,700,000	

수량계	10	부가세계	170,000	공급가액계	1,870,000	
비 고		전일미수액	당일거래총액	입금액	미수액	인수자
			1,870,000		1,870,000	이기자

8. 수정세금계산서 교부사유 및 방법

1) 당초 공급한 재화가 환입된 경우(1장 발행)

재화가 환입된 날을 작성일자로 기재하고, 비고란에 당초 세금계산서 작성일자를 부기한 후 부의 표시(-)를 하여 교부한다.

2) 계약의 해제인 경우(1장 발행)

계약이 해제된 때의 그 작성일자는 당초 세금계산서 작성일자를 기재하고 비고란에 계약해제일을 부기한 후 부의 표시(-)를 하여 교부한다.

3) 내국신용장 등이 발급된 경우(2장 발행)

공급시기가 속하는 과세기간 종료 후 20일 이내에 내국신용장 등이 개설된 경우에는 당초 세금계산서 작성일자를 기재하고 비고란에 내국신용장 개설일 등을 부기하되, 당초에 교부한 세금계산서 내용대로 세금계산서를 부의 표시(-)를 하여 교부하고, 추가하여 영세율 세금계산서를 발행한다.

4) 공급가액에 추가 또는 차감되는 금액이 발생한 경우(1장 발행)

증감사유가 발생한 날을 작성일자로 기재하고, 추가되는 금액은 정(+)의 세금계산서를 교부하고, 차감되는 금액 부(-)의 표시로 작성하여 교부한다.

5) 필요적 기재사항 등이 착오로 잘못 기재된 경우(2장 발행)

세무서장이 경정하여 통지하기 전까지 수정세금계산서를 작성하되, 당초에 교부한 세금계산서 내용대로 하되 부(-)의 세금계산서를 교부하고, 수정하여 교부하는 세금계산서는 정(+)의 세금계산서 작성한다.

〈수정세금계산서 교부사유 및 방법 요약〉

구분	수정 교부일	작성·교부방법			수정신고 유무	전송기한
		방법	작성월일	비고란		
환입	환입된 날	환입금액분에 대하여 부(-)의 세금계산서 발행	환입 된 날	당초 세금 계산서 작성일 부기	수정일자가 포함되는 과세기간분 부가세 신고에 포함하여 신고 (수정신고 불필요)	환입된 날 다음달 15일
계약의 해제	계약 해제일	부(-)의 세금계산서발행	당초 세금계산서 작성일	계약 해제일	당초 부가세신고에 영향이 있는 경우 수정신고	계약 해제일 다음달 15일 이내
내국 신용장 사후개설	내국신용 장 개설일	부(-)의 세금계산서 발행과 추가하여 영세율세금계산 서 발행	당초 세금계산서 작성일	내국신용장 개설일자	당기 과세기간분 부가세 신고에 포함하여 신고 (수정신고 불필요)	내국신용장 개설일 다음달 15일 원칙이되, 과세기간 종료후 개설된 경우 과세기간 종료 후 20일 이내
공급가액 변 동	변동사유	증감되는 분에 대하여 정(+)/부(-)세금 계산서 발행	변동사유 발생일	당초 세금계산서 교부일자	수정일자가 포함되는 부가가치세 신고에 포함하여 신고 (수정신고 불필요)	변동사유 발생일 다음달 15일 이내
기재사항 착 오 정 정	착오, 정정사항을 인식한 날	부(-)의 세금계산서 발행과 추가하여 정확한 세금계산서 발행	부(-)의 세금계산서 는 당초 세금계산서 작성일		당초의 부가세 신고에 영향 있는 경우 수정신고	착오 정정사항을 인식한 날 다음달 15일 이내

(예제 10) 9월 18일 ㈜세운전자에 9월 2일 공급하였던 하드디스크 2개(공급가액 340,000원, 부가세 별도)가 환입되어 수정전자세금계산서를 교부하였으며, 외상대금과 상계하다(Smart A 전산회계프로그램을 이용).

| 제12절 | 업무용 승용차관리 |

1. 의의

　기업이 승용차를 구입하여 업무용으로 사용하는 경우 그와 관련한 모든 비용을 특별한 제한 없이 기업의 비용으로 인정을 받을 수 있어 그동안 고급승용차를 취득하여 개인적으로 이용하는 경우에도 과세관청이 개인적 용도 사용에 대한 사실 관계를 확인하기가 현실적으로 어려워 납세자는 승용차 관련 비용을 손금(법인) 또는 필요경비(개인사업자)로 산입하여 세금을 줄일 수가 있었다.
　이러한 문제점으로 과세당국은 2016년 이후 기업의 승용차 관련 비용에 대하여 일정한 기준을 마련하여 업무 관련성을 입증하지 못하는 경우 손금불산입하고, 사적 비용인 경우 대표이사 등에 대한 상여처분을 하도록 하는 법령을 신설하였다.

2. 적용 대상자

　내국법인 및 개인사업자가 그 대상이다. 단, 개인인 경우 성실신고확인대상자에 한해 2016년부터 적용하고 복식부기의무자는 2017년부터 적용한다.

3. 업무용 승용차의 범위

1) 적용대상 차량

「개별소비세법」제1조 제2항 제3호에 해당하는 승용자동차
　(1) 배기량이 2천㏄를 초과하는 승용차와 캠핑용자동차: 100분의 5
　(2) 배기량이 2천㏄ 이하인 승용자동차(배기량이1천㏄ 이하인 것으로서 대통령령으로 정하는 규격의 것은 제외한다)와 이륜자동차 : 100분의 5
　(3) 전기승용자동차(「자동차관리법」제3조제2항에 따른 세부기준을 고려하여 대통령령으로 정하는 규격의 것은 제외한다): 100분의 5

2) 적용대상에서 제외되는 차량

(1) 경차 (정원 8명 이하의 자동차로 한정하되, 배기량이 1,000씨씨 이하의 것으로서 길이가 3.6미터 이하이고 폭이 1.6미터 이하인 것)
(2) 화물차, 승합차
(3) 운수업, 자동차판매업 등에서 사업에 직접 사용하는 승용자동차
(4) 장례식장 및 장의관련업을 영위하는 법인이 소유하거나 임차한 운구용 승용차

4. 업무용승용차 관련비용

업무용승용차에 대한 감가상각비, 임차료, 유류비, 보험료, 수선비, 자동차세, 통행료 및 금융리스부채에 대한 이자비용 등 업무용승용차의 취득·유지를 위하여 지출한 비용이 그 대상이다. 단, 운전기사의 급여는 인건비로 처리하므로 제외한다.

5. 임직원 업무전용자동차 보험 가입과 비용 인정

1) 임직원 전용 자동차보험 가입 시

(1) 운행기록을 통해 입증된 업무사용 비율만큼 비용 인정
(2) 운행기록을 작성하지 않은 경우 승용차 관련비용(감가상각비 등 차량 관련 모든 비용을 포함한 금액)은 대당 1천만원까지 인정
 단, 사업연도 중 취득 또는 처분시 = 1,000만원 × 보유월수 ÷ 12

2) 임직원 전용 자동차보험에 가입하지 않은 경우

법인의 경우 전액 손금불산입하며, 손금불산입된 금액은 귀속자에게 소득처분(귀속자가 불분명한 경우 대표자에게 소득처분 한다.

3) 리스 또는 렌트차량의 보험가입

법인이 리스 또는 차량을 렌트하는 경우 계약서 작성 시 보험 관련하여 임직원에 대해서만 보험적용 등의 특약 사항을 기재하는 경우 임직원 전용보험에 별도로 가입을 하지 않아도 된다.

6. 업무용 승용차 운행기록 작성

업무용 승용차와 관련하여 연간 비용으로 처리할 금액이 1천만원이 초과하는 경우로서 1천만원을 초과하는 금액을 손금산입하고자 하는 내국법인은 업무용승용차별로 운행기록 등을 작성·비치하여야 하며, 납세지 관할 세무서장이 요구할 경우 이를 즉시 제출하여야 한다.

과 세 기 간	. . . ~ . . .	업무용승용차 운행기록부	상 호 명	
			사업자등록번호	

1. 기본정보

①차 종	②자동차등록번호

2. 업무용 사용비율 계산

③사용일자(요일)	④사용자		⑤주행 전 계기판의 거리(km)	⑥주행 후 계기판의 거리(km)	⑦주행거리(km)	업무용 사용거리(km)		⑩비 고
	부서	성명				⑧출·퇴근용(km)	⑨일반 업무용(km)	
	⑪과세기간 총주행 거리(km)				⑫과세기간 업무용 사용거리(km)			⑬업무사용비율(⑫/⑪)

1. ① 업무용승용차의 차종을 적는다.
2. ② 업무용승용차의 자동차등록번호를 적는다.
3. ③ 사용일자를 적는다.
4. ④ 사용자(운전자가 아닌 차량이용자)의 부서, 성명을 적는다.
5. ⑤ 주행 전 자동차 계기판의 누적거리를 적는다(당일 동일인이 2회 이상 사용하는 경우 ⑤란을 적지 않고 ⑦란에 주행거리의 합만 적을 수 있다).
6. ⑥ 주행 후 자동차 계기판의 누적거리를 적는다(당일 동일인이 2회 이상 사용하는 경우 ⑥란을 적지 않고 ⑦란에 주행거리의 합만 적을 수 있다).
7. ⑦ 사용시마다 주행거리(⑥-⑤)를 적거나, 사용자별 주행거리의 합을 적는다.
8. ⑧ 업무용 사용거리 중 출·퇴근용(원격지 출·퇴근을 포함) 사용거리를 적는다.
9. ⑨ 업무용 사용거리 중 제조·판매시설 등 해당 업체의 사업장 방문, 거래처·대리점 방문, 회의 참석, 판촉 활동, 업무관련 교육·훈련 등 일반업무용 사용거리를 적는다.
10. ⑪~⑬ 해당 과세기간의 주행거리 합계, 업무용 사용거리 합계, 업무사용 비율을 각각 적는다.

7. 업무사용금액의 계산

1) 업무 전용 자동차보험에 가입하고 운행기록부를 작성한 경우

업무용승용차 관련비용 × 업무사용비율*

* 사업연도의 업무용승용차 운행기록부 등에 따라 확인되는 총 주행거리 중 업무사용거리

2) 업무 전용 자동차보험에 가입하고 운행기록부를 작성하지 아니한 경우

(1) 해당 사업연도(과세기간)의 업무용승용차 관련비용이 1천만원 이하인 경우
 : 100분의 100
(2) 해당 사업연도(과세기간)의 업무용승용차 관련비용이 1천만원 초과인 경우
 : 1천만원을 업무용승용차 관련비용으로 나눈 비율
  예) 보험료, 수선비, 유류비 등 업무용승용차 관련비용이 2,500만원인 경우 : 간주업무사용 비율은 40%(1,000만원/ 2,500만원)

8. 업무용승용차 감가상각비(상당액) 계산방법

1) 감가상각방법

2016년 1월 1일 이후 개시하는 사업연도에 취득하는 업무용 승용차는 5년간 정액법으로 균등 강제 상각한다

2) 계산방법 : 감가상각비 상당액 × 운행기록 상 업무사용비율

(1) 리스차량은 리스료 중 보험료·자동차세·수선유지비를 차감한 잔액을 감가상각비 상당액으로 한다. 단, 수선유지비를 구분하지 어려운 경우에는 보험료와 자동차세를 제외한 리스료의 7%로 계산한다.
(2) 렌트차량은 렌트료의 70%를 감가상각비 상당액으로 한다.

3) 감가상각비 한도액

업무용승용차 감가상각비 한도액은 해당 사업연도에 800만원을 한도로 한다. 단, 사업연도 중 취득 또는 처분(임차의 경우 임차개시 또는 종료)시에는 800만원에 해당 사업연도의 보유월수를 곱하고 이를 12를 나누어 산출한 금액)을 한도로 한다.

4) 이월공제

해당 사업연도의 다음 사업연도 부터 800만원을 균등하게 손금에 산입하되, 해당 업무용승용차의 업무사용금액 중 감가상각비 800만원에 미달하는 경우 그 미달하는 금액을 한도로 하여 손금으로 추인한다. 단, 임차한 경우 등은 해당 사업연도의 다음 사업연도 부터 해당 업무용승용차의 업무사용금액 중 감가상각비 상당액이 800만원에 미달하는 경우 그 미달하는 금액을 한도로 손금에 산입한다. 다만, 임차를 종료한날부터 10년이 경과한 날이 속하는 사업연도에는 남은 금액을 모두 손금에 산입한다.

9. 업무용승용차 매각손실 처리방법

업무용승용차를 처분하여 발생하는 손실로서 업무용승용차별로 800만원을 초과하는 금액은 해당 사업연도의 다음 사업연도부터 800만원을 균등하게 손금에 산입하되, 남은 금액이 800만원 미만인 사업연도 또는 해당 업무용승용차를 처분한 날부터 10년이 경과한 날이 속하는 사업연도에 남은 금액을 모두 손금에 산입한다.

10. 관련서류 작성·보관·제출

업무용승용차 관련비용 또는 처분손실을 손금에 산입한 법인은 「법인세법」제60조, 개인사업자는 「소득세법」제70조에 따른 신고를 할 때, 업무용승용차 관련비용 명세서를 첨부하여 납세지 관할 세무서장에게 제출하여야 하고, 업무용승용차 운행기록부를 작성하여 과세관청의 요청 시 운행기록부와 관련된 증명서류로 업무사용 목적을 소명하여야 한다.

제13절 전산기장 시 자동으로 작성되는 장부

　회계장부란 기업이 거래한 내용을 기록, 분류, 정리, 계산한 장부를 말한다. 이러한 회계장부는 기업의 합리적 경영과 효율적인 기장업무가 수행되도록 하는 데 중요한 역할을 한다. 이를 위해서 각 회계장부는 서로 간에 유기적으로 구성되어야 한다.

　전산회계 프로그램에서는 회계자료가 입력되면 그 거래의 내용이 바로 각종 회계장부에 자동적으로 반영되며, 전산회계 프로그램에서 장부는 상호 유기적으로 구성되도록 설계되어 있다.

　따라서 전산회계 프로그램에서는 회계자료를 정확히 입력하게 되면 나머지는 자동적으로 처리되어 출력할 수 있으므로 신속하게 의사결정에 이용할 수 있다. 전산회계 프로그램의 회계장부 조직은 아래와 같다.

① 거래처원장
② 계정별원장
③ 현금출납장
④ 일계표(월계표)
⑤ 분개장
⑥ 총계정원장
⑦ 매입매출장
⑧ 세금계산서(계산서)현황
⑨ 전표출력
⑩ 합계잔액시산표

1. 거래처원장의 조회

　회사의 수익, 비용 규모 및 자산, 부채의 규모가 증가하면 관련 관리 활동도 많아지고 경영자는 관리 정보를 다양한 형태로 요구하게 된다. 경영자의 정보 다양한 정보욕구를 충족시키는 방법 중 하나가 거래처별 코드를 다양하게 활용하는 것이다. 비록 업무의 양이 늘어날지라도 채권, 채무의 상대방 거래처의 거래처를 입력하면 거래처별 채권, 채무 잔액을 정확하게 관리할 수 있다. 특히 회사가 다수의 계좌를 사용하는 경우에 계좌별로 거래처코드를 입력하여 계좌별 금융자산 잔액을 관리 가능하다. 이때 거래처원장의 총잔액과 계정별원장의 총잔액은 반드시 일치하여야 한다.

2. 계정별원장의 조회

계정별원장은 각 계정의 거래내역을 상세히 기록한 장부로 총계정원장의 보조장부이다. 전산회계 프로그램에서는 현금의 계정별원장인 현금출납장을 제외한 전체 계정에 대하여 계정별원장의 조회가 가능하다. 계정별원장을 통하여 계정의 변동 내역을 확인할 수 있다.

3. 현금출납장

현금출납장은 현금의 수입과 지출의 내용을 기록한 보조장부이다. 이러한 현금출납장은 입금과 출금의 거래내역이 일자순서, 입금순서, 출금순서로 기록되어 조회된다.

4. 일계표와 월계표

일계표란 매일 거래내역의 분개를 계정과목별로 집계한 분개집계표이다. 그리고 월계표란 일계표를 월단위로 집계한 집계표이다. 일계표와 월계표에서 현금란은 계정과목의 상대계정이 현금계정인 경우이다. 따라서 현금란의 차변은 출금을 의미하며, 대변은 입금을 의미한다. 그리고 대체란은 계정과목의 상대계정이 현금 이외의 계정인 경우이다.

5. 분개장

분개장은 거래를 발생한 순서대로 기록한 장부이다. 그리고 분개장의 내용은 총계정원장에 전기된다. 따라서 장부 중에서 분개장과 총계정원장은 주요부에 해당된다. 그러나 실무에서는 분개장 대신에 전표(입금,출금,대체)를 사용하고 있으며, 실제로는 거의 활용되지 않는다.

6. 총계정원장

총계정원장은 계정과목별로 작성되는 주요부이다. 그리고 총계정원장은 모든 계정과목의 차변과 대변의 합계 및 잔액 현황이 집계된다. 전산회계 프로그램은 총계정원장을 월별, 일별로 구분하여 조회할 수 있도록 구성되어 있다.

7. 매입매출장의 조회

매입매출전표 입력 시 선택한 부가가치세의 신고 유형에 따라 매출과 매입의 내용을 조회할 수 있다. 매입매출장은 부가가치세와 관련하여 중요한 장부이다. 전산회계 프로그램에서 작성되는 매입매출장은 부가가치세법 상 요구되는 장부기록에 관한 규정에 따라 작성된 것이며, 재고자산의 매입과 매출만을 기재하는 장부가 아님에 유의한다.

8. 세금계산서합계표

세금계산서 발행내역은 매출처별 또는 매입처별로 작성되며, 특히 전자세금계산서의 발행이 정상적인 경우(과세기간 종료일 다음 달 11일까지 전송)와 비정상적인 경우(과세기간 종료일 다음 달 12일 이후 전송 또는 종이세금계산서의 발행)로 구분하여 조회할 수 있다.

9. 전표(입금/출금/대체)

전표는 회계처리에 있어서 원시자료에 해당되므로 출력하여 보관해야 한다. 실무에서는 분개장을 이용하기 보다는 기장의 효율성과 관리기능의 우수성으로 전표를 주로 사용한다.

10. 합계잔액시산표

합계잔액시산표에서는 회계기간 중에 회계 처리한 것에 대한 차변과 대변의 금액에 차이 없이 정확히 처리되었는지를 확인할 수 있다. 그러므로 기업은 결산 전이나 결산 후에 시산표를 작성하여 회계처리의 오류가 발생하지 않았는지 여부를 합계잔액시산표를 통해 확인해야 한다.

또한 결산 전의 수정전시산표를 조회하여 어떤 사항을 결산하여야 하는 지 파악하고 관련 문서를 내부·외부에서 준비하여야 한다. 전산회계 프로그램에서 합계잔액시산표를 조회하고 각 계정과목을 클릭하면 계정별원장이 조회된다. 계정별원장에서는 회계처리의 비정상 항목을 파악하여 즉시 수정할 수 있다.

비정상 항목의 대표적 예시는 다음과 같다.

- 월별 고정 비용이나 고정 거래처의 매출액이 누락된 것이 있는지 파악한다.
- 계정잔액이 부의 금액으로 표시되어 있는지 그 원인은 무엇인지 파악한다.
- 전년도, 전월 등을 비교하여 비정상적으로 변동한 수익계정이나 비용계정을 검토한다.
- 전년도 대비 재무비율의 급격한 변동이 있는 항목을 파악한다.
- 손익계산서 항목과 재무상태표 항목간의 연관관계에 따라 비정상적인 상황이 있는지 검토한다.

제3장
증빙서류관리

제1절 정규영수증

1. 개요

　기업은 사업과 관련한 각종 경비지출 시 반드시 그 지출을 입증할 수 있는 증빙서류를 첨부하여 보관하여야 한다. 지출 증빙서류에 대한 법적규제가 없는 경우 사업자가 실제 사용하지 않은 비용에 대하여 사용한 것으로 처리하여 비용을 과다 계상하여 사업과 관련한 소득을 줄여 탈세 수단으로 이용할 수 있으므로 세법은 지출에 대한 증빙을 5년간 보관하는 규정을 두고 있다.

　한편, 비용에 대한 영수증으로 수취하는 세금계산서, 계산서, 신용카드매출전표, 현금영수증 등은 그 발급내용이 전부 국세청 전산시스템으로 연계되어 매출자의 매출 신고내용 및 매입자의 비용 정당성 여부를 동시에 통제할 수 있다. 따라서 이러한 영수증을 '정규영수증'이라고 하며, 세법에서는 사업자의 비용지출에 대하여 정규영수증을 수취하도록 하여 매출자의 매출신고 누락을 방지하고 매입자가 거짓으로 비용 처리하는 것을 철저히 관리하고 있다.

　일반적인 지출의 경우 거래금액이 3만원을 초과할 시 세법에서 정규영수증 수취 예외거래를 제외하고는 반드시 세금계산서 또는 계산서, 현금영수증을 수취하거나, 신용카드를 사용하여 지출하여야 적법한 증빙으로 인정하고 있으며, 비용 지출에 대하여 정규영수증을 수취하지 않은 경우 그 거래금액의 100분의 2에 해당하는 금액을 가산세로 징수하도록 규정하고 있다. 단, 정규영수증 미 수취 시에도 비용처리는 할 수 있다. 즉 법인 또는 개인사업자가 업무와 관련하여 지출한 비용에 대하여 정규영수증을 수취하지 아니한 경우에도 다른 객관적인 자료에 의하여 그 지급사실이 확인되는 경우에는 손금 또는 필요경비에 산입할 수 있다.

2. 정규영수증 종류

1) 세금계산서

부가가치세법에 의하여 사업자등록을 한 일반과세자가 발급한 세금계산서를 말하며, 다음의 필요적 기재사항의 전부가 기재되어 있는 세금계산서를 말한다. 따라서 정규증빙의 효력을 갖는 세금계산서는 부가가치세법에 의하여 적법하게 발급한 세금계산서를 의미하며, 미등록사업자나 간이과세자 또는 면세사업자가 발급한 세금계산서는 적법한 증빙이 될 수 없다.

(1) 공급하는 사업자의 등록번호와 성명 또는 명칭
(2) 공급받는자의 등록번호
(3) 공급가액 및 세액
(4) 작성연월일

위장 매입세금계산서 및 가공 매입세금계산서, 위장거래(실제 매입자와 세금계산서상 명의자가 다른 경우)에 의한 매입 시 매입세액은 불공제되며, 증빙불비가산세가 적용되지만 소득금액계산 상 손금으로는 인정된다. 반면, 가공거래(실물거래 없이 가공세금계산서만 수취한 경우)에 의한 가공세금계산서는 실제 지출로 보지 않으므로 그 매입세액은 불공제되고, 손금으로도 인정되지 아니하므로 증빙불비가산세는 적용되지 않는다.

2) 계산서

면세 재화 또는 용역의 매입과 관련하여 정규증빙으로서 효력을 갖는 계산서는 소득세법 및 법인세법에 의하여 적법하게 발급된 계산서를 의미한다.

3) 신용카드매출전표

여신전문금융업법에 의한 신용카드매출전표 및 직불카드, 외국에서 발행된 신용카드 및 선불카드, 백화점카드, 현금영수증 등을 포함한다.

구 분	내용
법인카드	법인의 신용으로 발급되며, 카드에 법인의 이름만 기재되고, 법인계좌에서 출금되며, 법인의 임직원이 공용으로 사용할 수 있는 카드
직불카드	직불카드회원과 신용카드가맹점간에 전자 또는 자기적 방법에 의하여 금융거래계좌에 이체하는 등의 방법으로 물품 또는 용역의 제공과 그 대가의 지급을 동시에 이행할 수 있도록 신용카드업자가 발행한 증표
백화점카드	기획재정부장관으로부터 신용카드업의 허가를 받은 백화점운용사업자가 발행하여 금융기관을 통하여 이용대금을 결재하는 카드
선불카드	신용카드업자가 대금을 미리 받고 이에 상당하는 금액을 전자 또는 자기적 방법으로 기록하여 발행한 증표로서 그 소지자의 제시에 따라 신용카드가맹점이 그 기록된 범위 내에서 물품 또는 용역을 제공할 수 있도록 한 카드

* 임직원 개인 명의 신용카드를 업무용으로 사용한 경우 정규영수증으로 인정된다. 단, 법인의 접대비는 손금산입할 수 없다. 특히 개인 명의 신용카드를 업무용으로 사용한 경우 임직원 개인은 연말정산 시 신용카드소득공제는 받을 수 없다.

4) 현금영수증

현금영수증이란 현금영수증 가맹점이 재화 또는 용역을 공급하고 그 대금을 현금으로 받는 경우 당해 재화 또는 용역을 공급받는자에게 물품 등의 판매 시 현금영수증 발급장치에 의해 발급하는 것으로서 거래일시, 금액 등 결재내역이 기재된 영수증을 말하며, 현금영수증 지출증빙 효력은 신용카드매출전표와 동일하다.

제2절 정규영수증 수취대상 거래

1. 건별 거래금액이 3만원 초과 거래

재화 또는 용역의 거래 건당 공급대가(부가세 포함)가 3만원을 초과하는 거래인 경우에는 정규영수증을 수취하여야 한다. 따라서 거래 건당 3만원 이하인 거래의 경우 정규영수증을 수취하지 않아도 가산세는 적용되지 않는다.

한편, 공급대가가 3만원을 초과하는 동일거래에 대해서 여러 장의 간이영수증을 분할하여 수취하는 경우 적격증빙수취의무에 위반되는 것으로 적격증빙을 수취하지 못한 것으로 보아 증빙불비가산세가 적용된다.

2. 사업자와의 거래

정규지출증빙에 관련된 규정은 거래상대방이 아래의 사업자인 경우에 적용되며 거래상대방이 사업자가 아닌 경우에는 적용되지 아니한다. 다만, 거래상대방이 사업자등록을 하지 않았다 하더라도 사업의 계속성이 있는 경우 재화 또는 용역을 공급받은 사업자는 정규영수증 미수취에 대한 가산세를 부담하여야 한다.

1) 법인사업자

내국법인 및 수익사업을 영위하는 비영리법인(외국법인을 포함)이 그 대상이다.

2) 개인사업자

영수증 발행대상사업자 및 간이과세자를 제외한 모든 개인사업자가 그 대상이다.

제3절 정규영수증 수취대상이 아닌 경우

1. 정규영수증 수취대상 제외사업자와의 거래

아래 사업자와의 거래 시에는 세금계산서, 계산서, 신용카드매출전표, 현금영수증 등 정규영수증을 수취하지 않고 일반영수증을 수취하여도 적격증빙미수취 가산세는 적용되지 않는다.

1) 비영리법인

비영리법인과의 거래 단, 법인세법시행령 제2조 제1항의 규정에 해당하는 수익사업과 관련된 부분은 정규영수증을 수취하여야 한다.
▶ 지출사례 : 비영리법인에 지출하는 조합비, 협회비, 기부금 등

2) 국가 및 지방자치단체

국가 및 지방자치단체에 납부하는 각종 세금은 정규영수증 수취의무가 없으며, 납부영수증을 증빙으로 갖추면 된다.
▶ 지출사례 : 각종 세금과공과금, 벌과금 등

3) 금융보험업을 영위하는 법인(금융·보험용역 제공에 한함)

거래상대방 공급자가 금융보험업자인 경우 적격증빙수취대상이 아니므로 해당 기관이 발행하는 영수증을 증빙으로 보관하면 된다. 단, 금융보험업자로부터 금융보험용역이 아닌 임대용역을 제공받는 경우에는 반드시 세금계산서 등 정규영수증을 수취하여야 한다.

▶ 지출사례 : 보증보험료, 어음할인료, 대출이자, 할부이자, 송금수수료, 환전수수료, 신용카드수수료, 보험료(손해, 화재보험, 보증보험, 해상보험 등), 리스료 등

4) 읍·면지역에 소재 간이과세자로서 신용카드가맹점이 아닌 사업자

읍·면지역(도농복합 시지역의 읍면지역 포함)에 소재하는 간이과세자로 신용카드가맹점이 아닌 사업자인 경우 해당 사업자가 발행하는 간이영수증 등을 지출증빙으로 수취하면 된다. 시지역의 간이과세자인 경우 정규영수증인 현금영수증을 수취하거나 신용카드로 결재하여야 적법한 증빙으로 인정이 된다.

5) 국내사업장이 없는 외국법인

국내사업장이 없는 외국법인과의 거래 시 정규영수증 수취의무가 없으며, 이 경우 지출에 대한 증빙으로 영수증(형식은 무관함)을 갖추면 된다.

제4절 정규영수증을 수취하지 않아도 되는 거래

1. 거래 건당 공급대가(부가세 포함)가 3만원 이하인 거래

거래 건당 3만원 이하인 거래의 경우 정규영수증을 수취하지 않아도 가산세는 적용되지 않는다. 3만원 초과 거래 여부의 판단은 거래 1건별 영수증금액(부가세 포함)을 기준으로 판단하며, 동일한 거래에 대하여 영수증을 분할하여 발급받은 경우에는 합산한 금액을 1건의 거래로 본다.

2. 건당 공급대가가 3만원 초과 거래로서 농·어민과의 거래 등

① 농·어민(농업 중 작물재배업·축산업·복합농업, 임업 또는 어업에 종사하는 자를 말하며, 법인을 제외한다)으로부터 재화 또는 용역을 직접 공급받은 경우
② 재화의 공급으로 보지 아니하는 사업의 양도(사업의 포괄양도·양수)에 의하여 재화를 공급받은 경우 단, 사업의 포괄양도·양수에 대하여 정규증빙의 수취의무는 없으나 양도·양수계약서 등의 증빙은 갖추어야 한다.
③ 부가가치세법 제26조 제1항 제8호의 규정에 의한 방송용역을 제공받은 경우
④ 전기통신사업법에 의한 전기통신사업자로부터 전기통신용역을 공급받은 경우
⑤ 국외에서 재화 또는 용역을 공급받은 경우(세관장이 세금계산서 또는 계산서를 발급한 경우를 제외한다)
⑥ 공매·경매 또는 수용에 의하여 재화를 공급받은 경우
⑦ 토지 또는 주택을 구입하거나 주택의 임대업을 영위하는 자(법인을 제외한다)로부터 주택임대용역을 공급받은 경우. 건축물이 없는 토지와 주택의 매매는 소유권이전 등기 시 검인계약서를 작성·제출하여야 하므로 그 거래내용이 파악되고, 주택임대는 부가가치세가 면제되고 임대자가 대부분 개인이므로 정규증빙수취대상에서 제외된다.
⑧ 택시운송용역을 제공받은 경우
⑨ 건물 또는 토지 구입
건물 또는 토지를 구입하는 경우로서 거래내용이 확인되는 매매계약서 사본을 법인세과세표준신고서에 첨부하여 납세지 관할세무서장에게 제출하는 경우. 단, 과세대상 건물을 구입하는 경우로서 그 매입세액을 공제받고자하는 경우에는 세금계산서를 수취하여야 한다.
⑩ 금융·보험용역을 제공받은 경우
⑪ 국세청장이 정하여 고시한 전산발매통합관리시스템에 가입한 사업자로부터 입장권·승차권·승선권 등을 구입하여 용역을 제공받은 경우
⑫ 항공기의 항행용역을 제공받는 경우
항공기의 항행용역을 제공받는 경우로서 국내구간이든 국제구간이든 불문한다. 부가가치세법상 항공기에 의한 외국항행용역은 국내사업장 유무에 관계없이 세금계산서 발급의무가 면제됨으로 증빙수취 특례사항으로 규정하고 있다. 그러나 선박에 의한 외국항행용역의 경우에는 공급받는자가 국내사업자인 경우 세금계산서를 발급하여야 하며 증빙수취의무도 발생한다.

⑬ 부동산임대용역을 제공받은 경우로서 부가가치세법시행령 제 49조의 2 제1항의 규정을 적용받는 전세금 또는 임대보증금에 대한 부가가치세액(간주임대료에 대한 부가가치세액)을 임차인이 부담하는 경우
⑭ 재화공급계약·용역제공계약 등에 의하여 확정된 대가의 지급지연으로 인하여 연체이자를 지급하는 경우
⑮ 「유료도로법」에 따른 유료도로를 이용하고 통행료를 지급하는 경우
⑯ 다음의 하나에 해당하는 경우로서 공급받은 재화 또는 용역의 거래금액을 금융기관을 통하여 지급한 경우로서 법인사업자는 법인세과세표준신고서에 송금사실을 기재한 경비 등의 '송금명세서'를, 개인사업자는 영수증수취명세서를 관할 세무서장에게 제출하는 경우
   ㉠ 간이과세자로부터 부동산임대용역을 제공받은 경우
   ㉡ 임가공용역을 제공받은 경우(법인과의 거래를 제외한다)
   ㉢ 간이과세자로부터 재활용폐자원 등이나 재활가능자원을 공급받은 경우
   ㉣ 항공법에 의한 상업서류 송달용역을 제공받는 경우
   ㉤ 운수업을 영위하는 간이과세자가 제공하는 운송용역을 공급받은 경우
   ㉥ 부동산중개업법에 의한 중개업자에게 수수료를 지급하는 경우
   ㉦ 기타 국세청장이 정하여 고시하는 경우
     - 인터넷, PC통신 및 TV홈쇼핑을 통하여 재화 또는 용역을 공급받는 경우
     - 우편송달에 의한 주문판매를 통하여 재화를 공급받는 경우

3. 재화 또는 용역의 공급으로 보지 않는 거래

재화 또는 용역의 공급으로 보지 아니하는 거래는 정규영수증 수취대상이 아니므로 다음에 예시하는 거래는 해당 거래사실을 입증할 수 있는 증빙을 갖추면 두면 된다.
① 조합 또는 협회에 지출하는 경상회비
② 판매장려금(현금 지급) 또는 포상금 등 지급
③ 거래의 해약으로 인한 위약금, 손해배상금 등
④ 기부금

4. 원천징수대상 소득을 지급하는 경우

원천징수대상 소득(근로소득, 퇴직소득, 이자소득, 기타소득, 원천징수대상 사업소득)을 지급하는 경우 그 지급에 대한 명세서를 기재한 지급명세서를 제출하여야 하며, 이 경우 지급명세서가 그 지출에 대한 증빙이 되므로 별도의 정규영수증 수취의무는 없다.

제5절 정규영수증 관리 및 보관

1. 매출관련 증빙관리

1) 매출 증빙의 종류

매출은 매입과 더불어 기업의 가장 중요한 영업활동으로서 매출 발생 시 갖추어야 할 증빙은 다음과 같다.

(1) 세금계산서

① 부가가치세가 과세되는 재화나 용역을 공급 시에는 거래시기를 작성일자로 하여 세금계산서를 발행해야 한다.
② 계속 거래처의 경우 각각의 거래 시 마다 거래명세서를 교부하고 1개월간의 거래를 합하여 해당 월의 말일자를 작성일자로 하여 다음달 10일까지 월합계 세금계산서를 교부할 수 있다.
③ 법인사업자와 직전연도 공급가액이 3억원 이상 개인사업자는 반드시 전자세금계산서를 발급하여야 한다.
④ 수출 등의 경우에는 영세율이 적용되는데, 수출품생산업자가 수출업자에게 물품을 납품하는 경우에는 부가가치세가 없는 영세율세금계산서를 발급하여야 한다.
  * 내국신용장, 구매확인서 또는 임가공계약서에 의해 수출업자에게 공급하는 경우에는 영세율세금계산서를 교부하나, 직수출하는 경우에는 세금계산서를 발행하지 아니한다.

⑤ 위탁판매·대리인에 의한 판매의 경우 수탁자 또는 대리인이 재화를 인도할 때 위탁자 또는 본인의 명의로 세금계산서를 발급한다.
⑥ 간이과세자나 면세사업자는 세금계산서를 교부할 수 없다.
⑦ 세금계산서를 교부하고 기재사항을 착오로 잘못 적었거나 공급가액의 변동, 재화가 환입된 경우 등 변경사항이 발생할 경우 수정세금계산서를 발급할 수 있다.
⑧ 본래 세금계산서는 재화나 용역을 공급한 자가 발행하나 세금계산서를 발급받지 못한 경우에 매입자가 관할 세무서장의 확인을 받아 매입자발행세금계산서를 발행할 수 있다.
⑨ 세금계산서는 일반세금계산서 양식에 의한 것 외에 전화요금, 전기요금청구서 등과 같이 공급자가 별도의 양식을 만들어 국세청에 신고하여 승인을 받은 경우 신고한 양식을 세금계산서로 사용할 수 있다. 이 경우 공급가액과 부가가치세가 구분되어 기재되어 있고 공급받는자의 사업자등록번호가 표시되어 있는 경우 공급받는 자는 매입세액공제를 받을 수 있다.

(2) 계산서

① 부가가치세가 면제되는 재화나 용역을 공급하는 경우에는 계산서를 교부하여야 한다.
　　* 부가가치세 면제대상 : 곡물, 야채, 수산물 등 미가공식료품, 도서 등, 병의원의 진료용역, 인가받은 학원 등의 교육용역 등
② 모든 법인사업자와 개인사업자 중 전자세금계산서 의무발급 대상인 겸영사업자, 직전과세기간의 사업장별 과·면세 공급가액 합계가 3억원 이상인 자는 전자계산서를 의무발행 하여야 한다.
③ 사업자가 면세농산물 등을 구입하고 계산서를 수취한 경우, 당해 면세농산물 등을 원재료로 하여 제조·가공한 재화를 공급하여 부가가치세가 과세되는 경우에는 의제매입세액공제를 받을 수 있다.

(3) 신용카드 및 현금영수증

① 소매, 음식·숙박업, 서비스업 등 주로 소비자를 상대로 하는 사업자는 신용카드 혹은 현금영수증을 발행하여야 하나, 거래 상대방이 세금계산서 발행을 요구하는 경우에는 세금계산서를 발행하여야 한다.
　　* 목욕, 이발, 미용업, 여객운수업, 입장권발행하는 사업의 경우는 거래상대방이 세금계산서 발행을 요구하여도 세금계산서를 발급할 수 없다.

② 재화나 용역을 공급하고 신용카드를 발급한 경우에는 이 후에 거래상대방이 세금계산서 발급을 요구하여도 세금계산서를 발급할 수 없다.

　　* 세금계산서를 먼저 발행하고 이후에 대금의 결재를 위해 신용카드를 발급하는 경우는 가능하다. 이 경우에는 신용카드 매출전표 이면에 세금계산서 발행분이라고 별도 표시하고 매출이 중복 신고 되지 않도록 주의하여야 한다.

③ 법인사업자를 제외한 일반과세자 중 영수증 발급대상 사업자(전년도 매출액 10억원 초과시 제외)와 간이과세자가 재화 또는 용역을 공급하고 신용카드, 현금영수증 등을 발급한 경우 연간 1,000만원을 한도로 발급금액에 1.3%(간이과세자인 음식업과 숙박업은 2.6%)를 곱한 일정금액을 부가가치세 납부세액에서 공제한다.

④ 사업자가 일반과세자로부터 재화 또는 용역을 공급받고 부가가치세액이 별도로 구분되는 신용카드매출전표 등을 발급받은 경우에는 매입세액으로 공제받을 수 있다.

⑤ 사업자가 아닌 소비자에게 재화나 용역을 공급하는 사업자로 직전 과세기간 수입금액의 합계액이 2천4백만원 이상인 사업자나 전문직 등 일정 업종을 영위하는 경우에는 의무적으로 현금영수증 가맹점으로 가입하여야 한다.

⑥ 병의원, 변호사 등 전문직 사업자와 학원 등 일정 업종의 경우 10만원 이상의 거래에 대하여는 반드시 현금영수증을 의무적으로 발행하여야 한다.

⑦ 신용카드 매출전표가 없거나 분실한 경우에는 월별 신용카드이용대금명세서를 지출 증빙으로 갈음할 수 있다.

⑧ 현금거래 확인제도로 신용카드 등 사용금액에 대하여 소득공제를 받을 수 있는 재화나 용역을 제공하는 사업자로부터 현금영수증을 발급받지 못한 경우에는 재화나 용역을 공급받은자가 현금거래 사실에 대하여 관할 세무서장의 확인을 받은 때에는 현금영수증을 발급받은 깃으로 본다.

(4) 기타 간이영수증, 금전등록기, 지로영수증

간이 영수증	간이영수증은 공급자와 작성일자 및 공급가액만 기재된 영수증을 말하며, 주로 소비자를 상대로 하는 간이과세자는 재화나 용역을 공급 시 간이영수증을 교부하여야 한다. 거래 건당 3만원(접대비의 경우 1만원)을 초과하는 경우에는 정규증빙을 수취하여야 하나, 거래 건당 3만원 이하인 경우에는 간이영수증을 수취하여도 증빙불비 가산세가 적용되지 아니한다.
금전 등록기 영수증	영수증을 발급하는 사업자는 금전등록기를 설치하여 공급대가를 기록한 금전등록기 영수증을 발급할 수 있다. 이 경우 장부작성을 이행한 것으로 간주하고 현금수입을 기준으로 부가가치세를 부과할 수 있다.
지로 영수증	매출하는 공급처가 많은 경우 수금관리를 효율적으로 하기 위하여 금융기관의 승인을 얻어 발급하는 것으로, 공급자는 지로영수증으로 대금을 청구하고 공급받는 자는 지로영수증으로 금융기관에 납부하는 방식이다. 부가가치세가 구분되고 공급받는 자의 사업자등록번호가 기재되어 있는 경우에는 매입세금계산서로 분류하여 매입세액이 공제되나, 사업자등록번호가 없는 지로영수증은 매입세액공제를 받을 수 없고 영수증으로 간주된다.

(5) 매출장 작성

매출장이란 일자별로 매출현황을 기록하는 장부로써 매출일시, 매출처, 공급가액, 세액, 수금사항 등을 상세하게 기록하여 관리할 수 있다.

2) 매출채권에 대한 증빙관리

(1) 매출채권 회수 관리

매출 대금을 현금 또는 계좌로 수취하거나, 신용카드로 결재받는 경우에는 특별히 문제가 없으나 외상으로 거래하는 경우나 어음을 받는 경우는 그 회수관리에 주의를 기울여야 한다.

외상매출금 관리	외상으로 거래한 경우는 외상대금회수에 대한 권리를 위하여 매출처원장을 작성한다.
받을어음 관리	매출대금을 어음으로 수취한 경우, 별도로 받을어음대장을 작성하여 그 대금의 회수여부 및 부도여부 등을 관리하여야 한다.

(2) 매출채권에 대한 대손발생 시 증빙관리

거래상대방의 부도 등의 사유로 매출대금을 회수하지 못한 경우에는 공급가액은 대손금으로 비용처리할 수 있고, 부가가치세는 대손세액공제를 받을 수 있는데 이를 위해서는 다음의 사항을 검토하고 관련 증빙자료를 준비하여야 한다.

대손 사유	• 상법 등 관련 법령에 따른 소멸시효가 완성된 외상매출금과 미수금, 대여금 등 • 회생계획인가의 결정 또는 법원의 면책결정에 따라 회수불능으로 확정된 채권 • 채무자의 재산에 대한 경매가 취소된 압류채권 • 부도발생일로부터 6개월 이상 지난 수표·어음상의 채권 및 외상매출금 • 채무자 파산, 강제집행, 형의 집행, 사업의 폐지, 사망, 실종, 행방불명으로 회수할 수 없는 채권
관련 증빙	• 부도수표나 부도어음의 경우 지급기일(혹은 지급기일 전)에 해당 수표나 어음을 제시하여 금융회사로부터 부도확인을 받아서 보관하여야 한다(추후 세무서에 대손세액공제 신고시 제출 등 활용). • 파산, 강제집행, 회생계획인가의 결정 등의 경우 법원 등에서 발급하는 결정문 및 조서 등을 받아서 보관하여야 한다. • 거래상대방의 사업의 폐지 등의 경우 국세청 홈페이지를 통하여 폐업여부를 확인한다.

2. 매입관련 증빙관리

1) 매입 증빙 종류

(1) 매출증빙과 마찬가지로 세금계산서나 계산서 혹은 신용카드나 현금영수증 등 적격증빙을 수취하여야 한다.
(2) 매출의 경우 재화나 용역을 공급하고 정규증빙서류를 발행하지 아니하였어도 매출누락으로 세금이 부과되고 증빙서류를 발행하지 않은데 대한 가산세 등이 부과될 수 있는데 반해, 매입이나 기타 지출의 경우는 정규증빙서류를 수취하지 않으면 아예 비용으로 인정되지 않을 수 있고, 거래사실이 확인되어 비용으로 인정된다고 하더라도 증빙불비 가산세가 부과되므로 매입 및 기타비용에 대한 증빙은 철저히 관리되어야 한다.
(3) 공급받은 재화 또는 용역의 건당 거래금액(부가가치세 포함)이 3만원 이하인 경우에는 적격증빙서류가 아닌 영수증을 수취하여도 무방하나, 3만원을 초과함에도 정규증빙을 수취하지 않는 경우에는 적격증빙 미수취 가산세 대상이다.

(4) 매입에 대해 정규증빙서류를 수령하였더라도, 위장·가공 등 거래상대방의 문제로 사실과 다른 세금계산서로 간주될 경우 매입에 대한 부가가치세 매입세액불공제나 법인세 혹은 소득세 계산 시 비용으로 인정받지 못하는 경우가 발생할 수 있으므로, 이 때는 세금계산서 뿐 아니라 대금지급에 대한 금융증빙이나 거래사실확인서, 계약서, 현장 사진 등을 구비하여야 한다.

(5) 재화 등을 매입하면서 매입세금계산서 뿐만 아니라 수취한 신용카드매출전표나 현금영수증 등 수취분 중에는 부가가치세 신고 시 매입세액으로 공제받을 수 있으므로 이를 매입장 등에 기록하여 관리하여야 한다.

(6) 신용카드 등 수취분 중에서 매입세액을 공제받을 수 없는 경우에는 법인세 혹은 소득세 계산 시 비용처리가 가능하므로 별도로 전표 혹은 지출결의서 등에 첨부하여 관리한다.

2) 매입비용과 기타 비용의 구분

(1) 사업과 관련하여 지출비용이 발생한 경우에는 기업회계기준에 근거하여 판매관리비와 제조원가, 공사원가, 자산의 취득가액 등으로 구분하여 관리하여야 한다.

(2) 판매비와 관리비 등은 즉시 비용처리 되나, 매입원가는 판매분에 대해서는 매출원가로 처리되어 당기 비용으로 계상되고, 미판매분은 재고자산을 구성하여 차기에 판매 시 비용으로 인정받는다. 제조원가나 공사원가의 경우에도 판매분에 대해서는 당기비용으로 인정받으나, 미판매 혹은 미완성의 경우 차기에 판매 시 비용으로 인정받게 되므로 재고자산으로 분류해야 한다. 자산구입비용은 자산처리 후에 감가상각을 통하여 비용처리 되거나 처분 시에 비용처리가 된다.

3) 매입대금 지급관리

매입 대금을 현금 또는 계좌로 지급하거나, 신용카드로 결재하는 경우에는 큰 문제가 발생되지 않으나, 외상이나 어음을 지급하는 경우는 그 지급관리에 주의를 기울여야 한다.

외상매입금 관리	외상으로 거래한 경우는 외상대금지급에 대한 관리를 위하여 매입처원장을 작성한다.
지급어음 관리	매입대금으로 어음을 지급하는 것을 지급어음이라고 하는데 어음을 소지한 자가 어음증서에서 대금지급을 약속한 날에 그 지급을 지정한 은행에 어음을 제시하면 은행에서 대금을 지급하는 방식이다. 지급어음에 대해서도 지급어음대장을 별도로 관리하여 부도가 발생되지 않도록 수시로 확인하여야 한다.

3. 재고자산에 대한 증빙관리

재고자산은 매출을 발생시키는 주요한 자산이므로 이에 대한 기록관리를 철저히 하여야 한다.

재고수불부 및 재고실사표	재고관리를 위해 수불부를 작성하고, 정기적으로 재고실사를 실시하여야 한다. - 재고자산 수불부 : 재고자산의 수량과 단가 및 기초 재고, 입고, 출고, 기말재고 등을 기록한 장부 - 재고자산 실사표 : 재고자산의 종류와 단가, 수량 등을 기록 * 부가가치세 신고시 환급이 발생하여 관할세무서에서 환급조사를 하는 경우에는 재고자산에 대한 점검을 위해 재고자산수불부 등을 요구하므로 주의를 요한다.
파손, 폐기 등 관리	재고자산 중에서 파손, 부패, 진부화 및 기타 사유로 정상가액으로 판매할 수 없거나 폐기를 하여야 하는 경우 재고자산 평가손실 및 폐기손실을 비용으로 처리하기 위하여 폐기목록, 폐기사유, 폐기 재고자산의 취득자료 등과 사진촬영 등 입증자료를 작성하고 비치해 두어야 한다. * 천재·지변 등으로 재해손실이 발생한 경우에 재해손실세액공제 등을 적용받기 위해서도 위의 입증자료 준비가 필요하다.

4. 유형·무형자산에 대한 증빙관리

유형자산과 무형자산은 기업의 영업활동을 위하여 사용할 목적으로 보유하는 자산으로서 다음과 같이 증빙을 관리하여야 한다.

증빙 관리	▶ 부동산, 차량, 기계장치 및 비품 등 자산을 구입하는 경우에는 계약서와 세금계산서 및 대금 증빙을 구비하여야 한다. ▶ 토지 및 건축물 등 부동산을 구입하는 경우에는 세금계산서 등 정규증빙 수취의무가 없다. 따라서 구입시 매매계약서 및 대금 증빙 등을 구비하면 되나, 과세사업자가 건물을 매입한 경우 매입시 세금계산서를 교부받아야 매입세액을 공제받을 수 있으므로 세금계산서를 교부받아야 한다. ▶ 광업권, 어업권, 특허권 및 영업권 등을 취득하는 경우에도 계약서 및 세금계산서, 대금 증빙 등을 구비하여야 한다. ▶ 2016년부터 업무용 승용차에 대한 과세가 강화되었으므로 법인의 경우 임직원 전용 자동차보험에 가입하고 차량별로 운행기록을 작성한다.
감가 상각	유형, 무형자산에 대하여는 감가상각을 통하여 비용처리를 할 수 있으므로 취득일자, 취득가액, 종류 등을 기록한 고정자산 관리대장을 작성, 비치한다.

5. 가지급금·종업원대여금 등 관리

1) 대표이사에 대한 가지급금에 대해서는 세법상 인정이자 및 관련 지급이자 등이 부인되므로 회수에 대해 중점관리를 해야 한다.
2) 가지급금 및 대여금 등이 있는 경우에는 금전소비대차약정서를 구비하도록 하고 대여금 지급 등에 대한 사내규칙 등을 정하여 보관한다.
3) 가지급금에 대한 인정이자가 발생한 경우에는 지급명세서를 제출해야 한다.

6. 예금 등 금융자산과 자금 증빙 관리

1) 예금 등은 이자수익이 발생되며 이자소득에 대한 원천징수자료가 국세청에 제출되므로 예금이 누락되지 않도록 관리하여야 하며 금융기관으로부터 예금잔액증명서나 통장을 받아 잔액을 확인한다.
2) 주식 등 증권과 보험금 등이 지출되는 경우 증권과 보험증서 등을 구비한다.
3) 매일의 수금상황 및 지출내역을 관리하기 위하여 자금일보를 작성한다. 자금일보란 매일의 자금의 입출금에 관련된 모든 내역과 자금시재를 정리한 장부로서 자금의 변동을 확인하고 자금계획을 수립할 수 있다.

7. 차입금 관리

1) 사업을 경영하면서 금융기관 등으로부터 자금을 차입한 경우에는 당해 차입금이 재무상태표에 누락되지 않도록 부채잔액증명 등을 수취한다.
2) 대표이사 등 개인에게 차입하여 이자를 지급할 경우에는 비영업대금으로 보아 원천징수(25%)하고 그 징수일이 속하는 달의 다음달 10일까지 신고·납부한다.
3) 대표이사 등 개인의 재산을 담보로 하여 개인 명의로 차입을 하고 법인이 사용할 경우에는 관련 지급이자를 비용계상하기 위하여 대출약정서 및 이자지급사실 등 금융증빙을 준비한다.

8. 인건비 등의 증빙관리

1) 직원을 채용하여 급여를 지급시에는 급여대장에 기록하고 근로소득세 등을 원천징수하여 그 징수일이 속하는 달의 다음달 10일까지 신고·납부한다.
2) 일용 잡급에 대해서는 일용노무비 지급대장을 기록·관리하고 일용지급명세서를 작성하여 제출한다.
3) 임원에게 상여금이나 퇴직금을 지급하는 경우에는 반드시 정관 등에 관련 지급기준에 따라 지급한다.
4) 임직원에게 각종 복지혜택을 부여하는 경우 적절한 복리후생규정이 있어야 하며, 규정이 없을 경우에는 상여 등으로 보아 세금이 부과될 수 있으므로 주의한다.

9. 여비교통비 증빙

여비교통비(시내, 시외, 해외출장비 등)는 출장이 종료된 후 실제 사용액을 알 수 있으므로 지급 시는 전도금 등으로 처리한 후 출장 종료 후 증빙으로 정산하며, 영수증 등 첨부가 불가능한 경우는 그 사용내역을 여비교통비 지출명세서 등에 기록하여 관리한다.

10. 기부금 증빙

기부금을 지출하는 경우에는 관련 단체로부터 기부금영수증을 받아서 보관하여야 하며, 발급하는 자는 기부금영수증 발급내역을 작성하고 5년간 보관한다.

제6절 정규영수증 미 수취에 대한 가산세

1. 정규영수증 미수취에 대한 가산세

1) 개인사업자

(1) 증빙불비가산세

① 적용대상 : 직전연도 수입금액이 4,800만원 미만이 아닌 사업자 및 신규사업자가 아닌 사업자
② 가 산 세 : 정규증빙서류 미수취금액의 100분의 2에 해당하는 금액

(2) 영수증수취명세서 미제출가산세

① 적용대상 : 직전연도 수입금액이 4,800만원 미만이 아닌 사업자 및 신규사업자가 아닌 사업자
② 가 산 세 : 영수증수취명세서를 과세표준확정신고기한 내에 제출하지 아니하거나, 제출한 영수증수취명세서가 불분명한 경우 미제출 거래금액의 100분의 1에 해당하는 금액

2) 법인사업자

① 정규증빙서류 미수취금액의 100분의 2
② 법인은 영수증수취명세서 미제출 가산세를 별도로 규정하고 있지 않으며, '경비등의 송금명세서'를 법인세 신고 시 제출하여야 하나 제출하지 않는 경우에도 가산세는 없다.

2. 정규영수증 수취 시 사업자 주의사항

1) 개인과의 거래

(1) 개인(사업자 미등록자)으로부터 과세 재화를 공급받는 경우

사업자등록이 없는 개인으로부터 과세 재화를 공급받는 경우 당해 개인이 물품 또는 재화를 계속적으로 공급하는 사업성을 가진 자가 아닌 경우에는 정규영수증 수취

대상이 아니다. 따라서 사업자등록이 없는 개인으로부터 물품 등을 구입하는 경우 그 지급사실을 증명할 수 있는 영수증(형식은 무방하나 공급자의 인적사항과 연락처, 금액 등을 기재한 영수증)을 수취하고, 금융기관을 통하여 송금한 송금영수증을 보관한다.

다만, 사업자등록이 없는 개인이라도 사업성이 있고, 물품 등을 계속적으로 공급하는 경우(미등록 부동산임대업자 등)로서 3만원을 초과하는 거래에 대하여 정규영수증을 수취하지 않은 경우 거래금액의 2%에 해당하는 증빙불비가산세를 부담해야 한다.

(2) 개인으로부터 일용노무를 제공받는 경우

개인으로부터 일용노무를 제공받는 경우 통상 '잡급'으로 처리하며, 지출증빙서류 수취대상은 아니나 그 지급에 대한 송금영수증, 작업일지(일용노무비대장 등) 등을 보관하여 두고, 그 지급일이 속하는 분기의 다음달 말일까지 지급명세서를 관할 세무서에 제출하여야 한다. 일용근로자의 일당이 137,000원을 초과하는 경우 근로소득세를 원천징수하여 그 징수일의 다음 달 10일까지 납부하여야 한다.

(3) 정규영수증 수취의무 면제 거래

사업자가 아닌 자와의 거래로서 아래에 해당하는 경우 정규영수증이 없더라도 증빙불비가산세는 적용되지 아니한다. 단, 그 거래사실을 입증할 수 있는 입금증, 송금영수증, 계약서등은 보관한다.
① 폐업한 사업자로부터 폐업 시 잔존재화를 공급받는 경우
② 개인으로부터 중고자동차를 취득하거나 법인이 종업원 개인 소유차량을 취득하는 경우

2) 면세사업자와의 거래

사업자가 면세재화 또는 용역을 거래할 때에는 거래상대방이 계산서를 발급할 수 있으므로 이들과 거래 시에는 반드시 계산서를 발급받거나 신용카드로 결재하여야 한다. 수취한 계산서는 매입처별계산서합계표를 작성하여 다음 해 2월 10일까지 제출하여야 하며, 법인 또는 복식부기의무자인 개인사업자가 수취한 계산서합계표를 다음연도 2월 10일까지 제출하지 않는 경우 공급가액의 1%를 가산세로 부담해야 한다.

3) 간이과세자와의 거래

거래상대방이 간이과세자인 경우 간이과세자는 부가가치세가 과세되는 거래에 대하여 세금계산서를 발급할 수 없기 때문에 지출증빙서류 특례규정에 해당하는 경우를 제외하고 신용카드로 결제하여야 한다. 단, 간이과세자가 신용카드가맹점이 아닌 경우 신용카드결재가 불가능하므로 간이과세자와의 거래금액이 3만원을 초과하는 경우 불가피하게 증빙불비가산세를 부담할 수밖에 없다. 그럼에도 불구하고 간이과세자와의 거래시 증빙불비가산세는 별개로 하더라도 손금으로 인정을 받기 위해서는 간이영수증을 반드시 수취하여야 한다.

▶ 간이과세자와의 거래 시 증빙수취 방법

① 간이과세자가 읍, 면지역에 소재한 경우로서 신용카드가맹점이 아닌 경우에는 간이영수증을 증빙으로 수취한다.
② 간이과세자가 도시지역에 소재한 경우에는 신용카드로 결재하고, 신용카드매출전표를 수취한다.
③ 간이과세자가 부동산임대업자인 경우 그 거래금액을 금융기관을 통하여 지급하고 과세표준확정신고서에 그 송금명세서를 첨부하여 관할세무서장에게 제출한 경우 증빙불비가산세를 적용하지 않는다. 따라서 개인사업자의 경우 그 거래금액을 금융기관을 통하지 아니하고 지급한 경우에는 증빙불비가산세가 적용된다.
④ 간이과세자가 도시지역에 소재한 사업자로 신용카드가맹점이 아닌 경우 거래금액을 금융기관을 통하여 지급하고 과세표준확정신고서에 그 송금명세서를 첨부하여 관할세무서장에게 제출한 경우 손금인정은 되지만, 증빙불비가산세는 적용된다.

제7절 주요경비에 대한 지출증빙 사례

과 목		구 분	
부서 운영비		내용	본부 및 팀의 원활한 업무 수행과 직원 간의 유대 관계를 향상시키기 위해 지출하는 비용
		증빙 서류	법인카드 매출전표(개인 비용 지출 시 개인카드 매출전표 및 간이영수증)
		처리 절차	인트라에 사전 배정된 예산 내에서 사용하며, 각 본부장 및 팀장의 전결 사항이므로 결재란 확인 후 경영지원팀에 제출
		주의 사항	미사용 분은 이월되나 초과 사용 시는 위임 전결 기준에 의거 결재를 득해야 하므로 각별히 주의해야 함
복리 후생비	야근 교통비	내용	업무를 위하여 야근 후 24시간 경과하여 귀가하는 경우 지원되는 교통비
		증빙 서류	인트라 근무 확인 및 택시 영수증
		처리 절차	인트라 내역 출력 후 택시 영수증을 첨부하여 결재로 득한 후 경영지원팀에 제출
	야근 식대	내용	업무를 위하여 야근 시 지원되는 야근 식대
		증빙 서류	인트라 근무 확인 및 사내 식당 확인 대장
		처리 절차	야근 식사 시 사내 식당의 확인 대장에 기입하고 이용함
여비 교통비	시내외 교통비	내용	업무와 관련하여 시내·외에 외근 시 지출한 교통비
		증빙 서류	버스, 지하철: 인트라에 등록 택시: 택시 영수증
		처리 절차	버스, 지하철은 자동으로 접수되나 택시 이용의 경우 매월 5일 마감 이전 외근 택시비 지출 결의서를 작성하여 결재를 득한 후 경영지원팀에 제출
	자가 교통비	내용	업무와 관련하여 시내·외에 외근 시 자가 차량을 이용한 경우의 교통비
		증빙 서류	인트라에 등록
		처리 절차	외근 후 인트라에 외근 사실 등록 시 자가 교통비 지원 기준에 의거한 금액을 등록

과 목	구 분	
여비교통비	국내출장비	내용: 업무와 관련하여 지방 등으로 출장 시 소요되는 교통비, 숙박비, 식비 등의 비용
		증빙서류: 법인 카드 매출 전표(개인 비용 지출 시 개인 카드 매출 전표 및 간이 영수증) 현지 교통비의 경우 출장비 지급 기준에 의거 증빙 없이 처리
		처리절차: 사전에 출장 내용을 메일 등으로 확인받고 진행하며, 출장 복귀 후 출장비 지출 결의서를 작성하여 결재를 득한 후 경영지원팀에 제출
	해외출장비	내용: 업무와 관련하여 국외로 출장 시 소요되는 교통비, 숙박비, 식비 등의 비용
		증빙서류: 법인카드 매출전표, 현지 교통비 증빙(현지 교통비 등을 위해 선급금을 지급하는 경우, 선급금 지급 시점의 외국환 매도율을 적용하여 정산 처리) 등
		처리절차: 사전에 출장 내용을 메일 등으로 확인받고 진행하며, 출장 복귀 후 출장비 지출 결의서를 작성하여 결재를 득한 후 경영지원팀에 제출
차량유지비	내용	업무상 필요에 의해 회사 차량을 이용하는 경우의 유류대 및 차량의 유지 보수를 위해 지출하는 비용
	증빙서류	유류대: 법인카드 매출전표 차량 수리비: 세금계산서, 거래명세표 및 법인카드 매출전표
	처리절차	지출 전 메일 등으로 확인 받고 진행하며, 사용 후 지출결의서를 작성하여 결재를 득한 후 경영지원팀에 제출
소모품비	내용	업무상 필요한 문구류 등 사무용품 구입 시 지출한 비용
	증빙서류	법인카드 매출전표(세금계산서 발행 가능 업체의 경우 세금계산서 수취)
	처리절차	지출 전 메일 등으로 확인 받고 진행하며, 사용 후 지출결의서를 작성하여 결재를 득한 후 경영지원팀에 제출
보험료	내용	업무상 필요에 의해 보험에 가입하여 지출한 비용
	증빙서류	보험 증서 및 보험료 납입 증명서
	처리절차	지출 전 메일 등으로 확인 받고 진행하며, 사용 후 지출결의서를 작성하여 결재를 득한 후 경영지원팀에 제출
광고선전비	내용	판매 촉진을 위하여 불특정 다수인을 대상으로 서비스의 선전이나 회사의 이미지 제고를 위하여 지출한 비용
	증빙서류	매월 고정 성격의 광고 시: 세금계산서, 거래명세표 등 일회성 광고 시: 전결권자의 확인 메일, 세금계산서, 거래명세표 등
	처리절차	지출 전 메일 등으로 확인 받고 진행하며, 사용 후 지출결의서를 작성하여 결재를 득한 후 경영지원팀에 제출
도서인쇄비	내용	업무 상 필요한 도서의 구입 및 인쇄에 지출한 비용
	증빙서류	세금계산서, 계산서 및 법인카드 매출전표
	처리절차	지출 전 메일 등으로 확인 받고 진행하며, 사용 후 지출결의서를 작성하여 결재를 득한 후 경영지원팀에 제출

과 목		구 분
접대비	내용	회사 업무와 관련하여 거래 상대방을 위해 지출한 접대비, 교제비, 경조사비 및 화환 등의 비용
	증빙 서류	법인카드 매출전표, 청첩장 및 부고장 등
	처리 절차	사전에 지출 내용을 구두 및 메일 상으로 확인받고 사용하며, 사용 후 접대비 지출결의서를 작성하여 해당 본부장께 제출, 해당 본부장은 예산 내에서 관리하며, 인트라에 등록하고 결재란에 결재 후 경영 지원팀에 제출(화환 및 경조금의 경우 즉시 처리해야 하므로 접대비 지출결의서를 작성하여 해당 본부장께 제출 후, 인트라 등록 화면을 출력하여 경영지원팀에 제출)
	주의 사항	법인카드로만 사용 가능하며, 각 건별 20만원 이상 시 세무 상 불이익을 받을 수 있으므로 각별히 주의해야 함
지급 수수료	내용	업무상 필요에 의해 외부 기관 및 전문가의 용역을 제공받고 지출하는 비용
	증빙 서류	금융 기관 수수료: 입금증 및 영수증 전문 용역 수수료: 세금계산서, 계산서(개인인 경우 신분증과 통장 계좌 사본)
	처리 절차	지출 전 메일 등으로 확인 받고 진행하며, 사용 후 지출결의서를 작성하여 결재를 득한 후 경영지원팀에 제출
교육비	내용	임직원의 교육 및 연수 등과 관련하여 지출한 비용
	증빙 서류	외부교육 시: 세금계산서, 계산서 및 법인카드 매출전표 사외강사 시: 소속 교육 기관 명의의 계산서 또는 강사 본인 신분증과 통장 계좌 사본 사내강사 시: 영수증
	처리 절차	지출 전 메일 등으로 확인 받고 진행하며, 사용 후 지출결의서를 작성하여 결재를 득한 후 경영지원팀에 제출

출처: 전표관리 학습모듈(2016)

회계규정

제1장 총 칙

제1조【목 적】
　이 규정은 ○○주식회사(이하 "회사"라고 한다)의 예산회계에 관한 주요기준을 규정함으로써 경영의 합리화와 업무의 원활한 집행을 도모함을 목적으로 한다.

제2조【적용범위】
　회사의 회계에 관한 규정은 관계법령, 다른 규정에 특별히 정함이 있는 경우를 제외하고는 이 규정이 정하는 바에 의한다.

제3조【회계연도】
　회계연도는 정관이 정하는 사업연도와 같다.

제4조【회계단위】
　① 회계단위는 총계정원장의 설치부서로 한다.
　② 각 회계단위의 회계는 본사에 소속된 회계단위에서 총괄한다.

제5조【회계관련업무의 위임】
　사장은 회계업무를 수행하기 위하여 필요하다고 인정할 때에는 회계업무에 관한 사무를 위임할 수 있다.

제6조【회계처리의 원칙】
　회사의 회계처리는 다음 각호의 원칙에 의한다.
　1. 재정상태와 집행상황에 관하여 진실한 내용을 표시한다.
　2. 모든 회계거래에 관하여 정확한 회계장부를 작성한다.
　3. 한국채택국제회계기준에서 정한 바에 따라 처리한다.

제2장 회계처리와 장표

제1절 총 칙

제7조【처리원칙】
　모든 거래는 전표와 증빙서류에 의하여 처리하여야 한다.

제8조【장표의 제정】
　장표는 회사소정의 양식과 규격에 의한다.

제9조 【계정과목】
　　① 계정과목은 손익계산서계정과 재무상태표계정으로 구분한다.
　　② 계정과목은 중요성의 원칙에 따라 설정하고 명료성, 계속성, 비교성이 유지되어야 한다.
　　③ 재무상태표 계정과목의 신설, 폐지, 배열은 경리담당부서장이 결정하여 사장의 승인을 얻어야 한다.
　　④ 계정과목은 회계년도중에는 특별한 경우를 제외하고는 개정할 수 없다.

제10조 【일계표의 작성】
　　① 매일 회계거래를 종료한 후에는 전표에 의하여 일계표를 작성하여야 한다.
　　② 매월 말일자에는 총계정원장에 의하여 1월간의 거래를 집계하는 예산실적대비표를 작성하여야 한다.

제2절　회계기준

제11조 【비용과 수익의 대응】
　　손익계산은 경영성과를 명확히 하기 위하여 수익과 비용을 그 발생원인에 따라 분류하고 발생한 기간에 정당하게 배분되도록 각 수익항목과 이에 관련되는 비용항목을 분류하여 표시하여야 한다.

제12조 【계산의 원칙】
　　계산은 다음 각호의 원칙에 의한다.
　　1. 비용은 발생사실에 의하여 인식하고 계상한다.
　　2. 수익은 발생사실에 의하여 인식하고, 실현사실에 의하여 계상한다.
　　3. 손익계산은 포괄주의에 의한다.
　　4. 자산가액은 특별한 경우를 제외하고는 취득가액에 의한다.

제13조 【총액계상】
　　① 수익과 비용은 총액에 의하여 계상하여야 하며, 비용항목과 수익항목을 직접 상계함으로씨 그 선부 또는 일부를 손익계상에서 제외하여서는 아니된다.
　　② 자산, 부채 및 자본은 총액에 의하여 계상함을 원칙으로 하고, 자산항목과 부채 또는 자본항목과를 상계함으로써 그 전부 또는 일부를 재무상태표에서 제외하여서는 아니된다.

제14조 【수익적 지출】
　　다음 각호의 지출은 수익적 지출로 한다.
　　1. 수익을 위한 당기 비용의 지출
　　2. 취득자산의 내용년수가 1년 미만인 지출
　　3. 고정자산 이외의 자산취득을 위한 지출
　　4. 고정자산의 경상적 수리를 목적으로 한 지출

5. 고정자산의 원상을 회복하기 위한 지출

제15조【자본적 지출】

다음 각호의 지출은 자본적 지출로 한다.
1. 고정자산의 증설과 개선으로 인하여 기존 고정자산의 내용년수가 연장되거나 그 자산가치가 현실적으로 증가되는 경우의 지출
2. 기존 고정자산의 용도변경을 위한 지출
3. 고정자산의 신설을 위하여 기존 고정자산의 철거를 위한 지출
4. 재해 등으로 인하여 본래의 용도에 이용가치가 없어진 자산의 복구를 위한 지출

제16조【특별손실】

재해 및 기타의 임시적인 특별손실은 그 기준을 정하여 영업외비용으로 처리한다.

제3절 전 표

제17조【전표의 종류】

전표의 종류는 입금전표, 출금전표, 대체전표로 구분한다.

제18조【전표의 대용】

전표의 기능이 인정되는 증빙서류는 전표로 대용할 수 있다.

제19조【전표의 기준】

① 전표에는 계정과목을 표시하여야 하나 증빙서류로 전표를 갈음하는 경우에는 증빙서류의 제목으로 보아 쉽게 판단할 수 있을 때에는 계정과목을 표시하지 아니할 수 있다.
② 한 장의 전표는 한 계정과목에 대해서만 기표하여야 한다.

제20조【취급자날인】

전표에는 기표자, 기장자, 책임자, 수납 또는 지급자, 출납책임자, 기타 관계자가 각각 날인하여야 한다.

제21조【전표금액의 정정】

전표금액은 이를 정정하지 못한다.

제22조【전표의 보관】

전표는 그 보관자를 정하여 일자순으로 보관정리하며 보관자는 보관의 책임을 져야 한다.

제23조【감 사】

전표는 감사규정에 정한 바에 따라 감사한다.

제4절 장 부

제24조 【회계장부】
각 회계단위에서는 다음 각호에 정하는 회계장부를 갖추어 전표의 기재사항과 그 내용이 일치하게 기재하여야 한다.
1. 일계표 및 전표
2. 총계정원장
3. 보조부

제25조 【기재원칙】
① 보조부의 계좌, 적요 및 금액은 전표의 기재사항과 그 내용이 일치하여야 한다.
② 잔액의 대차구별을 요하는 때에는 이를 명확히 표시하여야 한다.
③ 장부에 개서 또는 정정하고자 할 때에는 당해 자구 혹은 숫자에 두 줄의 적색선을 긋고 정정자의 날인과 함께 정정하여야 하며, 이외의 어떠한 방법의 개서 또는 정정도 인정되지 아니한다.

제26조 【장부폐쇄 및 갱신】
① 회계장부는 성질상 계속사용이 필요한 경우를 제외하고는 매 회계연도별로 결산 확정시에 폐쇄하며 차기에 사용할 수 없다.
② 장부의 갱신은 연도 초에 행하고 회계연도의 기간 중에는 특별한 경우를 제외하고는 이를 갱신할 수 없다.

제5절 증빙서류

제27조 【증빙서류】
① 증빙서류는 거래사실의 경위를 입증하며 기장의 증거가 되는 서류로서 그 범위는 경리담당부서장이 별도로 정한다.
② 제1항의 규정에 의하여 성하지 아니한 증빙서류라 할지라도 특히 필요하다고 인정되는 경우에는 이를 증빙서류로서 첨부하여야 한다.
③ 증빙서류는 원본으로 구비하여야 한다. 다만, 원본에 의하기 곤란한 경우에는 그 사본으로 갈음하고 원본대조자가 이에 확인표시를 하여야 한다.

제28조 【증빙서류의 생략】
오기정정 또는 결산 시 계정간 대체 등과 같이 단순히 계산적 조작의 필요에 의하여 발생한 준거래에 있어서는 그 전표로서 증빙서류에 갈음할 수 있다. 다만, 이 경우에는 전표의 적요란에 사유 및 산출내역을 기재하여야 한다.

제29조 【증빙서류의 작성】
각종 증빙서류의 지출금액은 정정하지 못하며 지급의 뜻, 내역, 금액 등이 명기되어야 하며 작성자의 기명날인이 있어야 한다.

제3장 예 산

제30조【예 산】
예산에 관하여는 별도의 규정으로 정한다.

제4장 재무회계

제1절 금전출납

제31조【금전의 범위】
이 규정에서 금전이라 함은 현금 및 예금을 말한다.

제32조【출납책임자】
금전의 출납을 원활히 하기 위하여 각 회계단위별로 금전의 출납책임자를 두며, 출납책임자를 보조하기 위하여 출납담당자를 둔다.

제33조【출납담당자의 책임과 의무】
현금의 출납은 출납담당자만이 이를 취급하고 출납담당자는 현금의 출납에 특히 유의하여 정확성을 기하여야 한다.

제34조【금전의 출납】
① 금전의 출납은 담당 책임자의 날인이 있는 전표에 의하여 출납담당자가 이를 행하여야 한다.
② 출납담당자는 금전출납시에 수납인 또는 지급인을 전표에 날인하여야 한다.
③ 금전을 출납하였을 때에는 금전출납장에 기재하고 매일의 금전입출금을 일계표의 금전입출금액 및 잔액과 대조하여 그 과부족 여부를 확인하여야 한다.

제2절 지 출

제35조【금전지급의 원칙】
① 금전의 지급은 거래발생부서의 지출결의서와 지급처의 세금계산서, 입금표 등의 증빙서류에 따라 출금전표에 의하여 지급한다.
② 금전의 지급은 수표 또는 어음을 발행하여 지급함을 원칙으로 한다. 다만, 전도금 지급, 소액지급, 급여, 여비와 기타 특별한 경비의 경우에는 현금으로 지급할 수 있다.

제36조【지출원인행위의 원칙】
지출원인행위를 하고자 할 때에는 배정된 예산범위 내에서 하여야 한다.

제37조 【지출결의서의 작성】
　① 지출원인행위를 할 때에는 지출원인행위결의서를 작성하여야 한다.
　② 다음 각호에 해당하는 경우에는 계산내역 또는 명세를 첨부하여 지출결의서에 갈음할 수 있다.
　　1. 우편, 전신, 전화, 전기 등 공공요금 및 제세공과금
　　2. 인건비, 여비, 복리후생비 등 지출금액이 확정된 경비

제38조 【영수증의 징구】
　금전을 지급할 때에는 반드시 수취인의 영수증 또는 이에 갈음하는 서류를 작성 징구하고 전표에 첨부하여야 한다.

제39조 【전도금의 교부】
　① 업무의 성질상 현금으로 지급하지 아니하면 업무수행에 지장을 초래할 우려가 있는 경우에 한하여 자금을 전도할 수 있다.
　② 전도금을 교부한 때에는 가지급금으로 처리하고 전도금 취급담당자의 정산보고에 따라 가지급금을 정리하여야 한다.
　③ 전도금 취급담당자는 매월말까지 전도금정산보고서를 관계증빙서류와 같이 다음달 일까지 경리부장에게 제출하여야 한다.

제40조 【전도금의 범위】
　전도금 취급담당자에게 자금을 전도할 수 있는 경비의 범위는 다음 각호와 같다.
　1. 외국에서 지급하는 경비
　2. 선박에 속하는 경비
　3. 교통, 통신이 불편한 지방에서 지급하는 경비
　4. 회사에서 필요한 부식물의 매입경비
　5. 장소가 일정하지 아니한 사무소의 경비
　6. 기밀비, 판공비, 업무추진비
　7. 증인, 감정인, 변호인 또는 대리인에게 지급하는 여비 기타의 경비

제41조 【선급금】
　① 업무의 성질상 선급금을 지급하지 아니하면 공사, 제조 또는 물품의 매입 등에 지장을 초래할 우려가 있을 때에는 선급금을 지급할 수 있다.
　② 출납책임자는 선급금지급에 따른 업무가 완료되면 지체없이 정산하고 선급금계정을 정리하여야 한다.

제3절　유가증권

제42조 【유가증권의 취득 등】
　유가증권의 취득, 매도, 상환, 담보제공 등을 할 때에는 종별, 수량, 금액 및

사유를 표시하여 이사회의 승인을 얻어야 한다.

제43조【유가증권의 장부가액】

유가증권의 장부가액은 취득가액으로 한다. 다만, 시가가 취득가격보다 현저하게 낮고 그것이 취득가격까지 회복될 가능성이 희박할 때에는 시가에 의할 수 있다.

제5장　자산회계

제1절　통　칙

제44조【자산의 구분】

자산은 고정자산, 물품 및 부외자산으로 구분한다.

제45조【부외자산】

① 부외자산이라 함은 현실적으로 사용 또는 점유하고 있으나 증여, 잉여 또는 수익적 지출로 처리되어 재무상태표 자산의 부에 계상되어 있지 아니한 자산을 말한다.

② 부외자산을 자산으로 등재하는 경우의 등재가액은 취득가액 또는 평가액으로 한다.

③ 기증, 증여 등에 의하여 무상으로 취득한 자산은 적절한 평가를 하여 자산으로 등재할 수 있다.

제46조【물품의 구입】

물품의 구입은 재고량과 연간소모량 등을 고려하여 매 회계년도 초에 일괄구입함을 원칙으로 한다. 다만, 업무형편상 부득이한 경우에는 그러하지 아니하다.

제2절　고정자산

제47조【고정자산】

고정자산이라 함은 건물, 구축물, 중기, 선박, 기계장치 등의 유형고정자산과 영업권, 상표권, 특허권, 광업권 등의 무형고정자산을 말한다.

제48조【고정자산의 취득】

고정자산의 취득은 고정자산을 신설, 증설 또는 개조하기 위한 구입, 제작, 교환, 증여 등을 말한다.

제49조【고정자산의 취득가액】

고정자산의 취득가액은 다음 각호에 의한다.

1. 구입에 의한 것은 구입가격에 부대비용 및 설치비용을 가산한 금액

2. 공사 또는 제작에 의한 것은 그 원가 및 설치비를 가산한 금액
3. 교환에 의하여 취득한 자산은 원칙적으로 양도자산의 장부가액에 교환차금 및 부대비용을 가감한 금액
4. 무상취득 또는 재활용을 위하여 취득된 자산은 그 정당한 평가액

제50조 【건설가계정】
고정자산의 취득이 건설공사에 의한 경우에는 건설가계정으로 정리하고, 그 취득을 완료한 때에는 당해 고정자산계정에 대체한다.

제51조 【업무용 부동산의 매각 또는 매수】
고정자산 중 회사의 기본재산이나 중요한 업무용 토지 및 건물을 매각 또는 매수하고자 할 때에는 이사회의 승인을 얻어야 한다.

제52조 【자산재평가】
고정자산의 재평가는 자산재평가법 및 감정평가에 관한 법률의 정하는 바에 의한다.

제53조 【권리의 보존】
고정자산의 권리보존을 위하여 당해 자산의 관리자는 소유권 기타의 권리에 대하여 보존절차를 취하여야 한다.

제54조 【부 보】
고정자산에 대하여 필요한 경우에는 이사회의 결의를 거쳐 손해보험에 가입할 수 있다.

제55조 【임대차】
고정자산을 임대차하고자 하는 경우 또는 계약조건을 변경하고자 하는 경우에 중요한 사항은 이사회의 승인을 얻어야 한다.

제3절 물 품

제56조 【물품의 구분】
물품이라 함은 집기를 제외한 동산을 말하며 이는 내용년수 1년 이상, 취득가격 1만원 이상인 비품과 기타의 소모품으로 구분한다.

제57조 【물품의 출납 및 보관】
① 물품취급책임자는 구입과 동시에 소비되는 성질의 소모품을 제외하고는 장부를 비치하고 물품을 출납 보관하여야 한다.
② 사용중인 비품에 대하여는 별도 대장을 비치하여 그 소재와 사용자를 명확히 하여야 한다.

제58조 【물품의 확인】
물품관리자는 물품취급책임자의 물품출납 및 보관에 관한 사항을 수시로 확인하여야 한다.

제59조 【재물조사】

① 물품관리자는 매년 1회 이상 장부와 현품을 대조확인하여야 한다.
② 물품관리담당자는 제1항의 재물조사결과 사용이 가능한 잉여물품이 있을 때에는 이를 다른 부서에 이관, 사용할 수 있도록 필요한 조치를 취하여야 한다.

제60조【책 임】
물품의 사용자 및 보관자는 사용중인 물품이나 보관중인 물품을 고의 또는 중대한 과실로 멸실 또는 훼손하였을 때에는 이를 변상하여야 한다.

제4절 부외자산

제61조【부외자산의 범위】
① 부외자산은 성질상 당연히 자산으로 취급되어야 하거나 자산으로 관리할 가치가 있는 자산으로서 재무상태표 자산의 부에 계상되지 아니한 자산을 말한다.
② 실질적으로 사용하고 있으나 소유권이 타인에게 속해 있는 임차자산, 담보자산 등은 부외자산에 준하여 관리한다.

제62조【부외자산의 자산등재】
① 부외자산을 자산에 등재하는 경우의 등재가액은 취득가액 또는 평가액으로 한다.
② 감가상각이 완료된 자산에서 제각된 자산으로서 잔존가액을 배분할 수 없는 자산은 적절한 구분에 따른 평가에 의거 자산에 등재할 수 있다.
③ 기증, 증여 등에 의하여 무상으로 취득한 자산은 적절한 평가를 하여 자산으로 등재할 수 있다.
④ 수익적 지출에 의하여 비용 처리된 자산으로서 사용 후 반납된 것은 그 상태를 감안하여 재생 후 재활용하거나 폐기처리 하여야 한다. 이 경우 재활용의 가치가 있는 것은 재생 후 그 상태에 따른 평가액을 등재가액으로 할 수 있으며 평가액에서 재생비용을 공제한 가액을 평가액으로 하고 이를 영업외수익으로 계상한다.

제63조【임차자산 등의 관리】
임차자산 등 타인의 소유에 속하는 자산은 원상을 유지할 수 있도록 관리하여야 하며 유지에 지출된 비용은 그 자산의 용도에 따라 영업비용 또는 영업외비용으로 계상한다.

제5절 기장 및 보고

제64조【관리대장】
고정자산, 물품, 부외자산의 관리를 위하여 자산별 대장을 비치하고 취득,

처분, 교환 등의 내용을 발생순으로 기장·정리하여야 한다.

제65조 【장부 및 부속서류】

① 고정자산에 관한 장부 및 부속서류는 다음 각호와 같다.
 1. 고정자산총괄대장
 2. 고정자산대장(사용부서)
 3. 고정자산 감가상각대장
 4. 토지, 건물의 도면
 5. 기타 부속서류

② 물품 및 부외자산에 관한 장부 및 부속서류는 따로 정한다.

제66조 【취득일】

고정자산의 취득일은 취득에 관한 대가지급일로 한다.

제67조 【감가상각의 범위】

① 모든 고정자산은 감가상각을 하여야 한다. 다만, 비상각자산은 제외한다.
② 제①항의 비상각자산은 토지, 건설중인자산, 투자자산, 입목 등을 말한다.

제68조 【감가상각방법】

① 감가상각방법은 유형고정자산에 대하여는 정률법, 무형고정자산은 정액법에 의한다.
② 제①항의 경우 기장처리방법은 간접법에 의한다.

제69조 【감가상각의 실시】

감가상각의 실시는 회계년도말을 기준으로 한다.

제6장 원가회계

제70조 【원가계산의 목적】

원가계산은 회사의 경영활동을 위하여 투하된 경제가치를 일정한 기준에 의하여 계산함으로써 재무회계, 예산편성, 기준가격 결정, 기나 경영관리를 합리적으로 수행하기 위한 원가자료를 제공하기 위하여 실시한다.

제71조 【원 가】

원가라 함은 재료비, 급여, 생산비, 보관비 등을 위하여 소비된 가치를 말한다.

제72조 【원가계산의 기간】

원가계산은 회계연도와 같이 하나 적정한 원가관리를 위하여 필요한 경우에는 월별, 분기별 또는 사업기간별로 실시할 수 있다.

제73조 【원가계산의 경제성 및 비교성】

① 원가계산의 방법은 계산의 경제성이 있어야 한다.
② 원가요소의 적절한 분류에 의하여 비교성이 유지되어야 한다.

제74조 【원가보고서의 작성】

원가보고서는 업무별로 원가계산내용을 명확히 표시하여서 작성하여야 하며 그 종류는 소관부서에서 따로 정한다.

제7장 결 산

제75조【결 산】
① 결산은 당해년도의 경영성과와 재정상태를 명확히 파악할 수 있도록 명료하게 하여야 한다.
② 결산은 회계년도말을 기준으로 실시하고 필요에 따라 수시로 가결산 및 손익예상을 실시할 수 있다.

제76조【결산지침】
경리부장은 결산일 ○일 전에 결산에 관한 기준과 절차를 정한 결산지침을 작성하여 통지하여야 한다.

제77조【결산실시】
결산은 회계단위별로 실시하고 본사회계단위에서 총괄하여 결산보고서를 작성한다.

제78조【결산기준】
제76조의 결산지침을 작성할 때에는 다음 각호의 사항을 포함하여야 한다.
1. 재정상태 및 경영성과에 관한 진실하고 명확한 내용의 표시
2. 회계처리의 명료한 표시
3. 회계원칙 및 절차의 계속 적용
4. 기타 일반적으로 공정타당하다고 인정되는 회계기준의 적용

제79조【재무제표의 작성】
① 본사 회계단위에 있어서는 다음 각호에 열거한 재무제표를 작성하여야 한다.
  1. 재무상태표
  2. 포괄손익계산서
  3. 현금흐름표
  4. 자본변동표
  5. 주석
② 제1항의 경우 용도에 따라 서로 다른 내용의 재무제표를 작성하여서는 아니된다.

제8장 계 약

제80조【계약】

계약에 관하여는 별도의 규정으로 정한 바에 의한다.

제9장 경영분석과 조사통계

제81조【목　적】
① 경영분석과 조사통계는 회사의 경영활동을 계속적으로 파악하여 경영의 효율성을 제고하기 위함을 목적으로 한다.
② 경영분석과 조사통계는 계속성·비교성을 유지하여야 하며, 자료의 유용성·경제성을 고려하여야 한다.

제82조【재정상태분석】
재정상태분석은 재무제표를 주된 자료로 하여 재정상태의 수익성, 생산성, 기업활동성 등을 실수분석, 비율분석, 종합비율분석의 방법에 의하여 검토·분석한다.

제83조【경제성분석】
경제성분석은 특정사업 또는 특정제품의 수익성평가, 계속사업의 존폐결정, 신규사업의 결정, 사업방식의 선택 등을 위하여 각 검토대상의 특수성에 따라 적절한 분석방법을 사용하여 실시한다.

제84조【조사통계의 내용】
조사통계는 경영활동에 관한 모든 경영자료의 표준치, 예정치, 실적치 등을 조사, 집계, 분류, 분석, 정리함을 내용으로 한다.

제85조【통계의 구분】
① 통계는 조사통계와 보고통계로 구분한다.
② 보고통계는 경영활동에 관한 계획과 실적을 기준으로 관계자료를 집계, 분류 및 분석, 정리한다.
③ 조사통계는 경영활동의 필요에 따라 외부기관에서 조사하여 작성한 원자료에 의하여 작성한다.

제86조【규　정】
기타 통계에 관하여는 별도로 정한 바에 의한다.

부　칙

제1조【시행일】

이 규정은 20　년 ○○월 ○○일부터 시행한다.

제3부

자금관리/자금업무 실무

Ⅰ. 자금관리 능력단위

분류번호 : 0203020102_14v2

능력단위 명칭 : 자금관리

능력단위 정의 : 자금관리란 기업 및 조직의 자금을 관리하기 위하여 회계 관련 규정에 따라 자금인 현금, 예금, 법인카드, 어음·수표를 관리하는 능력이다.

능력단위요소	수 행 준 거
0203020102_14v2.1 현금시재 관리하기	1.1 회계 관련 규정에 따라 당일 현금 수입금을 수입일보에 기재하고 금융기관에 입금할 수 있다. 1.2 회계 관련 규정에 따라 출금 시 증빙서류의 적정성 여부를 판단할 수 있다. 1.3 출금할 때 정액자금 전도제에 따라 소액현금을 지급·관리할 수 있다. 1.4 회계 관련 규정에 따라 입·출금 전표 및 현금출납부를 작성하고 현금 시재를 일치시키는 작업을 할 수 있다. 【지 식】 ○ 대금의 지급방법 및 지급기준 ○ 입·출금 전표 및 현금출납부 작성 방법 【기 술】 ○ 입·출금에 대한 근거자료 확인 능력 ○ 전도금 관리 능력 【태 도】 ○ 현금 관리 규정을 준수하는 태도 ○ 현금시재 관리에 대한 정확한 태도
0203020102_14v2.2 예금 관리하기	2.1 회계 관련 규정에 따라 예·적금을 구분·관리할 수 있다. 2.2 자금운용을 위한 예·적금 계좌를 예치기관별·종류별로 구분·관리할 수 있다. 2.3 은행업무시간 종료 후 회계 관련 규정에 따라 은행잔고를 대조 확인할 수 있다. 2.4 은행잔고의 차이 발생 시 그 원인을 규명할 수 있다. 【지 식】 ○ 수신, 여신 관련 법률 ○ 예금계정 【기 술】 ○ 기업 자금사용계획 활용 능력

능력단위요소	수 행 준 거
	【태 도】 ○ 예·적금 관리 규정을 준수하는 태도 ○ 예금 관리에 대한 정확성
0203020102_14v2.3 법인카드 관리하기	3.1 회계 관련 규정에 따라 금융기관으로부터 법인카드를 발급·해지할 수 있다. 3.2 회계 관련 규정에 따라 법인카드 관리대장을 작성·관리할 수 있다. 3.3 법인카드의 사용범위를 파악하고 결제일 이전에 대금이 정산될 수 있도록 회계처리할 수 있다. 【지 식】 ○ 법인카드 관련 금융거래 매뉴얼 ○ 법인카드 관리대장 작성 방법 【기 술】 ○ 법인카드 관리 능력 【태 도】 ○ 법인카드 관리 규정을 준수하는 태도 ○ 법인카드 관리에 대한 정확성
0203020102_14v2.4 어음·수표 관리하기	4.1 관련 규정에 따라 수령한 어음·수표의 진위 여부를 식별할 수 있다. 4.2 관련 규정에 따라 수령한 어음·수표를 금융기관에 입금·예탁할 수 있다. 4.3 관련 규정에 따라 어음·수표를 발행·수령할 때 회계처리하고 어음관리대장에 기록·관리할 수 있다. 4.4 관련 규정에 따라 어음·수표의 분실 및 부도가 발생한 때 대처하여 해결방안을 수립할 수 있다. 【지 식】 ○ 어음법, 수표법, 예금자보호법 ○ 어음·수표 거래 관련 규정 【기 술】 ○ 어음관리대장 작성 능력 ○ 어음·수표의 보관과 관리 능력 【태 도】 ○ 어음·수표 관리 규정을 준수하는 태도 ○ 정확성 ○ 신속성 ○ 판단력

● 적용범위 및 작업상황

고려사항

- 이 능력단위는 자금관리를 위하여 현금시재 관리, 예금 관리, 카드 관리, 어음·수표를 관리하는 업무에 적용한다.
- 예·적금관리에는 외화거래를 포함한다.
- 은행잔고를 대조·확인할 때 예금의 잔액을 조회하고, 당일의 입출금 내역을 확인하여 각 은행별, 계좌별 거래장 잔고와 실제 은행잔고의 일치여부를 확인하여야 한다.
- 기업의 계좌현황 관리에는 통장, 거래원장, 거래인감, 인터넷 뱅킹 등이 있다.
- 법인카드 관리대장 내용으로는 발급일, 카드종류 및 번호, 유효기간, 한도금액, 사용부서, 담당자, 결제일이 포함된다.
- 회계 관련 규정이란 상법, 한국채택국제회계기준, 일반기업회계기준, 중소기업회계기준, 세법 등을 포함한다.
- 어음·수표 관련 규정이란 회계 관련 규정 중에서도 상법, 어음법, 수표법을 지칭한다.
- 자금관리에 있어 어음에는 종이어음과 전자적 어음이 포함된다.

자료 및 관련서류

- 상법
- 어음법
- 수표법
- 예금자보호법
- 사내규정
- 기업회계기준

장비 및 도구

- 컴퓨터
- 복합기
- 계산기
- 회계 관련 프로그램
- OA 관련 프로그램
- 법인카드 관리대장
- 어음관리대장

제1장
자금일보

제1절 자금일보의 작성 및 보고

1. 의의

자금일보는 일명 경리일보라고도 불리며, 경리담당자가 작성하는 일일 업무보고서로서 일일 금전의 수입과 지출내역 뿐만 아니라, 회사의 전반적인 거래를 기록하는 업무일지를 의미한다. 따라서 현금성자산, 차입금, 어음 등 일 단위의 전일잔액, 당일증가, 감소 및 당일잔액 내역을 반영하여 일일자금명세를 관리한다.

2. 자금일보의 필요성

발생주의는 현금의 입·출금과는 별개로 자산의 변동 및 증감을 거래의 발생시점에 인식하는 방법이다. 기업회계기준은 이러한 발생주의에 의해 회계처리를 하도록 하고 있는 반면, 현금주의는 현금의 수입 및 지출에 의거하여 손익계산을 하는 방법이다. 재무제표 중 현금흐름표는 일정기간 동안의 재무, 투자, 영업활동 등을 통해 발생하는 현금의 입·출금을 나타내는 재무보고서이다. 이러한 현금흐름표를 작성할 때 현금및현금성자산의 증감을 분석하기 위한 방법으로 자금일보가 활용된다.

3. 작성 시기

매일 은행의 영업시간이 종료된 후 입·출금 증빙서류 등을 참고하여 자금일보를 작성한다. 자금일보를 작성함에 있어 일일자금계획과 일일자금실적을 각각 작성하여 결재를 받기도 하며, 일일자금계획과 실적을 하나의 양식으로 작성하여 결재를 득하기도 한다. 자금일보는 경영자의 관심과 기업의 성격에 따라 자의적인 양식으로 작성되어 진다.

4. 자금일보 양식 및 작성요령

(1면)

자금일보(일일자금명세) 년 월 일					담당	과장	이사	대표이사	
1. 현금 및 예금									
현 금					전일잔액	증가	감소	금일잔액	비고
보통예금	통장명	계좌번호			전일잔액	증가	감소	금일잔액	비고
	합계								
당좌예금									
	합계								
정기예.적금	통장명	계좌번호	가입일	만기일	전일잔액	증가	감소	금일잔액	비고
	합계								
2. 받을어음									
받을어음	은행명	어음번호	발행일	만기일	전일잔액	증가	감소	금일잔액	비고
	합계								
3. 지급어음									
지급어음	은행명	어음번호	발행일	만기일	전일잔액	증가	감소	금일잔액	비고
	합계								
4. 차입금									
차입금명	은행명	계좌번호			전일잔액	증가	감소	금액잔액	비고
	합계								
			전일 보유자금						
			당일 수입금액						
			당일 지출금액						
			당일 보유자금						

(2면)

5. 일자금 실적 및 계획

구분	금일 수입 및 지출 실적			익일 수입 및 지출 계획		
	전일 보유자금			당일 보유자금		
	계정	적요	금액	계정	적요	금액
수입						
	소계			소계		
	계정	적요	금액	계정	적요	금액
지출						
	소계			소계		
	당일 보유자금			익일 보유자금		

[작성 요령]

(1면)
- 현금
  - 전일잔액란에 전일 현금잔액을 기입한다.
  - 증가란에 당일 현금증가액을 기입한다.
  - 감소란에 당일 현금감소액을 기입한다.
  - 금일잔액란에 전일잔액에 증가액을 더하고 감소액을 차감한 금액을 기입한다.
- 예금(보통, 당좌, 정기예·적금) : 현금란의 기록방법과 동일하게 기입한다.
- 받을어음 : 금일 받을어음의 내역을 기록한다.
  - 증가란에 당일 수취한 받을어음의 내역을, 감소란에는 만기가 도래하여 추심받은 받을어음 내역을 기록한다.
- 지급어음 : 지급어음의 내역을 기록한다.
  - 증가란에는 당일 발행한 지급어음의 내역을, 감소란에는 어음의 만기가 도래하여 지급한 지급어음 내역을 기록한다.
- 차입금 : 차입금의 내역을 기록한다.
  - 증가란에는 당일 차입한 금액을, 감소란에는 차입금 상환액을 기록한다.
- 전일보유자금 : 현금, 예금, 받을어음 전일잔액의 합계를 기록한다. 이때 지급어음과 차입금의 전일 잔액을 포함하지 않는다.
- 당일 수입금액은 2면 금일 수입금액 및 지출내역 중 수입의 소계와 일치되어야 한다.
- 당일 지출금액은 2면 금일 수입금액 및 지출내역 중 지출의 소계와 일치되어야 한다.
- 당일 보유자금은 전일보유자금에 당일 수입금액을 가산하고 당일 지출금액을 차감하여 기입한다.

(2면)
- 금일 수입 및 지출 실적 : 금일 발생된 수입과 지출 실적을 구체적으로 기록한다.
  - 전일 보유자금 : 1면의 전일 보유자금을 이기한다.
  - 수입 : 당일 수입금액의 계정, 적요, 금액을 기입한다.
  - 지출 : 당일 지출금액의 계정, 적요, 금액을 기입한다.
  - 당일 보유자금 : 1면의 당일 보유자금을 이기한다.
- 익일 수입 및 지출 계획 : 익일 수입예정금액과 지출예정금액을 기입한다.
  - 당일 보유자금 : 금일 수입 및 지출 실적의 당일보유자금을 이기한다.
  - 수입 : 익일 예상되는 수입금액을 기입한다.
  - 지출 : 익일 예정되는 지출금액을 기입한다.
  - 익일 보유자금 : 당일 보유자금에 수입금액을 가산하고 지출금액을 차감하여 기입한다.

5. 작성예제

(예제 11) 다음 자료를 참고하여 3월 31일자 자금일보를 작성하시오.

1. 현금, 예금 전일 잔액

구분	통장명	계좌번호	전일잔액
현금			3,000,000
보통예금	국민은행	123-11-12345	10,000,000
	하나은행	333-11-98745	7,000,000
당좌예금	국민은행	444-11-12222	20,000,000
정기예·적금	국민은행 정기예금	049-01-11123	10,000,000
	하나은행 정기적금	117-11-12458	5,000,000

2. 3월 31일 실적
   - 2월 A사에 대한 외상매출금 1,000,000원이 국민은행 보통예금 통장에 예입되다.
   - 3월 임대료 수익 500,000원이 하나은행 보통예금통장에 예입되다.
   - 행정소모품 구입비 20,000원을 현금지급하다.
   - B사로부터 상품매출대금 3,000,000원을 전자어음으로 지급받다(어음발행일: 2019. 3.31, 어음만기일: 2019. 6.30, 어음번호: 1111 가정, 지급처: 우리은행)
   - C사로부터 상품 1,500,000원을 구입하고 발행한 전자어음의 만기가 도래하여 국민은행 당좌예금계좌에서 이체지급되다(어음 발행일: 2019. 1. 15, 어음만기일: 2019. 3.31, 어음번호: 2222 가정, 지급처: 국민은행)
   - 하나은행으로부터 현금 5,000,000원을 1년 뒤에 지급조건으로 차입하다

3. 4월 1일 계획
   - D사로부터 상품외상대금 2,000,000원이 국민보통예금통장에 예입될 예정이다.
   - 영업부 홍길동 출장비 500,000원을 현금 지급할 예정이다.
   - 수도광열비 50,000원을 지급할 예정이다.

(1면)

자금일보(일일자금명세)
년 월 일

	담당	과장	이사	대표이사

1. 현금 및 예금

	현 금		전일잔액	증가	감소	금일잔액	비고

	통장명	계좌번호	전일잔액	증가	감소	금일잔액	비고
보통예금							
	합계						

	통장명	계좌번호			전일잔액	증가	감소	금일잔액	비고
당좌예금									
	합계								

	통장명	계좌번호	가입일	만기일	전일잔액	증가	감소	금일잔액	비고
정기예.적금									
	합계								

2. 받을어음

	은행명	어음번호	발행일	만기일	전일잔액	증가	감소	금일잔액	비고
받을어음									
	합계								

3. 지급어음

	은행명	어음번호	발행일	만기일	전일잔액	증가	감소	금일잔액	비고
지급어음									
	합계								

4. 차입금

	은행명	계좌번호			전일잔액	증가	감소	금액잔액	비고
차입금명									
	합계								

전일 보유자금	
당일 수입금액	
당일 지출금액	
당일 보유자금	

(2면)

5. 일자금 실적 및 계획

구분	금일 수입 및 지출 실적			익일 수입 및 지출 계획		
	전일 보유자금			당일 보유자금		
	계정	적요	금액	계정	적요	금액
수입						
	소계			소계		
	계정	적요	금액	계정	적요	금액
지출						
	소계			소계		
	당일 보유자금			익일 보유자금		

제2절 자금수지계획표

1. 목적

특정기간 동안의 자금의 수입 및 지출을 구체적인 항목별로 파악함으로써 미래 일정 기간의 손익을 예측하고 자산 상태를 측정하는 정보를 제공하는데 목적이 있다.

2. 종류

1) 일일자금수지 실적표

일일자금수지 실적표는 매일 오후 은행 영업시간이 끝난 후 각 예금계좌별 자금의 입·출금을 마감하면서 작성하는 당일의 실적집계표이다. 실제로 인터넷뱅킹을 통해 각 계좌번호별로 입·출금 내역과 계좌 잔액을 대조하여 확인한다. 당일 자금 수입과 지출을 건별로 상세히 기록한 자금일계표, 은행계좌별 자금의 입출금과 잔액을 보여주는 기말잔액 내역이 포함된다. 그밖에 저축성예금 및 차입금 현황에 대해서도 작성관리되어야 한다.

2) 일일자금수지 계획표

일일자금수지 계획표는 다음 날의 자금수지를 예측하고 운영계획을 반영하는 보고서이다. 해당일 하루 전 저녁에 금융기관별로 인터넷 뱅킹을 통해 계좌별 잔액, 입출금 내역 등을 확인하고 그 날의 실적표와 같이 자금책임자에게 보고되어 사전 결재를 받는 것이 바람직하지만 시간 관계 상 해당일 아침에 보고하는 경우가 일반적이다. 일일자금수지 계획표에는 예금잔액과 일일 지출내역, 그리고 일일 자금 대책, 10일간의 자금수지계획 등이 포함되어서 제출되어야 한다.

3) 단기자금수지 계획표

단기 자금수지계획표는 향후 2~3개월간의 자금수지를 일자별(또는 월별)로 예측하는 표로서, 가까운 미래에 발행할 자금 과부족금액을 추정하여 단기적인 자금조달 또는 자금운용계획을 수립하는 도구로 사용된다. 자금부족이 예상될 경우 자금조달 방안을 강구하고 금융기관과 접촉하여 필요절차를 밟기 위해서는 1~2개월까지의 기간이 소요되기도 한다. 따라서 자금부족 시점을 조기에 파악하고 자금조달에 소요되는 시간을 충분히 확보하는 것이 대단히 중요하므로 단기자금수지 계획표는 당월 포함 3개월분을 매일 수정·보완해 나가는 것이 바람직하다.

4) 중기자금수지 계획표

중기자금수지 계획표(월별)는 향후 1~2년 동안의 자금수지계획을 월간 단위로 작성하는 표로서, 일상적이고 반복적인 성격의 단기영업활동 현금흐름 이외에 중·장기적인 투자활동(시설투자 등)과 재무활동(차입금조달 및 상환 등)에 의한 자금수지도 반영한다.

5) 장기자금수지 계획표

장기자금수지 계획표(연도별)는 3~5년 동안의 기존 사업의 장기적인 영업전망과 함께 새롭게 전개해나갈 신사업의 비전을 담아내기 위해 연도별도 작성하는 표이다. 특히, 기업이 계획하고 있는 신규사업 등을 반영하여 장기적으로 발행하게 될 자금수지를 전망하기 위한 기본도구로 사용한다.

3. 양식

일일자금수지 실적표 년 월 일	담당	과장	이사	대표이사

*마감환율(USD/KRW)　　1,100.00

1. 자금일계표 (실적)

(단위: 원, USD)

통화구분	기초잔액 (개시잔액)	수입		지출		기말잔액 (마감잔액)
		내역	금액	내역	금액	
(1) 원화						
소계(₩)						
(2) 외화(USD)						
소계(U$)						

*총 원화환산 기말잔액

2. 기말잔액(현금+원화, 외화 요구불예금) 내역

(단위: 원, USD)

(1) 현금		기초잔액	입금	출금	기말잔액	비고

(2) 원화예금계좌						
은행/종류	계좌번호	기초잔액	입금	출금	기말잔액	비고
소계 (₩)						

(3) 외화(USD)예금계좌						
은행/종류	계좌번호	기초잔액	입금	출금	기말잔액	비고
소계 (U$)						

*총 원화환산 기말잔액

3. 저축성/구속성 예금 현황

(단위: 원)

은행/종류	계좌번호	기초잔액	입금	출금	기말잔액	비고
소계 (₩)						

4. 차입금 현황

(단위: 원, USD)

구분	차입처/과목	기초잔액	차입	상환	기말잔액	비고
소계 (₩)						
소계 (U$)						

*총 원화환산 기말잔액	

출처: 서동욱(2015)

일일자금수지 계획표
년 월 일

담당	과장	이사	대표이사

1. 예금잔액, 일일자금계획

(단위: 원)

은행명	계좌번호	전일잔액	일일지출계획		
			지출내역	계좌번호	금액
소계					
				자금과부족	

2. 일일 자금 대책

(단위: 원)

자금대책	계좌번호	금액	은행간 대체
소계			
대책후 과부족			

3. 10일간 자금수지계획

(단위: 백만원)

항목	3월 6일		3월 7일		3월 8일	
	적요	금액	적요	금액	적요	금액
수입						
지출						
과부족						
과부족누계						

항목	3월 9일		3월 10일		3월 13일	
	적요	금액	적요	금액	적요	금액
수입						
지출						
과부족						
과부족누계						

참고: 자금관리 학습모듈(2015)

단기자금수지 계획표

년 월 일

담당	과장	이사	대표이사

(단위: 백만원)

항목		/	1/2	/	1/5	1/6	1/7	/	/	/	1/12	1/13	1/14	/	/	1/19	1/20	1/21	1/22	1/23	1/26	1/27	1/28	1/29	1/30	1/31	계
영업 수입	매출대금																										
	수출대금																										
	이자 수입																										
	배당금 수입																										
	소계		−		−	−					−					−					−					−	
영업 지출	원재료매입																										
	인건비																										
	경비																										
	소계		−		−	−					−					−					−					−	
영업활동현금흐름(A)																											
투자 수입	고정자산 매각																										
	유가증권 매각																										
	대여금 회수																										
	소계		−		−	−					−					−					−					−	
투자 지출	고정자산 취득																										
	유가증권 취득																										
	현금 대여금																										
	소계		−		−	−					−					−					−					−	
투자활동현금흐름(B)																											
재무 수입	차입금 조달																										
	주식 발행																										
	사채 발행																										
	소계		−		−	−					−					−					−					−	
재무 지출	차입금상환																										
	예금불입																										
	배당금 지급																										
			−		−	−					−					−					−					−	
재무활동현금흐름(C)																											
자금과부족(A+B+C)			−								−					−					−					−	
기초잔액					−	−																					
기말잔액(I)			−		−	−	−																				
+회전차입금한도																											
기말잔액(2)_회전 차입금한도 포함			−		−	−																					

	중기자금수지 계획표 년 월 일	담당	과장	이사	대표이사

(단위: 백만원)

항목		2019.01	2019.02	2019.03	2019.04	2019.05	2019.06	2019.07	2019.08	2019.09	2019.10	2019.11	2019.12	계
영업 수입	매출대금													-
	수출대금													-
	이자 수입													-
	배당금 수입													-
	소계	-	-	-	-	-	-	-	-	-	-	-	-	-
영업 지출	원재료매입													-
	인건비													-
	경비													-
	소계	-	-	-	-	-	-	-	-	-	-	-	-	-
영업활동현금흐름(A)														
투자 수입	고정자산 매각													-
	유가증권 매각													-
	대여금 회수													-
														-
	소계	-	-	-	-	-	-	-	-	-	-	-	-	-
투자 지출	고정자산 취득													-
	유가증권 취득													-
	현금 대여금													-
														-
	소계	-	-	-	-	-	-	-	-	-	-	-	-	-
투자활동현금흐름(B)														
재무 수입	차입금 조달													-
	주식 발행													-
	사채 발행													-
														-
	소계	-	-	-	-	-	-	-	-	-	-	-	-	-
재무 지출	차입금상환													-
	예금불입													-
	배당금 지급													-
		-	-	-	-	-	-	-	-	-	-	-	-	-
재무활동현금흐름(C)														
자금과부족(A+B+C)		-	-	-	-	-	-	-	-	-	-	-	-	-
기초잔액		-	-	-	-	-	-	-	-	-	-	-	-	-
기말잔액(1)		-	-	-	-	-	-	-	-	-	-	-	-	-
+회전차입금한도														-
기말잔액(2)_회전차입 금한도 포함		-	-	-	-	-	-	-	-	-	-	-	-	-

장기자금수지 계획표

년 월 일

담당	과장	이사	대표이사

(단위: 백만원)

항목		2019년	2020년	2021년	2022년	2023년	2024년	2025년	2026년	2027년	2028년
영업 수입	매출대금										-
	수출대금										-
	이자 수입										-
	배당금 수입										-
	소계	-	-	-	-	-	-	-	-	-	-
영업 지출	원재료매입										-
	인건비										-
	경비										-
											-
	소계	-	-	-	-	-	-	-	-	-	-
영업활동현금흐름(A)											
투자 수입	고정자산 매각										-
	유가증권 매각										-
	대여금 회수										-
	소계	-	-	-	-	-	-	-	-	-	-
투자 지출	고정자산 취득										-
	유가증권 취득										-
	현금 대여금										-
	소계	-	-	-	-	-	-	-	-	-	-
투자활동현금흐름(B)											
재무 수입	차입금 조달										-
	주식 발행										-
	사채 발행										-
	소계	-	-	-	-	-	-	-	-	-	-
재무 지출	차입금상환										-
	예금불입										-
	배당금 지급										-
		-	-	-	-	-	-	-	-	-	-
재무활동현금흐름(C)											
자금과부족(A+B+C)		-	-	-	-	-	-	-	-	-	-
기초잔액			-	-	-	-	-	-	-	-	-
기말잔액(I)		-	-	-	-	-	-	-	-	-	-
+회전차입금한도											
기말잔액(2)_회전차입금한도 포함		-	-	-	-	-	-	-	-	-	-

자금관리 규정

제1조 【적용범위】

이 규정은 0000 회사에서 집행하는 자금의 수입 · 지출 관리에 대하여 적용된다.

제2조 【목 적】

자금의 수입 및 지출의 균형을 유지하기 위하여 부족한 자금을 적기에 조달하고 이를 합리적으로 운용함으로써 자금의 유동성을 확보하고 자금의 수익성을 기하는데 목적이 있다.

제3조 【용어의 정의】

① "자금관리"라 함은 기업의 영업활동과 자본거래에 수반되는 수입과 지출을 정확히 예측하여 기업의 유동성 확보와 수익성 제고를 도모하고자 적시적절 하게 자금을 조달, 운영하고 전체적인 자금집행을 통제하는 것을 말한다.

② "자금의 수입"이라 함은 경상수입 및 경상외수입을 말한다.

1. "경상수입"이라 함은 영업수입과 영업외수입을 말한다.
    1) "영업수입"이라 함은 회사에서 건설 및 상품 판매한 대금과 받을어음을 포함한 기성금, 외상매출금, 선수금, 기타 영업활동과 관련되어 입금되는 부가세 환급금 등을 말한다.
    2) "영업외수입"이라 함은 영업활동 이외의 보조적 또는 부수적 활동에서 순환적으로 발생하는 금융적 또는 재무적 수익으로 수입이자, 또는 수입배당금, 유가증권이자, 유가증권 처분이익, 외환차익, 잡이익 등을 말한다.

2. "경상외수입"이라 함은 차입금, 예·적금 해약, 주식, 사채, 리스금융 등을 말한다.
    1) "차입금"이라 함은 금융기관을 통하여 차입한 대출금으로써 융자기간과 사용목적에 따라 장 · 단기 차입금으로 구분된다.
    2) "예·적금 해약"이라 함은 기 가입된 예금 · 적금 중 만기 또는 중도 해약의 사유로 인한 수입을 말한다.
    3) "주식 · 사채"라 함은 정관에 규정된 한도내에서 직접금융 조달 자금으로 유상

증자와 회사채가 있으며, 규모와 일정은 대표이사의 결재를 득하여 결정한다.
  4) "리스금융"이라 함은 회사가 필요로 하는 자산을 리스회사가 구입하여 회사에 제공하는 자산의 임대를 말한다.
  5) 기타 경상외수입으로는 예수금, 관계회사 채권회수, 고정자산 처분액, 투자자산 처분액, 고정자산 처분이익, 투자자산 처분이익, 유가증권 매각 등 발생빈도가 적고 비정상적 또는 비정상적으로 발생하는 수입 등이 있다.

③ "자금의 지출"이라 함은 경상지출과 경상외지출을 말한다.

1. "경상지출"이라 함은 재료비, 외주비, 노무비, 상품대, 경비, 판매비와 일반관리비, 영업외비용을 말한다.
   1) "재료비"라 함은 내·외자 구매대금 결재금액으로 선급금을 포함한다.
   2) "외주비"라 함은 당사가 시공하는 공사 중 직영 시공부분을 제외한 전문 시공업체에게 시공 처리하게 하는 하도급의 기성고에 대한 지급액을 말한다.
   3) "노무비"라 함은 현장인부들에 대하여 지급하는 임금을 말한다.
   4) "경비"라 함은 현장에서 건설을 위하여 지출된 재료비, 외주비, 노무비를 제외한 일체의 비용을 말한다.
   5) "판매비와 일반관리비"라 함은 건설 및 상품의 판매활동 또는 기업전체의 유지를 위한 관리활동 부문에서 발생하는 제비용을 말한다.
   6) "영업외비용"이라 함은 기업의 주된 영업활동으로 부터 발생하는 영업비용 이외의 비용 또는 손실로서 금융비용이 대부분을 이루고 있고, 이외의 사채발행비, 신주발행비, 유가증권 처분손실, 외환차손, 기부금, 잡손실 등을 말한다.

2. "경상외지출"이라 함은 차입금 상환, 예·적금 불입, 시설투자 등을 말한다.
   1) "차입금 상환"이라 함은 금융기관을 통하여 차입한 대출금을 만기 또는 중도 상환하는 것으로 상환기간에 따라 장·단기 차입금으로 나누고 거래처별로 은행, 보험사, 단자사, 종금사 등으로 분류한다. 회사채는 별도로 표시한다.
   2) "예·적금불입"이라 함은 장기적으로 또는 특정 목적과 관련하여 불입하는 예금·적금을 말한다.
   3) "시설투자"라 함은 자금의 지출 성격이 자본적 지출로서 시설투자, 고정자산취득과 분양사업을 위한 용지취득 등 지급 규모가 큰 계획적 지출비용을 말한다.
   4) 기타 경상외지출로는 기업의 정상적인 영업활동과 관계없이 비정상적으로 발생하는 비용으로 출자금, 관계회사대여금, 고정자산처분손실, 투자자산처

분손실, 유가증권매입, 법인세, 배당금 등이 있다.

제4조 【준수의무】

이 규정은 회사에서 집행하는 자금의 수입, 지출관리에 대하여 적용하는 기준이므로 원활한 자금 집행이 될 수 있도록 각 부서에서는 규정의 내용을 철저히 숙지하여야 한다.

제5조 【자금수지계획 및 수립목적】

특정기간 동안의 자금의 수입 및 지출을 구체적인 항목별로 파악함으로써 미래 일정 기간의 손익을 예측하고 자산 상태를 측정하는 정보를 제공하는데 목적이 있다.

제6조 【종류】

① 연간자금수지 계획 : 사업계획서의 연간 매출 계획과 판매 계획에 따른 수입과 매출원가 계획에 따른 지출, 기타 영업활동 이외의 보조적 또는 부수적 활동에서 순환적으로 발생하는 금융적 또는 재무적 수입과 지출의 규모를 확정하는 장기자금계획이다. 또한 월간 자금수지계획의 기본계획이며 집계표로써 연간 자금수지를 예측하여 부족한 자금이 발생할 경우는 조달대책을, 여유 자금이 발생할 경우는 운용대책을 수립한다.

② 월간자금수지 계획 : 사전에 각 수입 발생부서와 지출 발생부서의 자금수지계획을 접수하여 수지를 예측하고 부족 자금이 발생할 경우는 조달대책을, 여유자금이 발생할 경우는 운용대책을 수립하는 단기 자금수지계획이다. 또한 연간 자금수지계획의 월간 자금수지계획과 비교·검토함으로써 변동사항을 반영하여 수정 자금수지계획을 재 수립한다.

제7조 【작성시점 및 보고】

① 연간 자금수지계획 : 연간자금수지 계획서는 매 사업년도 개시 1개월전까지 작성하여야 하며, 대표이사의 결재를 득한 후 확정한다.

② 월간 자금수지계획 : 월간자금수지 계획서는 해당월의 전월 말일까지 작성하여야 하며, 대표이사의 결재를 득한 후 확정한다.

제8조 【자료요청】

① 연간 자금수지계획 수립

1. 주관 부서장은 필요시 해당부서에 자료를 요청할 수 있다.

2. 위 1호의 자료가 불충분할 경우에는 각 부서에 추가자료를 요청할 수 있으며 해당부서는 요청한 기일까지 지체없이 제출하여야 한다.

② 월간 자금수지계획 수립

수입 발생부서와 지출 발생부서는 해당월의 전월 25일까지 자금 수지 계획을 제출해야 하며 미 제출건에 대한 자금청구는 당월에 집행되지 아니함을 원칙으로 한다.

③ 자금 수지 계획을 합리적이고 효율적으로 수립하기 위해 자금의 수입과 지출을 감안하여 각 부서와의 협의에 의해 금액과 일자를 조정할 수 있다.

제9조 【자금조달의 목적】

자금의 수입과 지출을 감안하여 자금이 부족할 경우에는 적기에 적절한 자금을 조달해야 한다.

① 자금을 조달할 경우에는 금융비용을 최소화 할 수 있는 조달방법 순서에 의해 조달하여야 한다.

제10조 【조달방법】

① 수요자 금융

② 예·적금해약

③ 차입금

④ 유상증자 및 회사채 발행

⑤ 리스금융

⑥ 기타 국·공채 매각 등이 있다.

제11조 【자금조달 책임자】

① 자금의 조달과목과 금액은 사업계획을 기준으로 하며, 세부일정은 담당임원과 주관부서장의 협의에 의해 결정된다.

② 차입조건과 기간은 주관부서장이 결정하고 책임을 진다.

③ 수요자 금융, 예·적금 해약, 시설자금 차입 등 장기 자금 조달 및 리스금융, 단기 차입 등의 단기자금조달, 국·공채 매각 등의 업무책임자는 자금팀장으로 하며 증자 및 회사채 발행의 업무책임자는 경영지원팀장으로 한다.

제12조 【자금운용방법】

운용방법으로는 제3조 ③항에 의한다.

제13조 【자금운용 책임자】

자금운용 책임자는 제11조 ③항에 준한다.

제14조 【자금출납관리】

자금 출납 관리의 체계와 운용에 관한 사항은 출납규정에 따른다.

제15조 【어음의 관리】

"어음"이란 받을어음, 지급어음 및 금융어음(융통어음)을 말하며 책임 및 관리에 관한 사항은 출납규정에 따른다.

제16조 【당좌수표의 관리】

자금의 외부지급은 어음 이외에는 당좌수표를 발행함을 원칙으로 하며, 제반관리 사항은 출납규정에 따른다.

제17조 【담보관리】

① 당사의 차입 및 지급보증을 위하여 당사 또는 타인의 재산을 담보로 제공할 경우에는 대표이사의 승인을 받아 담당임원의 책임하에 주관부서장이 행한다.

② 담보제공 자산에 대한 변동이 발생할 경우에는 즉시 대표이사에게 보고하여야 한다.

③ 차입금 및 지급보증의 상환 등으로 담보를 해지할 경우에는 지체 없이 절차를 밟아야 한다.

④ 은행별로 담보제공 자산에 대한 관리를 하여야 하며, 담보여력이 필요이상으로 초과한 경우에는 이에 대응하는 신속한 조치를 취해야 한다.

제18조 【채무보증 제공】

당사가 타인을 위해 집행할 채무보증한도는 이사회 승인을 받아야 한다.

제19조 【채무보증 신청】

당사의 차입 및 지급보증 등을 위해 타 회사의 채무보증을 신청할 경우에는 대표이사의 결재를 득한 후 실행한다.

부 칙

제1조 【시행일】

이 규정은 20 년 ○○월 ○○일부터 시행한다.

제2장
현금시재관리

제1절 현금의 입·출입과 현금출납부 작성

1. 현금및현금성자산

현금이란 기업이 보유한 자산 중에서 유동성이 가장 높은 자산으로, 재화나 용역을 구입하는 데 사용되거나 교환의 수단과 채무를 상환하는 데 이용할 수 있는 지불의 수단으로 사용된다.

이러한 현금은 각 자산의 유동성을 결정하는 기준이 되고, 모든 회계상 측정과 보고의 기준이 된다. 따라서 현금으로 분류되기 위해서는 ① 교환의 매개로 사용될 수 있어야 하고, ② 부채의 상환에 언제라도 즉시 사용될 수 있어야 한다. 따라서 현금계정은 금고에 있는 현금(통화 및 통화대용증권)뿐만 아니라 은행에 있는 현금(요구불예금)도 포함한다.

현금성자산은 큰 거래비용이 없이 현금으로 전환이 용이하고, 이자율 변동에 따른 가치변동의 위험이 중요하지 않은 금융상품으로서 취득당시 만기(또는 상환일)가 3개월 이내에 도래하는 것을 말한다. 따라서 **현금및현금성자산**계정은 통화 및 타인발행수표 등 통화대용증권과 당좌예금, 보통예금 및 현금성자산을 포함한다.

《현금및현금성자산 구분 및 항목》

구 분			분류항목
현금및 현금성자산	현금	통 화	지폐, 동전
		통화대용증권	타인발행수표, 자기앞수표, 송금수표, 우편환증서, 배당금 수령통지서, 만기가 도래한 공·사채이자표
		요구불예금	당좌예금, 보통예금
	현금성자산		채권, 상환우선주, 환매채, 양도성예금증서, 수익증권(취득 당시 만기가 3개월 이내 증권)

여기서 주의해야 할 것은 현금및현금성자산계정으로 잘못 분류되기 쉬운 항목들이 있다는 것이다. 예를 들어 타인이 발행한 선일자수표나 차용증서는 각각 매출채권(받을어음)계정과 단기대여금계정으로 분류하며, 보유하고 있는 수입인지나 우표 등은 선급비용계정으로 분류하여 처리한다. 그리고 자기가 발행한 어음은 지급어음계정으로 처리한다.

(예제 12) 2019년 말 현금, 은행예금, 금융상품의 내역을 참조하여 재무상태표에 표시될 현금및현금성자산, 단기금융상품, 장기금융상품은 얼마인가?

구 분	금 액	취득일	만기일	비 고
현 금	100,000원	-		
보통예금	150,000원	2017. 4. 1		
당좌예금	200,000원	2018. 5.20		
받을어음	240,000원	2019.12. 1	2020. 1.31	
정기적금	400,000원	2017. 9.21	2020. 9.20	
정기예금	350,000원	2018. 7. 1	2021. 6.30	
특정현금과예금	500,000원	2018. 5. 2	2020. 5. 1	당좌개설보증금
양도성예금증서	280,000원	2019.10.10	2020. 1. 9	
어음관리계좌	160,000원	2019.11.30	2020. 3.31	
계	2,380,000원			

2. 현금의 출납관리

1) 수납관리

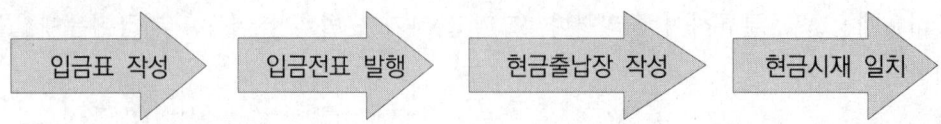

기업의 경영활동에서 발생한 자금에 대한 수납은 현금, 자기앞수표, 당좌수표, 약속어음 및 기타 유가증권 등으로 이루어진다. 최근 인터넷 전산망의 발달로 거래와 관련된 자금의 수납은 회사의 거래은행에 지정된 계좌로 직접 수납하는 경우가 대부분이다. 그러나 부득이한 사정으로 현금으로 대금을 수납하는 경우에는 입금표를 작성하고, 입금전표를 발행한 후 현금출납장에 기입한다. 다만 전산기장 시는 입금전표를 발행하면 현금출납장이 자동으로 작성되어 진다.

2) 지급관리

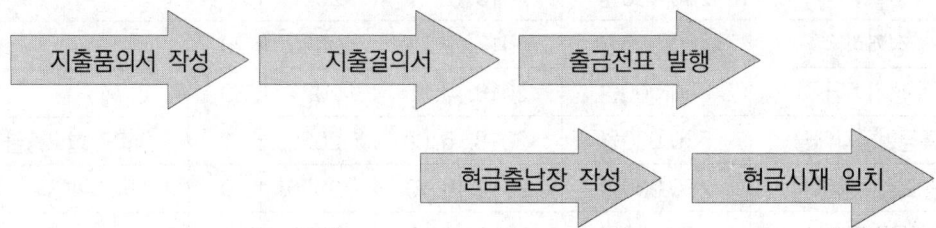

기업에서 사용하는 지급수단은 현금, 당좌수표, 약속어음, 계좌이체 등이 있다. 지출목적에 따라 회사의 지급수단과 지급시기, 지급기준에 대한 규정이 있다. 왜냐하면 회사에서 현금 등의 자금을 지출할 때는 책임소재를 분명히 하고 사고를 방지하기 위해 자금의 지급은 이러한 규정에 의해 정확하게 지급되어야 한다. 현금을 지출할 때는 지출품의서에 의한 지출결의 후 출금전표를 발행한 후 현금출납장에 기입한다.

3) 자금 시재관리와 금고 관리

자금 집행 부서는 현금 시재를 회사에서 정한 한도에 맞추어 관리해야 한다. 일, 주, 월단위의 장부마감 시 장부상의 잔액과 금고 속의 현금 잔액 그리고 은행 잔액 등을 대조하여 확인하고 일치시키는 과정을 수행하여야 한다. 특히 금고는 현금, 당좌수표, 각종 어음 및 유가증권 등을 일시적으로 보관할 목적으로 보유하고, 운영의 책임소재도 명확하게 해야 한다.

3. 현금출납장

1) 의의

현금은 기업에서 매우 중요하고 유용한 자산이면서 동시에 도난, 분실, 유용 등의 위험이 높은 자산이므로 특별히 주의를 기울여 관리해야 하는 자산이다. 현금의 수입과 지출이 있을 시에는 총계정원장의 현금 계정에 기록해야 하고, 동시에 현금 출납장이라는 보조장부에도 기록을 해야 한다.

현금 출납장은 현금의 수입과 지출에 대한 상세한 내역을 정확하게 관리하고, 적정한 수준의 현금 잔고를 유지하기 위해 사용한다. 앞서 설명한 현금이 포괄적이었던 것과 달리 현금출납장의 현금은 금고에 가지고 있는 돈을 의미한다. 그러므로 현금 출납장은 금고 속의 현금이 들어오거나 나간 경우에 기록한다. 당일 영업 활동 과정에서 수취한 현금을 통장에 입금한 경우 현금출납부에 지출(출금)로 기록해야 하고, 현금이 부족해 보통예금에서 현금을 인출해 온 경우에는 현금출납부에 수입(입금)으로 기록한다. 반면 보통예금 계좌로 입금된 현금이나 통장에서 이체한 현금은 금고 속 현금에는 영향을 미치지 않으므로 현금출납부에는 기록하지 않는다.

현금을 관리하는 담당자는 장부상의 현금 잔액과 실제 잔액의 일치 여부를 매일 확인해야한다. 일일 결산 시에는 금일 현재의 시재액을 파악하기 위해 보유한 현금의 수지 일보를 사용해 현금, 수표 등의 전일 이월액, 금일 수취액, 금일 지급액을 기록하여 차일 이월액을 확인한다.

현금은 도난이나 분실의 위험이 있는 큰 금액의 경우는 수표를 발행하여 결제하고, 소액의 경우는 계좌 이체를 하는 것이 일반적이므로 과거와 같이 거래 대금을 현금으로 수령하는 경우는 드물다. 다만, 소매 고객을 상대하는 업종의 경우는 당일에 들어온 현금을 보통예금에 입금시키는데, 이때는 ATM기를 이용하거나, 은행 창구에 통장을 들고 가서 입금거래서를 작성한 후 입금할 수 있다. 필요한 자금을 출금할 때에는 세금계산서, 거래명세표, 물품구매신청서, 견적서 등의 서류를 확인해 인출할 자금의 규모를 확인하고, 출금전표에 관련 부서의 담당자와 상사의 결재를 받은 후 출금해야 한다. 은행에서 현금을 입금 또는 출금을 한 후에는 반드시 입금확인증 또는 출금확인증과 거래명세서를 수령해야한다. 단, 당좌예금의 경우 당좌수표 발행을 통해서만 인출이 가능하므로, 당좌예금에서 필요한 자금을 인출해야 하는 경우에는 당좌수표를 발행하여 은행에서 현금으로 교환할 수 있다.

2) 양식 및 작성요령

현금출납장은 장부 중에서 가장 기초가 되는 것으로 현금의 입·출금의 내역을 매일매일 기록하는 장부이다. 현금출납장 상의 잔액과 실제 보유하고 있는 시재액은 일치하여야 한다.

현금출납장 년 월 일		담당	과장	이사	대표이사

일자	적요	거래처	입금	출금	잔액

- 일자 : 해당일자를 기입한다.
- 적요 : 현금 입·출금의 간략한 내용을 기입한다.
- 거래처 : 상대거래처 등을 기입한다.
- 입금 : 현금입금액을 기입한다.
- 출금 : 현금유출액을 기입한다.
- 잔액 : 전일이월액에서 입금액을 가산하고 출금액은 차감하여 기입한다.

현금회계 규정

제1조 【목 적】
　이 규정은 ○○주식회사(이하 "회사"라고 한다)의 금전의 출납 및 보관업무 등 현금회계 처리의 방법과 절차를 규정함으로써 회사의 효율적인 현금관리를 도모하고자 함을 목적으로 한다.

제2조 【금전출납책임자】
　금전의 출납책임자는 본사에서는 자금부서장이, 영업부에서는 업무부서장이 된다.

제3조 【금전출납청구책임자】
　① 각 회계단위에서 금전의 출납을 요구할 수 있는 자는 당해 금전출납이 따르는 업무를 담당하는 부서의 장(이하 '출납청구권자'라 한다)으로 한다.
　② 출납청구책임자는 금전의 출납청구에 관한 일체의 책임을 진다.

제4조 【출납의 청구절차】
　① 출납의 청구는 출납사유가 발생할 때마다 출납청구책임자의 기명날인이 있는 출납청구전표를 출납책임자에게 송부하여야 한다.
　② 출납청구책임자는 출납을 청구함에 있어서 다음 각 호의 사항을 확인하여야 한다.
　1. 수납 및 지급이 정당한 절차를 거친 것인가
　2. 예산이 정하여진 지출에 대하여는 예산의 범위내의 것인가
　3. 기안을 요구하는 사항의 지출일 경우는 품의 결재를 거친 것인가
　③ 출납청구전표에는 다음 각 호의 사항이 명시되어야 한다.
　1. 수납 또는 지급금액
　2. 상대부서
　3. 수납 또는 지급사유, 내용
　4. 기타 필요한 사항

제5조 【출납절차】
　① 출납책임자는 출납에 있어서는 증빙서류, 청구서류, 승인서류 기타 필요서류의 지시를 요구하여 그 요건의 구비를 확인한 후에 이를 하여야 한다.

② 출납담당부서에 있어서 금전을 출납하는 경우는 출납청구책임자에게서 송부받은 회계전표에 출납책임자가 확인한 후 서명을 한 경우에 출납을 하여야 한다.
③ 출납담당부서는 필요에 따라 출납청구의 회계전표에 지급내역서를 첨부하게 한다.
④ 출납책임자는 특히 필요한 경우에는 다른 회계단위의 금전출납책임자에게 금전의 회수 및 지급을 의뢰할 수 있다.

제6조 【영수증의 발행】
① 금전의 출납에 있어서는 소정의 영수증을 발행한다.
② 영수증의 발행은 출납책임자가 한다.
③ 영수증발행에 관한 절차는 별도로 정한 바에 따른다.

제7조 【금전영수인】
금전영수인의 날인 및 보관에 관한 절차는 인장관리규정이 정하는 바에 의한다.

제8조 【금전의 지급】
① 회사가 아닌 외부에 대한 금전의 지급의 경우에는 어음으로 지급하는 경우를 제외하고는 원칙적으로 수표에 의한다.
단, 그 금액이 소액인 경우에는 이에 의하지 아니할 수 있다.
② 회사가 아닌 외부에 대한 금전의 지급은 미리 합의된 지급일에 지급하여야 하나 긴급을 요하는 경우에는 그때마다 지급을 할 수 있다.

제9조 【영수증 징수 및 정리】
① 출납책임자가 지급을 하는 때에는 지급처에서 발행한 영수증과 상환하여 징수한다. 다만, 종합불입의 방법에 관한 약정이 있는 경우에는 지급을 할 때에는 취급은행의 영수증으로써 지급처의 영수증으로 갈음할 수 있다.
② 징수한 영수증은 지급필의 인을 날인하고 회계전표와 연계하에서 편철하여 보존한다.
③ 영수증은 다음의 부득이한 경우에 한하여 출납청구책임의 확인인이 있는 지급증명서로써 영수증으로 갈음할 수 있다.
1. 지급과 상환으로 유가증권 등을 수령하고 영수증이 발행되지 아니한 경우
2. 관행으로서 영수증을 청구하지 아니하는 경우
3. 정리 상 기타 출납책임자가 필요하다고 인정하는 경우

4. 지급증명서는 1건 10만원 이상의 지급에 대하여는 당해 출납청구담당부서장의 확인을 필요로 한다.
5. 지급과 상환하여 영수증을 취급할 수 없는 경우에는 확인 후 사후정리를 하여 후일 신속하게 이를 징취하여야 한다.

제10조 【금전의 보관】

① 출납책임자는 소관의 금전을 금고에 보관하여야 한다.
② 수표장, 약속어음, 영수증 부본의 취급은 제1항에 준하여 확실하게 보관하여야 한다.
③ 금고의 열쇠는 출납책임자가 관리한다.

제11조 【금전의 과부족의 처리】

① 금전에 대하여 과부족이 생긴 때에는 출납책임자는 지체 없이 그 원인을 명확하게 하고 경리부서장의 지시를 받아 그 처치를 결정하여야 한다.
② 부족분은 일단 가지급금으로 하고 그 처리결정 후 회사부담의 경우는 손실로 사원부담의 경우는 미수입금으로 정리한다.
③ 금전에 잉여가 생긴 때에는 이를 일단 가수금으로 하고 처치결정 후 귀속할 해당과목에 정리한다.

제12조 【소액현금】

① 출납책임자는 필요한 경우에는 소액자금으로 일정한 금액을 전도할 수 있다.
② 소액지급액의 정산 및 차액의 보충은 매월 말 또는 필요할 때마다 하되 소액현금은 매월 말에는 반드시 정산하여야 한다.
③ 소액현금의 취급책임자는 지급할 때마다 반드시 영수증 또는 영수증으로 갈음될 책임자의 확인인이 있는 증빙서를 징취한다.
④ 소액현금의 출납 및 잔액은 매일 확실하게 소액현금출납장부에 기장하여야 한다.
⑤ 소액현금의 보유한도, 취급부서 및 그 용도 등에 대하여는 따로 정한다.
⑥ 출납책임자는 소액출납대장의 확인 및 현금잔액을 수시로 대조하여야 한다.

제13조 【현금의 취급】

① 현금의 취급은 엄정하고 신중하게 하여야 한다.
② 출납책임자는 현금취급의 담당자로서 정부 각 1명을 두며 출납보관에 지장이 없도록 하여야 한다.

제14조 【현금출납의 기록과 잔액의 대조】
　　출납담당부서는 현금에 대하여 1일 지출 및 입금의 회계전표를 집계하고 그 장부잔액과 현금잔액과 대조하여 현금출납보고서에 기록하며 출납책임자는 이를 확인한다.

제15조 【현금의 보관 및 보유 한도】
　① 현금은 가능한 한 은행에 예치하여 현재액을 적게 하여야 한다.
　② 부득이하여 소지하는 경우는 금고에 보관하고 일상에 쓰이는 소액의 현금만을 소형금고에 보관한다.

제16조 【수표의 발행】
　① 수표발행명의인은 사장 명의로 한다.
　② 수표의 발행에는 미리 은행에 제출되어 있는 금전지급인을 쓰며 반드시 경리부서장, 출납책임자 또는 각 대리자의 부인을 날인한다.
　③ 금전지급인의 보관 날인에 대하여는 인장규정에 의한다.
　④ 출납담당부서는 수표의 발행에 있어서는 회계전표 및 청구서류에 의하여 지급사항을 확인한다.
　⑤ 출납담당부서는 수표의 발행에 있어서 발행월일, 금액, 발행처, 발행요건 기타 필요사항을 수표장부본에 명기한다.
　⑥ 수표를 발행하는 경우는 특별한 사유가 있는 외에는 횡선수표로써 한다.
　⑦ 지급의 변경, 손상 등에 의하여 수표의 발행을 취소하는 경우는 당해 수표에 취소의 표시를 하고 금전출납책임자의 확인인을 얻어서 수표장에 남겨 두어야 한다.

제17조 【수표의 수납절차】
　① 수표를 받은 때에는 현금수입에 준하여 수입절차를 원칙적으로 건별로 정리한다.
　② 수표를 받은 때에는 은행에 예입하거나 추심을 의뢰하고 회계전표에 예입은행명을 기록한다.

제18조 【예금원장의 정리】
　　출납담당부서는 예금원장과 은행예금장 및 수표장의 부본을 대조하고 은행별, 예금잔액표를 작성한다.

제19조 【예금잔액의 대조】
① 출납담당부서는 언제든지 예금잔액을 판명할 수 있도록 예금원장정리를 하여 장부잔액과 예금처 잔액과의 대조를 태만히 하여서는 아니된다.
② 출납책임자는 매월 말 그 예입처 은행으로부터 예금잔액증명서의 교부를 받아 기록된 잔액과 대조하여 예금잔액조정표를 작성한다.

제20조 【부도수표】
받은 수표가 부도된 경우에는 출납책임자는 즉시 출납청구책임자에게 연락하고 신속하게 당해수표를 회수하여 출납청구책임자에게 부도수표의 처리를 요구한다.

제21조 【예금증서의 보관】
정기예금, 금전신탁 등의 증서 및 예금통장은 출납담당부서가 금고에 보관한다.

제22조 【어음의 발행절차】
① 어음의 발행은 부서장의 권한에 속하며 발행금액 및 시기의 결정은 경리부서장이 한다. 어음의 발행명의인은 수표에 준한다.
② 출납담당부서는 어음발행 후 지체 없이 지급어음원장의 정리를 하여 어음발행부본과 대조를 태만히 하여서는 아니된다.
③ 기타 어음의 발행은 수표의 발행에 관한 규정을 준용한다.

제23조 【받을어음의 수납절차】
① 어음을 받을 때에는 출납담당부서는 당해어음의 요건을 구비하는지의 여부를 대사하고 다시 지급기일의 장단, 어음의 신용력, 융통력 등에 대하여 상당한 주의를 하여 고려하여야 한다.
② 어음을 받을 때에는 출납담당부서는 받을어음의 요항을 받을어음원장에 기록한다.

제24조 【어음의 추심】
출납담당부서는 수납한 어음은 원칙적으로 은행에 대하여 기일에 추심을 의뢰하고 입금을 확인하여 소요의 입금절차를 취한다.

제25조 【어음의 할인절차】
① 어음의 할인은 사장의 권한에 속하며 할인을 하는 금액 및 시기의 결정은 경리담당부서장이 한다.
② 출납담당부서는 어음을 할인한 때에는 회계전표를 발행하고 할인어음원장에 정리한다.

제26조 【어음의 배서】
① 출납담당부서에서 보관중인 어음을 외상매입금 등의 지급에 충당하는 때에는 어음의 발행에 준하여 한다.
② 어음의 배서는 회계전표를 발행하고 우발채무계정으로 처리한다.

제27조 【부도어음의 처리】
받을어음이 부도가 된 때에는 부도수표의 처리절차의 규정을 준용한다.

제28조 【우편환증서 및 지급통지서의 출납】
우편환증서 및 지급통지서의 출납은 수표에 준하여 처리한다.

제29조 【대체저금의 출납】
대체저금의 출납은 당좌예금의 출납에 준하여 한다.

제30조 【우표의 출납보관】
① 우표의 구입은 서무담당부서의 담당으로 하고 사용 각 부서에 대하여 계속적인 사용에 충당하기 위하여 단기간의 소요액을 일괄하여 인도할 수 있다.
② 서무담당부서는 출납보관정리에 임한다.

제31조 【유가증권의 보관】
주식, 공사채 등의 유가증권은 자금부서소관금고에 보관하거나 은행에 보호예치로서 예탁하여야 한다.

제32조 【금융기관의 거래개시 및 해약】
은행 기타 금융기관 등과 거래를 개시 또는 해약하는 경우에는 대표이사의 승인을 얻어야 한다.

제33조 【자금의 차입 및 변제】
① 자금의 차입 및 변제는 대표이사의 승인을 얻어서 경리부서장이 담당한다.
② 자금부서는 자금의 차입에 있어서는 자금의 소요액, 용도, 차입처, 차입시기, 이율, 변제기한, 기타의 차입조건을 밝혀서 자금계획서를 작성하고 대표이사의 결재를 얻는다.
③ 자금의 차입은 어음의 발행 또는 증서의 발행으로써 하며 차입 및 개서 때마다 회계전표를 발행하며 차입금원장의 정리를 한다.
④ 차입금의 변제는 수표의 발행에 의하며, 차입금원장에 변제의 정리를 한다.

제34조 【사채의 발행】
① 사채의 발생은 이사회의 결의에 의하여 경리부서장이 이를 담당한다.
② 자금부서는 사채의 발행에 관하여 이사회의 결의가 있는 때에는 사채의 발행총액, 자금의 용도, 이율, 발행가격, 상환기한 기타의 발행조건을 명시한 서류 및 자금계획서를 첨부한다.
③ 자금부서는 사채발행 때마다 회계전표를 발행하고 사채원부를 조정한다.

제35조 【사채의 이자지급】
① 자금부서는 이자지급기일 전에 사채이자지급기금을 대표수탁회사에 불입한다.
② 이자지급 후 대표수탁회사로부터 송부를 받은 이자표 또는 등록사채의 이자지급금영수증에 의하여 자금부서는 이자지급기금을 정산하고 사채원부에 지급기장을 한다.

제36조 【사채의 상환】
사채의 상환을 한 때에는 자금부서는 대표수탁회사로부터 송부를 받은 사채권에 의하여 사채원부에 상환의 기장을 한다.

부 칙

제1조 【시행일】
이 규정은 20 년 ○○월 ○○일부터 시행한다.

출납 규정

제1조 【적용범위】
본 규정은 ○○주식회사(이하 "회사"라고 한다)에서 발생한 금전의 입금, 지출, 운용, 보관 등 금전출납 업무전반에 대하여 적용한다.

제2조 【목적】
회사의 금전의 증감이동에 관한 기준을 정함으로써 정확하고 신속한 금전처리와 금전관리의 효율화를 목적으로 한다.

제3조 【용어의 정의】
① 이 규정에서 "금전"이라 함은 현금 및 예금을 말한다.

1. "현금"이라 함은 내국통화 및 당좌수표, 자기앞수표, 가계당좌수표, 우편환증서, 전신환 등 통화대용증권을 말한다.

2. "예금"이라 함은 당좌예금, 별단예금, 보통예금, 기업자유예금, 정기예금, 정기적금, 외화예금 및 이와 유사한 예·적금을 말한다.

② "어음" 및 "유증권"도 금전에 준하여 이 규정에 따른다.

1. "어음"이라 함은 받을어음, 지급어음, 금융어음, 견질어음 및 이와 유사한 어음을 말한다.

2. "유가증권"이라 함은 주식, 국채, 지방채, 회사채, 금융채, 출자증권 및 이와 유사한 유가증권을 말한다.

4. 【준수의무】
① 회사의 전부서, 현장 및 영업소는 금전의 증감 이동사항이 발생한 당일에 본 규정이 정하는 바에 따라 업무처리함을 원칙으로 한다.

② 다른 규정에 따로 정하는 사항을 제외하고 위 4.1항의 원칙을 이행하지 못할 경우 사전에 자금부(이하"주관부서"라 함)의 승인을 얻어야 한다.

5. 【추진조직】
① 회사의 모든 금전 증감 이동 및 금전관리에 관한 사항은 주관부서에서 종합관리 함을 원칙으로 한다.

② 주관부서장은 금전출납의 효율적 관리를 위하여 필요한 경우 금전출납 관리업무의 일부를 다른 부서에 위임할 수 있으며, 이 경우에 금전출납책임자는(이하"출납책임자"라 함)다음과 같다.

  1. 사 업 본 부 : 각 사업본부 및 지사 관리담당 부장

  2. 영 업 소 : 해당점 소장

  3. 현   장 : 현장 소장

  4. 해 외 지 점 : 지점장

③ 주관부서의 출납책임자는 부서장으로 하며 주관부서 및 각 부문의 출납책임자는 매일 출납마감 후 회사의 출납사항 및 시재액을 관계장부와 대조하여 확인하여야 한다.

④ 출납책임자는 위 5.3항의 사항에 이상이 발생한 경우 즉시 주관부서장에게 보고하고 그 지시를 받아 처리하여야 한다.

⑤ 출납책임자는 출납취급담당자(이하"출납담당자"라 함)를 지정하여야 하며 출납담당자는 매일의 금전출납사항을 관계장부에 기록, 유지하여야 한다.

6. 【임무】
주관부서의 임무는 회사 업무분장 내용에 따른다.

7. 【업무처리 절차】
① 현금

  1. 입금

1) 현금 입금시에는 현금과 함께 입금전표는 대차의 증빙서류가 반드시 첨부되어야 하며 출납담당자는 그 기재금액과 현금을 대조 확인한 후 전표의 출납 확인란에 날인을 함으로써 입금증 교부에 갈음한다.

2) 출납담당자가 입금표를 발행하는 경우 회사 소양식의 입금표(영수증 등)를 작성하여 출납책임자의 결재를 득하여 교부하여야 하며 출납책임자는 일련번호를 부여한 영수증을 보관, 관리하여야 한다.

3) 입금된 현금은 당일 중 은행에 예금하여야 하며 각 부서, 현장 및 영업소는 입금당일에 주관부서에서 지정한 은행계좌로 송금하여야 한다.

4) 회사의 모든 입금액은 지출과 관련된 자금으로 임의 전용하여 사용할 수 없다.

2. 지급
1) 현금의 지급은 지출권한 전결권자의 결재와 출납책임자의 확인을 받은 전표와 소정의 증빙서류(지출품의서, 영수증 등)에 따라 지급한다.

2) 회사의 모든 지급은 당좌수표로 지급함을 원칙으로 하며 100만원 이하의 소액은 현금으로 지급할 수 있다. 다만, 출납책임자의 승인을 얻은 경우에 한하여 현금으로 지급할 수 있다.

3) 당좌수표의 발행은 대표이사로부터 위임받은 자금담당임원이 행한다.
 (1) 수표발행은 출납담당자가 출납책임자의 확인을 받아 전표에 근거하여 수표의 기재사항을 기재하고 발행장부에 기장한 후 출납 책임자 및 주관부서장의 결재를 득한 후 자금담당임원의 날인을 받는다.
 (2) 수표발행은 지급시점에서 행하여야 하며 미리 발행·보관하여서는 안 된다.
 (3) 수표발행에 사용할 인감은 반드시 금고 속에 보관하여야 한다.
 (4) 출납책임자는 주1회 이상 수표잔량과 실물을 대조·확인하여야 한다.

4) 출납책임자는 지급에 필요한 다음 각 호에 사항을 심사확인하여야 한다.
 (1) 출납에 필요한 정상적인 절차 여부
 (2) 업무 전결 규정에 의한 품의서 및 전표결재 여부
 (3) 관련증빙 유무 여부 및 금액 확인

5) 업무 성격상 필요한 경우 해당부서장은 주관부서장의 승인을 얻어야 가지급금 및 전도자금 사용을 신청할 수 있다.
  (1) 가지급금에 대한 사용 및 사후관리에 대한사항은 가지급금 관리규칙에 따른다.
  (2) 전도자금의 지급범위 및 지급시기는 회계부 전도금관리규정에 의하되 주관부서의 특별한 사정이 있을 시는 주관부서장의 결정에 따른다.
  (3) 전도자금 사용 및 관리에 대한 책임은 해당부문의 출납책임자가 지며 이에 대한 취급절차는 이 규정에서 정하는 바에 따른다.
  (4) 전도자금 사용부서는 신청용도 외 임의로 사용할 수 없으며 월1회 이상 사용에 따른 전표 및 관련증빙을 첨부하여 회계부에 제출, 정산하여야 한다.

3. 보관, 관리 및 기타
 1) 출납책임자는 주관부서장이 정한 기준에 따라 소액지급을 위한 현금을 보유할 수 있다.

 2) 출납책임자는 당좌수표, 어음 및 소액현금을 관련장부와 함께 금고속에 보관, 관리하여야 한다.

 3) 금고열쇠 및 다이얼번호는 출납담당자, 출납책임자, 주관부서장 및 임원을 제외한 제3자에게 누설 또는 보관되어서는 아니 되며 금고에는 금전출납과 관련된 물품 외에는 보관하여서는 안 된다.

 4) 출납의 업무시간은 오전 09시 30분부터 11시 40분까지, 오후 1시 30분부터 4시 30분까지로 한다.

 5) 제7조 ①항 중 이 규정에 정하지 아니한 사항은 주관부서장의 결정에 따른다.

② 예금

1. 회사의 모든 예금은 대표이사 명의로 하여야 하며 예금계좌의 신규개설 또는 해지 시에는 사전에 자금담당임원의 승인을 얻어야 한다.

2. 예금계좌에 사용하는 인감은 원칙적으로 수표발행 인감과 동일하여야 한다. 다만, 보통예금 정기적금 및 기업자유예금일 경우 해당부서의 사용인감을 사용할 수 있다.

3. 보통예금 통장을 포함한 모든 예·적금증서는 주관부서에서 보관함을 원칙으로 한다.

4. 보통예금 등의 통장을 이용한 입금의 경우 당일중 주관부서가 지정하는 계좌로 전액 입금하여야 한다.

5. 예금의 입금 및 인출에 관한 사항은 현금업무 처리절차와 동일하게 하여야한다.

6. 출납담당자는 매일 결제은행과 당좌예금 잔액을 확인하여야 하며 출납책임자는 월1회 이상 은행의 당좌예금원장과 회사의 장부를 대조, 확인하여야 한다.

7. 출납담당자는 매일 출납마감 후 자금일보를 작성하여 출납담당책임자의 결재를 얻어야 하며 매월 말 은행예금 잔액과 회사예금 원장을 대조, 확인하여야 한다.

8. 출납담당자는 매6개월마다 거래은행에 잔액증명서를 보내 예금의 잔고를 확인하여야 하며 해당부서는 잔액증명서 및 통장사본을 회계부로 송부하여야 한다.

9. 예금통장 및 증서를 담보로 제공하는 경우에는 출납책임자는 교부받은 보관증을 확인하여야 한다.

③ 어음

1. 지급어음, 금융어음 및 견질어음의 발행은 수표발행절차에 준한다.

2. 견질어음을 발행하는 경우 출납담당자는 출납책임자의 확인을 받은 보관증을 관리하여야 한다.

3. 출납책임자는 주1회 이상 어음잔량과 실물을 대조 확인하여야 한다.

4. 출납담당자는 매일 지급어음 원장과 교환된 어음을 거래은행과 확인하여야 한다.

5. 받을어음에 관한사항은 받을어음 관리규칙에 따른다.

④ 유가증권

1. 유가증권 취득 및 매각 시에는 그 권명, 수량, 금액 및 사유를 기재하여 주관 부서장의 품의, 결재를 받아야 한다.

2. 유가증권의 관리에 관한 사항은 받을어음 관리규칙에 준한다.

부   칙

제1조 【시행일】
　　　이 규정은 20 년 ○○월 ○○일부터 시행한다.

제3장
소액현금과 가지급금관리

1. 소액현금

　현금은 도난이나 분실 위험이 있으므로 직접 보유하기보다는 은행에 예금한 후 필요한 때에 찾아서 사용하는 것이 안전하다. 그러나 일상적인 경영 활동에서 필요한 교통비, 소모품비 등의 소액을 지출할 때 매번 은행에서 필요한 돈을 인출하거나 당좌 수표를 발행하는 것은 불편할 수 있다. 소액현금 제도는 각 부서가 일정한 기간(보통 1개월) 동안 사용할 통상적인 운영비를 당좌수표로 각 부서에 교부하고, 각 부서에서는 이를 현금으로 교환하여 보관하고 있다가 필요한 때에 즉시 현금을 지출할 수 있도록 하는 제도이다.

　소액 현금 제도는 일정 기간 동안 소액의 현금 지출을 위한 자금을 마련하고, 그 기간 동안에는 현금 지출에 대한 분개를 하지 않고 현금을 지출한 후 기간이 경과해 실제 지출한 운영비의 영수증을 회계 부서에 지출하면 회계담당자는 이 비용을 일괄적으로 장부에 기록한다. 그리고 다음 기간에 사용할 현금을 다시 수표로 발행해 금액을 충당하여 현금을 지급하는 방식으로 소액 현금의 설정, 지출, 보충의 단계로 운영 경비를 관리한다.

- 정액자금전도제도 : 소액현금의 잔액을 일정하게 유지하기 위해 경비로 지출된 만큼의 현금을 주기적으로 당좌예금에서 인출해 보충해 주는 방법이다. 보충액을 승인할 때에는 지출영수증을 정확하게 확인해야 하는데, 승인된 금액은 출금전표를 회계 장부에 비용으로 기록하기 때문이다. 실무에서는 이 방법을 많이 사용하고 있다.
- 부정액자금전도제도 : 소액현금이 부족할 때마다 수시로 현금을 보충해 주는 방법이다.

　소액현금은 재무제표 상에 나타나지 않는 계정이다. 소액현금은 업무 상 빈번하게 발생하는 소액경비를 지급할 때 일일이 당좌수표를 발행하지 않고 일정량의 현금을 인출해 두었다가 바로 현금으로 결제할 수 있게 함으로써 현금 지출의 효율성을 높이는 현금 관리 방법이다. 소액현금에 대해서도 현금출납장과 같이 소액현금출납장을 작성하여 관리할 수 있다. 현금출납장과 소액현금출납장은 분개장이나 총계정원장과 같은 주요 장부가 아닌 관리상의 목적으로 작성한다.

2. 현금과부족

　현금과부족이란 계산상 착오나 기입누락, 도난·분실 등의 원인에 의해 현금의 장부잔액과 금고의 실제잔액이 일치하지 않는 경우를 말하며, 그 차이의 원인이 밝혀질 때까지 임시적으로 설정하는 계정이다. 이러한 현금과부족계정은 차변과 대변에 모두 설정할 수 있다.

　현금과부족계정의 원인이 밝혀지면 해당 계정으로 대체하고, 만약 결산일까지 원인이 밝혀지지 않으면 부족액을 **잡손실**(영업외비용)로, 초과할 경우에는 **잡이익**(영업외수익)으로 대체하여 처리한다.

《현금과부족의 회계처리》

구 분	부족한 경우의 회계처리	구 분	초과한 경우의 회계처리
현금부족시	(차) 현금과부족　××× 　(대) 현　　금 ×××	현금초과시	(차) 현　　금　××× 　(대) 현금과부족 ×××
여비교통비 기장누락	(차) 여비교통비　××× 　(대) 현금과부족 ×××	수입이자 기장누락	(차) 현금과부족　××× 　(대) 이자수익　×××
결산시까지 원인이 규명 되지 않음	(차) 잡 손 실　××× 　(대) 현금과부족 ×××	결산시까지 원인이 규명 되지 않음	(차) 현금과부족　××× 　(대) 잡 이 익 ×××

전도금(소액현금) 관리 규정

제1조 【목 적】
 본 규칙은 ○○주식회사(이하 "회사"라고 한다)의 건설공사현장, 영업부 등 회계단위에 전도금을 지급, 사용 권한을 위임함으로써 사무 간소화 및 업무능률의 향상을 도모함을 목적으로 한다.

제2조 【전도금의 취급단위】
 전도금의 취급단위는 각 공사현장사무소, 자동차판매사업부 및 각 영업소, 기타 전도금 취급의 권한을 위임받은 부서 및 조직으로 한다.

제3조 【전도금 취급 책임자】
 ① 각 공사현장 : 공사현장소장

 ② 기타 : 해당부서장 또는 조직의 장

제4조 【장 부】
전도금의 취급단위에서는 다음의 장부를 비치하여야 한다.

 ① 전도금원장

 ② 현금출납부

 ③ 현장관리규정에서 정한 전도금현장의 경우에는 제4.1항만을 비치한다.

제5조 【전도금의 사용범위】
 승인된 실행예산 중 다음 각항의 금액은 현장소장 및 해당부서 또는 조직의 장의 전결에 의하여 사용할 수 있다. 다만, 담당임원은 전도금 취급단위별 특수성을 감안하여 이를 조정할 수 있다.

 ① 수도, 광열비, 전력비

② 긴급을 요하는 현장 조달 자재
③ 소량.소액의 자재구입

④ 기계장비수선비

⑤ 구급약품대

⑥ 시내교통비

⑦ 접대비

⑧ 소모용품비

⑨ 통신비

⑩ 잡비

⑪ 기타 필요한 사항

⑫ 위 ④, ⑦, ⑧, ⑩항의 금액은 업무전결규정에 의한 전도금 취급책임자의 전결범위 이내로 한다.

6. 【전도금의 요구】

① 공사현장소장 등 전도금 취급단위의 장은 제5조의 규정에 의한 익월 소요자금을 공정계획표에 의거 산출하여 제10조에 의한 전도금 정산시 별첨서식에 의거 당월 25일까지 공무부장 참조, 대표이사 앞으로 요구한다.

② 현장 개설 착수금은 전도금 청구시기와 별도로 공사 착공전에 전도금 청구절차에 준하여 신청한다.

7. 【전도금의 승인 및 지급】
① 공무부장은 제 6조의 요구를 받은 경우 관계부서와 협조,사정후 사장의 결재를 얻은 다음 지급하되 신청일로 두터 10일 이내에 지급하며, 필요에 따라 수회에 걸쳐 분할 지급할 수 있다.

② 현장 개설 착수금은 현장소장의 부임시기에 맞추어 지급한다.

8. 【전도금의 사용】
① 전도금은 요구된 목적에 국한하여, 타 목적에 전용하거나 유용해서는 안된다.

② 이 규칙에 의하여 전도금을 사용하였을 때에는 회계관리규정 제10조 내지 제13조를 준용하여 거래 발생일로부터 3일 이내에 전표를 발행하여야 한다.

9. 【전도금의 보유】
현금으로 보유할 전도금의 범위는 당일 예상소요액으로 하며 이를 초과하는 현금은 지체없이 은행에 예입하여야 한다.

10. 【전도금의 정산】
① 사용된 전도금은 매월별로 회계부에 정산하여야 한다.

② 정산은 전표에 의하며 매월 정산시기는 익월 3일까지로 한다.

③ 전도금 정산시 월계표, 전도금 출납장 사본을 첨부하여 제출한다.

부　　칙

제1조 【시행일】
　　　　이 규정은 20　년 ○○월 ○○일부터 시행한다.

가지급금 관리 규정

제1조【적용범위】

본 규정은 ○○주식회사(이하 "회사"라고 한다)의 가지급금에 대하여 타 규정에 정하는 사항을 제외하고 가지급금의 지급, 사용, 본 계정 대체 정리(이하"정리"라 함)등 제반 가지급금 관리에 대하여 적용한다.

제2조【목 적】

가지급금의 사용 및 사후관리에 관한 사항을 정하여 효율적인 가지급금 관리와 금전사고 발생을 미연에 방지함을 목적으로 한다.

제3조【용어의 정의】

가지급금이라 함은 회사업무 추진을 위하여 현금,수표 등 금전은 지출되었으나 본 계정에 대체정리되지 아니한 상태의 자금을 말한다.

제4조【사용부서 의무】

① 가지급금 사용부서는 사용이 필요한 1근무일전(불가피시 당일)에 가지급금 지급을 요청하여야 하며 수령 즉시 집행하여야 한다.

② 가지급금을 집행한 후에는 즉시 정리하는 것을 원칙으로 하며 최대한 제5조에서 정하는 정리기한내에 정리하여야 한다.

③ 위 ②항의 가지급금 정리 시 사용 후 잔액은 즉시 자금부 또는 자금부가 지정하는 은행계좌에 반납하여야 한다.

제5조【정리기한】

① 가지급금은 자금수령일로부터 4근무일 이내에 정리함을 원칙으로 하며 이의 초과가 예상될 때에는 가지급금 사용신청 시 품의서 이면에 사전 사용계획서를 작성, 자금부에 제시, 확인을 받아야 한다. 다만, 전도자금 청구 시에는 사용계획서 작성을 생략할 수 있으나 정리기한은 수령일로부터 30일을 초과할 수 없다.

② 위 ①항의 사전 사용계획서 제출 시에도 정리기한은 수령일로부터 30일을 초과할 수 없으며 이를 초과할 경우에는 전결권한규정에서 정한 결재권자의 결재를

얻어야 한다.

③ 위 ①항 및 ②항에도 불구하고 특허, 상표 출원료, 부도 대납, 부도 경매비, 법적 비용, 국내·외 출장비 등은 정리일자 작성을 생략할 수 있으며 사안이 종결된 후 또는 귀임 후 4근무일 이내에 정리하여야 한다.

제6조【가지급금 반납】

가지급금을 수령한 부서가 당일 또는 수령 후 1근무일 이내에 사용하지 못한 경우에는 잔액을 즉시 자금부로 반납하여야 하며 추후 제 절차에 따라 재 지급을 요청하여야 한다.

제7조【경위서 제출】

① 제5조에서 정한 정리기한내에 가지급금을 정리하지 못한 경우에 제6조의 미집행 가지급금에 대한 반납기일을 초과할 경우에는 부서장 명의로 그 사유에 관한 경위서를 작성 자금부로 제출하여야 한다.

② 자금부는 경위서의 타당성 여부를 검토한 후 필요시 감사실로 감사요청을 하여야 한다.

제8조【가지급금 지급중지】

자금부는 이 규칙을 위반한 부서에 대해 차기 가지급금 지급을 중지할 수 있다.

부　　칙

제1조【시행일】

　　　　이 규정은 20　년 ○○월 ○○일부터 시행한다.

제4장
예금관리

제1절 예금과 적금

　예금은 금융기관과의 계약의 내용에 따라 요구불예금과 저축성예금으로 구분한다. 요구불예금은 예금주가 요구하는 시점에 언제든지 지급해야 하는 것으로, 기업에서 사용하는 보통예금이나 당좌예금 등이 이에 속한다. 반면 저축성예금은 일정 기간 경과한 후에 예금액을 지급하는 것으로 기업이 여유 자금을 운용하기 위해 사용하는 정기예금, 저축예금, 정기적금 등이 이에 속한다.

　당좌예금을 제외한 모든 예금에는 예금이자가 지급된다. 예금은 여유 자금을 안전하게 보관하기 위해서 또는 기업이 영업상 필요한 자금의 출납을 금융 기관에 대행시키기 위한 목적으로 사용하기도 하고, 특정한 목적에 의해서만 인출이 가능하도록 설정해 사용하는 경우도 있다.

　미래 지출을 대비하기 위해 보유하고 있는 예금은 소득예금이고, 영업 상의 지출을 위해 보유하고 있는 예금은 영업예금이며, 예금주가 저축 보장의 목적으로 보유하고 있는 예금은 저축예금이라고 한다.

　당좌예금은 일상적인 영업 운영에 필요한 현금과 일시적 여유 자금을 예치하고 수표를 발행하여 출금하는 입출금의 빈도가 가장 높은 예금이다. 보통예금은 입·출금이 자유롭고 일시적인 여유자금 또는 영업용 현금을 맡기는 예금이다. 정기예금은 일정한 금액을 일정 기간 동안 예치하는 예금으로 매월 일정액을 적립하는 정기적금도 정기예금의 한 종류이다.

제2절　예·적금관리

　예금계좌를 신설 또는 해지할 경우 부서장까지 결재를 얻은 후에 신규 개설 또는 해지해야 한다. 예금의 신규 가입이나 중도 해약 및 연장 시에는 관련 신청서를 작성하고 담당자의 결재를 받아야 한다. 회사의 모든 예금 계좌의 신설과 운용에 사용하는 법인 인감은 거래 은행에 등록한 인감만을 사용하고, 다른 도장을 임의로 사용하지 않도록 주의한다.

　예금과 적금의 관리를 담당하는 인력은 매월 또는 분기별로 정해진 기간을 대상으로 정기적으로 예금잔액명세서를 작성해 은행 잔액과 장부상의 금액이 일치하는가를 예금의 종류와 계좌별로 확인한다. 일반적으로 입출금이 빈번한 당좌예금은 매월, 정기 예금은 분기로 예금 잔액 명세서를 작성하고 증빙과 일치 여부를 확인한다. 은행에서 발급받은 예금잔액증명서를 확인한 후에는 예금잔액명세서를 작성하고, 확인란에 담당자가 날인한 후 상급자의 결재를 받아 보관한다.

예금잔액명세서

담당	과장	부장	이사

			작성일		작성자	
예금 종류	은행명/지점명	예금명	계좌번호	금　액	비　고
합　　　　　계					-

제3절 예·적금 현황

1. 의의

저축성 예·적금 등 금융상품을 관리하기 위해 기업은 기업특성에 맞게 정기적(월별, 분기별, 반기별)로 예·적금 관리대상을 작성한다. 예금·적금 관리대상의 작성을 통해 일정시점의 현금의 보유정도를 확인하고 예상할 수 있다. 특히 예·적금 현황은 자금일보의 작성을 통해 관리된다.

2. 양식 및 작성요령

예·적금 현황 년 월 일		담당	과장	이사	대표이사

계좌명	계좌번호	예금종류	잔액	개설일	만기일	계좌개설점	비고

- 계좌명 : 관리하고자 하는 계좌명을 기입한다. 금융기관명을 기록한다.
- 계좌번호 : 예·적금의 계좌번호를 기입한다.
- 예금종류 : 보통예금, 당좌예금, 정기예금, 기타예금 등 예금종류를 기입한다.
- 잔액 : 예치액 또는 납입액 잔액을 기입한다.

- 개설일 : 예·적금의 개설일을 기입한다.
- 만기일 : 예·적금의 만기일을 기입한다.
- 계좌개설점 : 계좌를 개설한 금융기관의 개설점을 기입한다.
- 비고 : 정기적금 등과 같이 매월 일정액을 적립하는 경우 비고란에 매월 적립액 및 적립일자를 기록한다.

제4절 은행 잔고 확인

회계담당자는 당좌예금의 경우 특정시점에서 장부상 당좌예금 잔액과 은행의 당좌예금 잔액이 일치하지 않는 경우가 발생할 수 있다. 특히 결산시점에서 이 같은 차이가 발생할 경우 수표가 부도처리되는 등의 문제가 발생할 수 있으므로 은행으로부터 당좌예금잔액증명서를 발급받아 장부상의 금액과 비교하고 차이를 확인해야 한다. 은행계정조정표는 이러한 차이의 원인을 확인하고 정확한 예금잔액을 파악하기 위해 기업이 작성하는 표이다.

1. 장부금액과 은행 잔고의 차이 발생 원인

1) 회사 측 원인

불일치의 원인이 회사에 있는 경우란 은행은 바르게 처리하였으나, 회사 측 장부에 반영되지 않아 조정이 필요한 경우이다. 대다수의 기업들이 당좌 계약 체결 시 어음이나 수표의 지급 제시(추심)를 은행에 위임하고 있는 경우가 많다. 이로 인해 은행 측에서 조정할 사항보다는 회사 측에 원인이 있는 경우가 더 많으며, 일반적으로 다음의 5가지 원인에 기인한다.

(1) 미통지예금

미통지예금은 거래처가 회사에 대금 결제 사실을 알리지 않고 당좌예금 계좌로 직접 결제 대금을 입금한 것이다. 이와 같은 미통지예금의 경우 회사가 은행 잔액을 확인하고 입금자를 확인하기 전까지 장부에는 반영되지 않는다. 그러나 은행은 이미 입금된 금액만큼 잔액을 증가시켰으므로 회사 측이 예금 금액만큼 장부 금액을 증가시켜야 한다.

(2) 어음 입금액

회사가 보유한 받을어음을 은행의 당좌예금 계좌에 입금해 두면 만기일에 은행은 거래처의 은행에 출금을 요청하는 지급 제시, 즉 추심을 한다. 보통은 추심을 은행에 위임하므로 은행은 추심 후 대금을 받아 회사 통장에 입금한다. 이때 은행은 당좌예금의 잔액을 증가시키고, 회사는 받을 어음의 결제 여부를 확인하기 전까지 예금 잔액을 증가시키지 않는다. 따라서 추심 어음이 입금된 경우도 회사가 입금액만큼 잔액을 증가시켜야 한다.

(3) 차입금 이자 비용 및 수수료

회사가 은행에서 차입을 했거나 당좌차월을 한 경우 은행은 이자를 당좌예금 계좌에서 차감하고 잔액을 감소시킨다. 반면 회사가 이자 출금 여부를 확인하지 못한 경우 이자 비용만큼 당좌예금 잔액이 과대 계상되어 있으므로 잔액을 감소시켜야 한다. 또 수표 및 어음의 추심 수수료와 당좌 거래로 인한 수수료가 발생했을 경우에도 은행은 당좌 계약에 근거해 회사에 통보하지 않고 수수료를 차감할 수 있다. 이러한 경우에도 회사 측에서 잔액을 감소시켜 잔액을 조정해야 한다.

(4) 부도 수표

거래처로부터 수령한 수표를 당좌예금 계좌에 입금하면 은행은 회사를 대신 해 상대 은행에 지급 제시를 한다. 은행이 추심을 하였으나, 거래 당사자의 당좌예금 잔액이 부족하여 대금 결제가 정상적으로 이루어지지 않으면 부도가 발생한다. 이 경우 회사는 수표가 부도되었다는 사실을 알기 전까지는 아무런 회계 처리를 하지 않고 있을 것이나, 실제 은행에서는 회수하지 못한 부도수표의 금액만큼 잔액을 감소시킨다. 따라서 회사는 정상 결제가 되지 않은 부도수표 금액을 잔액에서 차감시켜야 한다.

2) 은행 측 원인

불일치의 원인이 은행에 있는 경우는 다음의 두 가지 이유가 대표적이다.

(1) 은행 미기입 예금

회사에서 당좌예금 계좌에 입금을 시켰지만, 은행에서 아직 입금 처리가 되지 않은 예금이다. 회사는 이미 당좌예금 잔액을 증가시켰으나, 은행이 아직 미반영한 것이므로 이는 은행이 해당 금액을 증가시키는 조정을 해야 한다.

(2) 기 발행 미 인출 수표

회사에서는 당좌수표를 발행하는 시점에서 당좌예금의 잔액을 차감시킨다. 그러나 수표를 수령한 당사자가 은행에 수표를 제시할 때까지 은행은 당좌예금의 잔액을 감소시키지 않는다. 물론 은행은 수표를 회수하는 시점에서 잔액을 감소시키겠지만, 그 전에 회사가 보유한 예금 잔액을 정확하게 파악하고 은행의 잔액을 감소시킨다.

3) 단순 오류

빠르고 반복되는 업무로 인해 회사나 은행이 입금액이나 출금액을 잘못 기록하는 경우가 있다. 예컨대 45,000원을 54,000으로 기록하는 경우이다. 이런 오류가 확인되면 수정 분개를 통해 회사와 은행이 잔액을 가감해 주는 방식으로 수정 분개를 해야 한다.

제5절 기타 금융상품

1. 양도성예금증서(CD)

은행에서 증서로 발행·판매하는 무기명, 할인식, 선이자 형태의 양도가 자유로운 금융상품이다.

2. 어음관리계좌(CMA)

금융기관이 고객의 예탁금을 어음이나 채권에 투자하여 그 수익을 고객에게 돌려주는 실적배당 금융상품이다.

3. MMF(Money Market Funds)

금융기관이 고객들의 자금을 모아 단기금융상품에 투자하여 수익을 얻는 초단기 금융상품이다.

4. 환매채(환매조건부채권, RP)

금융기관이 일정기간 후 확정금리를 보태어 되사는 조건으로 발행하는 채권이다.

5. 발행어음

금융기관이 자체 자금을 조달하기 위하여 고객을 수취인으로 하고 금융기관이 지급인이 되어 발행하고 교부되는 약속어음 형태의 금융상품이다.

6. 기업어음(CP)

우량기업이 자금조달을 위해 발행하는 융통어음을 금융기관이 할인 매입하여 다시 고객들에게 판매하는 금융상품이다.

7. 표지어음

기업이 자금조달을 목적으로 발행한 어음이나 외상채권 등을 할인 매입하여, 금융기관이 매입한 어음 등의 액면 및 기간범위 내에서 분할하거나 통합하여 다시 어음을 발행하여 판매하는 금융상품이다.

8. 금전신탁

금융기관이 고객으로부터 금전을 신탁재산으로 예탁받아 이를 대출이나 증권 등으로 운영하여 일정기간 후에 원금과 수익을 고객에게 돌려주는 금융상품이다.

제5장
법인카드관리

제1절 법인카드 의의

　법인카드는 일반신용카드가 개인을 대상으로 발급하는 것과 달리 기업이나 법인을 대상으로 은행이나 카드 회사에서 발급하는 카드이다. 주의할 점은 회사는 독립된 경제적 실체이므로, 회사의 임원이나 구성원과 회사는 별개의 주체라는 것이다. 예를 들어 (주)재무의 대표 이사는 홍길동으로 회사의 설립자이자 경영자로, 회사의 실질적인 소유주이다. 그러나 (주)재무와 개인 홍길동은 독립적인 권리와 의무를 가지므로 홍길동이 회사 명의로 수행한 행동의 결과는 모두 회사에 귀속된다. 마찬가지로 법인카드의 이용에 관한 모든 책임은 법인이나 기업이 부담하게 된다.

　법인카드는 기업의 임직원이 공동으로 사용할 수 있도록 기업 명의로 발급하고 기업의 결제 계좌를 이용하는 공용카드, 기업 내 특정 사용자를 지정해 기업 또는 개인의 결제 계좌를 이용하는 지정카드, 그리고 개인과 기업이 연대하여 카드 이용 대금을 부담하고 개인의 결제 계좌를 이용하는 개인용 법인카드가 있다. 법인명의 카드는 반드시 발급되어야 하지만, 임직원 명의 직원카드나 개인형 법인카드는 발급하지 않을 수도 있다. 법인 또는 기업 명의의 공용카드는 수령해 사용하고, 매출전표에는 사용자의 서명을 기재하는 방식으로 사용한다. 반면 임직원 명의 지정카드나 개인형 법인카드는 발급 명의자인 특정한 임직원이 항상 소지하고 있으며, 사용 시에는 그 임직원 본인이 서명하고 사용한다.

　이 외에도 사용 용도에 따라 우편 요금 전용 결제카드, 업무용 차량의 주유 대금 결제용 카드, 물품이나 소모품 구입 등에 사용하는 구매카드, 업무추진비 카드, 업무용 차량의 하이패스 후불교통카드, 연구비 지출용 카드 등으로 구분해서 관리할 수 있다.

제2절 법인카드 발급과 해지

법인카드는 발급과 관리절차는 기업에 사정에 따라 상이하지만, 일반적으로 다음과 같은 절차에 따라 발급한다.

(1) 법인카드가 필요한 부서에서는 법인카드 발급 사용 목적, 사용자, 법인카드 한도 금액 등이 게재된 발급 요청서를 해당 부서에 제출한다. 법인카드 최초 발급 시에는 거래 은행에 사업자 등록증, 법인인감증명서, 최근연도 재무제표, 주주명부, 대표자 실명 확인증 등의 필요 서류를 제출해야 한다.
(2) 법인카드 발급 부서가 법인카드 발급에 관한 승인을 결제라인을 따라 발급 부서 팀장, 임원, 대표이사 순으로 승인받는다.
(3) 법인카드 발급에 대한 결재가 완료되면, 담당자는 거래 은행에 은행용 법인카드 발급 신청서와 함께 사업자등록증, 법인 등기부등본, 법인 인감증명서, 대리인 신분증 등의 필요 서류를 함께 은행에 제출해야 한다.
(4) 법인카드는 보통 신청 후 1주일 후에 발급된다.
(5) 발급이 완료되면 발급 담당 부서는 법인카드 발급을 요청한 부서에게 법인카드 수취 확인서를 받은 후 카드를 전달한다. 수취 확인서에는 카드 번호, 수취자 및 법인카드 분실에 따른 책임 소재를 분명하게 명기한다.
(6) 법인카드의 추가 발급이나 갱신 등 변경 사항이 발생하는 경우 법인카드 관리대장을 회계팀 팀장, 담당 임원 및 대표자에게 보고한다.

법인카드의 해지 요청은 카드를 분실하였거나, 기명 임원이 퇴직 또는 퇴사하는 경우, 사용 부서에서 해지를 요청하는 경우에 이루어진다.

제3절 법인카드의 사용

법인카드를 개인적인 용도로 사용하고 이용 대금을 입금하거나, 개인카드를 업무용으로 사용하고 회사의 경비로 청구하는 것은 원칙적으로 불가능하다. 특히 공용 법인카드의 경우 법인카드를 부서 간 또는 부서 내에서 공용으로 사용할 경우 필요한 장부가 법인카드 관리대장과 법인카드 사용대장이다. 법인카드 관리대장에 카드의 기본내용과 사용자 등을 기록하여 관리하고, 법인카드 사용대장에는 지출내용 등을 기재·관리한다. 그러나 실무적으로 법인카드 사용대장 대신에 해당 월의 카드명세서를 첨부하여 '결재권자'의 결재를 받는 것이 일반적이다.

법인카드 관리대장 년 월 일					담당	과장	이사	대표이사
연번	카드사	카드번호	명의자(사용자)	사용부서	한도금액	관리자	유효기간	비고

법인카드 사용대장 년 월 일					담당	과장	이사	대표이사
연번	카드사	카드번호	명의자(사용자)	사용부서	한도금액	관리자	유효기간	비고

제4절 법인카드 사용대금의 정산

1. 법인카드 사용대금의 결재

법인카드 사용대금의 매달 결제일은 기업이 선택하여 자유롭게 결정할 수 있다. 다른 결제일로 변경이 필요한 경우에는 결제일 변경 신청을 하면 된다.

2. 법인카드 사용대금 정산 시 회계처리

법인카드의 사용 직원으로부터 회사업무 상 사용한 신용카드매출전표를 받으면 적절한 계정과목을 사용하여 차변에 기록하고, 대변은 '미지급금' 계정으로 처리하였다가 신용카드사가 해당 계좌의 결제일에 자금을 인출하였을 때 미지급금을 제거한다. 법인신용카드를 사용할 때 차변계정과목은 대부분 비용의 분류상 판매비와관리비에 해당한다. 간혹 자산으로 처리해야 할 경우도 있는데 이 경우 대부분은 소액의 비품이나 재고자산이 해당된다.

3. 법인카드 영수증 분실 시 처리

법인카드로 지출한 영수증을 분실한 경우에는 해당 법인카드 발급 카드사의 홈페이지를 방문하여 매출전표 재발행을 클릭한 후 출력해서 처리한다.

제6장
어음·수표관리

제1절 어음관리

1. 의의

 어음은 최근 전자결재와 계좌 이체, 신용카드 사용의 증가로 과거보다 사용빈도가 현저히 줄어들고 있다. 어음은 정해진 기일에 특정 금액을 지급하기로 약속하는 시용수단으로 만기일이 있고 지급제시기간은 어음에 기재되어 있는 지급 기일과 그로부터 2일이다. 어음의 부도 발생 시 발행인은 은행의 부도처리에 따라 은행과의 거래가 정지되므로 불이익을 당할 수 있으나 형사처벌 대상은 아니다.
 어음법에 따르면 어음은 약속어음과 환어음으로 구분된다. 약속어음이 일반적으로 사용되어 지며, 환어음은 해외 기업과의 거래에서 일부 사용된다. 약속어음은 발행인이 일정한 금액에 대한 지급을 약속하는 내용을 기록한 유가증권이다.

〈약속어음 거래흐름〉

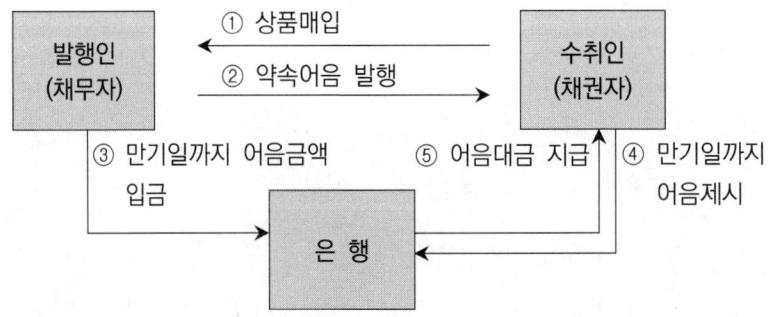

〈환어음 거래흐름〉

① 발행인이 지급인에 대한 채권 존재, 지급인은 발행인에 대한 채무 존재

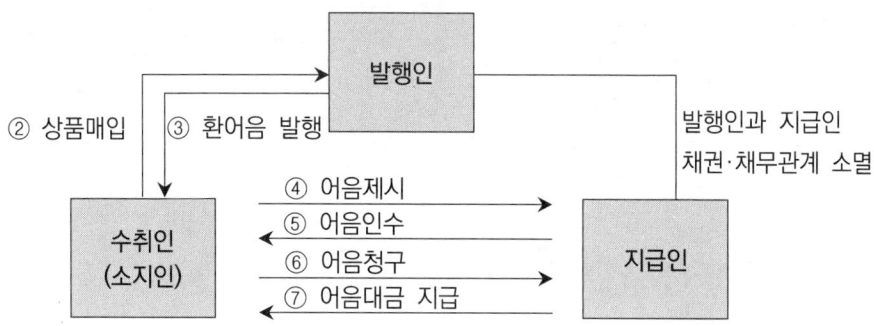

약속어음에는 어음법에서 정한 요건들이 모두 기재되어야 한다. 기록이 누락된 경우 약속어음으로서의 효력이 없으므로, 어음의 발행이나 수령 시에는 어음 요건에 해당하는 정보가 모두 기록되어 있는가를 반드시 확인해야 한다. 약속어음의 필요적 기재사항은 다음과 같다.

어음요건[어음법 제 75조]
약속어음에는 다음의 사항을 기재하여야 한다. 1. 증권의 본문 중에 그 증권의 작성에 사용하는 국어로 약속어음임을 표시하는 문자 2. 일정한 금액을 지급할 뜻과 무조건의 약속 3. 만기의 표시 4. 지급지 5. 지급을 받을 자 또는 지급을 받을 자를 지시할 자의 명칭 6. 발행일과 발행지 7. 발행인의 기명 날인 또는 서명

(앞면)

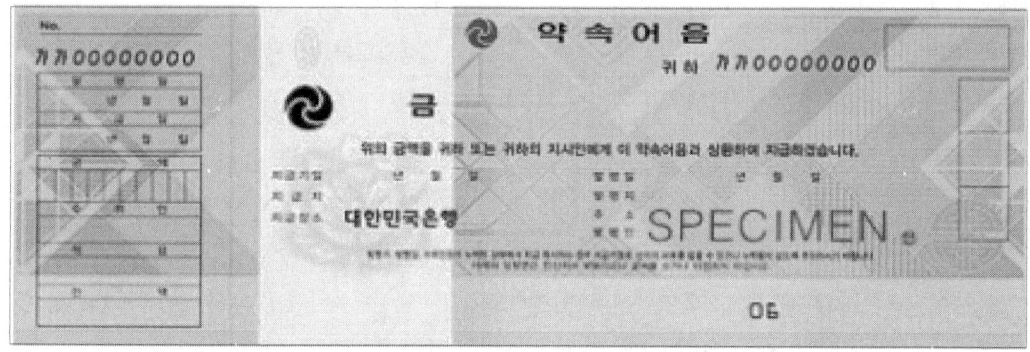

(뒷면-배서)

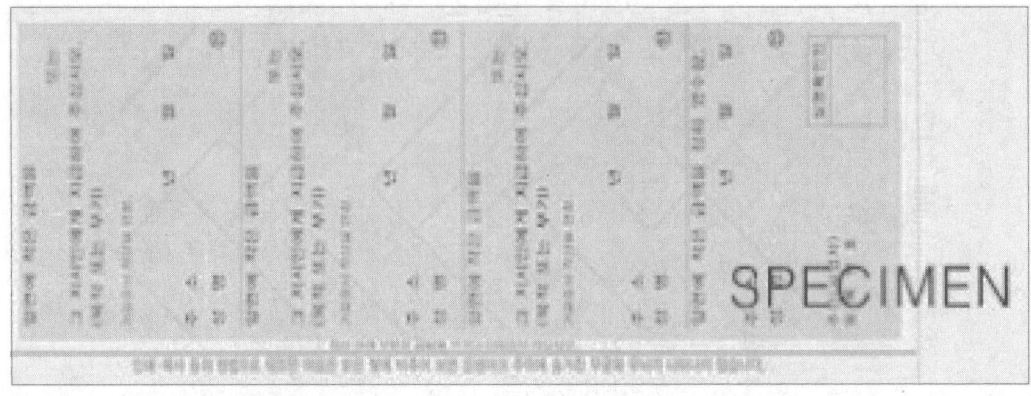

2. 전자어음

2009년부터는 외부감사대상 기업의 경우 전자어음이 발행이 의무화되었으며, 2014년부터는 전자어음 발행 의무기업이 직전사업연도 말의 자산총액이 10억원 이상인 법인사업자는 모두 전자어음을 발행할 의무가 있으며, 전자의무발행자가 종이어음을 발행하면 발행자에게 500만원 이하의 과태료가 부과된다.

〈실물어음과 전자어음의 차이점〉

구분	실물어음	전자어음
형태	서면	전자 문서
종류	약속어음, 환어음	약속어음
적용 법률	어음법	전자어음의 발행 및 유통에 관한 법률
발행 등록	없음(은행에서 어음 용지 교부 후 발행)	전자어음 관리 기관에 등록
발행·배서	기명 날인 또는 서명	전자문서에 전자 서명
배서 제한	무제한	총 배서 횟수 20회
만기 제한	무제한	발생일로부터 1년
일부 지급	어음법 상 허용(은행 약관에서는 불허)	금지
백지 어음	가능	금지
관리 기관	없음	전자어음 관리 기관(법무부장관 지정)

전자어음의 경우 종류가 약속 어음만 발행하고, 발행 시 전자어음 관리 기관에 등록해야 한다. 발행인의 서명도 전자 문서에 서명으로 하고, 총 배서 횟수는 20회,

지급 기한도 발행일로부터 1년을 초과할 수 없다. 뿐만 아니라 일부 지급이나 백지어음의 발행이 불가능하다. 전자어음 발행 시에는 어음을 관리 기관에 등록해야 하는데, 관리 기관은 발행인의 연간 매출액, 자본금, 신용도, 당좌 거래 실적 등을 종합해 전자어음의 발행 한도를 제한할 수 있고, 어음 발행을 위한 등록을 거부할 수 있다.

따라서 전자어음은 이용자의 입장에서는 실물어음보다 부도 위험이 적고, 위조·변조 및 분실이나 도난의 위험이 없어 어음의 관리와 조회가 매우 편리해지고, 발행이나 유통, 교환에 들어가는 비용도 절감할 수 있어 회계 투명성도 많이 제고된다는 장점이 있다. 전자어음은 출력해서 사용할 수 없고, 모든 어음상의 권리도 전자어음 관리 기관에 등록되어 이루어진다. 그렇다고 종이어음이 완전히 사라진 것은 아니고, 아직 병행 유통되고 있다.

1) 전자어음 발행절차

(1) 발행인의 발행

① 거래은행과 전자어음 당좌예금 계약 체결 및 전자어음 이용약정 체결
   ▶ 당좌예금계약 미 체결, 어음교환소로부터 거래정지처분 중에 있는 경우 관리기관은 발행인 등록을 거부
② 공인인증서 발급(사전에 발급받은 공인인증서 사용 가능)
③ 거래은행 인터넷 뱅킹 홈페이지에서 전자어음의 발행에 필요한 항목(전자어음 금액, 만기일자, 수취인 정보 등)을 기입하고 공인인증서로 전자어음 발행
   ▶ 전자어음 수취인은 전자어음 발행 전에 거래 은행에 회원가입(이용자 등록)되어 있어야 함. 발행수수료 납부

(2) 수취인의 수취확인

① 공인인증서 발급(사전에 발급받은 공인인증서 사용 가능)
② 거래은행에 회원가입 및 전자어음 이용약정 체결
   ▶ 당좌예금계약 미 체결, 거래정지처분 대상자라도 전자어음의 수취는 가능함. 수취인은 금융기관(은행) 인터넷 뱅킹 홈페이지에 접속하여 전자어음의 발행 여부 확인 및 관련 내역 조회가능
   ▶ 조회결과 이상이 있을 경우 수령거부 가능

2) 배서절차

(1) 배서인의 배서

① 거래은행과 전자어음 이용약정 체결
　▶ 발행을 위해 거래은행과 당좌약정 및 이용자약정을 체결한 경우에는 다시 이용약정을 체결할 필요 없음
② 공인인증서 발급(사전에 발급받은 공인인증서 사용 가능)
③ 전자어음 관리기관 홈페이지 혹은 거래 은행 인터넷뱅킹 홈페이지에서 배서할 어음을 선택. 전자어음 배서에 필요한 항목을 기입(피배서인 인적사항 등)하고 공인인증서로 전자어음 배서
　▶ 전자어음 피배서인은 전자어음 발행 전에 거래 은행에 회원으로 가입되어 있어야 함
④ 배서수수료 납부

(2) 피배서인의 배서확인

① 공인인증서 발급(사전에 발급받은 공인인증서 사용 가능)
② 거래은행에 회원가입 및 전자어음 이용약정 체결
　▶ 당좌예금계약 미 체결, 거래정지처분 대상자라도 전자어음의 피배서인은 될 수 있음
③ 피배서인은 관리기관 인터넷 홈페이지 혹은 거래은행 인터넷 뱅킹 홈페이지에 접속하여 전자어음의 배서 여부 확인 및 관련 내역 조회
　▶ 조회결과 이상이 있을 경우 수령거부 가능

3) 수령거부(반환)절차

수취인 (혹은 피배서인)이 발행인(혹은 배서인)이 발행(배서)한 전자어음 관련내역을 조회한 후 계약조건 불일치 동의 사유로 해당 전자어음의 수령을 거부하는 행위

> (예) 발행인 甲과 수취인 乙은 어음금 3천만원의 전자어음을 발행하기로 합의하였는데 실제 발행인 甲이 발행한 전자어음의 금액은 2천만원인 경우
> 수취인 乙은 거래은행 인터넷 뱅킹 홈페이지에서 해당 전자어음의 수령을 거부할 수 있음
> 이 경우 수취인 乙의 수령거부 행위가 있으면 전자어음은 발행(또는 배서) 되지 않은 것으로 본다.(전자어음의 발행 및 유통에 관한 법률 제14조 제2항)

① 전자어음 수취인 (또는 피배서인)은 관리기관 인터넷 홈페이지 혹은 거래은행

인터넷 뱅킹 홈페이지에 접속하여 전자어음 수취(배서) 여부 확인 및 관련 내역 조회
② 수령거부를 원할 경우 거래은행 인터넷 뱅킹 홈페이지에 접속
③ 거래 은행 인터넷 뱅킹 홈페이지에서 수령 거부할 전자어음을 선택
④ 공인인증서를 통한 전자서명으로 전자어음 수령거부

4) 소구절차

만기에 어음의 발행인이 어음의 지급을 거절하거나 지급할 수 없는 경우 혹은 만기 전이라도 지급의 가능성이 현저하게 불확실하게 된 때에는 어음 소지인은 전자어음 발행 및 모든 배서인과 그 보증인에 대하여 본래의 지급에 갈음하여 어음금과 기타 비용의 지급을 청구할 수 있는 권리를 갖는다.

> (예) 발행인 甲이 발행한 어음이 A, B, C의 배서를 통해 乙이 최종소지인이 되었다. 그런데 乙이 만기에 지급 제시한 전자어음이 발행인 甲의 '예금부족'을 이유로 지급이 거부된 경우 최종 소지인 乙은 자기의 전자인 A, B, C 중 누구에게 소구권을 행사하여 비용의 지급을 청구할 수 있음
> 전자어음의 경우 오프라인을 통해 소구권을 행사할 수 있음. 단 소구권을 행사하여 소구의 무자가 소구의무를 이행한 경우 소구권자는 거래은행 인터넷 뱅킹 홈페이지에 접속하여 소구의무 이행사실을 관리기관으로 통지하여야 함
> (전자어음의 발행 및 유통에 관한 법률 제13조 제2항)

① 소구의무 이행사실을 통지하기 위해 소구권자는 거래은행 인터넷 뱅킹 홈페이지에 접속
② 거래 은행 인터넷 뱅킹 홈페이지에서 소구의무 이행사실을 통지하기 위해 필요한 항목(소구의무이행 내역 등)을 입력
③ 공인인증서를 통한 전자서명으로 소구의무 이행사실을 관리기관으로 통지

5) 만기 전 지급제시 요청 절차

(1) 전자어음은 전자어음 관리기관에 의해 일괄적으로 자동 지급 제시되는 것이 원칙
(2) 단, 발행인이 거래정지처분을 받은 경우 등 어음 소지인이 사전 소구권 행사를 위하여 만기일 전에 지급제시를 하여야 할 경우에는 만기일 전에도 사전 지급제시를 할 수 있음
  ① 전자어음 최종 소지인은 거래은행에 서면으로 만기 전 지급제시 희망일을 기재하여 요청

② 소지인 거래은행은 만기 전 지급제시 요청사실을 증빙서류와 함께 관리기관으로 지급제시 희망일자 전 2영업일까지 요청
③ 관리기간은 은행 요청문서를 근거로 해당 전자어음을 지급제시 희망일자 전 영업일 자동지급제시 내역에 포함하여 은행에 지급제시

3. 회계처리

1) 받을어음

일반적인 상거래에서 재고자산 매매대금의 결제수단으로 어음이 발행되었다면, 어음수취인은 **받을어음**계정으로 회계처리한다. 이 경우 발생한 받을어음계정은 외상매출금계정과 함께 매출채권으로 통합하여 표시된다. 그리고 받을어음의 경우에도 다른 매출채권의 경우와 같이 회수가 불가능할 것으로 예상되는 금액을 추정하여 대손상각비를 계상하고 이를 대손충당금으로 설정해야 한다. 다음의 회계처리는 어음의 발행에 따른 수취인의 입장에서 회계처리한 것이다.

〈어음의 수취와 만기 결재〉

구 분	수취인의 분개			
약속어음의 수취	(차) 받을어음	×××	(대) 매 출	×××
만기결제시	(차) 현 금	×××	(대) 받을어음	×××

2) 어음의 배서

어음의 소지인은 어음에 표시된 만기일이 되기 전에 어음상의 권리를 자유로이 타인에게 양도할 수 있다. 어음을 양도할 때에는 어음의 뒷면에 양도의 의사를 표시하고 기명날인하여 양수인에게 교부하면 되는데, 이것을 어음의 배서라 한다. 어음의 배서에는 추심위임배서, 배서양도, 어음할인을 위한 배서양도가 있다.

추심위임배서란 어음의 소지인이 어음의 대금추심을 거래은행에 의뢰하기 위하여 어음의 뒷면에 배서하고 어음을 은행에 넘겨주는 경우를 말하며, 이 경우 추심료는 수수료비용으로 처리한다.

배서양도란 어음의 소지인이 해당 어음의 만기일 전에 상품매매대금이나 외상매입금 등을 지급하기 위하여 어음상의 채권을 타인에게 양도하는 경우를 말하며, 이 경우 받을어음을 대변으로 대체한다.

어음할인이란 어음의 소지인이 자금을 조달하기 위하여 만기일이 되기 전에 금융기

관에 배서양도하여 자금을 융통하는 것을 말한다. 이때 은행은 어음의 만기가액에서 할인일부터 만기일까지의 이자를 차감한 금액을 지급하게 된다. 이러한 어음할인은 주로 금융기관에서 이자수입을 목적으로 해주고 있다. 어음 등과 같은 매출채권을 할인하는 경우 해당 채권에 대한 권리와 의무가 양도인과 분리되어 실질적으로 이전되는 때에는 동 금액을 매출채권에서 차감하고(매각거래), 그 이외의 경우에는 매출채권 등을 담보제공한 것(차입거래)으로 본다. 매각거래시 발생되는 할인료는 매출채권처분손실로 처리하고, 차입거래시 발생하는 할인료는 이자비용으로 처리한다.

〈약속어음 배서〉

	발행인	수취인(소지인)
추심 위임배서	• 추심의뢰 시 분개없음 • 만기지급 시 (차)지급어음 xxx (대)당좌예금 xxx	• 추심의뢰 시(추심수수료 발생) (차)수수료비용 xxx (대)현금등 xxx • 추심완료 시 (차)당좌예금등 xxx (대)받을어음 xxx
	배서인	피배서인

배서양도	• 배서양도 시
	(차)외상매입금등 xxx (대)받을어음 xxx
	  (자산과 부채의 감소)
		• 배서양도 시
		(차)받을어음 xxx (대)외상매출금등 xxx
		  (자산과 부채 변동없음)

	수취인(소지인)	

어음할인	〈 차입거래 〉
	• 할인 시
	(차)당좌예금등 xxx (대)단기차입금 xxx
	  이자비용 xxx
	• 만기 시
	(차)단기차입금 xxx (대)받을어음 xxx
		〈 매각거래 〉
		• 할인 시
		(차)당좌예금등 xxx (대)받을어음 xxx
		  매출채권처분손실 xxx
		• 만기 시
		분개없음

3) 어음의 부도

어음의 만기일이 도래하면 어음소지인은 해당 거래은행에 추심의뢰하여 대금을 결제받을 수 있다. 그러나 어음의 만기가 되어 어음추심을 요청하였으나 어음발행인의 지급거절로 인하여 부도가 발생할 수도 있는데, 이를 **부도어음**이라고 한다. 어음이 부도된 경우에 받을어음을 부도어음이라는 기타비유동자산계정으로 대체시키는 회계처리를 해야 하는데, 그 이유는 부도어음을 일반어음과 구분하여 별도로 관리하기 위함이다.

어음이 부도난 경우에 자기가 소유한 어음이라면 특별한 회계처리를 할 필요가 없지만, 은행에서 할인받은 어음이나 배서양도한 어음이 부도난 경우에는 어음을 할인받은 기업이 어음발행자를 대신하여 금융기관에 어음대금을 결제한 후 어음발행자에게 다시 청구권을 행사한다. 이때 청구할 수 있는 금액은 어음의 액면금액 이외에 법정이자, 통지비용 등도 포함한다. 그러나 이러한 부도어음이 회수가능성이 없다고 판명되는 경우에는 그 시점에 대손처리해야 한다.

〈어음부도/상환청구〉

부도발생	상환청구(회수)	상환청구(회수불능확정)
(차)부도어음　xxx 　　(대)받을어음　xxx	(차)현금등　xxx 　　(대)부도어음　xxx	(차)대손상각비　xxx 　　대손충당금　xxx 　　　(대)부도어음　xxx

제3절 수표관리

1. 의의

수표는 현금과 동일한 지급수단으로 발행인이 지급인(은행)에게 수취인(소지인)의 일정한 금액의 지급을 위탁하는 유가증권이다. 수표의 지급인은 반드시 은행이어야 하며, 수표의 발행을 위해서는 은행과 당좌계약이 체결되어 있어야 한다.

2. 수표의 종류

발행인이 은행과 당좌거래계약을 체결하고 은행에 있는 수표자금의 범위 내에서 발행하는 수표를 당좌수표라고 하며, 발행인(은행)이 자신을 지급인(은행)으로 한 수표를 자기앞수표라 한다. 이 밖에 가계수표, 외화송금수표 등이 있다.

1) 자기앞수표

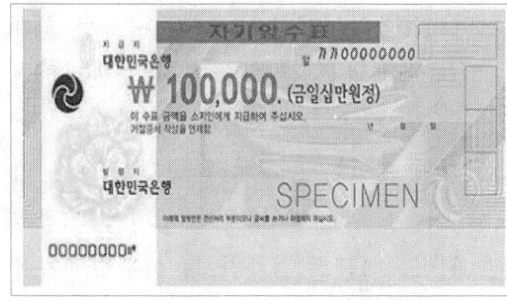 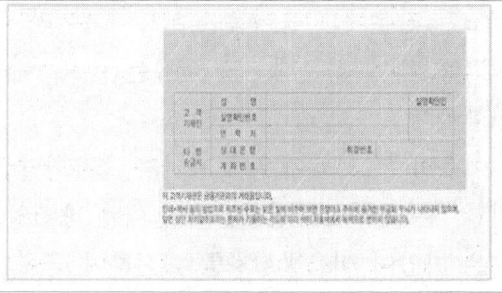

2) 당좌수표

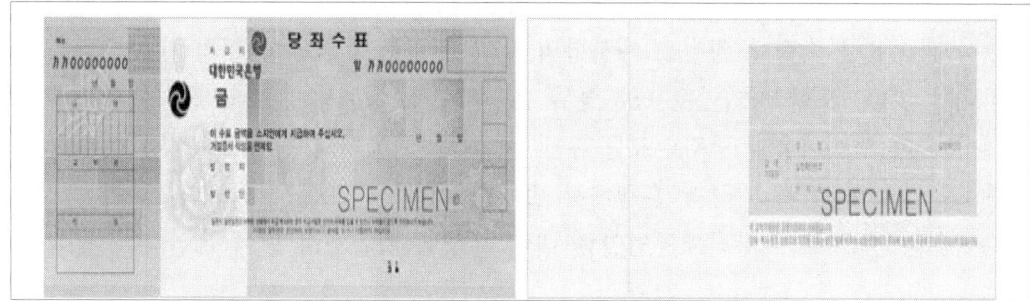

3) 가계수표

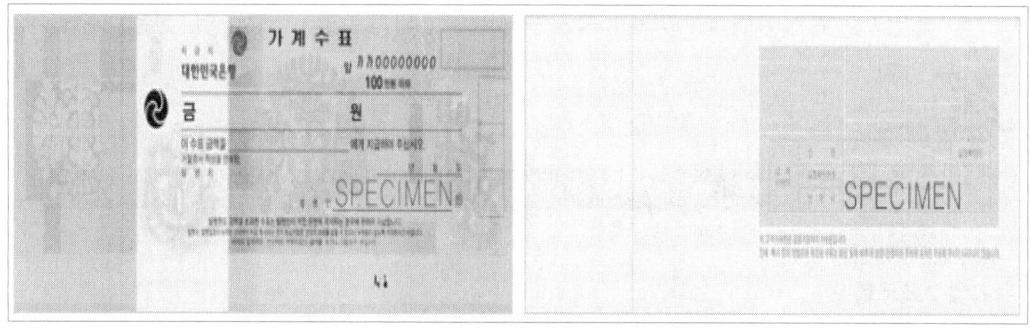

4) 외화송금수표

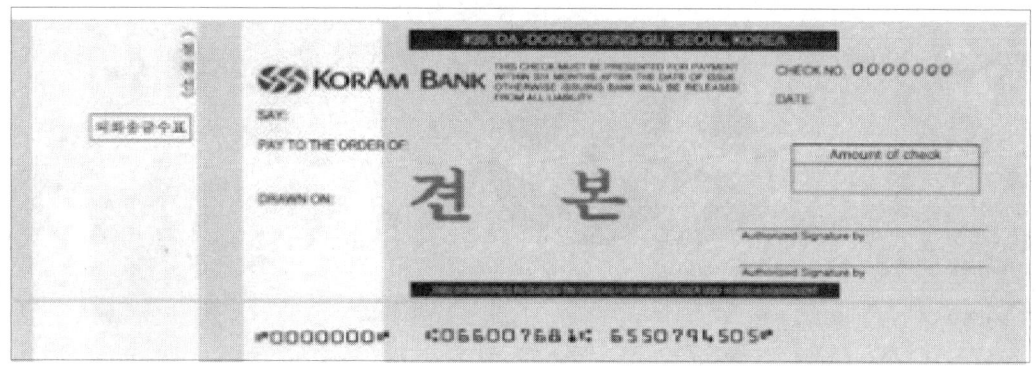

3. 어음·수표의 확인

어음과 수표를 수령할 경우 기재사항의 누락이 없는지 금액이 일치하는지 등을 체크하여야 한다. 또한 자기앞수표의 경우 은행사이트를 통해 수표의 진위여부를 확인하여야 하며 약속어음과 당좌수표를 수령 시 해당 거래처의 당좌거래정지 여부도 확인해 볼 필요가 있다. 가급적 은행에서 발행한 어음·수표를 수취하되, 주의할 점은 약속어음은 지급기일로부터 2영업일 이내에 은행에 지급제시 되어야 한다는 점이다.

1) 자기앞수표의 조회

우리은행 홈페이지를 기업용을 접속하여 수표/어음메뉴의 자기앞수표 조회를 선택하여 수표번호, 발행점번호, 수표종류, 수표금액, 발행일을 입력하면 진위여부를 확인할 수 있다.

2. 어음의 조회

어음정보센터 홈페이지(www.knote.kr)를 접속하여 다음의 절차대로 진위 여부를 판정한다.

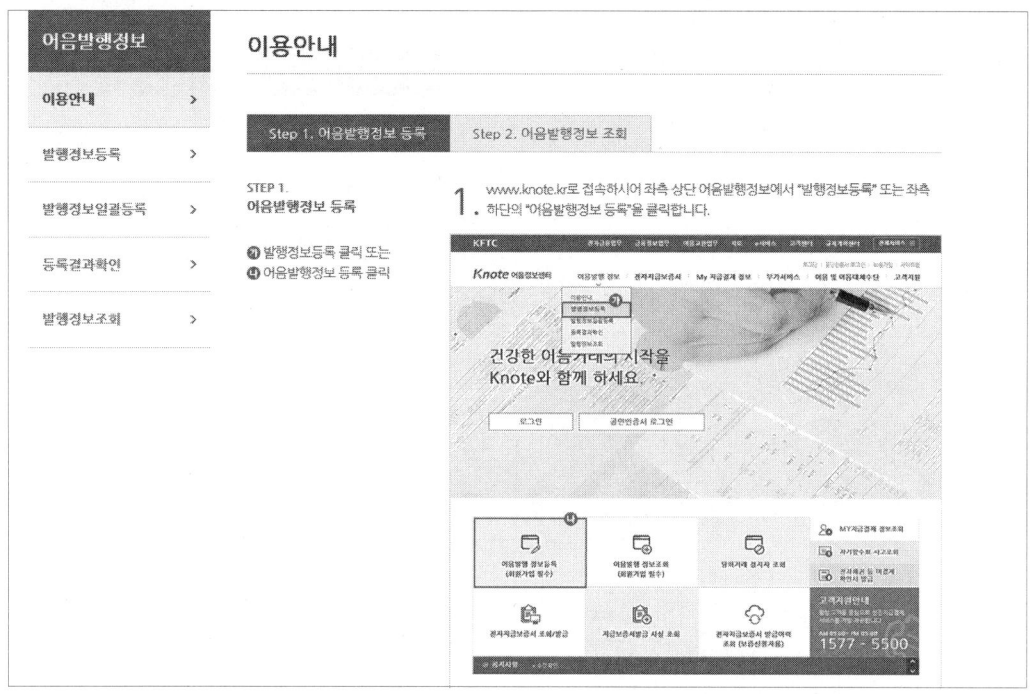

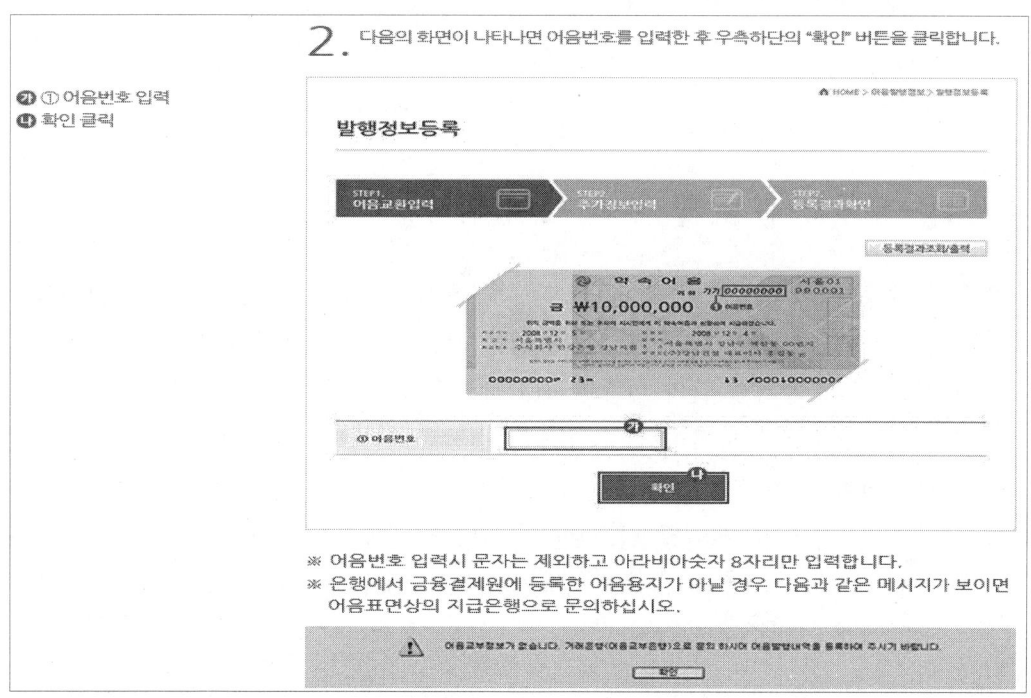

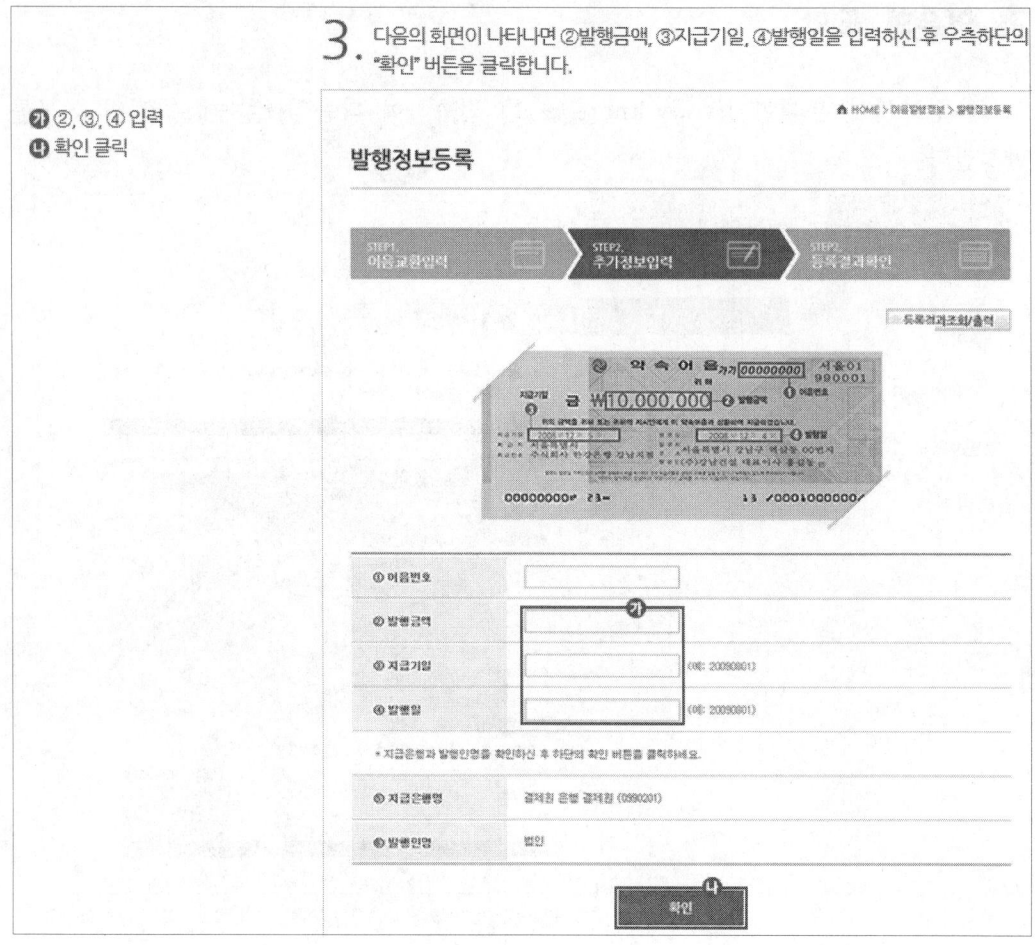

4. 어음·수표의 분실 및 부도 시 유의사항

어음의 경우 가급적이면 전자어음으로 거래를 하고 어음·수표를 분실(도난)하였을 경우에는 어음(수표)번호, 금액 등을 발행(지급) 은행에 신속하고 정확하게 신고하여야 하고 신고 받은 직원의 이름과 신고시간을 기록, 보관하도록 한다.

또한 어음·수표가 부도처리 된 경우에는 법적절차 진행 전에 은행에 사고신고 담보금이 예치되어 있는지 여부를 확인하여야 하고, 사고신고 담보금이 예치되어 있는 경우에도 어음·수표가 제시된 날로부터 6개월 이내에 "어음금 청구소송 등" 법적절차를 취한 후 그 자료를 은행에 제출하여야 은행이 어음·수표의 사고신고 담보금을 발행인에게 돌려주지 않는다.

5. 어음 및 수표 관리대장

1) 의의

기업이 은행에 당좌계좌를 개설하였다면 당좌수표와 약속어음을 발행할 수 있고 은행으로부터 어음책과 수표책을 받게 된다. 어음책은 1권당 10장, 수표책은 1권당 20자의 어음용지와 수표용지로 구성되어 있다. 어음과 수표는 유가증권이므로 분실과 도난을 대비하기 위하여 어음 및 수표관리대장을 작성하여 관리해야 한다.

2) 양식 및 작성요령

어음 및 수표 관리대장		담당	과장	이사	대표이사

날짜	전일재고		구입확인			사용		금일재고		부본정리확인			구입신청		불출확인			비고
	권	장	권	번호	확인	권	장	권	장	권	번호	확인	권	번호	권	번호	확인	

- 날짜 : 어음(수표)책의 증감이 발생된 날을 기입한다.
- 전일재고 : 어음(수표)책의 관리일 직전 재고를 몇권 몇장으로 구체적으로 기입한다. 어음 1권은 10장, 수표는 20장으로 구성되어 있다.
- 구입확인 : 은행으로부터 구입(수취)한 어음(수표)책의 권수와 어음(수표)의 일련번호를 기입하고 확인란에는 관리책임자로부터 확인을 받는다.
- 사용 : 금일 사용한 어음(수표)의 권과 장을 기입한다.
- 금일재고 : 전일재고에 구입량을 가산하고 사용량을 차감하여 재고를 계산한다.
- 부본정리확인 : 발행한 어음(수표)의 사본을 복사하여 부본서류철에 합철해서 관리(책임)자의 확인을 받는다.

- 구입신청 : 어음(수표)책의 예상 사용량을 파악하고 관리책임자의 확인을 받아 은행측에 어음(수표)책의 교부를 신청한다.
- 불출확인 : 각종 거래대금으로 결재를 위해 발행된 어음(수표)의 번호를 기록하고 관리책임자의 확인을 받는다.
- 비고 : 관리책임자에게 참고가 될 사항을 기록한다.

(예제 13) 다음 어음거래에 대하여 요구사항에 답하시오(Smart A 전산회계프로그램을 이용할 것).

(예제 13-1) 2월 1일 마포기업에 대한 외상매출금 2,500,000원을 동점발행 어음으로 지급받다. 자금관련 정보를 입력하여 받을어음현황에 반영하시오.

약 속 어 음

숭의상사 귀하   자라15682324

금 이백오십만원정   2,500,000 원

위의 금액을 귀하 또는 귀하의 지시인에게 이 약속어음과 상환하여 지급하겠습니다.

지급기일 2018년 6월 30일   발행일 2018년 2월 1일
지 급 지 국민은행   발행지 서울 중구 남대문시장길
지급장소 서대문지점   주 소   14
                            발행인 마포기업

(차)		(대)	

(예제 13-2) 2월 10일 현주컴에 상품을 매출하고 받은 받을어음이다. 어음의 만기가 도래하여 하나은행 당좌예금계좌로 전액 입금되었다. 자금관련 정보를 입력하여 받을어음현황에 반영하시오.

약 속 어 음

숭의상사 귀하   자가12345678

금 삼백삼십만원정   3,300,000 원

위의 금액을 귀하 또는 귀하의 지시인에게 이 약속어음과 상환하여 지급하겠습니다.

지급기일 2018년 2월 10일   발행일 2017년 12월 10일
지 급 지 국민은행   발행지 서울 강남구 선등로
지급장소 서대문지점   주 소 670
　　　　　　　　　　　　　　발행인 현주컴

(차)		(대)	

(예제 13-3) 3월 2일 마포기업으로 수취한 받을어음을 하나은행에서 할인하고, 할인료 80,000원을 차감한 잔액은 보통예금(시티은행)계좌로 입금하였다. 매각거래로 간주하며, 자금관련 정보를 입력하여 받을어음현황에 반영하시오.

약 속 어 음

숭의상사 귀하   자라15682324

금 이백오십만원정   2,500,000 원

위의 금액을 귀하 또는 귀하의 지시인에게 이 약속어음과 상환하여 지급하겠습니다.

지급기일 2018년 6월 30일   발행일 2018년 2월 1일
지 급 지 국민은행   발행지 서울 중구 남대문시장길
지급장소 서대문지점   주 소 14
　　　　　　　　　　　　　　발행인 마포기업

(차)		(대)	

(예제 13-4) 3월 5일 한국기업에 대한 외상매입금 5,500,000원에 대해 전자어음을 발행하여 지급하다. 어음을 등록하고, 자금관련 정보를 입력하여 지급어음현황에 반영하시오.

[자료 1] 어음책 등록

수령일	어음종류	금융기관	시작어음번호	매수
2018. 3. 4	1.전자어음	하나은행 (당좌)	00420170919223344112	1

[자료 2] 지급어음의 발행

전 자 어 음

한국기업 귀하　　　　　　　　00420170919223344112

金　칠백이십만원정　　　　　　　　7,200,000 원

위의 금액을 귀하 또는 귀하의 지시인에게 지급하겠습니다.

지급기일　2018년 5월 4일　　발행일　2018년 3월 5일
지 급 지　국민은행　　　　　　발행지　서울 서대문구 충정로
지급장소　구로지점　　　　　　주　소　7길 31
　　　　　　　　　　　　　　　발행인　숭의상사

(차)		(대)	

(예제 13-5) 3월 20일 한림상사에게 발행하였던 지급어음의 만기가 도래하여 하나은행(당좌예금) 통장에게 지급되었다. 자금관련 정보를 입력하여 지급어음현황에 반영하시오.

약 속 어 음

한림상사 귀하   가나11011011

금 일천구백팔십만원정   19,800,000 원

위의 금액을 귀하 또는 귀하의 지시인에게 이 약속어음과 상환하여 지급하겠습니다.

지급기일 2018년 3월 20일   발행일 2017년 12월 20일
지 급 지 국민은행   발행지 서울 서대문구 충정로
지급장소 서대문지점   주 소 7길 31
  발행인 숭의상사

(차)		(대)	

받을어음관리 규정

1. 【적용범위】
본 규정은 ○○주식회사(이하 "회사"라고 한다)에 관련되어 발생하는 모든 받을어음의 입금, 보관, 추심 등 제반업무에 대하여 적용한다.

2. 【목 적】
받을어음의 보관, 추심에 관한 사항의 효율적인 사후관리를 목적으로 한다.

3. 【용어의 정의】
① "받을어음'이란 영업활동을 통하여 발주자나 수요자로 부터 수취한 어음, 계열사나 관계사와의 상거래를 통하여 발생한 어음 등을 총괄하여 말한다.

② "발생당일"이란 관련 품의나 계약서 상에 명시된 수취일자를 말한다.

③ 위 ②항의 "발생당일"과 수취일자와의 차이가 있을 시는 실 수취일자가 우선한다.

④ "주관부서"란 자금부를 말한다.

4. 【준수의무】
① 받을어음을 수취한 부서는 발생당일에 주관부서의 받을어음 수납담당자에게 제출하여야 한다.

② 수납한 받을어음은 거래은행에 예탁,추심 의뢰함을 원칙으로 한다.

5. 【추진조직】
① 받을어음에 관한 제반 사항은 주관부서에서 종합관리함을 원칙으로 한다.

② 받을어음의 보관, 관리책임자는 출납규정에서 정하는 금전출납 책임자로 한다.

6. 【임무】
주관부서의 임무는 업무분장규정의 내용에 따른다.

7. 【업무처리 절차】

① 받을어음 수납시에는 어음실물과 함께 전표 또는 증빙서류가 첨부되어야 한다.

② 수납담당자는 어음상의 기재요건과 금액을 확인한 후 관리대장에 소정사항을 기입하고 출납책임자의 결재를 얻어야 한다.

③ 수납한 어음은 만기일자 별로 정리하여 거래은행에 예탁, 추심의뢰 하여야 하며 예탁 전까지는 반드시 금고 속에 보관하여야 한다.

④ 거래은행에 어음을 예탁, 추심의뢰하는 경우 추심의뢰원을 작성하여 출납책임자의 결재를 얻어야 하며 매월 말에 거래은행으로 부터 확인서를 징구하여 관리대장과 확인하여야 한다.

⑤ 만기가 도래된 경우 수납담당자는 거래은행에 추심, 결재여부를 확인하여야 하며 부도 또는 기타의 사유로 미결제되는 경우는 즉시 출납 책임자에게 보고하여야 한다.

⑥ 부도어음이 발생할 경우에는 그 사실을 해당부서에 통보하고 이에 대한 처리(채권 확보 등)는 해당부서에서 처리함을 원칙으로 한다.

⑦ 받을어음의 할인, 배서양도, 담보제공 및 교환은 사전에 주관 부서장의 승인을 얻어야 한다.

⑧ 어음을 할인할 경우에는 할인어음 명세서를 작성하여 출납책임자의 결재를 얻어야 한다.

⑨ 받을어음이 제3조 ②항의 발생일자에 수납되지 못한 경우 해당부서는 미수금 전표를 작성하여 출납책임자의 결재를 얻어야 한다.

⑩ 영업소의 받을어음에 대한 업무처리 절차는 다음 각호와 같다.

1. 받을어음 수납시 어음상의 기재요건과 금액을 발생당일에 전산에 입력함으로써 전표처리에 갈음한다.

2. 만기가 도래한 경우 추심 결제 여부를 확인한 후 당일 중으로 주관부서가 지정한 거래구좌로 송금하여야 한다.

3. 부도 또는 기타의 사유로 당일 미 결제된 경우 자금 명세서를 작성하여 즉시 주관부서로 보고하여야 한다.

4. 매월말 거래은행으로부터 예금 잔액 확인서를 징구하여 관리대장과 확인 후 익월 5일 이내에 주관부서로 원본을 송부하여야 한다.

부 칙

제1조【시행일】

이 규정은 20 년 ○○월 ○○일부터 시행한다.

제4부

업무지원

1. 업무지원 능력단위

분류번호 : 0202010107_13v1

능력단위 명칭 : 업무지원

능력단위 정의 : 업무지원이란 조직 구성원들이 업무상 발생되는 인장, 출장, 제 증명 관련 요청 사항을 적시에 지원하고 업무용 시설을 관리 및 개선할 수 있는 능력이다.

능력단위요소	수 행 준 거
0202010107_13v1.1 인장 관리하기	1.1 체계적이고 효율적인 인장관리를 위하여 조직의 인장관리 규정을 파악할 수 있다. 1.2 사업단위 부서의 신설 또는 폐쇄에 따라 인장관리 업무를 수행할 수 있다. 1.3 사업단위 부서의 인장 날인 요청 시 인장관리규정에 따라 조치할 수 있다. 1.4 인장의 분실, 도난, 오용 등 인장 사고 발생 시 관련 조치를 수행할 수 있다. 【지 식】 ○ 인장관리규정 ○ 인장관리 업무 절차 【기 술】 ○ 정보처리능력 ○ 인장 분실 시 문제해결 능력 【태 도】 ○ 보안의식 준수 ○ 윤리의식 준수 ○ 꼼꼼한 일처리 태도
0202010107_13v1.2 출장관리하기	2.1 조직의 대내·외 경영 상황을 고려하여 출장관리규정을 제·개정할 수 있다. 2.2 항공사별·노선별 요금을 비교·분석하여 최소의 비용으로 최적의 경로를 선정할 수 있다. 2.3 출장자의 출장 품의서를 확인하여 출장관리규정과의 부합여부를 확인할 수 있다. 2.4 출장자의 출장지역 특성에 따라 비자 발급업무를 지원 할 수 있다. 【지 식】 ○ 출장관리규정 ○ 협상방법 ○ 비자발급 프로세스 【기 술】 ○ 문제해결 능력 ○ 정보수집 ○ 기초 외국어 능력 【태 도】 ○ 공평한 원칙 준수

능력단위요소	수 행 준 거
	○ 신속한 업무처리 ○ 협업을 통한 조정 노력
0202010107_13v1.3 제 증명 관리하기	3.1 법인인감증명서, 법인등기부등본 등을 사전에 확보하여 사업단위 부서의 요청 시 적시에 증명서를 지급할 수 있다. 3.2 경력증명서, 재직증명서, 근로소득원천징수영수증 등 조직 구성원의 발급 요청 시 용도에 맞게 증명서를 발급할 수 있다. 3.3 각 증명서별 개정사유가 발생 시 해당 증명서에 대한 개정작업을 수행할 수 있다. 【지 식】 ○ 증명서 종류(용도, 확인 사항) ○ 증명서 발급절차 ○ 증명서 개정 방법(상법, 정관 구성 포함) 【기 술】 ○ 재고관리 능력 ○ 개정사유 파악 능력 【태 도】 ○ 보안의식 준수 ○ 윤리의식 준수
0202010107_13v1.4 사무 공간 배치하기	4.1 조직체계, 임직원수, 회의실 등 필요한 사무공간을 고려하여 사무실 전체 면적을 산출 할 수 있다. 4.2 부서별 업무특성을 감안하여 동선이 최소화 될 수 있도록 사무실 배치도를 작성할 수 있다. 4.3 작성된 배치도를 기준으로 소요비용을 분석하여 최적의 시공업체를 선정할 수 있다. 4.4 배치도에 따라 시공될 수 있도록 시공업체를 관리·감독할 수 있다. 4.5 배치도에 따라 조직구성원의 사무비품을 재배치 할 수 있다. 【지 식】 ○ 사무 공간 배치 방법 ○ 사무 공간 지원 사내 규정 ○ 표준계약서 작성 【기 술】 ○ 공사비용 견적 분석 능력 ○ 도면작성 능력(CAD) ○ 조정능력 【태 도】 ○ 안전수칙 준수 ○ 내부고객에 대한 서비스 태도 ○ 부서 간 형평성 준수

◉ 적용범위 및 작업상황

고려사항

- 능력단위 업무지원이란 조직 구성원들이 업무를 지원하기 위하여 업무 시 발생되는 인장, 출장, 제 증명 관련 요청사항을 적시에 지원할 수 있는 업무를 포함한다.
- 인장관리 규정에는 인장의 종류와 정의, 제작 및 개폐 방법, 등록 방법, 사용 범위, 관리 책임자, 날인의 통제 및 방법, 관련서식 등이 포함되어 규정된다.
- 인장관리 업무는 사업단위 부서의 신설시 인장의 신규 조각 또는 재배정을 실시 하고 폐쇄 시 반납 또는 인장의 상태, 반출 횟수 등을 고려하여 폐기를 하는 것을 포함한다.
- 인장의 분실, 도난, 오용 등 인장 사고 발생 시의 관련 조치란 법인임감 분실 또는 도난 시 관계 부서에 통보, 신문 공고, 법인 인감 재등록 등의 제반 조치를 포함한다.
- 능력단위요소 '출장관리하기'는 국내출장의 경우 출장관리규정의 제 개정 업무 외의 역할이 미미하기 때문에 해외출장에 대한 지원업무프로세스를 위주로 한다.
- 능력단위요소 '사무 공간 배치하기'는 조직 개편과 신규 사무실 이전 등의 상황 발생 시 수행하는 업무로 각 부서와의 협의를 통해 적정한 배치 방안을 마련하여 칸막이 공사, 배선 공사, 비품 배치, 필요에 따라 신규 비품 구매 등을 포함한다.

자료 및 관련서류

- 제 증명발급대장
- 제 증명서류
- 사용 인감관리대장
- 법인인감날인대장
- 인장관리규정
- 출장관리규정
- 항공 스케줄 안내서

장비 및 도구

- 컴퓨터
- 프린터
- 복사기
- 팩스
- 스캐너

재 료

- 없음

제1장
인장관리

제1절 인장관리의 이해

1. 의의

인장은 회사의 권리·의무와 관계있는 사항을 회사 명의로 증명하기 위하여 날인하는 도장으로, 회사에서 발송·인허하는 문서 등에 날인하여 권리와 의무가 발생한다. 인장 관리는 인장과 인장관리규정을 통해 인장의 제정, 등록, 사용, 보관, 폐기하는 원칙을 정해 둠으로써 기업의 업무 효율을 높이기 위한 것이다.

2. 인장의 종류

인장은 용도와 목적에 따라 종류가 나뉜다. 인장의 용도와 목적 및 상황에 따라 필요한 인장의 종류를 열거하면 다음과 같다.

(1) 법인 인감

대표이사의 인장으로 법인 인감 증명에 의하여 증명될 수 있는 인장

(2) 사용 인감

법인 인감이 아닌 대표이사 또는 회사 명의로 조각된 인장

(3) 직인

회사명을 나타내는 사각 인장

(4) 계인

두 장의 지면에 걸쳐 날인하고 그 관련을 증명하는 계자를 새긴 인장

(5) 현장 소장 인감

현장에 발급되어 사용하는 현장 소장 명의로 조각된 인장

(6) 기타인

회사 소속 특수 조직의 장 명의로 조각된 인장

3. 인장의 규격 양식 및 사용범위

인장의 규격은 7~30mm이며 인장대장 또는 인장 규격 양식에 따라 형태, 크기, 문자 내용 및 자체 등을 기입하며, 인장의 종류에 따라 사용을 달리한다.

〈인장의 규격 양식〉

인장명(종류)	형태	규격	문자 내용 및 자체
법인 인감	원형(정방사각형)	○×○mm(지름 ○○mm)	주식회사 ○○ 한글(한문체)
사용 인감	원형(정방사각형)	○×○mm(지름 ○○mm)	주식회사 ○○ 한글(한문체)
현장 소장인	원형(정방사각형)	○×○mm(지름 ○○mm)	주식회사 ○○ 한글(한문체)
직인	사각형(정방사각형)	○×○mm(지름 ○○mm)	주식회사 ○○ 한글(한문체)
계인	타원형	○×○mm(지름 ○○mm)	주식회사 ○○ 한글(한문체)

<인장의 사용 범위>

인장명(종류)	사용 범위
법인 인감	법인 인감 증명서 발급, 입찰 등 기타 중요 문서
사용 인감	대표자 명의로 발급되는 각종 문서, 기성 청구, 계약, 입찰, 관공서, 발주처 등 각종 문서를 교부할 경우
현장 소장인	대외 공문서 발급 시
직인	제 증명서 발급 등 기타 중요한 서류 발급 시
계인	현장 전도금의 입출금 시

출처: 업무지원 학습모듈(2016)

4. 인장의 신규 각인

인장은 회사의 중요한 증명 도구 중 하나로서 오·남용을 막기 위해 신규 각인 절차가 있다. 인장의 종류별로 신규 각인 필요 상황이 다르므로 잘 파악하여 신규 각인한다.

(1) 법인 인감

대표 이사의 의사 결정으로 다음과 같은 상황에서 신규 각인 한다.
① 본사, 부서, 국내외 현장에서 업무수행 상 필요한 경우
② 회사 업무 일부를 1년 이상 장기적으로 사외의 특정 기관 또는 특정인에게 위탁하여 회사 명의로 처리하는 경우
③ 현장 소장인이 현장 개설 시

(2) 사용 인감

인감 관리 부서(총무부)에서 공동 사용을 목적으로 1개 또는 여러 개를 조각하여 사용할 수 있다.

(3) 직인

① 본사 부서, 국내외 현장에서 업무 수행 상 필요한 경우
② 회사 업무 일부를 1년 이상 장기적으로 사외의 특정 기관 또는 특정인에게 위탁하여 회사 명의로 처리하는 경우
③ 현장 소장인이 현장 개설 시

(4) 계인

① 인사에 관한 제 증명 발급을 위한 경우
② 주권, 사채권 등의 유가증권을 발행하는 경우

제2절 인장 관련 장부관리

1. 인장등록대장

인장은 인장등록대장에 등록하여 사용하여야 하며, 인장등록대장은 주무처에 비치하여 인장의 기본 대장으로서 신·구 폐기인을 막론하고 조제일자 순으로 그 인영(印影)을 등재 정리해야 한다.

인 장 등 록 대 장

등록	등록번호		인영	
	등록일자			
	조 각 자	㊞		
	재 질			
	사용부서			
록	인장교부일		사용범위	
	인장수령자 소속			
	인장수령자 성명	㊞		
폐기	폐기일자		소각	소각일자
	반 납 자	㊞		소 각 자 ㊞
	폐기사유			확 인 ㊞
인장관리책임자	년 월 일		비고	
	년 월 일	인수		
	년 월 일	인수		
	년 월 일	인수		
	년 월 일	인수		
	년 월 일	인수		

2. 인장관리대장

인감을 사용할 때는 소정의 적절한 문서통제에 관한 절차에 따라 인장을 날인한 후 그 내용을 인장관리대장에 기재하여야 한다.

인 장 관 리 대 장

일련번호	일자	의뢰자	날인용도	제출처	날인부수	결재				비고
						담당	과장	부장	임원	

3. 인장관리 위임신청서 및 서약서

인장은 사외로 반출할 수 없다. 다만, 사업의 수행을 필요로 하여 인장을 사외로 반출하고자 하는 경우에는 인장 사외반출 신청서에 의한 관리책임자의 승인을 받아야 하며, 그 내용을 인장관리대장에 기재하고, 인장 분실 등 사고를 예방하기 위해 인장 관리에 대한 책임을 위한 서약서를 작성해야 한다.

인 장 사 외 반 출 신 청 서

	년 월 일				부 서 명	
신청부서	담당	팀장		처리부서	담당	팀장

다음과 같이 인장을 사외로 반출하여 사용하고자 하오니 결재하여 주시기 바랍니다.

인장명		등록번호	
관리책임자			
반출기간			
반출시 관리자			
반출목적			

서   약   서

소 속
직 책
성 명

인장등록번호 제   호   인장명 :

상기 본인은 위의 인장을 관리함에 있어 다음과 같이 서약하고 만일 이에 위배될 때에는 어떠한 조치도 감수할 것을 서약합니다.

- 다   음 -

1. 인장은 본인이 관리함을 원칙으로 하고, 본인을 대리한 대행자가 사용한 사항에 대하여도 책임을 진다.
2. 인장의 사용에 있어 지시된 용도 이외의 사용을 금한다.
3. 인장의 사용 기간이 만료되었을 때는 지체 없이 관리책임자에게 반환한다.
4. 인장을 사용함에 있어 인장날인대장을 비치하고 직제규정의 규정에 의한 전결권자의 결재에 의하여 사용한다.
5. 인장의 분실 또는 오용에 의하여 회사에 손해를 끼쳤을 때에는 배상의 책임을 진다.

위 서약자   ㊞

4. 인장의 재 등록 및 폐기 신청서

인장이 마멸 또는 파손되어 폐기하고자 할 때나 또는 인장을 재 등록하여 사용하고자 하는 경우에는 관리책임자의 승인을 얻어 폐기 또는 재 등록하여 사용할 수 있다. 이때 마멸된 인장은 회수하여 인장 규정 내의 정해져 있는 기간 동안 보관한다. 또한 회사의 조직 개편 및 기타 사유 등으로 인하여 계속 사용할 수 없을 경우 당해 인장을 주무 부서에 반납하여야 하고, 이를 받은 주무 부서장은 인장폐기신청서에 그 사유를 기재한 후 동 인장을 1년간 보관한 다음에 파쇄한다.

재등록 및 폐기 신청서

현재인장	명 칭	
	등록번호	
	등 록 일	
	제작일자	
	사용부서	
사유		

위와 같은 사유로 인하여 사용 중인 인장의 (재등록 또는 폐기)을 신청합니다.

년   월   일

신청자   부서명
　　　　 직 책
　　　　 성 명

인장관리 규정

제 1 조 【목적】
　이 규정은 ○○주식회사(이하 "회사"라고 한다)의 직인, 사인, 및 계인의 조제, 개폐, 등록사용과 보관 등에 관한 사항을 규정함을 목적으로 한다.

제 2 조 【정의】
　이 규정에서 인장이라 함은 회사의 업무상 대표이사 명의로 대외에 발송하거나 회보 또는 교부하는 서류에 날인하는 직인, 사인, 계인 등 각종 인장을 말한다.

제 3 조 【적용범위】
　회사의 모든 중요인장은 이 규정에 의하여 적용 관리한다.

제 4 조 【책임과 권한】
　대표이사는 본 규정에 의거 회사의 모든 인장관리에 대하여 최종적인 승인권한이 있으며 이를 부서장에게 위임 또는 승인할 권한이 있다. 총무부서장은 회사의 모든 인장관리의 주관부서장으로서 인영의 제작, 폐기, 등록, 사용에 대한 책임과 권한이 있다. 각 부서장은 해당부서의 인장사용 및 관리자를 지정하여 보관책임을 철저히 하고, 사용 및 관리할 책임과 권한이 있다.

제 5 조 【종류】
① 회사에는 사인, 직인 및 기타 필요한 인장을 비치해야 하며 그 종류와 규격은 붙임1 "인장규격 및 관수책임자"에 의한다.
② 사인과 계인은 " ㅇㅇ 회사 인"으로 한다.
③ 위의 ①, ②항 이외에 대표이사가 특히 필요하다고 인정할 때는 별도 직인, 사인을 둘 수 있다.

제 6 조 【인장의 보관】
① 인장은 금고 또는 견고한 인장함에 넣고 대표이사가 위임한 부서장이 직접 보관해야 한다.
② 위의 ①항과 관련한 인장의 보관책임자는 인장보관을 하위 직급자에게 위임할 수 있으나 책임은 전가할 수 없다.

제 7 조 【인장의 조제】
　각 인장은 한자 또는 한글로 조각하며, 인장의 조각은 총무부에서 주관한다.

제 8 조 【인장의 등록】
　회사 업무용 일체의 인장은 경영지원부에 비치된 인영등록부에 인영을 등록, 비치하고 영구 보관한다. 불용 처리된 인장도 전항에 준하여 폐인등록부를 별도, 비치 보관한다.

제 9 조 【개인사용 인장등록】
　① 전 직원은 회사 업무수행에 사용하는 개인 싸인을 경영지원부에 비치된 임직원 싸인등록대장에 전원 등록하여야 하며, 변경 시에도 등록 사용해야 한다.
　② 위의 ①항에 의하여 등록된 싸인을 변경하였을 경우에는 즉시 경영지원부에 변경사항을 통보해야 한다.

제 10 조 【효력발생】
　사내의 모든 직인, 사인, 계인은 제8조 및 제9조의 절차를 필함으로써 효력이 발생한다.

제 11 조 【인장의 검인】
　① 총무부서장은, 제 8조 내지 9조에 의하여 등록된 모든 인장의 보관 및 관리 상태에 대해서 연 2회, 싸인의 변경 유무 등을 검인하고 이를 기록한다.
　② 위의 ①항에 의한 검인 결과는 대표이사에게 보고하고 필요한 조치를 취한다.

제 12조 【인장의 사용절차】
　① 사인 및 직인의 사용에 대하여는 소정의 결재과정이 완료된 문서에 한하여 총무부에 비치된 사용기록부에 기재하고 사용한다.
　　- 인감사용 기록대장
　　- 사용인감 사용기록
　　- 사용인감 외부 인출 시

② 인감을 인출하고자 할 때에는 사용부서에서 인장사용 신청서를 작성하여 부서장의 결재를 득한 후 총무팀에 비치된 사용인감 인출부에 기록한 후 인출하여야 한다.
③ 직인의 사용은 제13조에 의한 인감사용 범위 이내로 국한되며, 사용목적 이외의 사용으로 야기되는 민형사상의 책임은 직인 사용자가 모두 져야 한다.

제 13 조 【사용범위】
 사인 및 대표이사 직인, 회사 계인은 본사에 비치하고 대표이사 명의로 발급되는 각종 공문서, 제 증명서, 계약서 등 중요한 문서류에 날인한다. 사인, 직인, 계인의 사용범위는 붙임2의 "인장의 사용범위"에 의한다.

제 14 조 【분실 및 도난】
① 총무부에 등록된 인장을 분실하였을 경우 분실자나 보관책임자는 지체 없이 상세한 사유서를 총무부에 제출하고 대표이사에게 보고하여야 하며 분실에 대한 긴급조치를 취해야 한다.
② 위의 ①항의 경우 총무부서장은 인장 분실신고 접수 즉시 사용무효 공고 등 이에 필요한 적절한 조치를 취해야 한다.

제 15 조 【인장의 반납】
 이 규정에서 정하는 인장의 인영이 훼손되어 더 이상 사용할 수 없을 경우에나, 기한의 정함을 조건으로 각 부서에 비치했던 인장의 사용의 기한이 만료되었을 경우에는 지체 없이 총무부에 반납해야 하며, 총무부서장은 회수 즉시 대표이사에게 보고해야 한다.

제 16 조 【인장의 폐기】
 인장이 마멸 또는 파손되어 폐기하고자 할 때는 대표이사의 승인을 얻어 폐기하고 총무부서장이 재 조각한다.

제 17 조 【비상반출】
 비상사태가 발생하였을 때에는 각 인장 관수자는 인장을 우선적으로 반출하여야 한다.

제 18 조 【기록】

이 규정의 이행에 따라 발생되는 모든 기록은 문서관리규정에 의해 관리한다.

제 19 조 【붙임】

붙임 1. 인장규격 및 관수책임자

종류	구분	인형	규격	관수책임자
회사인	사인	정사각형	30mm	총무부서장
	직인	원형	지름 18mm	총무부서장
	계인	타원형	가로 10mm 세로 35mm	총무부서장

* 상기 표에서 직인이라 함은, 법인인감을 포함한 사용인감을 말한다. 사인이라 함은, 회사명이 인영된 정사각형의 인장을 말하며, 계인은 각종 제 증명서를 발급 시 날인하는 인장을 말한다.

붙임 2. 인장의 사용범위

구분		사용내용
사인		본사에 비치하며 지사에 둘 수 있다.
직인	총무부 사용인감	법인 인감증명 제출 및 법인 인감의 날인을 요구하는 위임장 등 대외적 중요문서에 날인
	본사 각 부서 직인	부서내에서 처리하고 일반적이고 반복적인 사항
계인		본사에는 계인을 반드시 비치 사용하되, 지사에서는 지사직인을 계인으로 대체하여 사용할 수 있다.

부 칙

제1조 【시행일】

이 규정은 20   년 ○○월 ○○일부터 시행한다.

제2장
출장관리

제1절 출장관리의 이해

1. 의의

출장이란 회사의 업무를 위하여 외부로 나가는 것을 의미한다. 출장관리란 출장관리 규정에 근거하여 구성원의 출장과 관련된 사무처리를 말한다. 출장관리 규정에는 출장 관리에 대한 내용이나, 성격, 의미 등에 대하여 그 범위와 양 등의 제한을 정해 놓은 것을 의미한다.

이러한 출장관리 규정에는 출장에 소요되는 비용으로 일비, 숙박비, 교통비, 제 경비 등이 있다. 조직은 최소한의 비용으로 최대한의 효과를 내야 하므로 합리적인 여비 지출이 이루어질 수 있도록 관리되어야 한다.

2. 여비의 종류와 구분

여비는 국내출장여비와 해외출장여비로 구분할 수 있으며, 그 내용은 다음과 같다.
(1) 일비 : 숙박비, 식비, 교통비 외 출장 중 발생하는 잡비(팁이나 증빙 없이 발생하는 비용) 보상적 성격으로 지급하는 비용을 의미한다.
(2) 식비 : 출장기간 중의 식사에 필요한 비용을 의미한다.
(3) 숙박비 : 숙박료 및 숙박에 필요한 부대비용 등의 경비를 의미한다.
(4) 교통비 : 출장 출발지점과 출장지 간의 이동에 필요한 철도임, 항공임, 선박임 또는 자동차임을 의미한다.

3. 출장 신청 및 종료 절차

1) 출장계획서 보고

1박 이상의 국내 출장 및 해외 출장을 갈 경우에는 출장계획서를 작성하여 보고하여야 한다. 출장자가 2명 이상일 경우에는 1명이 대표하여 작성·보고할 수 있다. 단, 긴급을 요하는 출장 및 국내출장 중 사안이 경미한 경우는 출장계획서 작성을 생략할 수 있다.

2) 출장비의 신청

출장자는 '출장비 사전 신청서'를 작성하여 출장비를 사전에 신청, 수령할 수 있다. 출장비를 사전에 신청할 경우에는 자금관련 부서에서 통상적으로 업무를 처리할 수 있는 최소한의 기일 전에 (통상 근무일 기준 3일 전) 신청하는 것을 원칙으로 하며, 사정상 여의치 않을 경우에는 출장자의 소속부서에서 전도금을 수령할 수도 있다. 또한 국외 출장 시 외화는 출장비 신청 당일 국내 시중은행 고시 환율(송금 보낼 때)을 적용하여 신청한다. '출장비 사전 신청서'는 '출장계획서'에 첨부하여 결재를 득한다.

3) 출장 종료

출장이 종료되면 출장자는 출장결과보고서를 작성하여 보고한다. 단, 일반적인 출장이거나 사소한 출장일 경우에는 출장결과보고서를 생략하거나 구두보고로 대신할 수 있다. 이때 출장비를 정산해야 하는데 필요한 자료는 다음과 같다.
 (1) 표지 : 지출결의서
 (2) 첨부 : 출장계획서, 출장비 사후 정산서, 지출증빙서류, 환율표(외화로 결재한 경우)

제2절 출장 관련 장부관리

1. 출장계획서

1박 이상의 국내 출장 및 해외 출장을 갈 경우에는 출장계획서를 작성하여 보고하여야 한다.

	출 장 계 획 서		PAGE	
			문서번호	
			작성자	
부 서			작성일	
출 장 자	부서	직위	성명	
출장기간		~	(0박 0일)	
출장계획	일 시	행선지	업무내용	
예상 출장 여비				
출장자	교통비	숙박비	식비	일비	합계(원)
				@ 원× 0 박 = 원	
				@ 원× 0 박 = 원	
				@ 원× 0 박 = 원	
합 계					
기 타 사 항		결	담당	팀장	대표이사
		재	/	/	/	/

2. 출장비 사전 신청서 및 사후 정산서

출장비를 사전에 신청할 경우에는 자금관련 부서에서 통상적으로 업무를 처리할 수 있는 최소한의 기일 전에 (통상 근무일 기준 3일 전) 신청하며, 출장완료 후 지출결의서, 출장계획서, 출장비 사후 정산서, 지출증빙 등을 첨부하여 출장비를 정산해야 한다.

□ 출장비 사전 신청서
□ 출장비 사후 정산서

(※ 용도에 따라 해당 □를 ■로 전환 / 개인별 작성)

성 명			
직 위		부 서	

(단위:원)

구 분		출장비 사전 신청금액	출장비 사후 정산	증빙NO
일 정				
출장지				
교 통 비 ※ 사후정산 원칙 ※ 정산 시 증빙첨부	버스비			
	기차비			
	항공료			
	자가용	유류대:	유류대:	
	회사차	주유비:	주유비:	
	주차료			
	통행료			
	기 타			
	계			
숙 박 비 ※직급별 정액 지급 (임원은 법인카드 사용, 사후 실비정산)				
식 비(직급별 정액 지급)				
일 비(직급별 정액 지급)				
전도금 / 기타				
합 계		A= 원	B= 원	
정산 후 차액		(B-A)= 원		

【주의사항】
1. '출장비 사후 정산'란 기재 시에는 '출장비 사전 신청금액'란도 함께 기재함
2. 외환은 원화로 환산하여 기재함 (환율표 첨부)

3. 출장 결과 보고서

출장이 완료되면 출장자로부터 출장결과보고서를 받아 출장보고 절차를 마무리한다.

출장 결과 보고서

작성일:
부서명:
성명:

결재				

○○ 출장 업무 결과보고

소속:

출장자 성명:

출장 기간	월 일부터 월 일까지 (일간)
목적	
보고내용	

4. 해외 출장 수속 의뢰서

해외출장 시 출장자는 해외 출장 수속 의뢰서를 작성하여 총무팀에 수속을 의뢰함으로써 효율적인 비자발급 및 일정에 문제가 없도록 준비한다. 출장 기간 및 방문처 국명, 목적 등을 확인하여 작성하고 해당 국가의 비자발급에 필요한 서류를 같이 작성한다.

해외 출장 수속 의뢰서

총무과장 귀하   년   월   일

소속장	㊞

다음과 같이 해외 출장을 하므로 그 수속을 밟아 주시기 바랍니다.

소속:
출장자 성명:

출장 기간	월 일부터 월 일까지 (일간)
방문처 국명	
목적	
방문처 회사명 및 주소	
동행자 성명 및 단체	
비고	

출장여비관리 규정

제 1 장 총 칙

제 1 조 【목 적】
 이 규정은 ○○주식회사(이하 "회사"라고 한다)의 임직원이 업무수행을 목적으로 주요근무지를 떠나 국내 및 해외로 이동하여 근무를 할 경우 발생하는 여비의 지급기준에 관한 제반 사항을 명확히 규정하는데 그 목적이 있다.

제 2 조 【적용범위】
 회사의 전 임직원에게 적용한다.

제 3 조 【출장 및 여비의 종류】
 ① 국내출장 - 국내출장여비
 ② 해외출장 - 해외출장여비
 ③ 기타

제 4 조 【여비의 항목】
 ① 교통비
 ② 숙박비
 ③ 식 비
 ④ 일 비

제 5 조 【용어의 정의】

 ① 출 장
  1. 임직원이 직무 수행 또는 회사의 명에 의하여 임시로 주요 근무지가 아닌 다른 근무지로 가는 것을 말한다.
  2. 직무 수행의 경우는 물론, 교육 및 직무와 직접적인 연관이 있는 workshop, 회의참석, 기타 회사 대표로 참석하는 경우를 포함한다.

② 교통비

출장업무를 수행하기 위하여 발생하는 버스비, 철도비, 항공비, 차량 유류비, 택시비, 통행료, 주차료 등을 말한다.

③ 숙박비

숙박에 필요한 경비를 말한다.

④ 식 비

출장업무를 수행하면서부터 발생하는 식사 비용을 말한다.

⑤ 일 비
 1. 숙박비, 식비, 교통비 외 출장 중 발생하는 잡비 보상적 성격으로 지급한다.
 2. '잡비'의 범위 : 출장 중 발생하는 '팁' 및 증빙 없이 발생하는 비용
 3. 출장 1일에 대하여 각 직급별로 정해진 일비를 정액 지급한다.
 4. 일비 지급 기준
   1) 1박 2일 이상의 국내 출장 및 해외 출장시(해외 당일출장 포함) 지급 한다.
   2) 출장에 소요되는 일수를 산정하여 지급한다.
   3) 출장 당일 및 출장 종료일도 출장일수에 포함한다.
   4) 출장 당일 오후 2시 이전에 출발할 경우에는 1일 일비를 지급하며 오후 2시부터 그 이후에 출발하는 경우에는 1/2일 일비를 지급한다.
   5) 출장 종료일 오후 2시 이전에 도착하는 경우에는 1/2일 일비를 지급하며 오후 2시부터 그 이후에 도착하는 경우에는 1일 일비를 지급한다.
   6) 일비가 지급되는 국내 출장지의 범위는 일반적인 교통사정을 기준으로 하여 출장자의 주요 거주지에서 편도 2시간을 초과하고 편도 50km 이상인 경우를 모두 충족할 경우로 한다.
   7) 일비 지급 금액은 국내출장 및 해외출장의 경우를 구분하여 각각 제7조 및 제13조에서 정하는 바에 따른다.

제 2 장 국내출장여비 사용 기준

제 6 조 【교통비】

① 사용 기준 (전 직급 동일)

구분	버스		전철	기차	항공	직원 자가용	회사 차량	택시비	주차비/ 통행료
	시내	시외							
사용 기준	실비	우등	실비	KTX (일반석)	Economy	2항 참조	실비	건별 1만원까지	실비
지급	-	법인 카드	-	법인 카드	법인 카드	-	법인 카드	-	-

② 직원 자가용

직원이 본인의 자가용을 이용할 경우에는 차량, 연료 구분 없이 이동거리를 산정하여 다음에 따라 지급한다.

1. 100km 까지 : km당 300원 지급
2. 100km 초과 200km 까지 : km당 200원 지급
3. 200km 초과 : km당 100원 지급
4. 본 조항에서 이동거리 기준은 출장 건별로 산정한다.

③ 회사 차량

회사차량에 주유한 실비 기준으로 비용을 인정하는 것을 원칙으로 한다. 단, 비용 신청 시 주유 원인, 이동거리를 명확히 기재하여야 하며 주유 원인, 이동거리에 비해 주유 비용이 과다하다고 판단될 경우 위 ②항을 초과하는 비용은 비용으로 인정하지 않을 수 있다.

④ 택시비

1. 긴급하거나 타 교통수단 이용이 곤란한 경우에 한해서만 이용하는 것을 원칙으로 하며 불필요하게 이용할 경우에는 비용으로 인정하지 않을 수 있다.
2. 영수증을 첨부하는 경우에 한하여 영수증 1매에 1만원까지 인정하며, 출장 단위별로 2만원까지만 인정하는 것을 원칙으로 한다.

⑤ 교통비 인정 범위

1. 자택에서 출장지로 바로 갈 경우에는 자택에서부터 발생되는 비용을 교통비로 인정한다.
2. 출장지에서 바로 귀가하는 경우에는 자택까지 소요된 비용을 교통비로 인정한다.

⑥ 무증빙 인정 범위

교통비에서 시내버스료, 전철, 직원자가용 유류대는 출장비 청구 지출결의서를 증빙으로 인정한다.

제 7 조 【국내 숙박비, 식비, 일비】

① 지급기준

구분	숙박비(1일/1인)	식비(1식)	일비(1일)
	직급별 정액 지급	직급별 정액 지급	직급별 정액 지급
대표이사~전무	실비	20,000	50,000
상무~이사	실비	15,000	40,000
부장	70,000	10,000	30,000
과장, 차장	60,000	10,000	25,000
사원, 대리	50,000	10,000	20,000

② 숙박비
1. 임원은 법인카드 결제를 원칙으로 하며 그 영수증을 제출한다.
2. 사원은 각 직급별로 정해진 금액을 정액 지급한다. 단, 임원은 실비 지급한다.

③ 식 비
1. 직급별로 정해진 기준 금액을 정액 지급한다.
2. 출장 중 발생하는 식수는 모두 지급 대상으로 한다.

④ 일 비

제5조 5항의 지급 기준에 따라 제7조 1항의 일비를 지급한다.

제 8 조 【접대비 등】

출장 전에 예상된 접대비 등은 회사의 전결 규정에서 정하는 결재권자의 승인(구두 승인 포함)을 득한 후 사용하는 것을 원칙으로 한다.

제 9 조 【이사대우의 여비사용】

이사대우 직급자는 이사의 기준에 따라 여비를 지급한다.

제 3 장 해외출장여비 사용 기준

제 10 조 【국내 교통비】
  해외출장 출발 당일 또는 도착 당일 국내에서 이동하는 도중 발생하는 교통비는 본 규정 제2장 '국내출장여비 사용 기준'에서 정하는 바에 따른다.

제 11 조 【항공료 및 해외 교통비】
  해외 출장 시 현지에서 발생하는 교통비에 대해 실비로 지급한다. 단, 영수증을 첨부할 경우에 한 한다.

제 12 조 【항공료】
  전 임직원 모두 'Economy class' 사용을 원칙으로 한다. 단, 대표이사의 승인을 득한 경우에는 예외로 할 수 있다.

제 13 조 【해외 숙박비, 식비, 일비】
 ① 지급기준 : 지역 등급에 따라 규정의 정함에 따른다.

 ② 숙박비
  1. 임원은 법인카드 결제를 원칙으로 하며 그 영수증을 제출한다.
  2. 사원은 각 직급별로 정해진 금액을 정액 지급한다. 단, 임원은 실비 지급한다.

 ③ 식 비
  1. 직급별로 정해진 기준 금액을 정액 지급한다.
  2. 출장 중 발생하는 식비는 모두 지급 대상으로 한다.

 ④ 일 비
  제5조 5항의 기준에 따라 제13조 1항의 일비를 지급한다.

제 14 조 【접대비, 기타 비용】
 ① 출장 전에 예상된 접대비 등은 회사의 전결 규정에서 정하는 결재권자의 승인
    (구두승인 포함)을 득한 후 사용하는 것을 원칙으로 한다.
 ② 여행수속경비
    VISA Fee, 여권교부수수료 등 여행수속에 필요한 경비는 회사에서 전액 지원한다.

제 15 조 【이사대우의 여비사용】
 이사대우 직급자는 이사의 기준에 따라 여비를 지급한다.

제 4 장 여비의 사용

제 16 조 【이 동】
 출장지까지의 이동, 출장지 내에서의 이동, 출장지에서 귀사(귀가)할 때까지의 이동 경로는 일반적이고 합리적인 경로를 통하여 이동한다.

제 17 조 【여비 사용 원칙】
 ① 모든 여비는 부득이한 경우를 제외하고 회사 법인카드를 사용하는 것을 원칙으로 한다.
 ② 여비는 영수증을 첨부한 경우에 한하여 비용으로 인정하는 것을 원칙으로 한다. 단, 시내 버스비, 전철비, 자가용 유류대, 일비 등 일부 비용은 예외로 할 수 있다.

제 18 조 【동행출장】
 ① 임직원 2인 이상이 동일목적으로 동행하여 출장할 경우에도 각 직급에 해당하는 여비 기준에 따라 여비를 사용한다.
 ② 직원이 회사 업무로 외부인과 동행하여 출장하는 경우에는 외부인에게 그 직원과 동일한 여비를 사용하게 할 수 있다.
 ③ 2인 이상이 동일목적으로 동행하여 출장할 경우 어느 1명이 다른 1명 비용의 전액 또는 일부를 기준 금액 범위에서 대신 결제하였을 때에는 사용 기준 금액을 초과한 것으로 보지 아니한다.

제 19 조 【중복사용 제한】
 출장자의 여비 전부 또는 일부를 회사 이외의 기관이 부담하는 경우에는 해당 여비를 비용으로 인정하지 않는다.

제 20 조 【여비 사용기준 예외】
 본 규정에 의한 여비 사용기준에도 불구하고 대표이사의 승인을 받은 경우에는 그에 따를 수 있다.

제 21 조 【여비 사용 기준 초과】
  본 규정에서 정한 비용을 초과하여 사용한 경우에는 본인이 부담하는 것을 원칙으로 한다.

제 22 조 【전도금】
  출장자는 출장목적 및 출장지의 특성에 따라 출장 전에 전도금을 신청할 수 있다.

제 23 조 【장기출장】

 ① 장기 출장자의 일비는 다음의 기준에 따라 지급한다.
  1. 20일까지 : 일비의 100%
  2. 21일 ~ 60일까지 : 정상 일비의 80%
  3. 61일 ~ : 정상 일비의 70%
 ② 숙박비, 식대 등의 비용도 상황에 따라 지급 기준금액을 감할 수 있다.

부 칙

제1조【시행일】

    이 규정은 20 년 ○○월 ○○일부터 시행한다.

제3장
제 증명관리

제1절 제 증명관리의 이해

1. 의의

제 증명이란 여러 가지 증명서를 의미한다. 이때 증명서란 어떤 사실을 증명하는 문서로서 증명서 관리란 증명서 양식 및 관리규정에 근거하여 증명서를 발급, 제정 등과 관련된 사무를 처리하는 것을 말한다.

2. 증명서의 종류

- 사업단위 부서 요청 시 지급 증명서류 : 법인인감증명서, 법인등기부등본 등
- 조직구성원의 발급 요청 시 지급 증명서류 : 경력증명서, 재직증명서, 근로소득원천징수영수증 등

3. 제 증명의 발급절차

사업단위 부서나 개인이 제 증명을 요청하였을 때 총무부서에서는 용도와 시간에 맞게 증명서를 발급하여야 하며, 이를 제 증명발급대장에 기록해야 한다. 또한 기업의 사정으로 기존 제 증명의 내용 등이 변경·개정·수정 등의 상황이 발생한 경우 관련 규정을 포함하여 올바른 작업을 할 수 있어야 한다.

제증명발급대장

증명번호	발행일자	소속	직급	성명	증명서 구분	사용처 및 용도	발행부수	결재 직원	결재 과장

제2절 제 증명 서류 발급 방법

1. 법인등기부등본

방문 또는 인터넷을 통하여 발급받을 수 있다. 방문 시는 전국 가까운 등기소를 직접 방문하여 신청·발급받으며, 인터넷으로 발급받고자 하는 경우에는 대법원 인터넷 등기소(http://www.iros.go.kr)를 접속하여 신청·발급 받을 수 있다.

2. 법인 인감증명서

법인임감증명서는 반드시 가까운 등기소에 방문을 통해서만 발급받을 수 있으며, 이때 구비서류로는 법인인감발급카드와 비밀번호가 필요하다.

3. 경력증명서

총무부서에서는 조직원의 정보와 사내 규정을 잘 확인하여 성명, 생년월일, 재직소속, 직위, 재직기간 등을 작성하여 신청자에게 교부한다.

4. 재직증명서

총무부서에서는 조직원의 정보와 사내 규정을 잘 확인하여 성명, 생년월일, 재직소속, 직위, 재직기간 등을 작성하여 신청자에게 교부한다.

5. 근로소득원천징수영수증

총무부서는 요청받은 근로소득원천징수영수증 발급을 재무부서(급여관리)에 의뢰하여 발급받아 신청자에게 교부한다.

6. 그 밖의 제 증명

그 밖의 제 증명서류에 대해 발급을 요청받은 경우 업무 지원 사무와 관련하여 직무 전결규정에 따라 승인권자를 숙지하고 이를 발급해야 한다.

제5부

자산관리

제1장
부동산관리

제1절 취득 부동산관리

1. 취득 부동산 제세공과금 관리

부동산을 취득하고 보유하고 처분하게 되면 각 보유 단계별로 국세 및 지방세를 납부해야 한다. 부동산 취득 시 내야 하는 세금으로는 취득세가 있고 취득세에 덧붙여 내는 농어촌특별세와 지방교육세가 있으며, 적지만 매매계약서를 작성할 때 내야 하는 인지세도 있다. 만약 부동산을 증여 또는 상속받았을 경우에는 증여세와 상속세를 내야 하며, 이 외에도 부동산 취득에 소요된 자금출처를 소명하지 못할 경우에는 증여세를 추가 납부해야 한다.

부동산 보유 시 내야 하는 세금으로는 재산세와 일정금액 기준 초과 시 종합부동산세가 과세되고, 일반건물은 재산세만 과세된다. 토지는 종합합산대상 및 별도합산대상 토지로 나누어 재산세와 종합부동산세가 과세되며, 재산세에는 지방교육세, 지역자원시설세, 종합부동산세에는 농어촌특별세가 덧붙여 부과된다.

부동산을 양도 시에는 국세인 양도소득세를 납부해야 하며, 이에 따른 지방소득세 소득분도 함께 납부해야 한다.

이밖에 환경 오염물질을 배출하는 건물에 오염시킨 만큼의 복구비용을 부담시키는 환경개선부담금이 있으며, 교통 혼잡 완화를 위해 교통유발 시설물의 소유자에게 부과하는 교통유발부담금이 있다.

부동산의 보유단계별로 부과되는 국세와 지방세는 다음과 같다.

〈부동산 취득, 보유, 처분 시 세금〉

구분	국세	지방세제	
		지방세	관련 부가세
취득 시	인지세(계약서 작성 시) 상속세(상속받은 경우) 증여세(증여받은 경우)	취득세	농어촌특별세(국세) 지방교육세
보유 시	종합부동산세 (일정 기준 금액 초과 시) 농어촌특별세 (종합부동산세 관련 부가세)	재산세	지방교육세 지역자원시설세 (도시계획세는 재산세에 통합)
처분 시	양도소득세	지방소득세(소득분)	해당 없음

2. 부동산 취득 시 내야 하는 세금

부동산의 취득이란 매매, 신축, 교환, 상속, 증여 등의 방법에 의하여 대가를 지급하거나 대가 없이 부동산의 소유권을 획득하는 것을 말한다.

1) 취득세

부동산을 취득한 날부터 60일 이내(상속은 상속개시일이 속한 달의 말일부터 6개월 이내)에 취득세(농어촌특별세, 지방교육세 포함)를 신고·납부 하여야 한다. 이 기한을 넘기면 신고불성실가산세(20%) 및 납부불성실가산세(1일 1만분의 3)를 추가 부담하여야 한다.

(1) 과세표준 및 세율

구분		취득세	농어촌특별세	지방교육세	합계세율
6억 이하 주택	$85m^2$이하	1%	비과세	0.1%	1.1%
	$85m^2$초과	1%	0.2%	0.1%	1.3%
6억 초과 9억 이하 주택	$85m^2$이하	2%	비과세	0.2%	2.2%
	$85m^2$초과	2%	0.2%	0.2%	2.4%
9억 초과 주택	$85m^2$이하	3%	비과세	0.3%	3.3%
	$85m^2$초과	3%	0.2%	0.3%	3.5%
주택 외 매매(토지, 건물 등)		4%	0.2%	0.4%	4.6%
원시취득, 상속(농지 외)		2.8%	0.2%	0.16%	3.16%
무상취득(증여)		3.5%	0.2%	0.3%	4%

* 취득세 계산 시 취득가액은 취득자가 신고한 가액으로 하되, 신고를 하지 아니하거나 신고한 금액이 시가표준액으로 계산한다.
* 다만, 국가 또는 법인 등 사실상 취득가격이 입증되는 거래인 경우에는 사실상의 취득가격에 의하여 계산한다.
* 시가표준액이란 주택은 개별(공동)주택의 공시가격이며, 주택이외에는 지방자치단체의 장이 결정한 가액이다. 토지는 개별공시시가를 적용한다.

2) 인지세

부동산 취득과 관련하여 매매계약서 (분양권 매매계약서 포함) 등 증서를 작성하는 경우, 증서의 기재금액별 인지세액에 상당하는 수입인지를 구입하여 증서에 첨부하고 소인하여야 한다. 다만, 등기이전의 경우에는 법원 공무원이 소인한다.

(1) 부동산 소유권 이전에 관한 인지세액

기재금액	세액	기재금액	세액
1천만원 초과~3천만원 이하	2만원	1억원 초과~10억원 이하	15만원
3천만원 초과~5천만원 이하	4만원	10억원 초과	35만원
5천만원 초과~1억원 이하	7만원		

* 주택의 경우 매매계약서상 기재금액이 1억원 이하인 때에는 인지세가 비과세된다.
* 2015년 1월 1일부터 인터넷 상("전자수입인지" 또는 "http://www.e-revenuestamp.co.kr")에서 전자수입인지를 구매·소인하는 방식으로 변경되었으며, 우표형태의 종이수입인지를 첨부·소인하는 방식은 폐지되었다.

3. 부동산 보유 시 내야 하는 세금

부동산 보유에 대한 조세부담의 형평성을 제고하고, 부동산 가격안정을 도모함으로써 국민경제의 건전한 발전과 지방재정의 균형을 위하여 일정금액 이상의 부동산 보유자에 대해서는 재산세를 부과한 후 추가로 종합부동산세가 과세된다.

1) 재산세

매년 6월 1일 현재 토지와 건물 등을 사실상 보유한 자에 대하여 다음과 같이 재산세가 부과된다.

(1) 납부기한

대 상	납부기한	납부방법	소관기간
건물분 재산세 주택분 재산세1/2	7월 16일~7월 31일	고지납부	시청·군청·구청
토지분 재산세 주택분 재산세1/2	9월16일~9월 30일		

* 주택분 재산세액이 10만원 이하인 경우 7월에 전액 고지할 수 있다.

(2) 과세표준

구 분	과세대상	시가표준액	재산세 과세표준
주택분	주택과 부속토지	주택공시가격	시가표준액 × 공정시장가액비율
건물분	일반건물	지방자치단체장이 결정한 가액	시가표준액 × 공정시장가액비율
토지분	종합합산토지 별도합산토지	개별공시지가	시가표준액 × 공정시장가액비율

* 주택분과 건물분 재산세는 1개 물건별 개별과세
* 토지분 재산세는 지방자치단체별 관내 토지를 인별로 합산하여 과세

〈재산세 세율표〉

과세대상	과세표준	세율	비고
주택	6천만원 이하	0.1%	별장 4%
	1억 5천만원 이하	6만원+6천만원 초과금액의 0.15%	
	3억원 이하	19만5천원+1.5억원 초과금액의 0.25%	
	3억원 초과	57만원+3억원 초과금액의 0.4%	
건축물	골프장, 고급오락장	4%	과밀억제권역 안의 공장 신·증설 (5년간 1.25%)
	주거지역 및 지정지역 내 공장용 건축물	0.5%	
	기타 건축물	0.25%	

과세대상	과세표준	세율	비고
나대지등 (종합합산 과세)	5천만원 이하	0.2%	
	1억원 이하	10만원+5천만원 초과금액의 0.3%	
	1억원 초과	25만원+1억원 초과금액의 0.5%	
사업용토지 (별도합산 과세)	2억원 이하	0.2%	
	10억원 이하	40만원+2억원 초과금액의 0.3%	
	10억원 초과	280만원+10억원 초과금액의 0.4%	
기타토지 (분리과세)	전·답·과수원· 목장용지 및 임야	0.07%	
	골프장 및 고급오락장용 토지	4%	
	위 이외의 토지	0.2%	

2) 지방교육세

지방교육세는 재산세에 부과하여 과세되며, 과세표준 및 세율은 다음과 같다.

과세표준	세율
과세특례분 제외한 재산세액	20%

3) 재산세 과세특례

(1) 종전 도시계획세는 재산세 과세특례로 하여 재산세에 통합 과세되며 과세표준·세율 등은 도시계획세와 동일하다.
(2) 과세표준 : 재산세 과세표준액
(3) 세율 : 0.14%

4) 지역자원시설세

(1) 종전 공동시설세는 특정부동산분 지역자원시설세로 하여 재산세와 병기 부과되며, 과세표준·세율 등은 공동시설세와 동일하다.
(2) 과세표준 : 건축물 시가표준액(주택의 건출물 부분×공정시장가액비율)

⟨지역자원시설세 세율표⟩

과세대상	과세표준	세율	비고
건축물	600만원 이하	0.04%	화재 위험 건축물은 당해 세율의 2배 중과세
	1,300만원 이하	2,400원+600만원 초과금액의 0.05%	
	2,600만원 이하	5,900원+1,300만원 초과금액의 0.06%	
	3,900만원 이하	13,700원+2,600만원 초과금액의 0.08%	
	6,400만원 이하	24,100원원+3,900만원 초과금액의 0.10%	
	6,400만원 초과	49,100만원+6,400만원 초과금액의 0.12%	

5) 종합부동산세

종합부동산세는 일정금액을 초과하는 부동산 보유자에게 부과하는 세금이다. 1차적으로 시청·군청·구청에서 자기 관내의 부동산 소유자 모두에 대하여 재산세를 과세하고, 2차적으로 국가에서 국내에 있는 부동산의 공시가격을 인별로 합산하여 일정금액을 초과하는 부동산 보유자에 대해서만 종합부동산세를 과세한다.

(1) 과세대상 및 공제금액

① 과세대상

주택(부속토지 포함), 종합합산토지(나대지, 잡종지 등), 별도합산토지(일반건축물의 부속토지 등)로 구분하여 각각의 공시가격을 합산하여 일정금액 초과 시 과세대상이 된다.

② 공제금액

과세대상 부동산을 유형별로 구분하여 인별로 전국합산한 공시가격이 아래의 공제금액을 초과하는 경우에만 과세된다.

과세대상 유형 및 과세단위의 구분		공제금액
주택	인별 전국 합산	6억원 (1세대 1주택자[*] 9억원)
종합합산토지(나대지, 잡종지등)		5억원
별도합산토지(일반건축물의 부속토지 등)		80억원

[*] 1세대 1주택자란 세대원 중 1명만이 주택분 재산세 과세대상인 1주택을 소유한 경우 그 주택을 소유한 거주자를 말한다. 다만, 2012년부터는 주택임대의 활성화를 위하여, 1주택 외에 임대주택을 보유한 경우로 임대주택 외의 1주택에 주민등록이 되어 있고, 실제 거주하는 경우에는 1세대 1주택으로 본다.

(2) 부동산 유형별 과세대상 여부 판단

부동산 유형별 과세여부는 다음의 표와 같다.

〈부동산 유형별 과세대상의 구분〉

구분			부동산의 종류	재산세	종합부동산세
건물	주거용		주택(아파트, 단독·다가구·다세대), 오피스텔(주거용)	○	○
			별장(주거용 건물로서 휴양·피서용으로 사용되는 것)	○	×
			일정한 건설 임대 주택·매입임대주택 등 장기임대주택, 미임대건설임대주택	○	×
			일정한 미분양주택·사원용 주택·기숙사·가정 어린이집용 주택	○	×
	기타		일반건축물(상가·사무실·빌딩·공장·기타사업용건물)	○	×
토지	종합합산		나대지, 잡종지, 일부농지·임야·목장용지 등	○	○
			재산세 분리과세대상 토지 중 기준 초과 토지	○	○
			재산세 별도합산과세대상 토지 중 기준 초과 토지	○	○
			재산세 분리과세·별도합산과세대상이 아닌 모든 토지	○	○
	별도합산		일반건축물의 부속토지(기준면적범위 내의 것)	○	○
			법령 상 인·허가 받은 토지	○	○
	분리과세		일부 농지, 임야, 목장용지(재산세0.07%)	○	×
			공장용지 일부, 공급용 토지(재산세0.2%)	○	×
			골프장, 고급오락장용 토지(재산세4.0%)	○	×

(3) 종합부동산세 세율

종합부동산세 세율은 다음의 표와 같다.

〈종합부동산세 세율표〉

과세대상	공정시장가액비율	과세표준	세율	누진공제액
주택	80%	6억원 이하	0.5%	-
		6억원 초과 12억원 이하	0.75%	150만원
		12억원 초과 50억원 이하	1%	450만원
		50억원 초과 94억원 이하	1.5%	2,950만원
		94억원 초과	2.0%	7,650만원
종합합산토지 (나대지, 잡종지등)	80%	15억원 이하	0.75%	-
		15억원 초과 45억원 이하	1.5%	1,125만원
		45억원 초과	2.0%	3,375만원
별도합산토지 (일반건축물의 부속토지 등)	80%	200억원 이하	0.5%	-
		200억원 초과 400억원 이하	0.6%	2,000만원
		400억원 초과	0.7%	6,000만원

(4) 종합부동산세 고지·납부

매년 6월 1일 현재 소유 부동산을 기준으로 종합부동산세 과세대상 여부를 판정한다. 2008년부터는 관할세무서장이 납부할 세액을 결정·고지하며, 납세의무자는 납부기간(12월 1일~12월15일)에 고지된 세액을 직접 금융기관에 납부하거나 가상계좌, 인터넷 뱅킹, 홈텍스(http://hometax.go.kr)접속을 통한 전자납부 또는 신용카드 납부도 가능하다. 고지와 관계없이 신고·납부방식으로 납부하고자 하는 납세의무자는 위 납부 기간에 신고·납부하여야 하며, 이 경우 당초 고지결정은 없었던 것으로 본다.

6) 법인세

부동산 소유 주체가 법인일 경우 부동산 임대 및 사업 서비스업 등에서 발생하는 수익에 대한 과세로 법인세법에 적용된다. 부과 시기는 납세 의무가 있는 내국법인은 각 사업 연도의 종료일 속하는 달의 말일부터 3개월 이내에 그 사업연도의 소득에 대한 법인세의 과세표준과 세액을 납세지 관할 세무서장에 신고하여야 한다.

〈법인세 과세표준 및 세율표〉

과세표준	세율	누진공제
2억 원 이하	10%	-
2억 원 초과~200억 이하	20%	2,000만원
200억 초과~3,000억 이하	22%	42,000만원
3,000억 초과	25%	664,200,000만원

7) 간주 임대료

사업자가 부동산 임대 용역을 제공하고 전세금 또는 임대 보증금을 받는 경우, 국세청이 매 부가가치세신고 시 마다 고시한 일정한 이율을 곱하여 부과하는 세금으로 부가가치세법에 적용된다. 부동산 임대 용역을 공급하고 전세금 또는 임대 보증금을 받는 사업자에게 부과되며 간주임대료의 공급시기는 예정 또는 확정신고 종료일이므로 예정 또는 확정신고 시 마다 간주임대료 상당액을 납부한다.

4. 부동산 양도 시 내야 하는 세금

내국법인이 다음 중 어느 하나에 해당하는 토지 및 건물을 양도하는 경우에는 다음에 따라 계산한 세액을 토지 등 양도소득에 대한 법인세로 하여 법인세액에 추가하여 납부하여야 한다.

1) 토지 등 양도소득에 대한 과세 특례

내국법인이 다음 중 어느 하나에 해당하는 토지 및 건물을 양도한 경우에는 다음에 따라 계산한 세액을 토지 등 양도소득에 대한 법인세로 하여 법인세액에 추가하여 납부하여야 한다. 이 경우 하나의 자산이 다음의 규정 중 둘 이상에 해당할 때에는 그 중 가장 높은 세액을 적용한다.

(1) 다음 중 어느 하나에 해당하는 부동산을 2012년 12월 31일까지 양도한 경우에는 그 양도소득에 10%을 곱하여 산출한 세액
  ① 「소득세법」에 따른 지정지역에 있는 부동산으로서 주택
  ② 「소득세법」에 따른 지정지역에 있는 부동산으로서 비사업용 토지
  ③ 그 밖에 부동산가격이 급등하거나 급등할 우려가 있어 부동산가격의 안정을 위하여 필요한 경우에 대통령령으로 정하는 부동산
(2) 주택(이에 부수되는 토지를 포함한다) 및 주거용 건축물로서 상시 주거용으로 사용하지 아니하고 휴양·피서·위락 등의 용도로 사용하는 건축물(이하 "별장"이라 한다)을 양도한 경우에는 토지 등의 양도소득에 10%(미등기 토지 등의 양도소득에 대하여는 40%)을 곱하여 산출한 세액, 다만, 「지방자치법」에 따른 읍 또는 면에 있으면서 대통령령으로 정하는 범위 및 기준에 해당하는 농어촌주택(그 부속토지를 포함한다)은 제외한다.
(3) 비사업용 토지를 양도한 경우에는 토지 등의 양도소득에 10%(미등기 토지 등의 양도소득에 대하여는 40%)을 곱하여 산출한 세액

(2) 세율

구분	세율(미등기세율)

다음 중 어느 하나에 해당하는 부동산을 2012년 12월 31일까지 양도한 경우
  - 지정지역 안의 주택
  - 지정지역 안의 비사업용 토지
  - 대통령령으로 정하는 부동산
	10%

주택	10%(40%)
비사업용 토지	10%(40%)

| 제2절 | 보험관리 |

토지를 제외한 부동산(건물)과 동산에 대해서는 재물보험에 가입한다. 재물보험이란 개인 및 기업 등 보험 가입자의 재산과 물건에 대한 보험으로 우연한 보험 사고의 발생으로 인한 경제적 손실을 보상해 준다. 화재 손해, 구내 강도 손해 보장, 건물 복구비용 지원, 시설 수리비용 지원, 도난·전기 위험 등이 있다. 재물보험 가입 및 갱신 절차는 다음과 같다.

1. 재물보험의 가입 대상 확인

- 건물: 지붕, 기둥, 벽, 전기 시설, 닥트, 냉방 시설, 보일러, 대문, 담장 등
- 시설: 인테리어, 바닥, 특수 조명, 칸막이
- 집기: 가구류, PC, 에어컨, 난방기 등(점포, 공장 내)
- 가재도구: 가구류, PC 및 기타 가재도구(주택 내)
- 동산: 원부재료, 재공품, 반제품, 제품, 부산물, 상품, 저장품 등
- 기계 장치: 선반, 프레스, 사출 성형기, 연소냉동 장치, 전해 장치 등

2. 재물 보험 가입 대상 리스트 작성

1) 재물 보험 가입 대상을 확인한 뒤 가입 대상 리스트를 작성한다.

〈자산 관리 리스트〉

주소	면적	시설	재고 자산	집기 또는 가재도구	동산	기계 장치	주차장 (자주식·기계식 등)

3. 재물 보험 상품의 가입

(1) 보험 가입 대상의 확인을 위하여 건축물 대장을 발급하거나 인터넷 지도를 검색해 보고 보험 상품에 대한 설계를 요청한다.
(2) 보험료 산출
(3) 보험실사
(4) 승인
(5) 보험료 입금과 자필 서명 (또는 직인 날인)
(6) 청약 완료

4. 재물 보험의 갱신

보험 가입 시 발행되는 증권 및 약관 등을 문서 또는 파일로 보관하여 보험 가입 내역에 해당되는 상황이 발생하였을 경우 불이익이 없도록 한다.

〈보험 상품 가입 리스트〉

대상	보험 상품명	보험 가입일	보험 가입 기간	납입 보험료	보험 갱신예정일	보험사 연락처	비고

* 보험 가입 후 자산의 변동이 발생되는 경우에는 재물 보험 가입 대상 리스트를 수정 작성하여 변동 발생 시 보험 가입 사업자 또는 별도 선정되는 보험사에 통지하고 보험을 추가 가입함으로써 보험 보장 범위에 넣도록 조치한다.

제3절 임대수익관리

회사 소유의 부동산을 임대하는 경우 임대 수익에 대해 관리할 수 있어야 한다.

1. 임대차 계약의 진행

보증금의 입금 여부, 확정 임대 계약 면적 및 임대 층수, 사용 목적의 명기, 임대차 계약 기간, 인장 날인, 기타 협의 사항(입주를 위한 공사, 간판 부착, 이전 시 지원 사항 등)을 확인한다.

다음과 같은 사항을 포함한 임대차 계약서를 작성한다.
(1) 개요 : 빌딩명, 임차인 및 사업자 번호, 임대 층수 및 임대 면적, 계약 조건 (보증금/임대료/관리비) 및 금액 합계, 간판, 계약 기간
(2) 조항 : 목적, 부동산의 표시, 임대차 기간, 임대 보증금 및 계약금 지불, 임대 보증금의 채권 보전, 임대차 건물 관리 등 보수 책임, 관리비 및 제세공과금 등, 시설 변경, 임대차 목적물의 출입 권한, 명도 및 원상 회복, 명도 대행, 손해 배상, 계약의 해석, 기타 사항, 관할 법원

2. 임대료의 수취

1) 전자세금계산서 발행하기

국세청 전자 세금 계산서 발행 e세로 사이트(http://www.esero.go.kr)에서 전자세금 계산서를 발행하거나 ASP 사업자를 이용하여 전자세금계산서를 발행하고 교부한다.

2) 입금 확인

임차인의 계좌로부터 지정된 계좌에 정확히 입금이 되었는지 확인을 한다. 입금 확인을 위하여 입금 해당 계좌의 인터넷 뱅킹 서비스를 사용한다. 임차 공간의 면적이 동일하거나 금액이 같은 경우에는 각 임차인별로 구분이 필요하므로 입금자의 구분을 명확히 하기 위하여 임차인별로 입금자명을 반드시 사전에 확인해 두도록 한다.

임대료 납입 계좌의 변동이 있을 경우 반드시 임차인에게 변동 사항을 고지하여야 하며, 이전 사용 계좌로 입금되지 않도록 공문 발송과 함께 유선으로 담당자에게 확인을 한다.

3) 미납 시 처리 방법

입주사의 선정 시 임차인의 신용도가 낮은 경우에는 보증금 이외에 별도의 금액을 지급받아 연체에 대비를 한다. 연체가 발생된 경우에는 연체 일자에 따라 대응 방법을 다르게 하며, 이때 임차인의 행위에 대한 기록을 남긴다.

(1) 1개월 연체 시: 유선 독촉 및 방문 면담
(2) 2개월 연체 시: 유선 독촉 및 방문 면담, 계약 해지 예고(최고) 내용의 공문 발송(내용 증명 우편)
(3) 3개월 이상 연체 시: 유선 독촉 및 방문 면담, 계약 해지(최고) 통보, 계약 해지 및 신용 조사, 명도 진행(재소 전 화해 조서 작성 등)

3. 감가상각

1) 토지

토지는 미상각대상자산으로서 고정자산으로 등록·관리한다.

2) 건물

건물은 상각대상자산으로 기업회계기준에서는 합리적 상각방법을 모두 인정하고 있는 반면에 법인세법에서는 상각방법과 내용연수를 정하고 있다. 상각방법은 정액법만을 인정하며, 내용연수는 법인세법 시행규칙 '[별표5] 건축물 등의 기준내용연수 및 내용연수 범위표'에서 규정하고 있다. 다만 감가상각은 임의상각제도를 채택하고 있으므로 감가상각여부는 관리자가 판단한다.

[별표 5] 건축물 등의 기준내용연수 및 내용연수범위표

구분	기준내용연수 및 내용연수범위(하한-상한)	구조 또는 자산명
1	5년 (4년~6년)	차량 및 운반구(운수업, 기계장비 및 소비용품 임대업에 사용되는 차량 및 운반구를 제외한다), 공구, 기구 및 비품
2	12년 (9년~15년)	선박 및 항공기(어업, 운수업, 기계장비 및 소비용품 임대업에 사용되는 선박 및 항공기를 제외한다)
3	20년 (15년~25년)	연와조, 블록조, 콘크리트조, 토조, 토벽조, 목조, 목골모르타르조, 기타 조의 모든 건물(부속설비를 포함한다)과 구축물
4	40년 (30년~50년)	철골·철근콘크리트조, 철근콘크리트조, 석조, 연와석조, 철골조의 모든 건물(부속설비를 포함한다)과 구축물

1. 건물(부속설비를 포함한다) 및 구축물이 기준내용연수 및 내용연수범위가 서로 다른 2 이상의 복합구조로 구성되어 있는 경우에는 주된 구조에 의한 기준내용연수 및 내용연수범위를 적용한다.
2. 구분 3과 구분 4를 적용함에 있어서 부속설비에는 당해 건물과 관련된 전기설비, 급배수·위생설비, 가스설비, 냉방·난방·통풍 및 보일러설비, 승강기설비 등 모든 부속설비를 포함하고, 구축물에는 하수도, 굴뚝, 경륜장, 포장도로, 교량, 도크, 방벽, 철탑, 터널 기타 토지에 정착한 모든 토목설비나 공작물을 포함한다. 다만, 부속설비를 건축물과 구분하여 업종별 자산으로 회계처리하는 경우에는 별표 6을 적용할 수 있다.
3. 구분 3과 구분 4를 적용함에 있어서 건물중 변전소, 발전소, 공장, 창고, 정거장·정류장·차고용 건물, 폐수 및 폐기물처리용 건물, 유통산업발전법시행령에 의한 대형점용 건물(당해 건물의 지상층에 주차장이 있는 경우에 한한다), 국제회의산업육성에관한법률에 의한 국제회의시설 및 무역거래기반조성에관한법률에 의한 무역거래기반시설(별도의 건물인 무역연수원을 제외한다), 축사, 구축물 중 하수도, 굴뚝, 경륜장, 포장도로와 폐수 및 폐기물처리용 구축물과 기타 진동이 심하거나 부식성 물질에 심하게 노출된 것은 기준내용연수를 각각 10년, 20년으로 하고, 내용연수범위를 각각(8년~12년), (15년~25년)으로 하여 신고내용연수를 선택적용할 수 있다.

제4절 임차부동산관리

사업을 위하여 사무실, 숙소, 지사 등을 임차하는 경우 임차물건에 대한 등기사항 등을 확인하고 임차계약을 수행하여야 한다.

1. 계약 조건 및 계약서 검토

계약서는 임차 물건, 임대차 계약 기간, 보증금, 임대료, 관리비, 채권, 권리 양도와 전대, 해지, 임대인과 임차인의 수선비 구분, 손해 배상, 면책, 임대인과 임차인의 계약 해지권, 자연재해 또는 관리상 책임의 소재, 임대료와 관리비의 조정, 보증금과 중도금, 잔금의 납입, 원상 복구 의무, 계약 해지 시 채권 말소와 보증금의 회수, 관할 법원, 담당자 등이 표기된다.

계약서에 명기되는 내용을 중심으로 계약 조건을 검토하게 되는데, 계약금 납입 전 또는 인테리어 공사 개시 전에 계약 조건에 대하여 정확히 검토한 후 계약서에 날인해야 한다. 문서를 주고받은 내역을 기초로 하면 추후 분쟁 시 임대인과 임차인 간의 이견을 빠르게 조율할 수 있다. 검토 의견을 조율하고 난 뒤 회사 내부 법무팀에 계약서 검토를 의뢰한다.

2. 계약금의 지불 및 입주 일정의 협의

계약서 작성 및 날인 시 확인한 임대인의 통장으로 계약금을 지불하고 협의된 내용에 따라 채권을 확보하고 계약금 납입 이전에 입주 일정을 협의한다. 입주 일정은 사용자의 입주가 필요한 날짜를 기준으로 하며 현재 사용 중인 임차 물건의 원상복구 일정과 신규로 사용하게 될 임차 물건의 공사 및 이전 일정을 협의한다.

3. 잔금 지급 및 채권 확보

계약서에 따라 잔금을 지급하고 동시에 채권을 확보한다. 채권 확보는 보증금으로 임대인에게 납부한 금액을 계약 기간 내에 안전하게 보관하는 방법이다. 채권은 전세권, 근저당 설정, 은행 질권 설정, 보증 보험, 당좌·약속 어음 등이 있다. 근저당권이나 전세권은 납부한 보증금의 100% 이상을 설정하고 건물의 신탁 관리 등으로 설정이 어려운 경우에는 예금 질권을 설정하기도 한다.

상황에 따라 공공 기관이 운영하는 건물의 경우는 예외적으로 권한자의 승인을 받아 임차 보증금에 대한 채권 설정 없이 계약을 진행하는 경우도 있다. 채권 설정은 보증금을 지급하고 법무사를 통하여 진행하며 완료된 채권 서류는 금고 등의 안전한 장소에 보관하여 훼손이 되는 것을 방지하며, 채권 변동 사항이 발생하면 채권 현황을 추가 작성한다.

4. 임차료의 지급

임대차 계약서에 상호 약정한 내역을 기준으로 하여 임대인은 세금계산서를 발행한다. 세금계산서는 임차인이 지급을 준비할 수 있도록 수일 전에 발행 및 전달되어야 하며, 임대인과 임차인은 수령한 세금계산서를 계약서의 내용과 상이한 점이 있는지 파악한다. 임차료 납입일이 공휴일 또는 근무를 하지 않는 날일 경우에는 사전에 세금계산서를 접수하고 납입일 이전에 입금을 하여 분쟁의 소지가 일어나지 않도록 하며, 임대인과의 문서 협의에 따라 변경할 수 있도록 한다.

임차료의 지급 시 계약서에 따라 금액을 확인하나 별도의 관리비 등의 항목이 있는 경우 또는 임대인의 요청에 따라 발생한 금액은 반드시 사전 확인을 한다. 또한 임차료 지급 시 수신자를 정확히 처리하여 환입 절차를 진행하거나 납입 연체가 되지 않도록 한다.

특히 재계약 시 사용 면적의 축소 또는 증가와 같이 임차료 조정이 수반되는 경우에는 보다 정확한 계산을 한다. 대부분의 계약서에 따라 일수 계산을 하게 되는 경우에는 상호 검토를 충분히 한다.

5. 재계약

임차 물건의 계약 만기 도래 또는 계약서에 의거한 인상 요구가 있을 때에 요청문을 임대인으로부터 수신하고 이를 근거로 하여 내부 승인 문서를 기준으로 하여 임대인과 우선 협상을 개시한다. 임대인이 과도한 인상을 요구하는 경우 또는 재계약 협의가 불가한 경우에는 사용자의 목적에 맞도록 임대인과 협상을 진행한다. 임차 물건을 매각하는 경우, 일부 공간 임차 해지, 임차 물건 내 이동을 요청하는 경우가 있으니 임대인의 요청 사항을 충분히 확인하고 내부 의사 결정을 하는 것이 좋다. 재계약 협상 완료 후 추가 보증금 인상분을 지불하는 경우에는 추가 채권을 반드시 확보한다. 대체적으로 관리비의 인상은 물가 인상을 반영하거나 계약서에 따라 인상분을 집행한다.

협의에 따라 재계약을 진행할 때에는 계약서에 따라 자동 연장 계약이 진행되거나 임대인으로부터 서류를 수령하고 내부 의사 결정을 통하여 이전을 결정하는 등 인상에 대한 협의를 시작한다. 협의가 완료되고 인상분에 대한 처리를 위하여 계약서를 검토한다.

계약서의 검토가 완료되고 계약서의 날인을 위하여 보증금이 인상될 경우에는 추가 채권을 확보하고, 임대료와 관리비가 인상되면 인상분에 대한 근거 서류를 보관한다.

6. 임차 현황 작성 및 관리

임차 물건이 많을 경우 임차 현황을 작성하여 관리한다. 임차 현황은 사용 빌딩, 해당 층, 사용 부서, 사용 인원, 면적, 보증금, 임대료, 관리비, 계약 기간, 해지 요청 가능일, 중도 해지 가능일, 해약 시 패널티(penalty)등을 기입한다.

〈임차 현황〉

빌딩명	층	부서명	인원	면적	보증금	임대료	관리비	계약 기간	해지 요청 가능일	중도 해지 가능일	비고

| 제5절 | 부동산 처분하기 |

부동산을 처분하기 전에 부동산에 대한 현황조사 후 처분 대상 부동산의 세부 목록표를 작성하고 계약에 필요한 서류를 준비하여야 한다. 그리고 대금지급하고 소유권 이전 등록 여부를 확인한다.

1. 부동산 현황 조사

부동산의 장부 상 기록된 내용과 현황 간의 차이가 있는 지 조사해야 한다. 임차인 현황, 시설물의 하자관련 사항을 파악하고 감정 평가서 상의 내용과도 일치 여부를 확인한다. 이러한 현황조사를 마친 후에는 결과 보고서에 재산현황조사보고서, 현장사진, 점유 입증 자료 및 도면, 제 공부 등을 기재한다.

2. 처분 대상 부동산의 세부 목록표 작성

부동산의 명칭, 소재, 면적, 규모, 예정 매각 금액, 차입금 또는 보증금에 관한 현황, 기타 중요한 사항을 작성한다.

〈처분 부동산 세부 목록표〉

부동산명	소재지	면적	점유자 (임차인)	임차 계약 기간	임차 보증금	임대료	관리비	비고

3. 매매계약 준비서류

부동산 매매 시 매도인, 매수인, 중개사업자가 준비해야할 서류는 다음과 같다.

매도인	등기권리증, 부동산매도용 인감증명서 1통, 주민등록등본 1통(등기부등본과 주소가 다른 경우 종전 주소가 기재된 주민등록초본 1통), 인감도장, 각종 세금및공과금 영수증, 부동산 인도를 위한 열쇠, 기타 서류
매수인	주민등록등본 1통, 도장, 잔금
중개업자	등기부등본, 토지대장, 건물대장, 공시지가확인원, 토지이용계획확인원, 중개 대상 물건확인설명서, 검인계약서 등

4. 대금 수수

중도금과 잔금을 지급할 때는 반드시 대금 지급을 확인할 수 있는 영수증을 주고 받으며, 저당권·임차권·전세권 등에 대해 금융 기관으로부터 해당 금액의 잔고 증명을 받아 확인한다. 또한 거래 물건과 관련된 각종 세금 및 공과금 관련 서류를 확인한다.

매수인은 잔금을 지급함과 동시에 매도인으로부터 위와 같은 권리 이전 서류를 받아 60일 이내에 관할 등기소에 이전 등기 절차를 마쳐야 하며, 60일 이내에 등기 신청을 하지 않았을 경우 등기 신청 해태에 따른 과태료 대상이 된다.

5. 양도세의 납부

법인이 토지나 건물을 양도하는 경우에는 법인의 사업에서 발생된 소득과 합산하여 각 사업연도 소득이 되고 각 사업연도 소득에 대한 법인세를 납부해야 한다. 만약 해당 토지가 비사업용인 경우에는 위의 각 사업연도 소득에 대한 법인세 외에 비사업용토지의 양도차익의 10%를 비사업용 토지 양도에 따른 법인세로 추가 납부해야 한다.

6. 부동산 처분 시 회계처리

1) 토지

처분가액과 장부가액 차이를 유형자산처분손익으로 인식한다.

(예제 14-1) 2019년 7월 20일 보유중인 토지(취득가액 100,000,000원)를 120,000,000원에 양도하고 대금은 전액 현금으로 수취하였으며, 계산서를 교부하다.

(차)   (대)

2) 건물

(1) 내용연수가 경과한 건물의 회계처리

(예제 14-2) 2019년 7월 20일 보유중인 건물(취득가액 100,000,000원, 감가상각누계액 99,999,000)원을 2,000,000원(부가가치세 별도)에 양도하고 대금은 전액 현금으로 수취하였으며, 세금계산서를 교부하다.

(차)   (대)

(2) 내용연수가 경과되지 않은 건물의 회계처리

(예제 14-3) 2019년 7월 20일 보유중인 건물(취득가액 100,000,000원, 감가상각누계액 70,000,000)원을 20,000,000원(부가가치세 별도)에 양도하고 대금은 전액 현금으로 수취하였으며, 세금계산서를 교부하다.

(차)   (대)

| 제1절 | 승용차 취득 시 회계처리 및 고정자산 등록 |

승용차를 취득하는 경우 취득자산에 대한 회계처리와 동시에 고정자산 등록메뉴에 등록해야 한다. 업무용 승용차 관련 전산회계프로그램의 계정과목 및 적요등록, 업무용 승용차 등록, 전표입력의 등록을 통해 유지비용 등에 대해 관리할 수 있다.

(1) **신규 차량 구입 시 등록세, 공채 매입 등을 납부한다.**

- 불가피하게 취득하는 공채의 경우 액면가액과 공정가액(현재가치)과의 차이는 취득한 가액에 가산한다.

(2) **전산기장을 하는 경우에는 매입매출전표에 입력과 동시에 고정자산을 등록한다.**

(예제 15) 2019년 2월 10일 총무부에서 사용할 업무용 승용차인 소나타(1998cc) 1대를 현대자동차로부터 25,000,000원(부가세 별도)에 현금 구입하고 전자세금계산서를 수취하다.

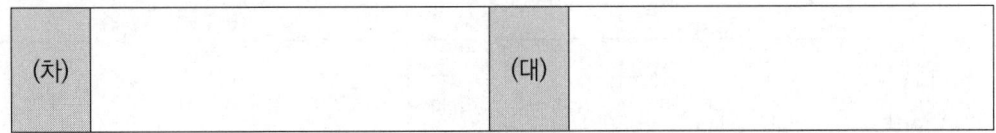

제2절 보험의 가입

차량을 취득한 후 보험 가입과 관련된 약관 및 세금, 그리고 차량 렌트 또는 리스 계약 시 계약조건을 면밀히 검토한다. 차량 조달 방법에는 직접 구입, 리스, 렌트카 이용 등이 방법들이 있는데 그 장단점은 다음과 같다.

〈차량 조달 방법의 비교〉

구분	직접 구입	리스	렌트
명의	회사	리스 사	렌트카 회사
초기비용	차량가격, 등록세 공채매입, 보험료	보증금 (차량가의 0~30%)	없음
유지비용	자동차세, 자동차 유지비용, 검사비	월 리스료	이용료(월, 연)
비용 처리	감가상각비 (정액법만 인정)	리스료	렌털비
유지관리	회사	리스사	렌터카 회사

* 2016년부터 내국법인과 성실신고확인 대상인 개인사업자의 경우 승용차 관련비용에 대해서는 업무관련성을 입증하여야 하며, 유지비용, 감가상각비 등에 있어서도 일정한도액까지만 인정된다 (제2부 전표관리 중 업무용 승용차 관리 참조).

(1) 회사 소유의 차량에 대한 보험가입에 있어 관리 편의상 일괄 가입을 위해 업체 선정 시 비교견적서 또는 경쟁 입찰 등을 통하여 업체를 선정해야 한다.

(2) 업체 선정 방법이 결정되면 보험료를 납부하여 보험에 가입한다.
   ① 신규 차량 조달 및 기존 차량의 보험 만기가 도래하는 경우 보험 가입 절차에 따라 신규로 보험에 가입한다.
   ② 보험사로부터 견적서를 받아 비교, 검토한다.
   ③ 보험 가입 업체를 선정하기 위해 지출품의서를 작성하여 결재를 상신한다.
   ④ 품의서 결재가 완료되면 지출결의서를 작성하여 보험료 지급 결재를 상신한다.
   ⑤ 해당 보험사에 보험료를 지급하고 차량보험에 가입한다.
   ⑥ 차량 보험이 완료되면 차량보험증권 및 보험내용을 확인한 후 관련 서류를 보관한다.

제3절 감가상각

1. 의의

감가상각이란 유형자산에 대하여 수익비용대응의 원칙에 따라 체계적·합리적 절차로 원가를 비용으로 배분시키는 과정이다. 한국채택국제회계기준에서는 감가상각방법에 있어 합리적인 제 방법(정액법, 정률법, 연수합계법, 생산량비례법 등)을 모두 인정하는 반면, 세법에서는 업무용 승용차에 대해서는 정액법만을 인정한다.

2. 업무용 승용차 감가상각비 계산방법

1) 감가상각방법 : 업무용 승용차는 5년간 정액법으로 균등 강제 상각

2) 계산방법 : 감가상각비 상당액 × 운행기록상 업무사용비율

(1) 리스차량은 리스료 중 보험료·자동차세·수선유지비를 차감한 잔액을 감가상각비 상당액으로 한다(단, 수선유지비를 구분하지 어려운 경우에는 보험료와 자동차세를 제외한 리스료의 7%로 계산한다).
(2) 렌트차량은 렌트료의 70%를 감가상각비 상당액으로 한다.

3) 감가상각비 한도액 :

업무용승용차 감가상각비(상당액) 한도액은 해당 사업연도(과세기간)에 800만원을 한도로 한다.

(예제 16) 2019년 2월 10일 취득(예제 15 참조)한 승용차에 대하여 당기 세법상 인식해야 할 감가상각비를 인식하시오(내용연수는 5년, 상각방법은 정률법으로 0.451 적용).

(차)	(대)

제4절 차량의 처분·폐기 시 관리

1. 차량의 처분·폐기 절차

1) 차량 매각 처분 기준 수립

차량을 매각하거나 불용처리 하기 위해서는 고정자산 관리 기준을 설정해야 한다.

> 다음과 같이 차량별 표준 내용연수와 표준 주행거리기준을 모두 초과한 차량에 대해서는 매각 또는 폐기를 할 수 있다. 다만 차종별 표준 내용연수 및 표준 주행거리기준에 미달하더라도 불용처분이 불가피한 사유에 대한 증빙자료를 첨부하여 대표이사의 승인을 얻어 불용결정을 할 수 있다.
> 1. 사고로 인한 차량의 파손으로 수리사용이 불가능한 경우 또는 그 수리비가 당해 차량가격의 3분의 1을 초과하는 경우
> 2. 차량의 최초 등록일부터 차종별 최단운행기준 연한의 3분의 2가 경과한 차량으로서 차량의 상태가 극히 노후하여 수리사용이 불가능한 경우 또는 그 수리비가 당해 차량가격의 3분의 1을 초과하는 경우

〈차종별 표준 내용연수 및 표준 주행거래기준(예시)〉

용도	차종	차량배기량(CC)	표준내용연수	주행거리(km)
일반업무용	경 승용차	1,000이하	6년	150,000
	소형 승용	1,000~1,500이하	7년	175,000
	중형 승용차	1,500~2,000이하	7년	210,000
업무 지원용	대형승용 (JEEP, SUV,RV)	2,000~3,000이하	5년	175,000
	소형화물	2,000~3,000이하	7년	140,000
	중형승합	2,400~3,000이하	7년	160,000
	대형승합 (이동상황버스 등)	6,600~6,500이하	15년	100,000
	대형화물 (카고크레인 등)	6,000~6,500이하	15년	-

2) 불용기준에 해당하는 대상 차량에 대해 불용대상 차량 현황표를 작성한다.

〈불용 대상 차량 현황표〉

불용 대상 차량 현황표						
구분	차량번호	차량종류	구입연도	주행거리	용도	비고

3) 불용 기준과 대상차량의 현황표를 첨부하여 결재권의 결재를 득한 후 불용을 결정한다.
4) 불용처분 대상으로 결정된 차량에 대하여 다음과 같이 불용 처리한다.
   (1) 폐차 업체를 선정하여 폐차를 신청 접수한다.
   (2) 차량 폐기에 따른 제반 행정서류를 준비한다.
       - 자동차등록증 원본, 법인인감증명서, 법인등기부등본, 사업자등록증 사본, 통장사본
   (3) 차량 인계 시 차량 인수증을 받는다.
   (4) 차량 인계 후 폐차 시 발생된 폐차비를 지급한다.
   (5) 폐차 차량에 대해 말소등록을 신청하고 말소 증명서를 발급받는다.
   (6) 차량을 조기 폐차하거나 매각하는 경우 폐차 및 매각대금은 증빙서류(세금계산서, 말소증명서 등)을 첨부하여 결재를 상신받고, 회계팀에 입금한다.

2. 매각손실 처리방법

1) 업무용 승용차

업무용승용차를 처분하여 발생하는 손실로서 업무용승용차별로 800만원을 초과하는 금액은 해당 사업연도(과세기간)의 다음 사업연도부터 800만원을 균등하게 손금에 산입하되, 남은 금액이 800만원 미만인 사업연도(과세기간) 또는 해당 업무용승용차를 처분한 날부터 10년이 경과한 날이 속하는 사업연도(과세기간)에 남은 금액을 모두 손금에 산입한다(제2부 전표관리 중 업무용 승용차 관리 참조).

2) 업무용승용차 이외의 차량

유형자산처분손실에 대해 전액 손금을 인정한다.

3. 차량의 매각·폐기 시 회계처리

1) 내용연수가 경과한 차량의 회계처리

유형자산의 내용연수가 종료되었거나 또는 사용할 수 없게 되었을 경우에는 자산의 처분가액에서 장부가액(취득가액-감가상각누계액)과의 차액을 유형자산처분손익으로 처리한다.

(예제 17-1) 2019년 7월 20일 보유중인 승용차(취득가액 10,000,000원, 감가상각누계액 9,999,000원)를 내용연수가 경과되어 500,000원의 폐기처분비를 지급하고 폐기하였다.

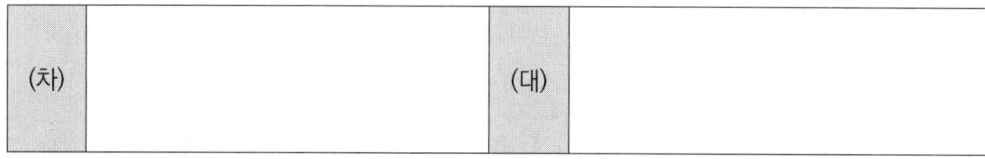

2) 내용연수가 경과되지 않은 차량의 회계처리

(예제 17-2) 2019년 2월 1일 보유중인 승용차(취득가액 45,000,000원, 감가상각누계액 40,000,000)원을 8,000,000원(부가가치세 별도)에 양도하고 대금은 전액 현금으로 수취하였으며, 세금계산서를 교부하다.

제2장
비품관리

제1절 비품의 취득 및 관리

일반적으로 회사의 모든 자산은 운영부서의 청구에 의해 총괄부서에서 취득하는 것이 일반적이다. 다만 업무진행상 긴급을 요하는 경우 또는 대표이사의 승인을 얻은 경우에 한하여 운영부서에서 취득할 수 있으나 이 경우 그 즉시 총괄부서에 통보하여야 한다.

1) 청구

운영부서장은 필요로 하는 자산이 있을 때에는 회사의 자금전결규정에 의한 전결권자의 승인을 받은 후 품명, 규격, 수량, 소요시기 및 취득사유 등을 구매요청서에 상세히 기록하여 총괄부서에 구매 의뢰하여야 한다. 총괄부서장은 운영부서에 공통적으로 지원되어지는 물품에 대하여는 별도 수급계획에 의거 구매할 수 있다.

물품구매요청서

담당	과장	부장

날 짜 :
부 서 :
작 성 자 :

번호	품 명	용 도	비 용	구입처	기한 (까지)	비 고

2) 취득

(1) 총괄부서는 구매 의뢰된 자산에 대하여 취득을 위해 필요한 조지를 이행하여야 한다. 다만, 부득이한 사정으로 이행할 수 없을 때에는 그 사유를 지체 없이 구매 의뢰한 운영부서에 통지하여야 한다.

(2) 총괄부서는 구매의뢰 되거나 별도 수급계획에 따라 자산 취득 시 최소 2개 이상의 견적서에 의한 경쟁신청을 받아 처리하여야 한다. 단, 그 성질상 경쟁이 부적당하거나 금액이 소액인 것은 이 절차를 따르지 아니할 수 있다.

(3) 총괄부서는 자산취득 시 지체 없이 전산 등록하고 자산관리번호를 부여받아 해당 자산에 그 번호를 표기(부착)한다.

〈고정자산관리 체계표〉

유형자산은 공구기구비품, 차량운반구, 토지, 건물, 중장비, 기계장치, 구축물 등으로 분류한다.

(약어표시)
L. 토지(LAND)
B. 건물(BUILDINGS)
C. 차량운반구(CAR)
S. 구축물(STRUCTURES)
M. 기계장치(MACHINERY)
T. 공구기구비품(TOOL&EQUIPMENT)
I. 건설중인자산(ASSET IN-PROGRESS)

1. 유형자산 분류기준

분류번호 : T-19-07-31-D101 (자산구분-구입년-구입월-부서-사원코드)

고정자산대장

공구기구비품	계정	명칭	분류번호
			(T-19-07-31-D101)*

* 분류번호의 의미 : 공구기구비품으로서 2019년 8월에 기획팀에서 구입하였으며, 관리사원은 이기획이다.

2. 부서 및 사원코드(예)

부 서		팀		사원	
부서명	코드	팀명	코드	사원명	코드
대 표 이 사	10	대표이사	10	홍길동	A001
이 사 회	11	이사회	11	일지매	B001
외 부 자문	12	외부자문	12	김나라	C001
경영지원실	13	기획팀	31	이기획	D101
		홍보팀	32	이홍보	D201
		재무(관리)팀	33	이재무	D301
		주식업무	34	박주식	D401
영 업 부	14	국내마케팅	41	.	.
		해외마케팅	42	.	.
부설연구소	15	H/W개발팀	51	.	.
		항분석팀	52	.	.
멀티미디어	16	디자인팀	61	.	.
		웹개발팀	62	.	.

(예제 18) 2019년 2월 10일 재무팀에서 사용할 삼성노트북 9를 1,500,000원에 구입하였으며, 관리사원은 재무팀장인 이재무이다(앞장의 〈고정자산관리체계표〉를 참고하여 유형자산의 일련번호를 구성하였다. 유형자산의 일련 번호인 T-19-02-33-D301가 의미하는 바를 설명하시오.

(약어표시)	모 델 명	삼성노트북 9
T. 자산분류코드	제 품 사 양	생략
18. 취득연도	기 타	생략
02. 취득월	비 품 번 호	T - 19 - 02 - 33 - D301 자산분류번호 취득연도 취득월 부서코드 사원코드
33. 부서코드	사용장소/관리자	경영지원실/재무팀장
D301. 사원코드		

(4) 비품 구입 총괄부서에서는 비품 담당자가 비품관리대장을 비치하고 유지 관리하며, 등재된 비품을 대상으로 수량과 상태를 확인한다.

비품관리대장

품명:

구입 연월일	코드번호	제조사	수량	단가	금액	입고	출고	비치 장소	담당 부서	당당자	비고
계											

3) 인계 및 고정자산 관리

(1) 총괄부서는 취득한 자산을 자산불출증빙대장에 의거 운영부서에 인계한다.
(2) 운영부서장은 자산 인수 시 즉시 자산관리번호를 해당자산에 부착하고 자산운영 책임자를 선정한다.

〈고정자산의 관리 및 소관업무〉

구분	부서명	관리자산	소관업무
총괄 부서	총무팀	비품(본사 및 영업점 OFFICE 사무용), 차량운반구, 무형고정자산	①자산의 취득·이관·처분 ②전산처리 ③보험가입(총무팀 주관) ④취득자산 권리보전(등기, 등록 등) ⑤자산임대계약 체결 ⑥재물조사 및 조정 ⑦기타 자산관리규정에서 정한 제반업무
	시설개발팀	토지, 건물, 구축물, 기계장치,통신장비, 비품	
	IT팀	전산장비	
운영 부서	본사 각 팀(총괄부서 포함) 및 각 영업점, C.C, 각 RM 및 임원	해당 보유자산	①자산 운영 및 유지관리 ②자산관리번호표 부착 ③자산 취득·이관·처분·임대 의뢰 ④손망실사고 보고 ⑤불용품 처리 의뢰 ⑥기타 자산관리규정에서 정한 제반 업무

제2절 비품의 재물조사

1. 개요

재물조사는 정기재물조사와 특별재물조사로 구분하며, 정기재물조사는 매 2년 마다 1회 실시하며 특별재물조사는 총괄부서장이 필요성을 인정하는 때에 실시한다.
총괄부서는 재물조사를 행할 때에는 자산별 조사계획서를 작성 이에 의거 실시하여야 하며, 재물조사를 실시할 때에는 재물조사원을 임명하여야 한다.

2. 재물조사 방법 및 결과보고

(1) 총괄부서장은 재물조사를 원활히 수행하기 위하여 재물조사를 실시하기 전에 운영부서장으로 하여금 다음 사항을 준비하도록 한다.
  ① 보유자산 현황
  ② 자산번호표 부착 정리
  ③ 수리 및 유휴자산 현황 및 근거
  ④ 대여 및 외부 반출자산 현황 및 근거
(2) 재물조사는 운영부서장 및 자산운영담당자의 입회하에 실시하여야 한다.
(3) 재물조사요원은 재물조사 실시 후 그 결과를 자산분류별로 재물조사보고서를 작성하여 총괄부서장에게 제출하여야 하며 총괄부서장은 이를 종합하여 대표이사에게 보고한다.
(4) 재물조사 결과 자산의 증감이 발생한 경우에는 그 증감이 착오 또는 이에 준하는 사유에 기인한 경우에 한하여 자산증감조정을 실시하여야 한다. 총괄부서장이 자산증감조정을 행할 때에는 다음 각 호의 사항을 명백히 하여 대표이사의 승인을 받아 실시할 수 있다.
  ① 증감조정사유
  ② 대상자산의 분류별 품명 및 규격
  ③ 재물조사일 현재 장부상의 수량 및 가액
  ④ 재물조사 결과 발견된 증감 수량 및 가액
  ⑤ 증감조정 후 장부상의 수량 및 가액
  ⑥ 자산관리의 정확도

3. 손망실 처리

자산 증감 조정을 할 수 없는 사유가 명백하거나 또는 자산의 실제량이 장부의 기록과 차이가 있는 경우에는 증감조정을 하지 아니하고 손망실품으로 처리한다.

(1) 손망실에 대한 직접책임은 당해 물품의 운영담당자에게 있다. 다만, 실제로 손망실을 초래한 자가 따로 있을 때에는 그 원인행위자가 책임을 진다.
(2) 물품운영담당자는 손망실 원인을 사전에 예방하지 못한 사실에 상당하는 책임만을 진다. 다만, 그 책임소재가 불명확할 때에는 운영부서장이 책임을 진다.
(3) 손망실 사고가 발생한 때에는 자산운영책임자는 운영부서장에게 보고하여야 하며, 운영부서장은 이를 총괄부서장에게 통보한다. 총괄부서장은 중요한 손망실 사고가 발생한 때에는 지체 없이 다음 사항을 대표이사에게 보고하여야 한다.
  ① 사고 발생 일시 및 장소
  ② 품명, 규격, 수량
  ③ 사고발생 원인 및 조치사항
(4) 총괄부서장은 손망실 사고에 대하여 사고의 진상과 책임소재를 규명하여 변상 등 처리방법을 결정하여야 한다. 이때 손망실에 대한 변상가액은 시가로 함을 원칙으로 하되, 시가가 장부가액 보다 낮을 경우에는 장부가액으로 한다. 다만 시가를 정할 수 없는 경우에는 구입금액에 물가상승률, 감가상각비, 폐품가치 등을 고려하여 결정한다.

제3절 감가상각

차량의 감가상각방법과 동일하게 전표입력과 동시에 고정자산을 등록하게 되면, 전산회계프로그램에서는 법인세법상 인식해야 할 한도액을 자동으로 계산해준다. 만약 법인세법상 한도액과는 달리 회사에서 임의적으로 인식하고자 하면 고정자산 등록 시 상각수정을 선택하고 인식하고자 하는 금액을 직접 입력하면 된다.

제4절 비품의 처분·불용품 관리

1. 비품의 처분 및 불용품 처리

(1) 재물조사 및 재물조정 이후 비품 관리자는 비품을 사용할 필요가 없거나 사용이 불가한 경우에는 이를 매각하거나 불용품 기준에 따라 불용품 결정을 하고 이를 처리해야한다.

<불용품 기준>
① 사용할 가능성이 없는 물품으로 향후 사용 전망이 없는 것(잉여품)
② 예측할 수 있는 일정기간의 수요를 초과하여 재고로 보유하고 있는 물품(초과품)
③ 원장비가 사용불능 상태이거나, 원장비가 없어지고 새로 취득할 가능성이 없는 경우 그 부속품
④ 규격 또는 모형이 달라져서 수리하여도 원래의 목적에 사용할 수 없는 물품
⑤ 시설물에서 제거된 것으로 활용할 수 없는 물품
⑥ 훼손 또는 마모되어 수리하여도 원래의 목적에 사용할 수 없는 물품
⑦ 수선함이 비경제적인 것
⑧ 시설물중 활용가치가 없는 물품
⑨ 업무수행 중 발생된 폐기물로서 활용가치가 없는 물품

(2) 운영부서장 불용품에 해당하는 물품이 있는 경우 총괄부서에 불용처리를 의뢰하여야 한다. 총괄부서장은 불용품 처리의뢰를 받은 경우 사장의 결재를 받아 불용품을 매각, 폐기, 재활용(용도전환 또는 사용전환)의 방법으로 처리한 후 그 결과를 운영부서장에게 통보하여야 한다.

2. 비품 매각·폐기 시 회계처리

1) 내용연수가 경과한 비품의 회계처리

유형자산의 내용연수가 종료되었거나 또는 사용할 수 없게 되었을 경우에는 자산의 처분가액에서 장부가액(취득가액-감가상각누계액)과의 차액을 유형자산처분손익으로 처리한다.

2) 내용연수가 경과되지 않은 비품의 회계처리

유형자산의 내용연수가 경과되지 않은 비품을 사용할 수 없는 경우에는 처분가액(폐기가액)에서 장부가액(취득가액-감가상각누계액)과의 차액을 유형자산처분손익으로 처리한다.

고정자산관리 규정

제1장 총칙

제1조 【목 적】

이 규정은 ○○주식회사(이하 "회사"라고 한다)의 고정자산의 취득, 처분, 유지보수 및 운용과 절차에 관한 세부사항을 정하여 회사 자산의 효율적인 관리를 기함을 목적으로 한다.

제2조 【적용범위】

고정자산 및 물품의 관리에 관하여 다른 규정이 정하는 것을 제외하고는 본 규정이 정하는 바에 의한다.

제3조 【고정자산의 대상】

이 규정에서 "고정자산"이라 함은 다음 각 호의 재산으로서 취득 또는 법령이나 계약에 의하여 회사의 소유로 된 것을 말한다.

① 유형고정자산
  1. 토 지
  2. 건 물
  3. 구축물
  4. 시설장치
  5. 차량운반구
  6. 비 품
   1) 일 반
   2) 게 임
② 무형고정자산
  1. 영업권
  2. 산업재산권
  3. 기타 무형자산
  4. 투자자산
   1) 보증금 및 회원권

제4조 【용어의 정의】

① "취득"이라 함은 구입, 제작, 신설, 교환, 증여 등에 의한 소유 또는 점유행위와 개조 등 자본적 지출에 의한 자산가치의 증가 부분을 말한다.
② "유지, 보수"라 함은 취득으로부터 처분까지의 내역을 기록, 정리하고 훼손의 방지, 수선, 개량 등으로 자산가치를 유지 또는 증가시켜 회사 자산을 건실하게 관리함을 의미한다.
③ "이동"이라 함은 본사, 각 영업점내에 있어서의 팀간의 이전, 본사와 각 영업점 간의 이전을 말한다.
④ "처분"이라 함은 매각, 증여, 폐기, 멸실 등의 사유로 자산이 제각됨을 의미한다.
⑤ "주관부서"라 함은 회사의 모든 자산을 관리하는 부서를 의미한다.
⑥ "소관부서"라 함은 각 본부의 자산을 관리하는 부서를 의미한다.
⑦ "사용부서"라 함은 해당팀의 자산을 실제로 사용하는 부서를 의미한다.

제5조 【고정자산의 보호】

① 관리책임자 및 사용자는 자산을 관리함에 있어 선량한 관리자의 의무를 다한다.
② 누구든지 회사의 고정자산을 정당한 사유 없이 사용 또는 수익하지 못한다.

제6조 【관리조직】

① 고정자산의 관리조직은 주관부서, 소관부서, 사용부서로 구분한다.
② 주관부서는 본 규정이 정한 고정자산을 총괄 관리하며 다음 각호의 업무를 담당한다.
  1. 고정자산 취득보고서에 의거한 취합 관리업무
  2. 고정자산 관리대장의 기록, 유지
  3. 소관부서의 교육, 감독
  4. 고정자산의 보험가입 업무
③ 소관부서는 본사 및 각 영업점의 고정자산을 각각 관리하며 다음 각 호의 업무를 담당한다.
  1. 고정자산 관리대장의 기록, 유지
  2. 고정자산의 유지, 보전 업무
  3. 고정자산의 취득, 처분 요청
  4. 고정자산 변동사항에 대한 업무 및 주관부서에 통보
  5. 고정자산의 불용, 매각, 폐품, 손망실, 기증에 관련된 제반사항
  6. 기타 고정자산과 관련하여 주관부서에서 위임한 업무

④ 사용부서는 자산을 사용하는 부서로써 해당팀의 고정자산을 각각 관리하며 다음 각 호의 업무를 담당한다.
  1. 고정자산 관리대장의 유지
  2. 고정자산 변동사항에 대한 업무(불용, 수선)의 소관부서 통보
  3. 고정자산의 유지 및 관리
  4. 전문기술을 요하는 자산의 유지 보수
⑤ 주관, 소관부서는 직제규정에서 정한 바에 따른다.

제7조【관리책임】
① 주관부서 책임자는 고정자산에 대한 제반업무의 총괄책임을 진다.
② 소관부서 책임자는 다음 각 호의 책임이 있다.
  1. 2차 재물조사 사전 보고
  2. 불용 및 폐품, 유휴자산, 손망실자산, 기증의 처분 및 결재
  3. 입, 출고 관리
  4. 소관 고정자산의 관리를 위한 제반 책임
③ 사용부서의 책임자는 다음 각 호의 책임이 있다.
  1. 1차 재물조사 사전 보고
  2. 입·출고 관리
  3. 불용 및 폐품, 유휴자산, 손망실자산, 기증에 대한 소관부서 통보
  4. 고정자산의 관리를 위한 제반 책임

제8조【고정자산 관리대장】
① 주관부서 및 소관부서는 다음 각 호에 의하여 고정자산 관리대장을 작성, 비치하여야 한다. 단, 고정자산 관리대장을 전산으로 입력하여 관리할 수 있다.
  1. 주관부서는 소관부서의 고정자산 취득보고서에 의거 회계 담당부서와 협조하여 각 고정자산별로 고정자산 관리대장(서식1 혹은 전산양식)에 기재하여야 한다.
② 주관부서와 소관부서는 고정자산 관리대장 외에 회사의 소유를 증명하는 다음 각호의 서류는 별도로 비치하여야 한다.
  1. 권리증, 등록증, 회원권
  2. 인허가서
  3. 등기부등본
  4. 계약서외 기타 증빙자료

제9조 【자산번호 및 관리번호 부여】

① 고정자산에는 개별적으로 자산번호를 부여하고 각 자산에는 고정자산 관리번호를 부착하여야 한다. 단, 무형고정자산 및 그 성격상 필증 부착이 곤란한 자산에는 부착치 아니할 수 있다.

② 주관부서는 자산번호 및 관리번호표(별표2)를 부여하며 소관부서에서는 관리필증(별표1)을 부착하며, 관리필증의 관리는 사용부서에서 담당한다.

제10조 【고정자산의 범위】

고정자산으로 관리할 자산의 범위는 다음과 같다.

① 내용연수가 1년 이상(독립적으로 가치가 있는 것)으로서, 개별 취득가액이 법인세법에서 정한 금액의 유형 및 무형자산으로 한다.

② 제①항에도 불구하고 업무상 중요한 물품은 고정자산으로 관리할 수 있다.

제11조 【부외자산의 범위】

부외자산의 범위는 다음과 같다.

① 부외자산은 비용으로 처리되고 재무상태표의 자산항목에 상계되지 아니한 자산 중에서 사용가능연수가 1년 이상이고 취득가액이 50만원 이상인 자산을 말한다.

② 소관부서와 사용부서는 부외자산관리대장(서식3, 전산양식)을 비치하여 부외자산의 증감변동사항을 기록, 정리하여야 한다.

③ 실질적으로 사용하고 있으나 소유권이 타인에게 속해 있는 임차자산 및 담보자산 등은 부외자산에 준하여 관리한다.

④ 제①항이 자산으로 관리할 가치가 있는 자산이라 함은 다음 각 호의 품목을 말한다.

  1. 가구 및 전기기구

  2. 사무 및 통신기기

  3. 시계, 시험기 및 측정기기

  4. 광학 및 사진제작 기기

  5. 오락 및 스포츠기구

  6. 기타 자산으로 관리할 가치가 있는 품목

제12조 【고정자산의 분류】

고정자산의 분류는 고정자산분류표(별표3)에 의하여 분류·정리되어야 한다.

제13조 【재물조사】

① 재물조사는 정기 및 수시 재물조사로 구분하여 실시한다.
② 정기 재물조사는 다음 각 호의 방법으로 한다.
1. 사용부서는 보유자산에 대한 1차 재물조사를 실시한 후 재물조사서(서식 4~7 혹은 전산 양식의 고정자산관리대장)를 작성하여 소관부서에 제출하여야 한다.
2. 소관부서에서는 사용부서의 1차 재물조자서를 토대로 2차 재물조사를 실시 후 주관부서에 제출한다.
3. 주관부서는 매 회계연도말까지 각 소관부서에서 제출한 재물조사와 고정자산 관리대장 및 실물을 대조하여 일치 여부를 확인하고 차이에 대한 처리방안을 확정하여 위임전결규정에 의거 보고하며, 그 조치결과를 소관부서 및 사용부서에게 통보하여야 한다.

③ 수시 재물조사는 다음 각 호의 경우에 실시할 수 있다.
1. 팀장의 교체가 있을 때
2. 도난, 분실, 소실 등 사고가 있을 때
3. 기타 주관부서에서 필요하다고 인정할 때

제2장 취득

제14조 【취득범위】

고정자산의 취득이라 함은 다음 각 호의 것을 포함한다.
1. 구 입
2. 제 작
3. 건 설 (신설 및 증설을 포함한다)
4. 수 증
5. 재평가차액
6. 자본적지출
7. 교환, 상계, 경매 등 기타의 방법으로 하여 회사의 소유로 되는 것

제15조【취득처리절차】

① 고정자산을 취득한 소관부서 혹은 사용부서는 취득보고서(서식8)를 작성하여 관계증빙서류를 첨부, 주관부서에 제출하고 자산번호를 부여받아 관리하여야 한다.
② 제①항의 서류를 접수한 주관부서는 과목분류 등의 적정성을 확인한다.
③ 수증에 의한 취득은 다음 각 호의 절차에 의한다.
   1. 소관부서 및 사용부서는 수증시 취득통보서(서식9)를 작성하여 주관부서로 제출하여야 한다.
   2. 주관부서는 관리번호를 부여하여 소관부서에 송부하며, 소관부서는 관리필증을 작성한다.

제16조【공사에 의한 취득】

소관부서의 공사 담당직원은 공사를 완성 또는 부분 완공하였을 때는 준공 및 기성조서를 작성하여 주관부서 책임자에게 제출하여야 한다.

제17조【구입, 제작에 의한 취득】

고정자산을 구입, 제작 등에 의하여 취득하였을 때에는 고정자산취득 보고서를 작성 7일 이내에 주관부서책임자에게 제출하여야 한다.

제18조【무상양수에 의한 취득】

다음 각 호의 1에 해당하는 것은 무상양수로 취득처리 후 제17조에 의거 준용보고 한다.
   1. 기부에 의하여 회사가 취득한 것
   2. 자본적 지출이 될 경비의 전부 또는 일부를 부담받은 것
   3. 기타 무상으로 취득한 것

제19조【고정자산의 조정처리】

고정자산 주관부서 팀장 또는 소관부서 팀장은 고정자산의 삭제 누락, 등재 누락, 또는 기재사항의 오류 등을 발견하였을 때에는 즉시 조정 처리한다.

제20조【취득가격】

① 고정자산을 취득한 경우 당해 고정자산 취득가격은 고정자산취득에 소요되는 직접비 및 간접비를 포함한 가격으로 한다.
② 고정자산 취득에 따른 직접비는 다음 각호에 의한다.

1. 공사에 의한 취득은 당해 회사에 직접적으로 소요되는 금액
2. 구입, 제작에 의한 취득은 구입, 제작 가액
3. 저장품에서 편입된 것은 대체된 가액
4. 무형자산의 취득은 취득에 직접 소요된 금액

③ 제2항 각호 이외의 일체의 부대경비는 간접비로 한다.

제21조 【고정자산의 삭제】

① 다음 각 호에 해당하는 경우에는 당해 고정자산을 관리대장에서 삭제하여야 한다.
1. 매각, 폐기, 양여 등의 방법에 의하여 고정자산을 처분하였을 때
2. 저장품에 대체하였을 때
3. 손망실 등으로 인하여 고정자산의 일부 또는 전부를 상실하였을 때

② 제①항의 고정자산을 삭제할 때에는 당해 고정자산 취득가액(장부가액)으로 하며, 일부만을 가감하여 삭제할 수 없다.

제22조 【고정자산 관련 제세의 신고 납부】

고정자산의 취득 및 보유와 관련된 제세(취득세, 재산세, 종합부동산 등)는 회계담당부서에서 일괄 신고 납부한다.

제23조 【등기, 등록】

① 등기, 등록 또는 대외허가(승인)를 요하는 고정자산을 취득한 때에는 지체없이 소관부서는 그 절차를 이행하여야 하며 그 등기, 등록을 필한 날로부터 7일이내에 주관부서에 통보하여야 한다.

② 권리에 대하여 존속기간 또는 유효기간 등의 규정이 있는 고정자산을 취득할 때에는 그 기간을 고정자산 관리대장에 명기하고 기간도래시에는 갱신의 절차를 이행하여야 한다.

제3장 유지·보수

제24조 【유지보수의 책임】

소관부서, 사용부서는 소속 자산의 유지, 보수에 책임을 진다.

제25조 【유지보수】

 각 사용부서의 자산보수 권한은 소관부서의 책임하에 집행하며, 전문기술을 요하는 자산의 유지보수는 사용부서에서 집행한다. 단, 자본적 지출의 경우는 주관부서 및 회계담당부서의 검토, 승인을 받아야 한다.

제26조 【보험 가입】

① 주관부서는 고정자산의 필요에 따라 화재보험, 손해보험의 가입 또는 기타의 방법으로 재해나 사고 등의 위험으로부터 발생되는 손해를 방지하여야 한다.
② 소관부서는 주관부서의 요청에 의한 보험 물건의 제출에 신속히 협조하여야 한다.

제27조 【자산의 변경】

① 소관부서는 자산의 수정, 개량, 명칭 또는 용도의 변경, 합필, 분필, 철거 등에 의하여 고정자산에 변동이 생겼을 때는 발생일로부터 7일 이내에 자산변경 사항을 작성하여 주관부서에 제출하여야 한다.
② 주관부서는 상기 자산변경 사실을 확인 후 고정자산 관리대장에 등재하여야 한다.

제28조 【점검 및 관리】

① 사용부서는 항상 소속자산을 점검 관리하여야 한다.
  1. 고정자산의 손·망실 사유가 발생하였을 때나 혹은 그 우려가 있을 때
  2. 고정자산에 대한 제반 권리의 침해 또는 그 우려가 있을 때
  3. 불용, 유휴자산이 발생하였을 때
  4. 기타 고정자산에 대한 중요한 사정이 발생할 때
② 사용부서에서 다음 각 호의 사유가 발생할 시에는 즉시 소관부서에게 통보하여야 하며, 이를 통보받은 소관부서는 자산의 상태에 따라 적절히 조치하며 다음 각호의 사유가 발생할 시에는 주관부서에 즉시 서면보고 하여야 한다.
③ 소관부서는 소속자산에 대한 각종 공부 등을 매년 주관부서에 제출하고 그 사본을 유지, 관리하여야 한다.

제29조 【자산관리의 조사】

 주관부서는 필요에 따라 수시로 소관부서의 자산관리 상태를 조사할 수 있으며 필요 자료의 제출을 명할 수 있다.

제4장 이동

제30조【이동의 결정 및 절차】

자산의 이동은 소관부서의 이동신청서(서식10)에 의하여 이동할 수 있으며, 주관부서는 소관부서의 요청에 의하지 않더라도 사용효율 및 기타 제반사정을 고려하여 해당부서에 이동을 명할 수 있다.

제31조【물품의 반출】

회사의 물품을 각 영업점 소재지 외로 반출하고자 하는자는 물품반출 신청서(서식11)를 작성하여 소관부서 책임자의 확인을 받은 후 반출할 수 있다.

제32조【물품의 재반입】

① 반출된 물품을 재반입한 경우에 재반입 사실을 지체없이 각 소관부서 책임자에게 문서로 송부하여야 한다.
② 각 소관부서 책임자는 재반입 사실을 확인 후 기록, 유지를 하여야 한다.

제5장 손망실처리

제33조【정의】

손망실은 자산의 가치 또는 용도가 감소되어 사용이 불가능 하거나 파손되어 고정자산 관리대장에는 있으나 현품이 없는 것을 말한다.

제34조【손망실자산의 처리】

소관부서는 자산의 손·망실 사고가 발생하면 손·망실 상태를 점검하여 손·망실 변상의무자(발생부서)로부터 손·망실변상보고서(서식13)를 작성하게 하여 손·망실보고서(서식12)와 함께 전결규정에 의거 결재를 받아 주관부서에 통보한다.

제35조 【결과조치】

① 처 리
1. 손망실된 자산의 장부상 금액은 미정산 계정으로 정리한다.
2. 수령한 변상금중 장부상 금액초과분은 잡수익으로 정리한다.

② 주관부서는 손망실에 대한 변상이 끝나면 7일내에 사장에게 결과를 서면보고하여야 한다.

제6장 불용결정 및 처분

제36조 【정 의】

불용품은 내용연수 경과로 인한 노후, 수리비의 경제적 한계 초과, 계획변경 등으로 인한 사장품, 고정자산의 철거자재 및 발생잡품으로 폐품, 기증, 매각 등으로 인정된 것을 말한다.

제37조 【불용자산의 처리】

① 불용자산이 발생한 소관부서는 불용자산통보서(서식14)를 작성, 주관부서에 제출한다.
② 주관부서는 위의 ①항에 제출된 불용자산통보서에 의거 관리상태를 검토하고 재활용, 매각 및 폐기로 구분 및 의견을 작성하여 소관부서로 통보한다.

제38조 【처분한도 및 절차】

① 소관부서는 제37조 절차에 의거 자산의 개별잔존가액에 따라 취득가격, 발생사유, 처분방법, 매각대금 등을 기재한 품의서를 전결규정에 의거 결재를 득하여 처분하고 그 내용을 주관부서에 통보한다.
② 아래의 각호의 불용을 결정시에는 불용품 처분 심의위원회를 구성하여 불용하여야 한다.
1. 불용품의 잔존가액의 총액이 500만원을 초과할 경우
2. 불용자산의 외부 유출시 사행성 게임으로 악용될 위험이 있는 자산 혹은 영업비밀과 밀접한 연관이 있는 자산의 불용
3. 잠재적인 인재양성, 사회기여 등으로 인한 기증의 필요성이 판단되는 물품
4. 기타 불용품 처분 위원회의 의결이 필요하다고 판단되는 물품

③ 불용품 처분 위원회에 안건을 심의할 경우 양식 서식 16에 의거 각 호의 사항

을 명백히 하여야 한다.
1. 물품의 물품목록번호, 품명, 품목, 수량 및 가액
2. 물품의 사용 경위
3. 물품의 상태
4. 물품의 기증, 불용 사유
5. 기증시 기증기관의 선정 사유

⑤ 유형자산의 불용결정은 다음 각 호에 해당하는 자산을 대상으로 한다.
1. 현재 및 장래에 사용할 가능성 및 필요성이 없는 자산
2. 훼손 또는 마모되어 수리가 곤란하거나 수리하여도 본래의 목적에 사용할 수 없는 자산
3. 수선을 요하는 물품으로서 수선을 하는 것이 비경제적인 자산(잔존가액 보다 수리비가 과다 발생되는 자산)
4. 시설물에서 부수적으로 파생된 물품으로서 사용할 수 없는 자
5. 「법인세법」에서 정한 내용연수가 경과하지 아니한 자산으로서 자산 상태를 고려하여 계속 사용이 곤란하다고 판단되는 자산
6. 망실 등 기타 사유로 주관부서에서 필요하다고 인정하는 자산

제39조【매각방법】

① 매각품의 잔존가액의 총액이 500만원 이상인 물품에 대해서는 온비드(한국자산관리공사 사이트)를 통하여 일반경쟁 입찰이나 경매를 통해 매각할수 있으며, 매각물품이 2회 이상 유찰시에는 수의계약을 할 수 있다(잔존가액 총액이 500만원 이하인 불용품은 처음부터 수의계약 할 수 있다).

② 제 1항에 불구하고 긴급을 요하는 자산의 매각이나, 공사성 자산, 자산의 핵심 물품의 고장, 손실, 멸실 등으로 인한 고철매각 등은 즉시 매각할 수 있다.

③ 불용품을 매각하는 경우의 예정가격은 공인감정기관의 감정평가가격을 기준으로 하여 정한다. 다만, 감정비용이 잔존가액을 초과할 것으로 예상되거나 감정평가기관의 감정이 곤란한 불용품에 관해서는 계약대상자 또는 제3자로부터 견적서를 받아 예정가격을 정할 수 있다.

제40조【보관 및 처리】

① 불용품 및 폐품은 일정한 장소에 보관하고, 불용품 및 폐품내역을 상세히 관리하여야 한다.

② 불용품 및 폐품의 처분은 발생 즉시 처분함을 원칙으로 하되 업무의 효율성을 위하여 분기별 또는 반기별로 처분할 수 있다.

제42조 【실태조사 및 지도감독 】

주관부서는 수시로 소관부서의 불용품 및 폐품의 관리 실태와 처분결과를 조사 파악하고 감독하여야 한다.

제 7장 불용품 처분 심의 위원회

제43조 【구성】
① 제 38조 제3항에 의한 불용품 처리 심의위원회는 아래와 같이 구성한다.
  1. 위원장 : 경영관리이사
  2. 위　원 : 경영지원실장, 마케팅실장, 영업본부실장
  3. 간　사 : 주관부서장
② 제1항의 위원이 사고가 있을 때에는 소속부서의 차하위직급자 혹은 직제순으로 그 직무를 대리한다.

제44조 【심의 및 의결절차】
① 불용을 하고자 하는 소관부서에서는 불용대상품에 대해 주관부서와 불용방법에 대해 협의를 실시한다.
② 심의 결과는 불용품의 품의서에 첨부하여 진행한다.
③ 불용자산의 성격에 따라 소집심의 및 서면심의로 나누어 심의할 수 있다.
④ 위원회는 위원장 포함 재적위원 과반수의 출석으로 개폐하고, 재적위원 과반수의 찬성으로 의결한다.

부　　칙

제1조 【시행일】
이 규정은 20　년 ○○월 ○○일부터 시행한다.

【 서식 1 】

고정자산관리대장

자산번호	계정과목	관리부서	취득일자	품 명	세부내역		내용연수	수량	단가	취득가액
					모 델	규 격				

【 서식 2 】

자 산 이 력 카 드

자산번호				소 관 부 서 :	
품 명		규격 및 모델		용 도	
제작회사		제작년월일		취득가액	
구 입 처		취득년월일			

	년 월 일	설 치 장 소	비 고	사 진
이 력				

제 원	부 속 기 기

【 서식 3 】

부 외 자 산 관 리 대 장

(단위 : 원)

취득 및 인수 자산							처분 및 이관 자산			보유(잔여)자산		비 고	
자산번호	취득(인수)일	보관부서	품 목	단가	수량	금 액	처분(이관)일	수량	금액	수량	금 액	취득방법	예산과목

【 서식 4 】

재물조사서(고정자산,토지)

자산번호	소재지	장부상 지적	취득시기	취득원가	점 검 사 항		
					등기명의	공부상의지적	상태

【 서식 5 】

재물조사서(고정자산,건물)

자산번호	구조	소재지	면적	취득일	취득원가	점 검 사 항		
						등기명의	공부상지적	관리현황

【 서식 6 】

재물조사서(유형자산)

자산번호	품명	장소	단위수량	취득일	취득원가	점 검 사 항	
						수량	관리현황

【 서식 7 】

재물조사서(무형자산)

자산번호	품명	장소	단위 수량	취득일	취득원가	점 검 사 항	
						수량	관리현황

【 서식 8 】

취 득 보 고 서

자산번호		품 명		본부명		소관부서명	
보관장소		규격 및 모델					
등 기 규 격		제 작 회 사 명		제 작 년 월 일		제 작 번 호	
취득년월일		단 가		수 량		총 액	
감 가 상 각 내 용		부 속 시 설				취득에 관한 참고사항	
내 용 년 수		내 역		단가	수량	금액	
잔존가액(%)							
상 각 개 시							
상 각 종 료							
작성일자		부 서 장		성 명 :		(인)	

【 서식 9 】

취 득 통 보 서

1. 자산과목 :

2. 품　　명 :

3. 취득단가 :

4. 취득금액 :

5. 취 득 일 :

6. 제 조 원 :

7. 규격 및 수량 :

8. 용　　도 :

9. 설치장소 :

10. 소관부서 :

11. 비　　고 :

　　　　신규 수증한 자산의 현황을 위와 같이 제출합니다.

　　　　　　　　　　200 년 월 일

　　　　　　　　　　　　　　부서장　　　　　　(인)

【 서식 10 】

이 동 신 청 서

자산번호		품명		모델명			
이 동 전		이 동 후		이 동 사 유		조치사항	조치결과
의뢰부서			작성:	검토:	승인:		
승인부서			작성:	검토:	승인:		

【 서식 11 】

물 품 반 출 신 청 서

결재	팀원	팀장

자산번호	품 명	규 격	수 량	비 고
반출사유 :				

위 물품을 반출하고자 하오니 허락하여 주시기 바랍니다.

년   월   일

신청인 : 소속   성명   (인)

반입확인			
일 자	소 속	성 명	확 인

【 서식 12 】

손 망 실 보 고 서

수신 :

자산번호	품 명	규 격	수 량	단 가	비 고
손망실 사유(6하원칙에 의거 상세히 기입할 것)					

위와 같이 손망실을 보고합니다.

2006년 월 일

팀   명 :
사 용 자 :   (인)
소관 부서장 :   (인)

【 서식 13 】

손 망 실 변 상 보 고 서

1. 보고 년 월 일	2. 보고번호 :	3. 부서명:

4. 손망실구분 :			
손 망 실	재고조사	천재지변	사고파괴

5. 손망실물자 :

자산번호	품 명	규 격	수 량	장부상손망실가격		실지손실가격	
^	^	^	^	단 가	금 액	단 가	금 액

6. 손망실의 개요설명

7. 변상의무자의 증명

　　본인은 아래와 같이 증명하고 날인함.
　(1) 본인 성명을 기입한 횡란에 기입한 금액은 공정하며 본인의 변상채무
　　　이행의 의무를 인증함.
　(2) 당해변상금은 　　．　．．까지 일시변상하겠음.
　　　(또는 　．．부터 　．．．까지
　　　매월 ₩ 　　을 분할 변상하겠음)

　　소 속: 　　　성명 　　　금액 　　　　　날인

8. 손망실발생부서장 확인	9. 소관부서장 확인
．． 직위　　성명　　　　㊞	．．． 직위　　성명　　　　㊞

【 서식 14 】

불 용 자 산 통 보 서

사용부서 :	결재	팀 원	팀 장
작성일자 :			

자 산 번 호	품 명	규격 및 모델	제작회사

취득일자		취득가액		장부가액	

불 용 사 유	
자 산 상 태	
불 용 예 정 일	
특 기 사 항	
소관부서 검토의견 확 인 :	

주관부서 판정의견 확 인 :

【 서식 15 】

처 분 보 고 서

자산번호		모델명		본부명		소관부서명	
품 명		규 격		보관장소			
등 기 규 격			제작회사명	제작년월일		제 작 번 호	
취득년월일		단 가		수 량		총 액	
제 각	제각일자		제각번호	제 각 비		충 당 금	
처 분	처분일자		처분근거	처분가액		처분손익	
감 가 상 각 내 용			비 고				
내 용 년 수							
잔존가액(%)							
상 각 개 시							
상 각 종 료							
작성일자			본 부 장	성 명 :			(인)

【 서식 16 】

불용자산 처분 심의 위원회

구 분	위 원	위 원	위 원	위 원	위 원	위원장
직명(명)						
가						
부						

년	제	차
안 건 번 호	제	호
심 의 일 자	. . .	

건명 :

제 출 부 서	점 (팀)
제 출 일 자	

1. 의결주문 :
3. 추진배경 및 목적 :
4. 물건정보

구 분	자산번호	수량	취득일	취득금액	잔존가액	물품상태
자산명						

5. 불용방법 :
6. 불용, 기증사유 :
7. 기증기관의 선정사유
8. 주요골자 :
9. 근거자료 및 참고자료

【 별표 1 】

관리필증

관리필증	
자산번호	
취득일자	
자 산 명	
소관부서	
부천(주)	

40mm × 50mm

【 별표 2 】

자 산 별 관 리 번 호 표

○ 과목별 번호

계 정 별	번 호	비 고
토 지	01	
건 물	02	
구 축 물	03	
시 설 장 치	04	
차 량 운 반 구	05	
비 품	06	-일반 06-1 -게임 06-2
부 외 자 산	07	
영 업 권	08	
산 업 재 산 권	09	
기타무형자산	10	
투 자 자 산	11	

※ 예 시 (토지를 2019년에 첫 번째로 구입하다)
 - 과목별번호-년도(OO)-000001 (01-19-000001)

【 별표 3 】

고 정 자 산 분 류 표

대 분 류	중 분 류	소 분 류
유형자산	토 지	대지, 임야, 전답, 잡종지
	건 물	건 물
	구 축 물	토목 또는 공작물
	시설장치	실내건축설비
		기계설비
		전기/통신
		영상/음향
		주방설비
		전산설비
		기 타
	차량운반구	자동차
	비 품	일 반
		게 임
무형자산	영 업 권	
	산업재산권	특허권, 실용신안권 등
	기타의 무형자산	도메인 등
투자자산		보증금, 골프회원권

제6부
급여관리

제1장
출근부의 관리

1. 개 요

근태관리대장은 임직원의 근태에 관한 사항을 파악하고 관리하며 통제하기 위해 작성하는 문서이다. 일별로 직원의 이름을 기재하고 출퇴근 현황을 기록하면 된다. 근태관리대장을 작성하면 임직원의 근태 사항을 총괄적으로 파악할 수 있어 근무 질서를 유지할 수 있고 인사 관리의 적정성을 도모할 수 있는 장점이 있다. 일반적으로 기업에서는 종업원의 효율적인 근태관리를 위하여 다음과 같이 근태관리자를 둔다.

- 근태관리총괄책임자 : 인사담당부서장
- 근태관리책임자 : 부서장
- 근태관리담당자 : 각 부서의 주무부장

따라서 근태관리자는 소속부서 직원에 대해서 다음과 같은 사항을 관리하고 직원의 근태관리 이행상태를 수시로 감독하고 점검해야 한다.

- 직원의 결근 및 지각
- 직원의 출장 및 출장 취소
- 직원의 휴가·병가·공가·특별휴가
- 직원의 근무시간 중 외출 및 조퇴
- 교대근무자의 근무편성
- 근무시간의 변경 시 근무자 편성
- 부업종사자의 근무시간 중 부업
- 기타 근태에 준하는 사항

2. 출근부의 관리

전산화된 기업 환경에 맞추어 출근부를 수작업으로 관리하기보다는 IC카드, 지문인식, 홍채인식 등의 방법으로 관리하고 있다. 여기서는 IC카드를 이용한 출근부 관리방법에 대해서 설명하고자 한다.

1) 출근

직원은 업무시작 시간 전에 출근하여 시작시간에 근무를 개시할 수 있도록 준비하며, 출근할 때에는 출근부 또는 (전자)타임카드에 자신이 서명 날인 또는 전자체크에 의하여 그 확인을 받는다.

2) 퇴근

(1) 직원은 업무시간이 종료된 이후에 퇴근을 하여야 하며, 근무 형태별 실정에 따라 직원에게 퇴근 시간을 서명 날인 또는 전자체크 한다.
(2) 퇴근할 때에는 서류, 집기, 비품, 공구, 원재료, 제품 등을 정리하여 소정 장소에 보관하여야 한다.
(3) 퇴근 후 사무실에 용무가 있는 경우에는 경비실의 확인(소속, 성명, 입출시간, 용건 등을 기재 후 서명날인)을 받은 후 입실할 수 있으며, 퇴실 시 경비실에 통보하며, 경비실에서는 반드시 시건장치를 확인한다.

〈출·퇴근카드 사용방법〉
① 개인에게 지급한 출·퇴근카드에 반도체칩이 내장되어 있어 카드기 위에 직접 터치하면 삐~ 소리가 나면 확인이 된 것이다.
② 출·퇴근 시 본인이 직접 카드기가 출근 및 퇴근으로 전환되어 있는지를 확인한 후 체크하며, 본인 이외에 타인으로 하여금 체크하여 적발된 경우에는 인사고과 및 상황에 따른 징계처리를 하며, 체크를 의뢰한 자는 결근으로 처리한다.
③ 출·퇴근카드를 분실하거나 가지고 있는 않은 경우에는 09:00시 까지는 경비원 입회하에 출근부에 직접 서명날인하며, 09:00시 이후에는 기획·총무부에서 출근부에 직접 서명날인하며, 체크한 시각을 출·퇴근으로 인정하되 시간을 소급하여 적용하지는 않는다. 다만, 18:00시 이후 퇴근자, 시간외 근무자 및 교대 근무자는 경비원의 입회하에 출근부에 직접 서명날인 후 퇴근한다.
④ 출장, 조퇴, 외출을 하는 경우에도 사유 등을 기재한 후 경비실에 경비원의 입회하에 서명날인한다.
⑤ 출·퇴근 카드를 분실 시 개인이 비용을 부담한다.

3) 결근

(1) 직원이 질병, 기타 부득이한 사유로 결근 할 때에는 사전에 결근계를 제출하여야 한다. 다만, 긴급, 기타 불가피한 사유로 사전 제출하지 못 하였을 때에는 유선(본인 또는 가족 구성원이 당일 오전 9시까지 전화 또는 팩스로 소속부서장에게 대리 제출 가능) 통보 후 사후에 지체 없이 이를 제출하여야 하며, 이 경우에도 사고일지를 작성한다.
(2) 늦어도 당일 오전 10:00시 까지 결근계가 도착하지 않으면 무단결근으로 처리한다.
(3) 질병으로 인하여 결근을 하고자 할 때에는 사전에 결근계를 제출하여야 하며 사전 신고 할 여유(7일 이상 결근을 요할 때는 의사의 진단서 첨부)가 없을 때에는 사후에 지체 없이 신고한다. 단, 결근계가 도착하지 않으면 무단결근으로 처리한다.
(4) 회사에서는 직원이 결근 등을 하였을 때에는 다음 사항을 확인한 후 사고일지를 작성한다.
　① 결근일자 및 시간
　② 사유
　③ 본인 통보여부
　④ 확인자 및 상대자
　⑤ 기타사항
다만, 확인 시 부서장 이상의 직원은 기획·총무부에서 확인하며, 부서장 이하 직원은 소속 부서장이 확인, 기록 후 사고일지를 기획·총무부에 제출한다.

4) 지각 및 조퇴, 외출

(1) 지각이라 함은 업무시작 시간 후 2시간 이내에 출근(10:00시 까지 지각계 미제출자는 결근처리)함을 말한다.
(2) 조퇴는 업무시작 시간으로부터 4시간 경과 후 업무종료 시간 이전(12:00시 이후 가능) 퇴근함을 말한다.
(3) 직원이 지각 하였을 때에는 즉시 부서장에게 지각 사유를 신고(지각계) 하여야 하며, 질병·기타 부득이한 사유로 조퇴를 하고자 하는 직원은 조퇴계를, 근무 시간 중에 외출하고자 할 때에는 공·사무를 불문하고 사전에 외출계를 제출하여 회사의 허가를 받아야 하며, 조퇴 및 외출 시 경비실에서 확인을 받은 후 실시한다.

5) 연장근무(시간외 근무)

⑴ 회사는 직원과 협의 후 연장근무를 명할 수 있다.
⑵ 연장근무명령에 의하여 근무한 자에 대하여는 연장근무(시간외 근무)수당을 지급한다.
⑶ 업무상 부득이한 사유로 연장근무 시 소속부서에서는 사전에 연장근로근무신청서를 작성하여 내부결재 후 기획·총무부서에 연장근로근무신청서를 퇴근 전까지 제출하다. 다만, 긴급, 기타 불가피한 사유로 사전 제출하지 못 하였을 때에는 유선 또는 팩스로 기획·총무부서에 통보 후 익일 09:00시 까지 제출한다.
⑷ 소속부서에서는 연장근무에 대하여 관리감독을 한다.

6) 근태계 제출

⑴ 근태계 제출
  ① 부득이한 사유로 결근, 지각, 조퇴를 할 경우에는 사전에 근태계를 제출한다.
  ② 부득이한 사유로 사전제출이 어려울 경우, 24시간 이내 연락 후 지체 없이 근태계를 제출하여야 한다(결근의 경우).
  ③ 7일 이상 질병으로 인한 결근 시 진단서를 첨부하여야 한다.
⑵ 근태결과의 반영
  ① 지각·조퇴의 누계는 상여금, 인사고과, 징계, 상훈, 후생복지, 교육 등의 개인적 인사고과에 반영한다.
  ② 지각 및 조퇴는 1개월 동안 3회일 경우, 1일 유계 결근으로 간주하며 월 3회 이상 조퇴 시에는 급여 지급 시에 반영한다(예: 휴일 8시간 공제 등). 단, 이러한 결근은 년·월차 휴가에 영향을 미치지는 않으나 인사고과에는 반영한다)
  ③ 무단결근자는 제수당의 일부 또는 전부를 지급 중지할 수 있다.
  ④ 근무지 이탈자는 상황에 상당하는 징계처리를 할 수 있다.

7) 휴가

⑴ 직원이 특별휴가, 년·월차휴가, 생리휴가 등을 실시할 경우에는 최소한 1일전에 휴가계를 반드시 제출하여야 한다. 다만, 긴급, 기타 불가피한 사유로 사전 제출하지 못 하였을 때에는 유선(당일 오전 09시 까지 전화 또는 팩스로 소속부서장에게 대리 제출) 통보 후 사후에 지체 없이 이를 제출하여야 하며, 유선 등으로도 미 통보 시에는 무단결근으로 처리한다.
⑵ 하기휴가 등은 단체협약서 및 취업규칙에 의거하여 실시한다.

(3) 휴가계의 제출
　① 사전에 휴가계에 의해 소속부서장 허가 경유하여 기획·총무부서장에 신고한다.
　② 연·월차휴가를 이용하고자하는 자는 소정의 절차에 의하여 1일전까지 청구하여야 한다. 단, 부득이한 사유가 있을 경우에는 그러하지 아니한다.

8) 업무출장

(1) 업무출장은 사전에 출장명령서의 내부결재를 득한 후에 실시하며, 승인된 출장명령서는 기획·총무부에 제출한다.
(2) 업무출장 기타용무로서 회사 이외의 장소에서 근무할 경우에는 1일 8시간 근무한 것으로 간주한다. 단, 부서장이 미리 별도의 지시를 한 경우에는 그렇지 않다.
(3) 업무출장자에게는 여비, 숙박비 외 기타경비를 실비에 충당할 수 있도록 지급한다.
(4) 업무출장 후 회사에 복귀하였을 때에는 2일 이내에 출장복명서를 제출하여야 한다. 다만, 기밀에 속하는 사항 또는 간단한 사항은 승인을 득한 후 구두로 보고할 수 있다.

일일 근태보고서

담당	검토	검토	승인

20X8년 3월 부서별 근태현황 (000부서)

출근 ● / 결근 ◎ / 조퇴 ▲

직급	성명	1 수	2 목	3 금	4 토	5 일	6 월	7 화	8 수	9 목	10 금	11 토	12 일	13 월	14 화	15 수	16 목	17 금	18 토	19 일	20 월	21 화	22 수	23 목	24 금	25 토	26 일	27 월	28 화	29 수	30 목	31 금	출근	결근	조퇴
부장	홍길동																																		

6부 급여관리

월별 근태보고서

담당	검토	검토	승인

20X8년 부서별 근태결과 보고 (000부서)

직급	성명	1월	2월	3월	4월	5월	6월	7월	8월	9월	10월	11월	12월	출근 ● / 결근 ◎ / 조퇴 ▲		
부장	홍길동															

복무관리 규정(일부 발췌)

제3장 근무시간

제15조(근무시간)
① 임직원의 근무 시간은 3월 1일부터 익년2월말까지 09:00부터 18:00시까지로 하며, 토요일은 소속 임직원을 휴무하게 할 수 있다.
② 중식 시간은 12:00시부터 13:00시까지로 한다.

제16조(시간외 근무 및 휴일근무)
① 부서장은 업무 수행 상 긴급을 요한다고 인정할 때에는 전조의 규정에 불구하고 근무시간외 근무를 명하거나 휴일의 근무를 명할 수 있다.
② 시간외 근무 및 휴일 근무수당의 지급에 관하여는 따로 정하는 바에 의한다.
③ 〈삭제〉

제17조(근무시간 변경) 부서장은 업무 사정에 따라 제15조의 근무시간을 변경하여 실시 할 수 있다.

제4장 출근 및 결근

제19조(출근부의 비치)
① 모든 임직원은 근무 시간 전까지 출근하여 자기의 출근부에 직접 날인 또는 서명하여야 한다.
② 경영지원부는 출근부를 매월 점검한 후 다음 구분에 의하여 이를 비치 관리하고 정리하여야 한다. 다만, 필요한 때에는 부서별로 따로 비치 관리할 수 있으며 부서장이 필요하다고 인정하는 경우에는 근무상황부에 의할 수 있다.
 1. 지각
 2. 조퇴
 3. 결근
 4. 출장
 5. 연가
 6. 공가
 7. 병가
 8. 경조휴가
③ 출근시 지참(지각)하였을 때에는 직속 상사에게 그 사유를 신고하여야 한다.

④ 근무시간 전까지 출근할 수 없을 때에는 미리 신고하여야 하며, 부득이한 사유로 사전휴가를 얻지 못하고 출근하지 못하였을 때에는 당일 오전까지 신고하여 지체없이 사후승인을 얻어야 한다.
⑤ 전항의 수속을 밟지 아니한 결근자는 무단결근으로 본다.

제20조(결근)
① 임직원이 질병 기타의 사유로 출근할 수 없을 때에는 사전에 결근계를 제출하여 승인을 받아야 한다. 다만, 긴급 불가피한 사유로 인하여 사전에 승인을 받을 수 없을 때에는 부서장이 대리 신청 또는 사전에 지체 없이 승인을 받아야 한다.
② 질병으로 7일 이상 계속 결근할 경우에는 의사의 진단서를 첨부하여야 한다.
③ 사전의 수속을 밟지 아니한 결근자는 무단결근자로 본다.

제21조(조퇴 및 지각)
① 임직원이 질병 기타 사유로 퇴근시간 전에 조퇴하고자 하거나 익일 늦게 출근할 사유가 있을 경우에는 미리 소속 부서장의 사전 승인을 받아야 한다.
② 지각 3회를 결근 1일로 본다.
③ 조퇴 및 외출을 합한 8시간을 결근 1일로 본다.

제22조(외출) 임직원이 근무시간 중 외출하고자 할 때에는 외출부에 의하여 소속 부서장의 허가를 받아야 한다.

제23조(퇴근시의 보안관리) 임직원이 퇴근할 때에는 담당 미결서류는 반드시 지정된 장소에 보관하여야 하며 기타 보안관리에 철저를 기하여야 한다.

제6장 휴일 및 휴가

제39조(주휴일) 일요일은 주휴일로하고 유급으로 한다. 다만, 전 주간 출근 하지 아니한 임직원은 무급으로 한다.

제40조(휴일) 휴일은 다음과 같다.
1. 일요일
2. 국경일
3. 공휴일
4. 기타 정부 또는 사칙에 의거 특별히 정한 공휴일

제41조(휴가) 임직원의 휴가는 연가, 공가, 병가, 경조휴가 및 특별휴가로 구분하여 사전에 부서장의 허가를 얻어야 한다.

제42조(연가)
① 부서장은 업무상 지장이 없는 범위 내에서 당해 임직원의 근무년수에 따라 21일 이내의 연가를 줄 수 있으며 연가 일수가 7일을 초과하는 자는 특별한 사유가 없는 한 2회 이상으로 분할하여 허가한다.
② 직원의 연가에 관한 세부 사항은 이를 따로 정한다.

제43조(공가) 임직원이 다음 각 호 1에 해당할 때에는 필요한 기간의 공가를 허가할 수 있다.
1. 병사관계로 근무할 수 없을 때
2. 직무에 관하여 국회, 법원, 검찰, 기타 국가기관에 소환되었을 때
3. 법률의 규정에 의하여 투표에 참가하려 할 때
4. 천재지변, 교통차단, 기타의 사유로 출근이 불가능할 때

제44조(병가)
① 임직원이 다음 각 호 1에 해당할 때에는 연 누계 2개월의 범위에서 병가를 허가할 수 있다.
1. 질병 또는 상해로 인하여 집무를 수행할 수 없을 때
2. 전염병의 질환으로 인하여 그 직원의 출근이 다른 직원 건강에 영향을 미칠 우려가 있을 때
② 병가일이 7일 이상일 때에는 의사의 진단서를 첨부하여야 한다. 단, 부서장은 의사 진단서의 진위가 불명확하다고 인정될 때에는 종합병원의 진단서를 제출케 할 수 있다.
③ 부서장은 임직원이 직무상 질병 또는 부상으로 인하여 직무를 수행할 수 없거나 요양을 요할 경우에는 연 6월의 범위 안에서 병가를 허가할 수 있다.

제45조(경조휴가)
① 임직원에 대한 경조사별 휴가는 본인의 원에 의하여 〈별표 1〉과 같이 구분 허가한다.
② 경조사별 휴가를 실시함에 있어 원격지일 경우에는 실제 필요한 왕복 소요일 수를 가산 할 수 있다.

제46조(특별휴가) 특별휴가는 포상이나 특별한 사유를 부서장이 인정할 때에 한하여 허가 할 수 있다.

제46조의2(공로연수)
① 20년 이상 근속(휴직기간 제외)한 임직원에 한하여 공로연수(퇴직준비휴가)를 허가 할 수 있다.

② 공로연수는 정년퇴직 전 1년의 범위 안에서 허가함을 원칙으로 한다. 단, 부서장의 결재에 따라 연수시기를 조정할 수 있으며, 연수기간은 최대 2년의 범위 안에서 연장 할 수 있다.

제47조(휴가일수의 계산)
① 휴가 기간 중의 공휴일은 당해 휴가일수에 산입하지 않는다.
② 제45조 및 제46조에 의한 휴가를 실시함에 있어서 원격지일 경우는 실제 필요한 왕복 소요일수를 가산 할 수 있다.
③ 이 규정이 정한 휴가일수를 초과한 휴가는 결근으로 한다.

제47조의 2(휴가의 절차)
① 임직원이 휴가를 받고자 할 때에는 소속 부서장의 허가를 받아야 한다. 다만, 긴급한 경우에는 당일 정오까지 소정의 절차를 취하여야 하며, 이 경우에는 다른 임직원으로 하여금 이를 대행하게 할 수 있다.
② 전항 본문의 허가에는 사전에 경영지원부와 협의하여야 한다.

제7장 출장

제48조(출장) 임직원이 공무로 출장할 때에는 경영지원부로 출장신청서 〈별지5〉를 제출한다.

제49조(출장명령) 출장의 용무를 마치고 귀임 하였을 때에는 〈별지7〉의 복명서를 작성하고 소속부서장에게 보고한다. 다만, 경미한 사항 또는 비밀유지가 요구 되는 사항은 구두로 복명할 수 있다.

제8장 휴직

제50조(휴직) 임직원의 휴직의 사유는 정관 제38조에 의한다.

제51조(휴직기간) 임직원의 휴직기간은 정관 제39조에 의한다.

제51조의 2(근속 통산기간)
① 휴직기간은 별도 규정이 없는 한 근속년수에 산입하지 않는다.
② 정관 제38조 제2호 및 제4호의 휴직기간과 공상으로 인한 휴직기간은 근속년수에 산입한다.

제51조의 3(휴직 임직원의 신분) 휴직자의 신분은 정관 제40조에 의한다. 다만, 휴직 중 허가 없이 타직업에 종사하였을 때에는 그 직업에 종사할 날로부터 퇴직한 것으로 한다.

제52조(휴직의 효력)
  ① 휴직중인 임직원은 신분은 보유하나 직무에 종사하지 못한다.
  ② 휴직기간 중 그 사유가 소멸될 때에는 30일 이내에 임용권자에게 신고하여야 하며 당해 임명권자는 지체없이 복직을 명하여야 한다.

제53조(복직) 휴직 임직원의 복직은 정관 제40조 제2항 및 제3항에 의한다. 다만, 휴직기간 만료 후 1개월 이내에 복직신고를 아니하는 자는 복직의 의사가 없는 것으로 간주하여 임용권자는 직권으로 해직 할 수 있다.

제10장 퇴직 및 정년

제58조(사직원) 임직원이 사직하고자 할 때에는 14일전에 사직원을 제출하여야 한다.

제59조(퇴직) 임직원이 다음 각 호 1에 해당하는 때에는 퇴직으로 처리한다.
  1. 사직원이 수리되었을 때
  2. 임용 또는 고용 계약기간이 만료되어 재계약이 이루어지지 아니한 때
  3. 사망하였을 때
  4. 정년이 달하였을 때
  5. 해임 등이 규정에 의하여 퇴직으로 간주할 때
  6. 명예퇴직을 하였을 때

제60조(정년) 임직원의 정년은 임용규정 제43조에 의한다.

제61조(해직) 임직원으로서 다음 각 호 1에 해당할 때에는 이를 해직할 수 있다.
  1. 형사상의 유죄판결이 확정되었을 때
  2. 법에 의하여 공민권이 정지 또는 박탈되었을 때
  3. 금치산, 한정치산 또는 파산선고를 받았을 때
  4. 신체장애 또는 정신 이상으로 직무를 감당할 수 없다고 인정될 때
  5. 인사위원회의 결의가 있을 때
  6. 회사 형편상 감원이 부득이할 때

제62조(해임의 예고) 회사의 사정에 의하여 해직하는 경우에는 30일전에 예고하여야 하며 이를 하지 아니한 때에는 30일분의 통상임금을 지급한다.

제63조(적용 제외) 다음 각 호 1에 해당하는 자에게는 해고 예고를 하지 아니한다.
  1. 일용 근로자로서 3개월을 계속 근무하지 아니한 자
  2. 2개월 이내의 기간을 정하여 채용된 자
  3. 수습 기간 중인 자로서 3개월 미만인 자

제2장
급여대장관리

1. 급여대장의 개요

급여는 회사 등에 고용이 되어 근로를 제공하고 그에 대한 대가로 지급받는 금액을 말한다. 급여명세서는 개인의 기본 급여와 상여금, 각종 수당, 공제내역(소득세, 4대 보험료 등) 등을 구분하여 기재한 것이고 급여대장은 회사 전 사원의 급여 명세를 목록으로 작성한 것을 말한다. 급여대장에는 직책, 성명을 기록하고, 기본급, 수당, 상여금, 차량보조금, 식대 등 급여와, 소득세, 주민세, 연금, 산재보험등 공제액을 기록하여 차감수령액을 기록한다.

1) 급여대장의 특성

매월 급여일에 근로자에게 급여명세서를 배부하고 급여에 대한 계산내역인 급여대장을 작성하여 3년간 보관해야 한다. 급여대장은 회사에서 근로자에게 지급한 임금, 상여금, 각종 수당을 종합하여 작성한 내역서를 말한다. 기업은 급여를 일정한 날을 정하여 지급하게 되는데 이 경우 세법 또는 각종 규정에 의하여 일정한 공제액을 원천징수(차감)하고 그 잔액에 대하여 지급하게 된다. 급여대장에는 지급한 기본 급여와 상여금, 퇴직금, 제 수당 및 소득세, 주민세, 4대 보험(고용보험, 산재보험, 건강보험, 국민연금) 등 공제 금액을 모두 기재해야 한다.

2) 급여대장의 서식

근로기준법에서는 사용자가 각 사업장별로 임금(급여)대장을 작성하고 임금과 가족수당 계산의 기초가 되는 사항, 임금액, 그 밖에 대통령령으로 정하는 사항을 임금으로 지급할 때마다 적어야 한다고 규정하고 있다. 급여대장의 구성항목은 ① 성명, ② 주민등록번호, ③ 고용 연월일, ④ 종사하는 업무, ⑤ 임금 및 가족수당의 계산기초가 되는 사항, ⑥ 근로일수, ⑦ 근로시간 수, ⑧ 연장근로, 야간근로 또는 휴일근로 시간, ⑨ 기본금, 수당, 그 밖의 임금의 내역별 금액, ⑩ 근로기준법 제43조 제2항 단서에 따라 임금의 일부를 공제한 경우에는 그 금액을 포함하여야 한다.

급여대장

관리번호 :

성명	생년월일	기능 및 자격	고용연월일	종사업무	임금계산기초사항		가족수당 계산기초사항		그 밖의 임금 계산기초사항		
					기본시간급	기본일급	기본월급	부양가족수	1인당 지급액	현금	현물
											품명 / 수량 평가액

구분 / 월별	근로일수	근로시간수	연장근로시간수	휴일근로시간수	야간근로시간수	기본급	여러가지 수당				임금계산기초사항		공제액	영수액	계산시간 영수인
							가족수당	연장근로수당	휴일근로수당	야간근로 보수당		총액			

3) 급여대장의 작성 및 보관

사용자는 각 사업장별로 급여대장을 작성하고 임금과 가족수당 계산의 기초가 되는 사항, 임금액, 그밖에 대통령령으로 정하는 사항을 임금으로 지급할 때마다 작성하고 근로기준법에 의거하여 최소 3년간 보존해야 한다.

4) 급여대장 작성 시 유의사항

급여대장은 근로기준법에서 정한 기본적인 근로조건의 기준을 준수하면서 공정하고 명확한 기준에 의하여 신뢰성 있게 작성해야 한다.

(1) 서식에 맞추어 작성

근로자의 신상명세인 성명, 소속, 사번, 직위, 호봉 등의 항목을 구분하여 기재한다. 그리고 급여내역과 공제액명세 등을 순서에 따라 차례대로 작성한다. 특별히 쓰는 순서가 정해져 있지 않지만 대개 근로자의 인적사항을 제일 먼저 적는 것이 일반적이다.

(2) 분류와 통계처리가 편리하도록 작성

기본급과 식대, 차량유지비, 직책 수당 등의 기본 급여 및 제 수당을 기재한 후 지급합계액을 작성한다. 다음에는 소득세, 주민세, 국민연금, 건강보험, 고용보험, 산재보험 등 공제 및 차감지급액을 기재한 후 공제 합계를 기재하면 된다. 특별히 정해진 순서가 없으므로 분류와 통계처리가 편리하게 만들어 사용하면 된다.

(3) 근로소득 간이세액표의 적용

간이세액표는 원천징수의무자가 근로자에게 매월 급여를 지급하는 때에 원천징수해야 하는 세액을 급여수준 및 가족수 별로 정한 표이다. 간이세액표는 근로소득공제, 기본공제, 다자녀추가공제, 특별공제, 연금보험료 공제 및 근로소득세액 공제를 반영하여 계산한 금액이다.

간이세액표에 따라 매월 원천징수한 세액이 근로자가 지출한 보험료, 의료비, 교육비, 주택자금, 신용카드 사용액 등을 반영한 실제 세부담(연말정산시 납부할 세액)보다 큰 경우 연말정산 시 그 차액을 환급받을 수 있으며 실제 세부담 보다 적으면 그 차액을 추가 납부해야 한다.

2. 근로소득의 범위

근로소득이란 일반적으로 고용관계 또는 이와 유사한 계약에 의하여 비독립적 인적용역인 근로를 제공하고 그 대가로 지급받은 소득을 말하며, 급여 기타 이와 유사한 성질의 것으로 급여·봉급·급료·세비·상여금 등이 근로소득에 해당된다. 일용근로자는 3개월 미만 근로(건설공사에 종사하는 경우 1년 미만)를 제공하면서 근로를 제공한 날 또는 시간의 근로성과에 따라 급여를 계산하여 받는 근로자를 말한다.

1) 근로소득으로 보지 않는 소득

⑴ 근로자인 우리사주조합원이 출연하거나 증권시장 등에서 매입하여 취득한 자사주를 우리사주조합을 통해 배정받는 경우 소득세 부과 제외
⑵ 사용자가 부담하는 보험료
⑶ 사택을 제공받음으로써 얻는 이익(단, 주주, 또는 출자자인 임원은 제외)
⑷ 사내근로복지기금에서 지급받는 금품
⑸ 퇴직공로금·퇴직위로금은 퇴직소득에 해당함

2) 비과세 소득

⑴ 근로의 제공으로 인한 부상 등과 관련하여 지급받는 배상·보상 또는 위자의 성질이 있는 급여
  ① 법령에 따라 받는 실업급여·육아휴직급여(수당)·산전후휴가급여
  ② 국민연금법에 따라 받는 사망으로 인하여 받는 반환일시금·사망일시금
  ③ 법령에 따라 받는 요양급여(요양일시금)·장해급여(장해보상금)·유족급여 등
⑵ 일정요건을 갖춘 근로자 본인의 학자금
⑶ 월 20만원 이내의 자가운전보조금 등 실비변상적인 성질의 급여
⑷ 국외 또는 북한지역에서 근로를 제공하고 받는 100만원 이내 금액(원양어선, 국외건설은 월 300만원)
⑸ 법에 따라 사용자가 부담하는 부담금
⑹ 생산직근로자 등이 받는 연장시간근로·야간근로·휴일근로수당(월정액이 210만원 이하이며, 직전과세기간 총급여액이 2,500만원인 자에 한해 연간 240만원)
⑺ 식사 또는 월10만원 이하의 식대
⑻ 월 10만원 이하의 출산·6세 이하의 자녀보육비
⑼ 근로장학생이 받은 소득
⑽ 기타(병장급 이하 사병급여, 법률에 동원된 자가 동원된 직장에서 받는 급여 등)

3. 원천징수이행상황신고서 작성 및 보고

1) 작성대상자

원천징수는 소득을 지급하는 경우 실시되는 것으로 원천징수 의무자는 매달 원천징수를 이행한 상황을 해당 관할 세무서에 알릴 의무가 있으며 납부 세액에 상관없이 무조건 제출하도록 규정되어 있다. 원천징수 이행에 따른 상세 내역을 기록하여 현황을 보고하기 위한 문서를 원천징수이행상황 신고서라고 한다. 원천징수에 대한 신고 의무가 있는 대상은 전월 소득에 따른 원천징수 내역을 매달 10일에 신고하여야 하며 원천징수에 따른 납부 신고가 성실하지 못한 경우 가산세가 적용되므로 유의한다. 또한 일용직 근로자의 급여를 지급하는 경우에도 근로소득에 따른 지급 명세서를 제출하는 것이 의무화되어 원천징수에 함께 포함하도록 한다.

2) 작성기준

(1) 월별납부자의 경우

원천징수월이 속하는 달의 다음달 10일까지 신고하여야 하며, 귀속연월이 다른 소득을 같은 월에 함께 지급하여 소득세 등을 원천징수하는 경우에는 원천징수이행상황신고서를 귀속월별로 각각 별지로 작성하여야 한다.

(2) 반기별납부자의 경우

원천징수일이 속하는 반기의 종료월의 다음달 10일, 즉 매년 7월 10일과 1월 10일까지 신고하여야 한다.

3) 작성방법

(1) 원천징수의무자의 법인명과 대표자 성명을 기록하고 사업자등록번호와 사업장 소재지를 기록한다.
(2) 원천징수를 이행한 명세 내역을 상세하게 기록하고 납부 세액을 정확하게 기록한다.
(3) 원천징수 이행에 따른 환급내역이 있는 경우 환급 세액을 계산하여 기록한다.
(4) 원천징수에 대한 신고 내용을 분명하게 기록하였다는 사실을 확인하기 위해 원천징수의무자의 서명 날인을 한다.
(5) 신고서(부표)의 작성 여부를 기록하고 신고서를 대리로 신고하는 경우 세무대리인의 정보 사항을 기록한다.
(6) 원천징수에 따른 환급금액이 발생하는 경우 환급 계좌번호를 기록한다.

임직원보수 규정

제1조(목적) 이 규정은 ○○주식회사(이하 "회사"라고 한다)의 임직원의 연봉제 급여에 관한 사항을 규정함을 목적으로 한다.

제2조(적용) 이 규정의 적용대상자는 회사 임직원으로 한다.

제3조(용어의 정의) 이 규정에서 사용하는 용어의 정의는 다음 각 호와 같다.
1. "보수(급여)"는 임직원이 받은 기본연봉, 성과급, 각종 수당 등을 총칭하고 "보수(급여)총액"은 회계연도에 받는 연봉과 수당 등 총액을 말한다.
2. "연봉제"란 임금을 연단위로 결정하는 임금형태를 말한다.
3. "연봉"이라 함은 기본연봉과 해당 수당을 합산하여 정하는 보수를 말한다.
4. "연봉월액"이라 함은 연봉을 12등분하여 매월 지급하는 보수를 말한다.
5. "기본연봉"이라 함은 직종과 직급에 따른 역할(직무)과 책임도에 따라 경영상황 등을 고려하여 정해진 기준의 범위에서 개인의 경력과 능력, 기여도 등을 종합적으로 고려하여 결정되는 보수를 말한다.
6. "수당"이라 함은 직무여건 및 생활여건 등에 따라 지급되는 보수를 말한다.
7. "일할 계산"이라 함은 연봉월액, 수당 등 월단위로 지급되는 해당 월 지급액을 해당 월의 일수로 나누어 계산하는 것을 말한다.

제4조(계산기간) 연봉의 계산기간은 매년 3월 1일부터 익년 2월 말일까지를 1년으로 한다.

제5조(연봉계약)
① 임용(신규, 재임용, 승진 포함)시 기본연봉은 경영지원부서장이 책정하고, 사장은 책정된 기본연봉과 해당 수당을 합한 연봉을 임용임직원과 계약한다.
② 연봉에 포함하는 수당은 정액급식비, 교통보조비, 주택보조비로 한다.

제6조(연봉조정)
① 연봉조정은 매년 3월 1일 기준으로 조정 시행하며, 대학의 재정상황과 운영 성과 등을 고려하여 산정한다.
② 기본연봉 조정시 직전 회계년도 성과(근무 및 성과평가 결과 등)를 반영할 수 있다.

제7조(정규 임직원외 보수) 비정규직직원 및 일용직의 보수는 매년도 따로 정한다.

제8조(연봉의 지급방법)
① 연봉의 지급은 특별한 사정이 없는 한 매월 18일에 연봉을 12등분한 연봉월액을 지급한다. 다만, 지급일이 휴일인 경우는 그 전일로 한다.
② 면직 또는 급여가 지급되지 아니하는 휴직 등의 경우에는 지급일을 달리 할 수 있다.
③ 연봉월액은 발령일을 기준으로 일할 계산하여 지급한다. 다만, 다음 각 호의 경우에는 해당일이 속한 달의 연봉월액을 지급한다.
1. 병역법 등 법률에 따른 의무를 수행하기 위하여 휴직한 경우
2. 연구 목적 또는 질병으로 휴직한 경우

제9조(결근기간 중의 급여)
① 결근 일수가 해당 직원의 연가 일수를 초과한 직원에게는 연가 일수를 초과한 결근 일수에 해당하는 연봉을 지급하지 아니한다.
② 질병으로 인한 60일 이내의 병가기간은 연봉을 감하지 않는다.
③ 정당한 사유 없이 무단 결근한 기간은 연봉을 지급하지 아니한다.

제10조(휴직자의 급여)
① 신체상·정신상의 장애로 장기요양을 위하여 휴직한 임직원에게는 다음 각 호의 구분에 따라 연봉의 일부를 지급한다. 다만, 공무상 질병으로 휴직한 경우에는 그 기간 중 봉급 전액을 지급한다.
1. 휴직 기간이 1년 이하인 경우: 연봉의 70퍼센트
2. 휴직 기간이 1년 초과 2년 이하인 경우: 연봉의 50퍼센트
② 외국유학 또는 1년 이상의 국외연수를 위하여 휴직한 임직원에게는 그 기간 중 봉급의 50퍼센트를 지급할 수 있다. 이 경우 지급기간은 2년을 초과할 수 없다.
③ 휴직 목적과 달리 휴직을 사용한 경우에는 제1항 및 제2항에 따라 받은 연봉에 해당하는 금액을 징수한다.
④ 제1항 및 제2항에 규정되지 않은 휴직의 경우에는 봉급을 지급하지 아니한다

제11조(직위 해제자의 연봉) 직위해제된 임직원에게는 연봉의 80퍼센트를 지급한다. 다만, 징계의결이 요구 중이거나 형사 사건으로 기소되어 직위해제된 임직원이 직위해제일부터 3개월이 지나도 직위를 부여받지 못한 때에는 그 3개월이 지난 후의 기간 중에는 연봉의 50퍼센트를 지급한다.

제12조(징계처분기간 중의 연봉 감봉) 징계처분에 따른 보수의 감액은 학교법인 한길학원 임용규정 제56조 등에 따른다.
 1. 정직기간은 연봉의 3분의 2를 감한다.
 2. 감봉기간은 연봉의 3분의 1을 감한다.

제13조(퇴직자의 급여) 회사에서 5년 이상 근무한 임직원이 월 중에 15일 이상을 근무한 후 면직되는 경우에는 연봉월액을 전액 지급한다. 다만, 금고 이상의 형을 받거나 파면 또는 해임에 의하여 면직되는 경우에는 그러하지 아니한다.

제14조(겸직자의 급여)
 ① 임직원이 본직 이외의 다른 직을 겸무할 때는 상위 직책의 연봉을 지급한다.

제15조(복직자의 연봉) 휴직한 임직원이 복직한 경우의 연봉은 휴직당시의 연봉으로 한다. 다만, 필요한 경우에는 총장이 조정할 수 있다.

제16조(수당의 지급) 임직원에게 매년 예산의 범위 내에서 필요한 수당을 지급 할 수 있다.

제17조(수당의 종류)
 ① 연봉에 포함하는 수당은 다음 각 호와 같다.
 1. 정액급식비
 2. 교통보조비
 3. 주택보조비
 ② 연봉에 포함하지 않는 수당은 다음 각 호와 같다.
 1. 주차비
 2. 학비보조수당
 3. 가족수당
 4. 책임수당
 5. 초과근무수당
 6. 기타

제18조(가족수당)
 ① 다음 각 호의 1에 해당하는 부양가족에 대하여 가족수당을 지급하되, 3호를 제외한 부양가족은 4인까지만 지급하고, 자녀의 경우 인원수에 상관없이 지급한다. 가족수

당은 예산의 범위 안에서 〈별표2〉에 따라 지급한다.
1. 배우자(단, 이중수혜 금지를 위해 회사 부부임직원은 1인에 한하여 지급한다.)
2. 본인 및 배우자의 60세이상인 직계존속
3. 20세 미만의 자녀
4. 본인 및 배우자의 부모가 사망한 경우 20세 미만의 형제자매
② 제1항에서 부양가족이라 함은 부양의무를 가진 임직원과 주민등록표상 세대를 같이 하는 자여야 한다. 다만, 배우자 및 자녀는 그러하지 아니하다.

제19조(학비보조수당)
① 고등학교에 취학하고 있는 자녀가 있는 임직원에 대하여는 제1기분은 3월, 제2기분은 6월, 제3기분은 9월, 제4기분은 12월의 보수 지급일에 〈별표2〉의 지급기준에 따라 자녀학비 보조수당을 지급한다. 단, 다음 각 호의 1에 해당하는 경우는 지급대상에서 제외한다.
1. 자녀가 법령에 의하여 학비가 면제되는 경우
2. 학비가 무상인 학교에 취학하고 있을 경우
② 제1항에서 "임직원"이라함은 자녀학비 보조수당 지급월 1일 현재 재직하는 임직원(휴직자를 제외한다.)을 말하며 "자녀"라 함은 동일 호적에 있는 자녀를, "학비"라 함은 학교운영지원비와 수업료를 말한다.

제20조(초과근무수당) 다음 각 호의 1에 해당하는 임직원에게는 초과근무수당을 지급할 수 있다.
1. 시간외근무수당 : 규정된 근무시간 외에 근무명령을 받고 근무하는 자
2. 일직수당 : 일직명령을 받고 일직 근무를 하는 자
3. 야간 및 휴일근무수당: 평일 야간 및 휴일에 근무를 하는 자

제21조(성과급) 성과급은 해당 학년도의 근무성적 및 성과를 평가하여 차등 지급함을 원칙으로 하며 그 지급 금액, 시기는 매년 별도로 정한다.

제22조(기타수당) 이 규정이 정하는 수당이외에 정책 및 과제수행에 있어서 공적이 큰 경우나 필요하다고 인정하는 직무에 대하여는 그 직무의 곤란성 또는 책임도에 따라 수당을 지급할 수 있다.

제23조(퇴직금)
① 퇴직금은 근로기준법에서 정하는 방법에 따라 지급한다.
② 명예퇴직 수당은 별도의 규정으로 정한다.

제24조(착오의 정정) 미지급 또는 초과 지급된 보수는 해당 기간 보수를 기준하여 정산하여야 한다.

제25조(세부기준) 이 규정의 시행을 위해 총장이 별도의 세부기준을 정해 시행한다.

제26조(다른 규정과의 관계) 보수에 관해서는 정관 외에 이 규정을 우선 적용한다.

부 칙

제1조【시행일】

이 규정은 20   년 ○○월 ○○일부터 시행한다.

(별표1) 가족수당 지급액

지급기준	지급금액	비고
○ 배우자	40,000원	자녀의 경우 셋째 자녀부터는 월 3만원을 가산하여 지급함.
○ 배우자를 제외한 부양 가족 1인당	20,000원	

(별표2) 자녀 학비보조수당 지급기준

지급 대상	지급 기준
○ 고등학생 자녀를 둔 임직원	수업료 및 학교운영지원비 : 관할청이 매년 2월 중 고시하는 상한액

제3장
4대 사회보험 업무

제1절 4대 사회보험의 개요

사회보험제도는 국민에게 발생한 사회적 위험을 보험방식에 의하여 대처함으로써 국민의 건강과 소득을 보장하는 제도이다. 사회적 위험이란 질병, 장애, 노령, 실업, 사망 등을 의미한다. 이러한 사회적 위험은 사회구성원 본인은 물론 부양가족의 경제생활을 불안하게 하는 요인이 된다. 따라서 사회보험제도는 사회적 위험을 예상하고 이에 대처함으로써 국민의 경제생활을 보장하려는 소득보장제도인 것이다.

우리나라의 4대 사회보험제도는 국민의 노후생활안정을 위한 국민연금제도, 질병과 부상의 위험 및 노인장기요양을 위한 건강보험제도, 근로자위 업무상 재해에 대한 산업재해보상(산재)보험제도, 실업자의 생계지원 및 고용안정을 위한 고용보험제도이다. 4대 보험의 주요특성은 다음 표와 같다.

〈4대 보험의 주요특성〉

구분	국민연금	건강보험	고용보험	산재보험
시행년도	1988년	1977년 (노인장기요양보험 2008.7.1 실시)	1995년	1964년
기본성격	소득보장 장기보험	의료보장 단기보험	실업고용 중기보험	산재보상 단기보험
급여방식	현금급여 소득비례	현물급여 균등급여	현금급여 소득비례	현물-균등급여 현금-소득비례
재정 및 관리	수정적립방식 전체일괄관리	부과방식 이원화 (직장.지역)관리	수정적립방식	순부과방식
관리단위	개인별관리	사업장·세대별 관리	사업	사업장

구분	국민연금	건강보험	고용보험	산재보험
보험료관장	보건복지부장관	보건복지부장관	고용노동부장관	고용노동부장관
자격관리방식	직장·지역 통합관리	직장·지역통합관리	사업별관리 가입자관리	사업별관리 가입자관리
보험료 부과단위	사업장, 지역(개인별)	사업장, 지역(세대별)	사업	사업

1. 국민연금

정부가 직접 운영하는 공적 연금 제도로, 국민 개개인이 소득 활동을 할 때 납부한 보험료를 기반으로 하여 나이가 들거나, 갑작스런 사고나 질병으로 사망 또는 장애를 입어 소득활동이 중단된 경우 본인이나 유족에게 연금을 지급함으로써 기본 생활을 유지할 수 있도록 하는 연금제도를 말한다. 국민연금은 공적 연금으로서 가입이 법적으로 의무화되어 있기 때문에 사(私)보험에 비해 관리운영비가 적게 소요되며, 관리운영비의 상당 부분이 국고에서 지원되므로 사보험처럼 영업 이익을 추구하지 않는다. 현행 국민연금 제도는 부담과 급여의 수준이 일정 기간 불완전 균형을 이루는 수정 적립 방식을 채택해 운용하고 있다.

경제활동을 하는 국민이 노령·폐질 또는 사망 등으로 인하여 소득을 가지지 못할 경우, 본인과 그 가족의 생활안정을 위해 미리 설정한 기준에 따라 장기간에 걸쳐 정기적으로 급여가 행해지는 사회보험 제도. 연금제도는 그 운영 주체에 따라 정부에 의한 공적연금제도와 기업의 사용주에 의한 사적연금 제도로 나누어 볼 수 있는데 국민연금은 공적 연금 제도에 해당된다.

우리나라의 공적 연금제도는 1960년 공무원 연금제도의 도입에서 시작되었으며, 일반 국민을 대상으로 하는 공적연금제도는 1973년에 제정된 '국민복지연금법'을 바탕으로 1986년 12월 31일에 전면 개정한 '국민연금법'에 의해 1988년부터 실시되고 있다.

국민연금법은 국내에 거주하고 있는 60세 미만의 전국민을 적용 대상으로 하고 [단, 공무원연금법·군인 연금법·사립학교교직원연금법의 적용대상자와 저소득계층 등은 제외]. 1인 이상의 근로자를 사용하는 모든 사업장과 사업장가입자가 아닌 지역가입자, 본인의 희망에 의한 임의가입자 등을 대상으로 한다.

국민연금의 재원(財源)은 가입자가 매월 불입하는 보험료로 한다. 보험료는 가입자가 자격 취득시의 신고 또는 정기결정에 의하여 결정되는 기준소득월액에 보험료율(9%)을 곱하여 산정한다. 사업장가입자의 경우는 본인과 사업장의 사용자가 각각 절반(4.5%)씩 매월 부담하고, 지역가입자의 경우는 가입자 본인이 전액 부담한다. 급여의 종류에는 노령연금을 비롯하여 장애연금·유족연금·반환일시금 등 4가지며, 그 수급 자격과 급여 수준은 다음 표와 같다.

〈국민연금의 수급자격과 급여수준〉

급여 종류		수급 자격	급여 수준
노령연금	완전노령	20년 이상 가입 60세에 달한 자	기본연금액의 100%+부양가족연금액
	감액노령	10년 이상 20년 미만 가입한자로 60세가 된 때부터	기본연금액의 50%+(가입 10년 초과 1년 마다)부양가족 연금액
	재직자 노령	10년 이상 가입, 60세 이상 65세 미만 소득이 있는 업무에 종사	수급권자의 연령별로 기본 연금액의 50~90%
	조기노령	10년 이상 가입, 또는 가입했던 자로 55세 이상인 자가 소득이 없는 경우	기본 연금액의 70~94%+부양가족 연금액
	분할연금	혼인기간이 5년 이상인 자 중 연금 수급권자의 배우자였을 경우	배우자였던 자의 노령연금액 중 혼인기간에 해당하는 연금액을 균등하게 나눈 금액
장애연금		가입 중 질병·부상으로 인하여 장애가 발생한 경우, 그 장애가 계속되는 동안 장애 정도에 따라 지급	장애등급 1급·2급·3급·4급에 따라 차등지급 장애등급 1급에 대하여는 기본연금액에 부양가족 연금액을 더한 금액
유족연금		1년 이상 가입자, 10년 이상 가입자였던 자, 노령연금 수급권자, 장애연금(2급 이상) 수급권자가 사망한 때	가입 기간에 따라 기본 연금액의 40~60% + 부양가족 연금액
반환일시금		가입 기간이 10년 미만인 자가 60세가 된 때, 가입자 또는 가입자였던 자가 사망한 때(단, 유족연금이 지급되지 아니한 경우)	가입자 또는 가입자였던 자가 납부한 연금보험료(사업장 가입자의 경우 사용자의 부담금 포함)에 대통령령으로 정하는 이자(정기예금 이자율)를 더한 금액

2. 국민건강보험

일상생활에서 우연히 질병·사고·부상 등이 발생하여 짧은 기간에 고액의 진료비를 지불하게 되면서 가계가 어려움에 처하는 것을 막기 위해 보험원리에 의거하여 국민들이 평소에 보험료를 내고 이를 기금화하여 보험사고가 생겼을 경우 보험급여를 지불하여 국민 서로가 위험을 나눠 부담하고 의료서비스를 제공받도록 하고 있다. 그리고 국민의 질병이나 부상에 대하여 예방, 진단, 치료, 재활, 출산, 사망, 건강증진에 대하여 보험급여를 실시하여 국민보건과 사회보장을 향상시킬 것을 목적으로 한다.

우리나라는 1977년 500인 이상 사업장의 근로자를 대상으로 하여 직장의료보험제도를 처음으로 시행하였다. 1979년 공무원, 사립학교 교직원, 300인 이상 사업장의 근로자, 1988년 농어촌지역 의료보험, 1989년 도시 자영업자를 대상으로 의료보험이 시행되면서 전국민 의료보험시대가 시작되었다. 2008년 7월 1일 부터는 노령화사회 대비를 위하여 노인 장기요양보험이 건강보험제도에 포함되어 시행되고 있다.

3. 고용보험

고용보험은 근로자가 실직한 경우에 생활안정을 위하여 일정기간 동안 급여를 지급하는 실업급여사업과 함께 구직자에 대한 직업능력개발·향상 및 적극적인 취업알선을 통한 재취업의 촉진과 실업예방을 위하여 고용안정사업 및 직업능력개발사업 등의 실시를 목적으로 하는 사회보험의 하나이다.

「고용보험법」은 고용안정 및 직업능력개발사업을 통해 1차적으로는 취업 중인 근로자의 고용안정을 촉진하고, 부득이 실업이 되더라도 2차적으로 실업급여를 지급하고 재취업을 촉진함으로써 근로자의 실업으로 인한 사회·경제적인 어려움을 해소하는 것을 주된 내용으로 하고 있다. 또한 여성근로자들의 고용기회 확보를 위해 직장과 가정생활의 양립을 지원하는 육아휴직급여 및 산전후휴가급여를 실시한다.

고용안정 및 직업능력개발사업은 피보험자 및 피보험자였던 자, 그 밖에 취업할 의사를 가진 자에 대한 실업의 예방, 취업의 촉진, 고용기회의 확대, 직업능력개발·향상의 기회 제공 및 지원, 그 밖에 고용안정과 사업주에 대한 인력확보를 지원하기 위하여 실시하는 사업이다. 실업급여는 실직근로자의 생활안정을 도모하고 재취업을 촉진하기 위해 지급하는 보험급여로서, 구직급여 및 취업촉진수당으로 구성된다. 육아휴직과 산전후휴가급여(모성보호급여)는 임신·출산 등과 관련된 여성의 취업활동을 보장하기 위하여, 육아 또는 출산을 목적으로 휴직하는 근로자가 일정 요건을 갖춘 경우에 육아휴직급여·산전후휴가급여를 지급하는 것을 그 내용으로 한다.

「고용보험법」은 1993년 12월에 제정되어 1995년 7월 1일부터 시행되고 있다. 그 후 여러 차례 개정되면서 고용보험의 적용범위를 확대하고 있으며, 2004년부터는 일용근로자, 주 15시간 이상 시간제근로자 등 비정규직근로자에게까지 고용보험 적용이 확대되고, 건설공사의 경우 총 공사금액이 2천만 원 이상인 경우에도 고용보험이 적용된다. 또한 60세 이후에 신규로 고용되는 자, 국가·지방자치단체가 직접 시행하는 공공근로 종사자 및 선원에 대해서도 고용보험이 적용된다.

4. 산업재해보상보험

산업재해보상보험(이하 산재보험)은 공업화가 진전되면서 급격히 증가하는 산업재해 근로자를 보호하기 위하여 1964년에 도입된 우리나라 최초의 사회보험제도이다. 산재보험은 산재근로자와 그 가족의 생활을 보장하기 위하여 국가가 책임을 지는 의무보험으로 원래 사용자의 근로기준법상 재해보상책임을 보장하기 위하여 국가가 사업주로부터 소정의 보험료를 징수하여 그 기금(재원)으로 사업주를 대신하여 산재근로자에게 보상을 해주는 제도이다.

산재보험의 주요특성은 다음과 같다.
① 근로자의 업무상의 재해에 대하여 사용자에게는 고의·과실의 유무를 불문하는 무과실 책임주의
② 보험사업에 소요되는 재원인 보험료는 원칙적으로 사업주가 전액 부담
③ 산재보험 급여는 재해발생에 따른 손해 전체를 보상하는 것이 아니라 평균임금을 기초로 하는 정률보상 방식
④ 자진신고 및 자진납부를 원칙
⑤ 재해보상과 관련되는 이의 신청을 신속히 하기 위하여 심사 및 재심사청구 제도를 운영

| 제2절 | 가입대상 사업장과 가입대상자 |

1. 가입대상 사업장

근로자를 1인 이상 고용하고 있는 사업주는 사업주 본인 및 근로자에 대하여 국민연금 및 건강보험을 사업장가입자로 가입하여야 하며, 사업주는 근로자에 대하여 고용보험 및 산재보험에 가입을 하여야 한다.

<4대 보험 가입대상 사업장 및 가입대상자>

구분	직원이 없는 경우	직원이 1인 이상 있는 경우		
	사업주	사업주	종업원	적용제외 종업원
국민연금	X	O	O	1개월 미만 고용 일용근로자
건강보험	X	O	O	월 80시간 미만 시간제 근로자
고용보험	X	X	O	월 소정근로시간 60시간 미만(1주간 소정근로시간 15시간 미만 포함)
산재보험	X	X	O	없음

2. 가입대상자

1) 국민연금

국내에 거주하는 국민으로서 18세 이상 60세 미만인 자는 국민연금 가입 대상이 되며, 1명 이상의 근로자를 사용하는 사업장과 주한 외국 기관으로서 1명 이상의 대한민국 국민인 근로자를 사용하는 사업장은 당연적용사업장이 되어 18세 이상 60세 미만인 근로자와 사용자는 당연히 사업장가입자가 된다. 다만, 다음에 해당하는 자는 가입대상에서 제외한다.

- 「공무원연금법」, 「사립학교교직원 연금법」 또는 「별정우체국법」에 따른 퇴직연금, 장해연금 또는 퇴직연금일시금이나 「군인연금법」에 따른 퇴역연금, 상이연금, 퇴역연금일시금을 받을 권리를 얻은 자(이하 "퇴직연금등수급권자"라 한다). 다만, 퇴직연금등 수급권자가 「국민연금과 직역연금의 연계에 관한 법률」 제8조에 따라 연계 신청을 한 경우에는 그러하지 아니하다.

- 18세 미만 근로자는 본인이 원하지 아니하면 사업장가입자가 되지 아니할 수 있다.
- 생계급여 수급자 또는 의료급여 수급자는 본인의 희망에 따라 사업장가입자가 되지 아니할 수 있다.

2) 건강보험

모든 사업장의 근로자 및 사용자와 공무원 및 교직원이 가입대상이다. 다만 다음에 해당하는 근로자는 가입대상에서 제외한다.
- 고용 기간이 1개월 미만인 일용근로자
- 「병역법」에 따른 현역병(지원에 의하지 아니하고 임용된 하사를 포함한다), 전환복무된 사람 및 군간부후보생
- 선거에 당선되어 취임하는 공무원으로서 매월 보수 또는 보수에 준하는 급료를 받지 아니하는 사람
- 비상근 근로자 또는 1개월 동안의 소정(所定)근로시간이 60시간 미만인 단시간근로자
- 비상근 교직원 또는 1개월 동안의 소정근로시간이 60시간 미만인 시간제공무원 및 교직원
- 소재지가 일정하지 아니한 사업장의 근로자 및 사용자
- 근로자가 없거나 제1호에 해당하는 근로자만을 고용하고 있는 사업장의 사업주

3) 고용보험

근로자를 사용하는 모든 사업 또는 사업장에 적용을 한다. 그러나 산업별 특성 및 규모 등을 고려하여 다음의 사업에 대하여는 적용을 하지 않는다.
- 농업·임업 및 어업 중 법인이 아닌 자가 상시 4명 이하의 근로자를 사용하는 사업
- 「고용보험 및 산업재해보상보험의 보험료징수 등에 관한 법률 시행령」 제2조 제1항 제2호에 따른 총 공사금액이 2천만원 미만인 공사
- 연면적이 100제곱미터 이하인 건축물의 건축 또는 연면적이 200제곱미터 이하인 건축물의 대수선에 관한 공사
- 가구 내 고용활동 및 달리 분류되지 아니한 자가소비 생산활동
- 고용보험이 적용되는 사업장이라 하더라도 다음의 근로자는 고용보험 가입대상에서 제외된다.
  - 65세 이후에 고용되거나 자영업을 개시한 자
  - 1개월간 소정근로시간이 60시간 미만인 자(1주간의 소정근로시간이 15시간

미만인 자를 포함한다)를 말한다. 다만, 생업을 목적으로 근로를 제공하는 자 중 3개월 이상 계속하여 근로를 제공하는 자와 일용근로자는 제외한다.
- 「국가공무원법」과 「지방공무원법」에 따른 공무원. 다만, 대통령령으로 정하는 바에 따라 별정직공무원, 임기제공무원의 경우는 본인의 의사에 따라 고용보험에 가입할 수 있다.
- 「사립학교교직원 연금법」의 적용을 받는 자
- 별정우체국 직원
- 외국인 근로자. 다만, 다음에 해당하는 자는 고용보험 적용대상이다.
  ① 외국인의 체류자격 중 주재(D-7), 기업투자(D-8) 및 무역경영(D-9)의 체류자격을 가진 자(법에 따른 고용보험에 상응하는 보험료와 급여에 관하여 그 외국인의 본국법이 대한민국 국민에게 적용되지 아니하는 경우는 제외한다)
  ② 취업활동을 할 수 있는 체류자격을 가진 자(고용노동부령으로 정하는 바에 따라 보험 가입을 신청한 자만 해당한다)
  ③ 재외동포(F-4)의 체류자격을 가진 자(고용노동부령으로 정하는 바에 따라 보험 가입을 신청한 자만 해당한다)
  ④ 영주(F-5)의 체류자격을 가진 자

4) 산업재해보상보험

근로자를 사용하는 모든 사업 또는 사업장은 산재보험 적용대상이다. 다만 위험률, 규모 및 장소 등을 고려하여 다음의 사업에 대하여는 적용을 하지 않는다.
- 「공무원연금법」 또는 「군인연금법」에 따라 재해보상이 되는 사업
- 「선원법」, 「어선원 및 어선 재해보상보험법」 또는 「사립학교교직원 연금법」에 따라 재해보상이 되는 사업
- 「주택법」에 따른 주택건설사업자, 「건설산업기본법」에 따른 건설업자, 「전기공사업법」에 따른 공사업자, 「정보통신공사업법」에 따른 정보통신공사업자, 「소방시설공사업법」에 따른 소방시설업자 또는 「문화재수리 등에 관한 법률」 제2조제5호에 따른 문화재수리업자가 아닌 자가 시공하는 다음 각 하나에 해당하는 공사
  ① 「고용보험 및 산업재해보상보험의 보험료징수 등에 관한 법률 시행령」 제2조제1항제2호에 따른 총공사금액이 2천만원 미만인 공사
  ② 연면적이 100제곱미터 이하인 건축물의 건축 또는 연면적이 200제곱미터 이하인 건축물의 대수선에 관한 공사
- 가구 내 고용활동
- 상시근로자 수가 1명 미만인 사업

- 농업, 임업(벌목업은 제외한다), 어업 및 수렵업 중 법인이 아닌 자의 사업으로서 상시근로자 수가 5명 미만인 사업

제3절 업무처리 프로세스

4대 보험과 관련하여 경리실무자가 수행하여야 할 업무는 크게 다음과 같이 분류할 수 있다.
- 사업장적용신고
- 근로자의 피보험자격 취득 및 내역 변경 신고
- 보험료 원천징수 및 신고·납부
- 퇴직자의 자격상실신고
- 기준보수월액의 확정 및 보험료의 정산

1. 사업장 적용신고

4대 보험 적용사업장은 적용대상이 되는 날로부터 14일 이내(국민연금은 15일 이내)에 사업장 적용신고서를 국민연금공단, 국민건강보험공단, 근로복지공단 중 1곳에 통합신고서(국민건강보호법 시행규칙 별지 제2호 서식)를 제출하면 된다.[1] 이때 4대 보험 가입대상 근로자가 있는 경우에는 근로자 4대 보험 통합 취득신고서(고용보험법 시행규칙 별지 제5호 서식)를 함께 제출하면 된다.

통합신고서 작성방법은 신고서 뒷면을 참조하여 작성하면 된다.

---

[1] 4대 보험 관련 제 신고업무는 4대 사회보험 정보연계센터 포털사이트(www.4insure.or.kr)에 접속하여 일괄적으로 전자신고를 할 수 있다.

■ 국민건강보험법 시행규칙 [별지 제2호서식]

국민연금	[ ]당연적용사업장 해당신고서	
건강보험	[ ]사업장(기관) 적용신고서	
고용보험	([ ]보험관계성립신고서 [ ]보험가입신청서)	
산재보험	([ ]보험관계성립신고서 [ ]보험가입신청서)	

※ 유의사항 및 작성방법은 제1쪽 뒷면을 참고하여 주시기 바라며, 색상이 어두운 란은 신청인이 적지 않습니다. (제1쪽 앞면)

접수번호		접수일		처리기간 건강보험·국민연금 3일 고용·산재보험 5일

공통	사업장	사업장관리번호		명칭	사업장 형태	[ ]법인 [ ]개인
		소재지	우편번호( )			
		우편물 수령지	우편번호( )		전자우편주소	
		전화번호	(휴대전화)		FAX번호	
		업태		종목 (주생산품)	업종코드	
		사업자등록번호		법인등록번호		
	사용자 (대표자)	성명	주민(외국인)등록번호		전화번호	
		주소				
	보험료 자동이체신청	은행명		계좌번호		
		예금주명		예금주 주민등록번호(사업자 등록번호)		
	전자고지 신청	고지 방법	[ ]전자우편 [ ]휴대전화 [ ]전자문서교환시스템 [ ]인터넷홈페이지(사회보험통합징수포털)		4대 사회보험 합산고지 [ ] 신청 [ ] 미신청	
		수신처(전자우편주소, 휴대전화번호 또는 아이디)				
		수신자 성명		수신자 주민등록번호		

국민연금/건강보험	건설현장사업장	[ ]해당 [ ]비해당	건설현장 사업기간	~
연금(고용)보험료 지원 신청	「국민연금법」 제100조의3 또는 「고용보험 및 산업재해보상보험의 보험료징수 등에 관한 법률」 제21조에 따라 아래와 같이 연금(고용)보험료 지원을 신청합니다. (근로자 수가 10명 미만인 사업장만 해당합니다.) 국민연금 [ ] 고용보험 [ ]			

국민연금	근로자수		가입대상자수		적용연월일	
	분리적용사업장	[ ]해당 [ ]비해당	본점사업장관리번호			

건강보험	적용대상자수		본점사업장관리번호		적용 연월일			
	사업장 특성부호		회계종목(공무원 및 교직원기관만 작성)		1	2	3	

고용보험	상시근로자수			피보험자수		성립일	
	보험사무대행기관	(명칭)			(번호)		
	주된 사업장	명칭		사업자등록번호			
		총상시근로자수		총피보험자수		업종	
		우선지원대상기업	[ ]해당 [ ]비해당	주된 사업장관리번호			

산재보험	상시근로자수		성립일		사업종류코드	
	사업의 형태	[ ] 계속 [ ] 기간이 정하여져 있는 사업(사업기간: -)				
	성립신고(가입신청)일 현재 산업재해발생여부			[ ]있음 [ ]없음		
	주된 사업장 여부	[ ]해당 [ ]비해당	주된 사업장 관리번호			

위와 같이 신고(신청)합니다.

년 월 일

신고인·신청인(사용자·대표자) (서명 또는 인)
[ ]보험사무대행기관(고용·산재보험만 해당) (서명 또는 인)

국민연금공단 이사장/국민건강보험공단 이사장/근로복지공단 지역본부장(지사장) 귀하

210mm×297mm[일반용지(재활용품) 60g/㎡]

6부 급여관리

(제1쪽 뒷면)

신고인 (신청인) 제출서류	1. 근로자 과반수의 동의서 1부(고용보험 임의적용 가입신청의 경우에만 제출합니다) 2. 통장 사본 1부(자동이체 신청의 경우에만 제출합니다)	수수료 없음
담당 직원 확인사항	1. 사업자등록증 사본 1부 2. 주민등록표 등본 1통(고용·산재보험의 경우에만 제출합니다) 3. 법인 등기사항증명서	

행정정보 공동이용 동의서

본인은 이 건 업무처리와 관련하여 담당 직원이 「전자정부법」 제36조제2항에 따른 행정정보의 공동이용을 통하여 담당 직원 확인사항의 제1호 및 제2호의 행정정보를 확인하는 것에 동의합니다. *동의하지 않는 경우에는 신청인이 직접 관련 서류를 제출하여야 합니다.

신고인(신청인)   (서명 또는 인)

유의사항

1. 국민연금, 건강보험의 건설현장사업장은 건설일용근로자만 가입된 사업장을 말하고, 건설현장사업장으로 적용받고자 하는 사업장이 일괄경정 고지신청서(해당 기관 서식)를 제출하고 사업장 자격관리 등을 위하여 해당 기관이 운영하는 정보통신망(EDI)에 가입하면 일괄경정고지를 받을 수 있습니다.
2. 전자고지는 국민건강보험법 제79조에 따라 송달의 효력이 발생하며, 별도의 우편고지서는 발송하지 않습니다.
3. 연금(고용)보험료 지원 대상 사업장은 전년도의 월평균 근로자 수가 10명 미만이거나 신청 직전 3개월 동안(보험관계성립일 이후 3개월)이 지나지 않은 경우에는 그 기간 동안 연속하여 근로자 수가 10명 미만이고, 신청월 말일 기준으로 10명 미만이어야 합니다. 다만, 고용보험의 경우에 보수총액신고서를 제출하지 않은 사업장은 고용보험료 지원이 중단될 수 있습니다.
   ※ 법인사업장은 법인 단위로 10명 미만 여부를 판단하나, 아파트관리사무소의 경우 「고용보험 및 산업재해보상보험의 보험료징수 등에 관한 법률 시행령」 제12조제2항에 따라 관리사무소 현장 별로 10명 미만 여부를 판단합니다.
4. 신청 연도의 근로자 수가 3개월 연속 10명 이상인 경우 4개월째부터 해당 연도 말까지 연금(고용)보험료 지원 대상에서 제외됩니다.
5. 연금(고용)보험료 지원은 국민연금 및 고용보험의 자격취득이 된 사람으로 한정하여 이루어지므로 현재까지 자격취득이 안 된 근로자는 반드시 해당 기관에 자격취득신고서 또는 근로내용확인신고서를 제출하여야 혜택을 받을 수 있습니다.
   (신고관련 문의: 국번없이 국민연금 1355, 고용보험 1350)
6. 연금(고용)보험료 지원 대상에 해당하는 경우에 신청 월부터 해당 연도 말까지 지원되며 매월 해당 월의 보험료가 납부기한 이내에 모두 납부된 경우에만 보험료가 지원됩니다. 따라서 납부기한이 지나서 납부하거나 일부만 납부한 월에는 지원을 받을 수 없습니다.
7. 연금(고용)보험료는 근로자의 소득(월평균보수)에 따라 사용자와 근로자의 연금보험료와 고용보험료 부담분의 1/2 범위에서 지원됩니다.
8. 연금(고용)보험료를 지원받고 있는 사업장에 신규로 자격을 취득한 근로자가 있을 경우 연금(고용)보험료 지원신청이 없어도 해당 가입자가 보험료 지원요건을 충족할 경우 연금(고용)보험료를 지원받을 수 있습니다.
9. 연금(고용)보험료 지원 대상 요건에 해당되지 않음이 추후 확인된 경우에는 기 지원된 금액에 대하여 국가가 이를 환수할 수 있습니다.
10. 국민연금공단과 근로복지공단에서 국민연금과 고용보험의 지원 여부를 확인하여 처리 결과를 각각 통보합니다.
11. 국민연금의 경우 18세 미만의 근로자는 사업장가입자입니다. 다만, 본인이 원하지 아니하면 가입하지 않을 수 있습니다.
12. **고용·산재보험 신고(신청) 시 「건설공사 및 벌목업」의 경우에는 별도 서식을 이용하여 근로복지공단에 제출하여 주시기 바랍니다.**
13. 자동이체 신청 시 고용·산재보험료의 처리 대상은 월별보험료 및 분할납부보험료(2~4기)이며, 일시납부하는 개산보험료와 분할납부보험료(1기)는 자동이체 처리되지 않습니다.
14. 산재보험 적용사업(장)은 「임금채권보장법」을 당연히 적용받게 됩니다.
15. 상시근로자 20명 이상의 산재보험 적용사업(장)은 「석면피해구제법」을 당연히 적용받게 됩니다.

작성방법

공통 사항	1. "사용자·대표자"란은 개인사업의 경우 개인사업주, 법인의 경우 대표자 인적사항을 적습니다. 2. "업태와 종목"란은 사업자등록증 상의 업태와 종목을 적습니다. 3. "자동이체신청인"의 예금주 주민등록번호는 계좌개설 시 주민등록번호로 등록되었으면 그 주민등록번호를, 사업자등록번호로 등록되었으면 그 사업자등록번호를 적습니다. 4. "합산고지"는 4대 사회보험을 한 장의 고지서에 합산된 금액으로 고지 받는 것으로 그 신청여부에 따라 [√]표시를 합니다. 5. 전자고지 신청란은 전자고지를 받으려는 방법에 해당하는 부분에 "[√]"표시를 하고, 전자우편이나 휴대전화를 선택한 경우에는 "수신처"에 전자고지를 받으려는 정확한 전자우편주소 또는 휴대전화번호를 적으며, 전자문서교환시스템을 선택한 경우에는 "건강보험 Web EDI, 사회보험 EDI" 중 하나를 선택하여 적습니다.
국민 연금	1. "적용 연월일"란에는 사업장이 1명 이상의 근로자를 사용하게 된 날을 적습니다. 2. "근로자수"란에는 법인의 대표자는 포함하고, 개인사업장의 사용자는 포함하지 마십시오. 3. "가입대상자수"란에는 사업장의 18세 이상 60세 미만의 근로자와 사용자를 합하여 기재하되, 18세 미만 근로자의 경우에도 가입을 희망하는 경우에는 포함하십시오. 4. "분리적용사업장"이란 이미 국민연금에 가입된 본점(모)사업장으로부터 분리하여 별개의 사업장으로 가입한 경우를 말하며, 이러한 분리적용사업장으로 가입하려는 경우에만 본점 명칭을 적습니다.
건강 보험	1. "적용 연월일"란에는 사업장이 1명 이상의 근로자를 사용하게 된 날을 적습니다. 2. "회계종목"란은 공무원 및 교직원사업장만 회계종목 사항을 적습니다. ※ 사업장 특성부호: 1. 공무원사업장 3. 사립학교직원사업장 5. 군 기관 7. 일반근로자사업장 3. 관할 "단위사업장" 및 부서가 있을 때에는 제2쪽의 "단위사업장 현황" 및 "영업소 현황"을 적고, 고용보험의 경우 보험관계 성립사업장이 둘 이상일 때에는 제3쪽의 신고대상사업장 현황을 계속 적습니다.
고용 보험	※ "총피보험자수"란 「고용보험법」 제10조에 따른 적용제외 근로자를 제외한 근로자수를 적습니다. 1. "상시근로자수" 및 "피보험자수"란은 신고대상 사업장의 내용을 적습니다. 2. "총상시근로자수" 및 "총피보험자수"란은 하나의 사업주가 운영하는 전체사업장에 근로하는 상시근로자수 및 피보험자수의 총계를 적습니다. 3. "우선지원 대상기업"란은 「고용보험법 시행령」 제12조에 따른 "우선지원 대상기업"에 해당하는 기업인지 여부를 적습니다. 4. "주된 사업장관리번호"란은 주된 사업장의 보험관계가 이미 성립된 경우만 적습니다. 5. 제출된 서식만으로 사실 여부의 확인이 곤란한 경우 관련 서류의 보완 요구가 있을 수 있습니다(산재보험 동일).
산재 보험	※ "원사업주 사업장관리번호 또는 사업개시번호"란은 사내도급 근로자를 고용하여 사내도급을 수행하는 수급사업주가 원사업주의 산재보험 사업장관리번호(원사업주가 일괄적용 사업장인 경우에는 원사업주의 사업개시번호)를 적습니다(건설업 제외). 1. "사내도급"이란 원사업주로부터 업무를 도급받거나 업무의 처리를 수탁한 사업주가 자신의 의무를 이행하기 위해 원사업주의 사업장에서 해당 업무를 수행하는 것을 말합니다. 2. "수급사업주"란 업무를 도급받거나 업무의 처리를 위탁받은 사업주를 말합니다. 3. "원사업주"란 업무를 도급하거나 업무의 처리를 위탁한 사업주를 말합니다. 사업이 수차의 도급에 의해 이루어지는 경우에는 최상위의 원사업주를 말합니다. 4. "사내도급 근로자"란 수급사업주가 원사업주로부터 도급받거나 위탁 받은 일을 완성하거나 업무를 처리하기 위하여 고용한 근로자를 말합니다. 5. 원사업주가 다수의 경우에는 사내도급 근로자가 가장 많은 사업장의 원사업주 원사업 사업장관리번호를 적습니다. 6. 제출된 서식만으로 사실 여부의 확인이 곤란한 경우 관련 서류의 보완 요구가 있을 수 있습니다(원사업주는 수급사업주에게 사업장관리번호 제공에 협조하여야 합니다).

■ 고용보험법 시행규칙[별지 제5호 서식] ⟨개정 2016. 11. 17.⟩

국민연금 [ ] 사업장가입자 자격취득 신고서 　　　건강보험 [ ] 직장가입자 자격취득 신고서
고용보험 [ ] 피보험 자격취득 신고서 　　　　　　산재보험 [ ] 근로자 고용 신고서

※ 유의사항 및 작성방법은 제2쪽을 참고해 주시기 바라며, 색상이 어두운 란은 신고인이 적지 않습니다.
※ [ ]에는 해당되는 곳에 "√" 표시를 합니다.
※ 같은 사람의 4대 사회보험의 자격취득일 또는 소득(보수)월액, 월평균보수액이 서로 다른 경우 줄을 달리하여 적습니다.

(제1쪽)

접수번호	접수일		처리기간: 3일(고용보험은 5일)

사업장	사업장관리번호		명칭	단위사업장 명칭	영업소 명칭
	소재지				우편번호(　　-　　)
	전화번호	(유선)	(이동전화)	FAX번호	

보험사무대행기관	번호	명칭	하수급인 관리번호(건설공사 등의 미승인 하수급인만 해당함)

구분	성명		국적		대표자 여부	월 소득액 (소득월액·보수월액·월 평균보수)(원)	자격취득일	국민연금			건강보험					고용보험·산재보험			
												보험료	공무원·교직원						보험료 부과구분 (해당자만)
	주민등록번호 (외국인등록번호)		체류자격					자격취득부호	특수직종부호	직역연금부호	자격취득부호	감면부호	회계명/부호	직종명/부호	직종부호	주소정근로시간	계약종료연월(계약직만 작성)	부호	사유
1					[ ]예 [ ]아니오			[ ]국민연금 ([ ]취득 월 납부 희망)			[ ]건강보험	([ ]피부양자 신청 ([ ]건강보험증으로 발송 희망)		사업장			[ ]고용보험(계약직 여부: [ ]예, [ ]아니오) [ ]산재보험		
2					[ ]예 [ ]아니오			[ ]국민연금 ([ ]취득 월 납부 희망)			[ ]건강보험	([ ]피부양자 신청 ([ ]건강보험증으로 발송 희망)		사업장			[ ]고용보험(계약직 여부: [ ]예, [ ]아니오) [ ]산재보험		
3					[ ]예 [ ]아니오			[ ]국민연금 ([ ]취득 월 납부 희망)			[ ]건강보험	([ ]피부양자 신청 ([ ]건강보험증으로 발송 희망)		사업장			[ ]고용보험(계약직 여부: [ ]예, [ ]아니오) [ ]산재보험		
4					[ ]예 [ ]아니오			[ ]국민연금 ([ ]취득 월 납부 희망)			[ ]건강보험	([ ]피부양자 신청 ([ ]건강보험증으로 발송 희망)		사업장			[ ]고용보험(계약직 여부: [ ]예, [ ]아니오) [ ]산재보험		

「고용보험법 시행령」 제7조 및 같은 법 시행규칙 제5조에 따라 위와 같이 자격취득을 신고합니다.

년　　월　　일

신고인(사용자·대표자)　　　　　(서명 또는 인) / [ ]보험사무대행기관　　　　　(서명 또는 인)

국민연금공단 이사장/국민건강보험공단 이사장/근로복지공단 ○○지역본부(지사)장 귀하

210mm×297mm(백상지 80g/㎡)

6부 급여관리

직장가입자 자격취득 신고서(피부양자가 있는 경우)

※ 국민건강보험의 피부양자가 있는 경우에 작성하며, 색상이 어두운 란은 신고인이 적지 않습니다. (제5쪽)

가입자 성명											
주민(외국인)등록번호											

피부양자	관계	성명	주민(외국인)등록번호	장애인·국가유공자		등록일	외국인			추가발급코드	첨부서류 유무
				종별부호	등급		국적	체류자격	체류기간		

위와 같이 직장가입자 자격 취득사항을 신고합니다.

년 월 일

신고인(사용자) (서명 또는 인)

국민건강보험공단 이사장 귀하

첨부서류	1. 주민등록표 등본(주민등록표 등본으로 해당 직장가입자와의 관계를 확인할 수 없는 경우는 가족관계등록부의 증명서를 제출합니다) 1부
	2. 「장애인복지법」 제32조에 따라 등록된 장애인, 「국가유공자 등 예우 및 지원에 관한 법률」 제4조·제73조 및 제74조에 따른 국가유공자 등(법률 제11041호로 개정되기 전의 「국가유공자 등 예우 및 지원에 관한 법률」 제73조의2에 따른 국가유공자 등을 포함한다)으로서 같은 법 제6조의4에 따른 상이등급 판정을 받은 사람과 「보훈보상대상자 지원에 관한 법률」 제2조에 따른 보훈보상대상자로서 같은 법 제6조에 따른 상이등급 판정을 받은 사람임을 증명할 수 있는 서류 1부(장애인, 국가유공자 등 또는 보훈보상대상자의 경우만 제출합니다)
	3. 피부양자의 자격을 취득하려는 사람이 재외국민 또는 외국인인 경우에는 다음의 구분에 따른 서류
	  가. 재외국민: 국내거소신고증 사본 또는 국내거소신고 사실증명 1부
	  나. 외국인: 외국인등록증 사본, 외국인등록사실증명, 국내거소신고증 사본(「재외동포의 출입국과 법적지위에 관한 법률」 제2조제2호에 따른 외국국적동포의 경우에만 제출합니다) 또는 국내거소신고사실증명(「재외동포의 출입국과 법적지위에 관한 법률」 제2조제2호에 따른 외국국적동포의 경우에만 제출합니다) 1부
		수수료 없음

작성방법

※ 가입자 신고는 "건강보험직장가입자 자격취득 신고서"에 적어야 하며, 추가발급코드는 적지 않습니다.
1. "관계"는 가입자와의 관계를 적습니다. 배우자, 부모, 조부모, 자녀, 손자·손녀 이하, 형제자매, 처부모, 시부모, 사위, 며느리, 증조부모 등
2. "성명 및 주민등록번호"는 피부양자의 성명, 주민등록번호를 적습니다(외국인은 외국인등록번호, 「재외동포의 출입국과 법적 지위에 관한 법률」에 따른 재외국민 및 재외동포는 국내거소신고번호를 적습니다).
3. 장애인 또는 국가유공자인 경우에는 장애 종류 부호 및 등급, 등록일을 적습니다.
 [장애종류 및 국가유공자 등 부호] 1. 지체장애인 2. 뇌병변장애인 3. 시각장애인 4. 청각장애인 5. 언어장애인 6. 지적장애인 7. 자폐성장애인 8. 정신장애인 9. 신장장애인 10. 심장장애인 11. 호흡기장애인 12. 간 장애인 13. 안면장애인 14. 장루·요루장애인 15. 뇌전증장애인 19. 국가유공자 등
4. 피부양자가 외국인인 경우에는 국적, 체류자격(외국인등록증 기재내용), 체류기간(외국인등록증 발급일부터 출국 예정일까지)을 적습니다.
 ※ 재외국민의 경우 체류자격은 C0(유학생의 경우에는 C9), 국적은 이주국가명을 적고, 체류기간은 적지 않습니다.
5. 첨부서류가 있는 경우 첨부서류 유무란에 "○"표시를 합니다.

210mm×297mm(백상지 80g/㎡)

2. 근로자의 피보험자격 취득 및 내역 변경 신고

　근로자가 입사를 하게 되면 4대 사회보험의 피보험자격의 취득신고를 하여야 하는데 먼저 신규 입사자가 4대 사회보험의 자격취득대상에 해당하는 지를 앞서 설명한 각 사회보험의 자격취득요건에 비추어 판단하여야 한다. 피보험자격 취득 대상자임을 확인하였다면 입사일이 속하는 달의 다음달 15일까지(건강보험은 입사일로부터 14일 이내) 피보험자격 취득신고를 하여야 한다.

　피보험자격 취득신고는 4대 사회보험 정보연계센터의 포털에 "사업장 가입자 자격취득 신고서" 제출하는 것으로 일괄처리 된다.

　신고서를 작성할 때 주의해야 할 점은 국민연금과 건강보험 그리고 고용산재보험에 적용되는 월소득액과 자격취득일의 기준이 각각 다르기 때문에 줄을 달리하여 기재하여야 한다. 사회보험 자격취득신고서에 공통적으로 적용되는 작성요령은 다음과 같다.

- 신고대상 가입자 또는 근로자별 해당 사회보험(국민연금·건강보험·고용보험·산재보험) 취득 및 고용 여부를 "[ ]"에 "√" 표시를 하면 된다..
- 성명 및 주민(외국인)등록번호란에는 주민등록표(외국인등록증 또는 국내거소신고증)상의 성명 및 주민등록번호(외국인등록번호 또는 국내거소신고번호)를 적는다.
- 자격취득일란에는 해당 사업장의 채용일 등을 적는다. 다만, 국민연금의 경우 자격취득 사유가 사업장 전입인 경우에는 상대 사업장에서의 전출일과 같은 일자를 적는다.
- 외국인의 경우에는 국적, 체류자격(외국인등록증 기재내역)을 적는다(건강보험의 경우 재외국민의 "체류자격"은 "C0(유학생의 경우 C9)", "국적"은 이주국가 명).
- 같은 사람의 4대 사회보험의 자격취득일 또는 소득(보수)월액, 월평균보수액이 서로 다른 경우, 줄을 달리하여 적는다.

1) 국민연금 사업장가입자격

(1) 소득월액의 결정

　사업장가입자나 사업장임의계속가입자가 가입자 자격을 취득하여 연금보험료를 최초로 내거나 연금보험료의 납부 예외 기간이 끝나 연금보험료의 납부를 재개하는 경우의 기준소득월액은 다음에 따른 금액을 소득월액으로 하여 국민연금공단이 결정한다.

- 월이나 주 또는 그 밖에 일정 기간으로 소득이 정하여지는 경우 : 그 소득액을 그 기간의 총 일수로 나눈 금액의 30배에 해당하는 금액
- 일·시간·생산량 또는 도급으로 소득이 정하여지는 경우 : 가입자의 자격을 취득한 날 또는 납부를 재개한 날이 속하는 달의 전 1개월 동안 해당 사업장에서 같은 업무에 종사하고 같은 소득이 있는 자가 받은 소득월액을 평균한 금액
- 제1호와 제2호에 따라 소득월액을 산정하기 어려운 자의 경우 : 가입자의 자격을 취득한 날 또는 납부를 재개한 날이 속하는 달의 전 1개월 동안에 그 지방에서 같은 업무에 종사하고 같은 소득이 있는 자가 받은 소득월액을 평균한 금액
- 지역가입자나 지역임의계속가입자가 가입자 자격을 취득하여 연금보험료를 최초로 내거나 법 제91조에 따른 연금보험료의 납부 예외 기간이 끝나 연금보험료의 납부를 재개하는 경우의 기준소득월액은 가입자 자격 취득 시나 납부 재개 시 종사하는 업무에서 얻는 소득으로서 해당 가입자나 대리인이 신고한 소득을 소득월액으로 하여 공단이 결정한다. 이 경우 공단은 해당 가입자나 대리인이 소득 신고를 할 때에 참고가 될 수 있도록 종사 업종별 과세 자료, 종사 업종, 사업장 규모 및 농지 면적 등을 기초로 산정한 금액을 신고권장소득월액으로 제시하거나 미리 통지할 수 있다.

(2) 취득일

사업장 가입자의 자격취득일은 다음 중 하나에 해당하는 날을 말하는데 일반적으로는 입사일자를 입력한다.
- 사업장에 고용된 때 또는 그 사업장의 사용자가 된 때
- 당연적용사업장으로 된 때

(3) 기타 기입사항

- 특수직종부호는 해당 근로자가 「광업법」 제4조에 따른 광업종사자인 경우 "광원" 또는 「선원법」 제2조에 따른 선박 중 어선에서 직접 어로작업에 종사하는 "부원"인 경우에 해당 부호를 입력한다.
- 18세 미만의 근로자는 본인이 가입을 희망하고 사용자가 동의한 경우에 사업장가입자로 가입할 수 있다.
- 취득일이 1일인 경우를 제외하고, 취득월의 보험료 납부를 희망하는 경우에는 "[ ]취득 월 납부 희망"의 "[ ]"에 "√" 표시를 한다. 국민연금보험료는 자격취득월의 다음달부터 가입기간을 계산하도록 하고 있으나(취득일이 1일인 경우는 제외), 가

입자가 희망하는 경우에는 자격취득월부터 가입기간 계산을 할 수 있도록 허용을 하고 있다. 따라서 자격취득월에도 연금보험료를 납부할 것인지 여부를 입력하는 것이다.
- 공무원연금법」,「군인연금법」,「사립학교교직원 연금법」,「별정우체국법」에 따른 직역연금 가입자 또는 퇴역연금, 퇴직연금 등을 받거나 받을 권리를 얻은 자는 사업장가입자로 가입할 수 없다.

2) 건강보험 직장가입자격

(1) 보수월액의 결정

직장가입자의 자격을 취득하거나, 다른 직장가입자로 자격이 변동되거나, 지역가입자에서 직장가입자로 자격이 변동된 사람이 있을 때에는 다음 각 호의 구분에 따른 금액을 해당 직장가입자의 보수월액으로 결정한다.
- 연·분기·월·주 또는 그 밖의 일정기간으로 보수가 정해지는 경우: 그 보수액을 그 기간의 총 일수로 나눈 금액의 30배에 상당하는 금액
- 일(日)·시간·생산량 또는 도급(都給)으로 보수가 정해지는 경우: 직장가입자의 자격을 취득하거나 자격이 변동된 달의 전 1개월 동안에 그 사업장에서 해당 직장가입자와 같은 업무에 종사하고 같은 보수를 받는 사람의 보수액을 평균한 금액
- 제1호 및 제2호에 따라 보수월액을 산정하기 곤란한 경우: 직장가입자의 자격을 취득하거나 자격이 변동된 달의 전 1개월 동안 같은 업무에 종사하고 있는 사람이 받는 보수액을 평균한 금액

(2) 취득일

직장가입자의 자격취득일은 적용사업자의 근로자로 사용된 날 또는 근로자가 근무하고 있는 사업장이 적용사업장으로 된 날이므로 일반적으로는 입사일자를 입력한다.

(3) 기타 기입사항

- 피부양자가 있을 때에는 제5쪽의 직장가입자 자격취득 신고서(피부양자가 있는 경우)를 작성한다.
- 공무원·교직원의 경우에만 회계명, 회계부호, 직종명, 직종부호를 적는다.

3) 고용산재보험 피보험자격

(1) 월평균보수의 결정

"월평균 보수액"은 연도 중에 월별로 지급이 예상되는 평균 보수액으로 결정한다(입사 이후 연도 중에 지급이 예상되는 보수총액을 예상근무월수로 나눈 금액을 기재).

(2) 취득일

자격취득일은 입사일자를 입력한다. 산재보험 과 고용보험 피보험자격취득일이 서로 다른 경우 칸을 달리하여 입력하여야 한다.

(3) 기타 기입사항

- 주 소정 근로시간은 주간의 소정 근로시간을 달리하는 경우에는 평균 주 소정 근로시간을 적는다.
- 피보험자의 계약직 근로자 여부에 대해 "[ ]"에 "√" 표시를 하고, 계약직 근로자인 경우에는 예정된 계약 종료 연도와 월을 적는다. 근로계약기간이 정해져 있다면 근로(고용)계약 만료일이 속한 월을, 건설공사기간으로 계약을 체결하였다면 예상 공사 종료일이 속한 월을, 사업이나 특정업무를 완성하는 것으로 계약을 체결하였다면 예상 완성일이 속한 월을 적는다.
  - 보험료 부과구분은 해당자만 적는다(사유란에는 대상근로자 부호를 기재).

사업장 가입자(근로자) 적용대상

구분	국민연금	건강보험	고용보험	산재보험
적용 대상	국민연금 적용사업장에 종사하는 18세 이상 60세 미만의 근로자와 사용자	상시 1인 이상의 근로자를 사용하는 사업장에 고용된 근로자(연령제한 없음) 사용자 공무원 교직원 시간제근로자	「근로기준법」에 따른 근로자	
제외 대상	• 타공적연금가입자 • 노령연금수급권을 취득자 중 60세 미만의 특수직종근로자 • 조기노령연금 수급권	• 의료급여법에 따라 의료급여를 받는 자 • 독립유공자예우에관한법률 및 국가유공자등예우및지원에관한법률	• 65세 이상인 자 (다만 고용안정, 직업능력 개발사업은 적용) • 1월간 소정근로시간이 60시간 미만인 근	• 「공무원연금법」, 「군인연금법」, 「선원법」·「어선원 및 어선재해보상보험법」 또는 「사립학

을 취득하고 그 지급이 정지되지 아니한 자 • 퇴직연금 등 수급권자 • 국민기초생활보장법에 의한 수급자 • 일용근로자 또는 1개월 이내의 신고기한부로 사용되는 근로자(1개월 이상 계속 사용되는 경우는 제외) (일용근로자, 시간제 근로자인 경우, 근로계약 여부 또는 근로계약 내용과 관계없이 고용기간이 1개월 이상이고, 근로시간이 월60시간 또는 주당 평균 15시간 이상인 경우에는 가입대상임) • 법인의 이사 중 근로소득이 없는 자	에 의하여 의료보호를 받는 자 • 1월 미만의 기간 동안 고용되는 일용근로자 • 하사(단기복무자에 한함)·병 및 무관후보생 • 선거에 의하여 취임하는 공무원으로서 매월 보수 또는 이에 준하는 급료를 받지 아니하는 자 • 비상근 근로자 또는 1월간의 소정 근로시간이 60시간 미만인 단시간근로자(교직원·공무원 포함) • 소재지가 일정하지 아니한 사업장의 근로자 및 사용자 • 근로자가 없거나 비상근 근로자 또는 1월간의 소정 근로시간이 60시간 미만인 단시간근로자만을 고용하는 사업장의 사업주	로자(1주가 15시간 미만인 자 포함) –다만, 생업을 목적으로 근로자를 제공하는 자 중 3개월 이상 계속하여 근로를 제공하는 자와 1개월 미만 동안 고용되는 일용근로자는 적용대상임 • 공무원(별정직,계약직 공무원은 2008.9.22일부터 임의가입 가능)– 다만, 임용된 날부터 3개월 이내에 신청 고용센터로 신청 (3개월 이내 신청하지 않을 시 가입불가) • 사립학교교직원연금법 적용자 별정우체국 직원 • 외국인 근로자– 단기거주(F-2), 영주(F-5) 자격의 경우는 당연적용하며 주재(D-7)·기업투자 (D-8) 및 무역경영(D-9)의 경우는 상호주의에 따라 적용	교교직원연금법」에 의하여 재해보상이 행하여지는 자

사업장 가입자(근로자) 취득신고

구분	국민연금	건강보험	고용보험	산재보험
처리기관	국민연금공단	국민건강보험공단	고용노동부 고용센터	근로복지공단
취득시기	① 사업장이 1인이상의 근로자를 사용하게된 때 ② 적용사업장에 근로자 또는 사용자로 종사하게 된 때 ③ 적용사업장에 종사하	① 근로자: 적용사업장에 사용된 날 ② 사용자: 적용사업장의 사용자가 된 날 ③ 공무원: 공무원으로 임용된 날	① 고용보험이 적용되는 사업장에 고용된 날 ② 고용보험 적용제외 근로자였던자가 고용보험의 적용을 받게 된 경우에는 그 적용을 받게 된 날	① 산재보험이 적용되는 사업장에 고용된 날 ② 산재보험 적용제외 근로자였던자가 산재보험의 적용을 받게 된 경우에는 그 적용을 받게 된 날

	는 근로자가 18세 이상이 된 때 ④ 일용근로자·1월 미만의 신고기한부근로자가 1개월 이상 사용된 때 ⑤ 적용사업장에 종사하는 근로자 또는 사용자가 기초수급자에서 해지된 때 ⑥ 가입사업장의 18세 미만 근로자의 가입신청이 수리된 때 (단, 사유발생일의 다음달 15일까지 신고시에는 근로개시일로 취득가능)	④ 교직원: 교원은 해당학교에 교원으로 임명된 날, 직원은 해당학교 또는 그 학교경영기관에 채용된 날 ⑤ 일용근무자 -1월을 초과하여 사역결이 되는 자 : 최초 사역일 -1월 이내의 기간을 정하여 계속 사역결이 되는 자 : 최초 사역일로부터 1월을 초과하는 날	③ 보험관계성립일 전에 고용된 근로자의 경우에는 그 보험관계가 성립한 날 ④ 둘 이상의 사업장에 동시에 근로하는 근로자가 나중에 신고된 사업장에서 피보험자격을 취득하는 경우에는 이미 피보험자격을 취득한 사업장에서의 피보험자격 상실일	③ 보험관계성립일 전에 고용된 근로자의 경우에는 그 보험관계가 성립한 날 ④ 사업종류 변경으로 자진신고 대상사업에서 부과고지 대상 사업장으로 변경된 경우 변경된 날 ⑤ 해외파견자가 국내 성립된 부과고지 사업장으로 복귀하는 경우 복귀한 날 ⑥ 특수형태근로종사자가 고용관계가 변동되어 일반근로자가 되는 경우 일반근로자가 된 날 ⑦ 산재보험 고용정보신고 제외자가 고용관계가 변동되어 신고 대상이 되는 경우 신고 대상이 된 날 ⑧ 산재보험 적용제외 사업장이 적용사업장으로 변경되는 경우 보험관계가 성립한 날
신고 기한	사유발생일이 속하는 달의 다음달 15일까지	자격취득일로부터 14일 이내	사유 발생일이 속하는 달의 다음달 15일까지	사유 발생일이 속하는 달의 다음달 15일까지
신고 서류	사업장가입자자격취득신고서	직장가입자자격취득신고서	피보험자격취득신고서	근로자 고용신고서
첨부 서류	특수직종근로자에 한하여 임금대장 또는 선원수첩사본	해당없음	해당없음	해당없음
신고 처	4대 사회보험 각 기관 지사 및 인터넷(www.4insure.or.kr) [전자민원] 신고			
유의 사항	일용직 등 근로자의 1월이상 근무시는 최초 고용일 또는 근로자로 된 날이 자격취득일임	피부양자가 있는 경우 : 주민등록등본으로 가입자와의 관계를 입증할 수 없는 경우 가족관계증명서 등을 제출	일용근로자는 다음달 15일까지 근로내용확인 신고서를 제출	부과고지 대상 사업장만 신고(건설업 및 벌목업 사업장은 신고대상이 아님) 일용근로자는 다음달 15일까지 근로내용확인 신고서를 제출
상세 내역 문의	국번없이 1355	1577-1000	국번없이 1350	1588-0075

3. 보험료 원천징수 및 신고·납부

4대 사회보험료는 당해 연도 소득세법에 의한 과세대상 급여총액을 기준으로 부과되어야 하나 급여총액이 연도 중에는 확정되지 아니하므로 전년도 급여총액을 12로 나눈 금액에 보험료율을 곱하여 매월 고지하여 징수를 하게 된다. 당해 연도 실제 지급한 급여총액이 결정되면 급여총액을 기준으로 보험료를 정산하는 절차를 거치게 된다. 국민연금의 경우에는 전년도 급여총액을 기준으로 고지하고 납부하기 때문에 별도의 보험료 정산절차를 거칠 필요가 없다.

2019년 기준 4대 사회보험의 보험료 요율은 다음 표와 같다.

구분		회사부담	근로자부담	비고
국민연금		4.5%	4.5%	
국민건강보험료		3.23%	3.23%	
노인성장기요양보험		건강보험료×8.51%	건강보험료×8.51%	
고용보험료	실업급여	0.65%	0.65%	
	고용안정 직업능력 개발사업	0.25%	-	150명 미만
		0.45%	-	150명 이상
		0.65%	-	150명 ~ 1,000명
		0.85%	-	1,000명 이상
산업재해보상보험료		전액 회사부담	-	업종별 다름
임금채권보장부담금		0.06%	-	

1) 보험료의 징수 및 납부

4대 사회보험료는 국민건강보험공단에서 보험료산정·고지·수납업무를 일괄적으로 수행하고 있다. 따라서 국민건강보험공단에서 보험료를 산정하여 사업장에 일괄고지하게 되면, 사업장의 보험료 징수담당자는 해당근로자의 급여에서 원천징수하여 사업자부담분과 합계하여 정해진 납기일(다음달 10일)에 납부를 하면 된다. 이때 담당자는 수령된 고지서의 정확성 여부를 확인하기 위해 다음 사항을 점검하여야 한다.

① 전월고지분과의 차액

전월고지분과 차액이 비정상적으로 많이 발생하는 경우에는 그 원인을 확인해 보아야 한다. 일반적으로 보험료를 정산하는 월을 제외하면 입사자와 퇴사자 또는 보험료 감면이나 납부예외사유의 발생여부를 확인하면 된다.

② 입사자 보험료 확인

입사자의 경우에는 입사월의 보험료 납부여부를 확인해야 한다. 국민연금과 건강보험은 입사월의 보험료는 납부하지 않으며, 고용산재보험의 경우에는 일할계산을 하게 되어 있으므로, 신고한 월평균보수를 기준으로 정확하게 산정되었는 지를 확인하면 된다.

③ 퇴사자 보험료 확인

퇴사자의 경우에는 국민연금과 건강보험은 퇴사월의 보험료를 납부하여야 하고, 고용산재보험의 경우에는 일할계산을 하게 되어 있으므로 이를 확인하면 된다. 고지된 보험료와 별도로 퇴사자이 경우, 자격상실신고 시에 퇴사자의 건강보험료와 고용보험료를 정산하여 신고·납부하여야 한다.

④ 월 중 인사발령자의 보험료

육아휴직자나 해외파견자의 보험료 징수여부를 확인하면 된다.

2) 회계처리

① 급여 지급 시 원천징수

차) 급여	xxx,xxx,xxx	대) 현금(예금)		xxx,xxx
		국민연금예수금		xxx,xxx
		건강보험예수금		xxx,xxx
		고용보험예수금		xxx,xxx
		소득세		xxx,xxx
		지방소득세		xxx,xxx

② 보험료 납부시점

차) 국민연금예수금	xxx,xxx	대) 현금(예금)	xxx,xxx
연금보험료	xxx,xxx		
건강보험예수금	xxx,xxx		
건강보험료	xxx,xxx		
고용보험예수금	xxx,xxx		
고용보험료	xxx,xxx		
산재보험료	xxx,xxx		

4. 퇴직자의 자격상실신고

퇴사자의 발생 등 4대 사회보험의 피보험자격상실신고사유가 발생하는 경우에는 다음과 같이 자격상실신고와 보험료 정산업무를 수행하여야 한다.

1) 자격상실신고서의 작성과 신고

자격상실신고서(고용보험법 시행규칙 별지 제6호 서식)는 자격상실일로부터 15일 이내에 작성하여 4대 사회보험 정보연계센터에 전자신고를 하면 된다. 자격상실신고서 작성방법은 다음과 같다.

(1) 국민연금

"상실연월일"란에는 자격상실사유 발생일(해당사업장에서의 퇴직일, 사망일 등)의 다음 날을 적는다. 다만, 자격상실사유가 사업장간의 전출인 경우에는 상대 사업장에서의 자격취득일인 전입일을, 상실사유가 다른 공적연금 가입, 국민기초생활 보장법」에 따른 수급자, 노령연금수급권 취득자 중 특수직종(60세 미만), 조기노령연금 수급 중인 사람, 적용제외 체류자격(외국인)인 경우에는 해당 일자를 적는다.

(2) 건강보험

- "상실연월일"란에는 가입자의 자격상실사유가 발생한 날의 다음 날을 적는다. 다만, 의료급여수급권자가 되거나 유공자등으로서 건강보험적용배제 신청을 한 경우는 당일을 적는다.
  - (예) 퇴직일/상실일 : 1월31일/2월1일, −사망일/상실일: 2월1일/2월2일,
   적용배제신청일/상실일 : 1월5일/1월5일
- "당해연도"란의 "보수총액"은 해당 사업장에서 발생된 보수(소득)를 아래의 사항에 의거 기재하며, "전년도"란의 "보수총액"은 보험료 연말정산을 실시하지 않은 경우에만 기재한다.
  퇴사자의 보수총액은 근로의 제공으로 인하여 받은 봉급·급료·보수·세비·임금·상여·수당과 이와 유사한 성질의 금품과 비과세 근로소득 중 보수총액 포함 항목을 합산하여 기재한다.
  퇴직금, 현상금·번역료 및 원고료 등은 보수총액에서 제외한다.
- "산정월수"는 퇴직 해당 연도(연말정산 실시하지 않은 경우 "전년도"란도 작성함)의 연간보수총액이 해당하는 개월 수를 기재한다.

- "퇴직 전 3개월간 평균보수" 산정 시 휴직 등의 사유로 보수의 전부 또는 일부가 지급되지 아니한 경우에는 해당 월을 제외한 3개월간 평균보수를 기재한다(퇴직 근로자가 해당 사업장에서 1년 미만의 기간 동안 근무한 경우 및 상실사유가 외국인당연적용제외인 경우에는 작성하지 아니한다).

(3) **고용보험·산재보험**
- "상실 연월일"은 사유발생일의 다음날을 기재한다. 이때 상실사유는 반드시 구체적 사유를 구분코드와 함께 기재한다.
- "당해연도 보수총액"은 해당 사업장에서 발생된 보수 가운데 비과세 근로소득을 제외한 금액을 기재한다.

2) 보험료의 정산 및 납부

(1) 국민연금

국민연금은 상실한 달의 보험료를 퇴직자로부터 원천징수하여 신고·납부하여야 한다. 이 때 공단과의 보험료에 대한 정산을 할 필요는 없으며, 다른 재직자의 보험료와 함께 고지된 보험료를 확인하고 납부를 하면 된다.

(2) 건강보험

국민연금과 마찬가지로 자격을 상실한 달의 보험료를 퇴직자로부터 원천징수하여 신고·납부하여야 한다. 이때 퇴사자의 보수총액을 기준으로 보험료를 정산하여 납부하여야 한다. 보험료 정산과 관련하여서는 후술하는 보험료의 정산 부분을 참고하기 바란다.

(3) 고용보험

고용보험의 경우, 공단과의 중간정산과정은 필요하지 않으며, 퇴사한 달까지 지급한 임금총액에 대하여 종업원 부담금을 정산하여 과다징수한 금액은 돌려주고 과소징수한 금액은 추징하여야 한다.

(4) 산재보험

산재보험의 보험료는 전액 사업주의 부담이므로 공단과의 중간정산과정은 필요하지 않으나 고용종료신고를 통해 당해연도의 보수총액을 신고하여야 한다.

3) 회계처리

① 퇴직금 등 지급시점

차) 퇴직급여충당부채	xxx,xxx,xxx	대) 현금(예금)	xxx,xxx
		소득세예수금	xxx,xxx
		지방소득세예수금	xxx,xxx
		건강보험예수금	xxx,xxx

② 보험료 납부시점

차) 건강보험예수금	xxx,xxx	대) 현금(예금)	xxx,xxx
건강보험료	xxx,xxx		

■ 고용보험법 시행규칙[별지 제6호서식] 〈개정 2016. 11. 17.〉

국민연금   [ ]사업장가입자자격상실신고서   건강보험   [ ]직장가입자자격상실신고서
고용보험   [ ]피보험자격상실신고서   산재보험   [ ]근로자고용종료신고서

※ 유의사항 및 작성방법은 뒷면을 참고하여 주시기 바라며, 색상이 어두운 란은 신청인이 적지 않습니다.   (앞 쪽)

접수번호		접수일자	처리기간 3일(고용보험은 7일)

사업장	사업장관리번호		명칭	전화번호	FAX번호
	소재지				(-)

보험사무대행기관	명칭		번호		하수급인관리번호(건설공사등의 미승인 하수급인으로 한정함)

연번	성명	주민(외국인)등록번호	전화번호(이동전화)	국민연금		건강보험					[ ]고용보험 [ ]산재보험			
				상실연월일	상실부호	상실연월일	상실부호	연간보수총액			퇴직 전 3개월간 평균보수	상실연월일	상실사유		당해연도 보수총액
								당해연도		전년도					
								보수총액	산정월수	보수총액	산정월수			구체적 사유	구분코드	

「고용보험법 시행령」 제7조 및 같은 법 시행규칙 제5조에 따라 위와 같이 자격상실신고를 합니다.

년   월   일

신고(확인)인(사용자 · 대표자)   (서명 또는 인)   / [ ]보험사무대행기관   (서명 또는 인)

국민연금공단 이사장/국민건강보험공단 이사장/근로복지공단 ○○지역본부(지사)장 귀하

210mm×297mm(백상지 80g/㎡)

5. 기준보수월액의 확정 및 보험료의 정산

4대 사회보험의 보험료는 전년도 보수총액에 의해 결정된 보수월액에 보험요율을 적용하여 산출된 보험료를 납부하여야 하지만 보수총액이 확정되지 않을 경우에는 1년간 지급될 보수총액을 추정하여 보험료를 산정하여 고지하기 때문에 보수총액이 확정되는 때에 보수월액을 다시 산정하여 보험료를 정산하여야 한다.

1) 국민연금의 소득총액신고 및 정산

국민연금의 경우, 당해 연도에 적용할 기준소득월액을 결정하기 위하여 매년 5월 31일까지 근로자의 전년도 소득총액을 공단에 신고하여야 한다. 그러나 회사에서 근로자의 연말정산을 실시하여 근로소득 지급명세서를 국세청에 제출한 경우에는 공단에 신고한 것과 동일한 것으로 적용을 하게 된다. 이 때 소득총액에 포함되는 소득은 소득세법상 과세대상 근로소득과 기타 법에 따른 비과세 금액을 포함한 금액으로 한다.

가입기간 중의 기준소득월액은 전년도 중 해당 사업장에서 종사한 기간에 받은 소득액을 그 기간의 총일수로 나눈 금액의 30배에 해당하는 금액을 소득월액으로 하여 매년 공단이 결정하되, 그 적용 기간은 해당 연도 7월부터 다음 연도 6월까지로 한다. 국민연금의 경우, 신고한 소득금액을 12로 나누어 매월 고지하게 되고, 기업에서는 고지한 국민연금을 납부함으로서 납부의무가 종결되는 제도이다. 따라서 국민연금은 보험료에 대한 별도의 정산과정이 필요하지 않는다.

2) 건강보험의 보수총액신고 및 정산

(1) 보수총액의 신고와 보수월액의 결정

기업의 사용자는 보수월액의 산정을 위하여 매년 3월 10일까지 전년도 근로자에게 지급한 보수의 총액과 사업장에 종사한 기간 등 보수월액 산정에 필요한 사항을 공단에 통보하여야 한다. 이 때 보수총액에 포함되는 보수는 소득세법상 과세대상 근로소득금액과 기타 비과세소득을 포함한 금액으로 한다.

공단에서는 통보받은 보수의 총액을 전년도 중 근로자가 그 사업장등에 종사한 기간의 개월 수로 나눈 금액을 매년 보수월액으로 결정한다. 입사자의 보수월액은 다음 기준에 따라 결정하게 된다.

① 연·분기·월·주 또는 그 밖의 일정기간으로 보수가 정해지는 경우: 그 보수액을 그 기간의 총 일수로 나눈 금액의 30배에 상당하는 금액
② 일(日)·시간·생산량 또는 도급(都給)으로 보수가 정해지는 경우: 직장가입자의 자격을 취득하거나 자격이 변동된 달의 전 1개월 동안에 그 사업장에서 해당 직장가입자와 같은 업무에 종사하고 같은 보수를 받는 사람의 보수액을 평균한 금액
③ 제1호 및 제2호에 따라 보수월액을 산정하기 곤란한 경우: 직장가입자의 자격을 취득하거나 자격이 변동된 달의 전 1개월 동안 같은 업무에 종사하고 있는 사람이 받는 보수액을 평균한 금액

이와 같이 결정된 보수월액은 매년 4월부터 다음 해 3월까지 적용을 하게 된다. 직장가입자의 자격을 취득 또는 변동된 가입자의 경우에는 취득일 또는 변동일이 속하는 달(매월 2일 이후에 자격이 변동된 경우에는 그 자격 변동일이 속한 달의 다음 달을 말한다)부터 다음 해 3월까지 산정된 보수월액을 적용하게 된다.

보수월액을 적용하는 과정에도 급여인상 등의 사유로 근로자의 보수가 인상되거나 인하되었을 때에는 사용자는 공단에 보수월액의 변경을 신청할 수 있다. 다만, 상시 100명 이상의 근로자가 소속되어 있는 사업장의 사용자는 다음과 같이 그 보수월액의 변경을 반드시 신청하여야 한다.
 1. 해당 월의 보수가 14일 이전에 변경된 경우: 해당 월의 15일까지
 2. 해당 월의 보수가 15일 이후에 변경된 경우: 해당 월의 다음 달 15일까지

(2) **보험료의 정산**

직장가입자에 대한 보수월액보험료는 산정된 보수월액을 기준으로 하여 공단에서 부과하고, 다음 해에 확정되는 해당 연도의 보수 총액을 기준으로 보수월액을 다시 산정하여 정산하여야 한다. 원래 고지·납부한 보수월액보험료의 금액이 다시 산정한 보수월액보험료의 금액을 초과하는 경우에는 그 초과액을 근로자에게 반환하여야 하며, 부족한 경우에는 그 부족액을 근로자로부터 추가로 징수하여야 한다.

3) 고용·산재보험의 보수총액신고 및 정산

고용·산재보험의 보수총액 신고는 매년 3월 15일까지 공단에 신고하여야 한다. 보수총액에 포함되는 소득은 소득세법상 과세대상근로소득과 동일하다. 휴업·휴직 및 「근로기준법」 제74조에 따른 보호휴가(출산전후휴가 또는 유산·사산휴가) 중의

보수는 고용보험 보수총액에는 포함을 시키고, 산재보험 보수총액에서는 제외한다. 보수총액신고 시, 근로자 10인 이상의 사업주인 경우에는 반드시 정보통신망 또는 전자적 기록매체에 의해 신고하여야 한다.

■ 고용보험 및 산업재해보상보험의 보험료징수 등에 관한 법률 시행규칙[별지 제22호의4서식] 〈개정 2014.9.25.〉

[ ]산재보험 [ ]고용보험 ( )년도 보수총액신고서

※ 신고방법은 고용·산재 토탈서비스(total.kcomwel.or.kr) 또는 전자매체(CD)를 이용하여 신고합니다(단, 10인 미만 사업장은 서면 신고 가능).
※ [ ]에는 해당되는 곳에 "√" 표시를 하시기 바라며, 색상이 어두운 난은 신고인이 적지 않습니다.   (앞쪽)

접수번호	접수일자		처리기간	5일

관리번호		사업장명		대표자		산재업종	( )	요 율 :
사업장소재지				전화번호		팩스번호		

성 명	주민(외국인)등록번호	①보험료부과구분	산재보험				고용보험			
			취득일	상실일	②연간보수총액(원)	③월평균보수(원)	취득일	상실일	④연간보수총액(원)	⑤월평균보수(원)
⑥일용근로자 보수총액(※뒤쪽 작성방법 4번 참조)				-		-		-		-
⑦그 밖의 근로자 보수총액(※뒤쪽 작성방법 5번 참조)				-		-		-		-
⑧합 계			②+⑥+⑦+⑫		-		④+⑥+⑭		-	

※"자활종사근로자" 및 노동조합 등으로부터 금품을 지급받는 "노조전임자"가 있는 경우에 해당근로자는 뒤쪽 ⑪란에 작성

⑨ 연도 중 산재보험 업종변경 사업장 기간별 보수총액 (※ 연도 중 산재보험 업종변경이 있는 경우에만 기재)				⑩ 매월 말일 현재 일용근로자 및 그 밖의 근로자 수 (※ ⑥번 또는 ⑦번 해당근로자가 있는 경우에만 기재)												
구분	업종변경 전 (. . ~ . .)	업종변경 후 (. . ~ . .)		구분	1월	2월	3월	4월	5월	6월	7월	8월	9월	10월	11월	12월
사업장보수총액(원)				일용근로자 및 그 밖의 근로자 수(명)												

「고용보험 및 산업재해보상보험의 보험료징수 등에 관한 법률」 제16조의10제1항·제2항, 같은 법 시행령 제19조의5제1항부터 제3항까지 및 같은 법 시행규칙 제16조의5에 따라 사업장 근로자의 보수총액 등을 위와 같이 신고합니다.

　　　　년　　월　　일

신고인(사업주)　　　　　　　　　(서명 또는 인) / [ ] 보험사무대행기관　　　　　　　　　(서명 또는 인)

근로복지공단　○○지역본부(지사)장　귀하

297mm×210mm[백상지 80g/㎡(재활용품)]

(뒤쪽)

⑪ "자활종사근로자" 및 노동조합 등으로부터 금품을 지급받는 "노조전임자" 보수총액 신고서(※ 해당근로자가 있는 경우에만 기재)

관리번호				사업장명			
성명	주민(외국인) 등록번호	①보험료 부과구분	산재보험				
			취득일	상실일	⑫연간보수총액(원)	⑬월평균보수(원)	

※ 위 ⑪란의 고용보험 연간보수총액(⑭란)은 "실업급여"와 "고용안정·직업능력개발" 중 어느 한 부문만 적용될 수 있으므로 해당 부문을 구분하여 기재
※ "노조전임자"가 연도 중 노조에 일정기간만을 전임한 경우 비전임기간의 보수총액도 ⑪란에 같이 기재

작성방법

1. ①란의 "보험료 부과구분"부호의 내용

부과구분 부호	부과범위				대상근로자
	산재보험		고용보험		
	산재	임채	실업 급여	고안 직능	
51	O	O	x	x	고용보험미가입 외국인근로자, 월 60시간 미만 근로자 항운노조원(임채부과대상)
52	O	x	x	x	항운노조원(임채소송승소), 현장실습생, 시간선택제채용공무원
54	O	x	O	O	자활근로종사자(급여특례·차상위계층)
55	x	x	O	O	국가기관에서 근무하는 청원경찰, 선원법 및 어선재해보상법적용자, 해외파견자
56	x	x	O	O	별정직·임기제 공무원, 노동조합 등으로부터 금품을 지급받는 노조전임자
57	O	x	O	x	시간선택제임기제공무원, 한시임기제공무원
58	O	x	x	O	자활근로종사자(국민기초생활보장수급권자)

2. ②란, ④란, ⑫란 및 ⑭란의 "연간보수총액"은 해당 연도에 발생한 보수총액을 작성
* 연간보수총액:「소득세법」제20조에 따른 근로소득에서 같은 법 제12조제3호에 따른 비과세 근로소득을 뺀 금액(연말정산에 따른 갑근세 원천징수 대상 근로소득과 동일)
* 휴업·휴직 및 「근로기준법」 제74조에 따른 보호휴가(출산전후휴가 또는 유산·사산휴가) 중의 보수는 고용보험 보수총액에는 포함, 산재보험 보수총액에서는 제외

3. ③, ⑤란의 "월평균보수"는 아래 계산식에 따라 산정하여 기재(이미 상실(고용종료)된 근로자는 기재하지 않음)
  * 9.30. 이전 입사자 : 해당 연도 보수총액 ÷ 해당 연도 근무개월수
  * 10.1. 이후 입사자 : 취득(고용)일부터 1년간(1년 이내의 근로계약기간을 정한 경우에는 그 기간) 지급하기로 정한 보수총액 ÷ 해당 근무개월수
  ※ 다만, 고용(취득)한 달의 근무일수가 20일 미만인 자는 월평균보수 산정 시 그 달(고용한 달)은 제외하고 산정
  (예시. 4.20에 입사한 근로자의 월평균보수는 5.1. 이후 발생한 보수총액÷8개월로 산정)

4. ⑥란의 "일용근로자 보수총액"은 일용근로자(1개월미만 동안 고용된 근로자)들의 연간 보수총액 합계액을 적습니다.

5. ⑦란의 "그 밖의 근로자 보수총액"은 월 60시간 미만 근로자 및 고용보험에 가입하지 않은 외국인근로자 중 산재보험 고용정보를 신고하지 아니한 근로자들의 연간 보수총액 합계액을 적습니다.

6. ⑨란의 "연도 중 산재보험 업종변경 사업장의 기간별 보수총액"은 ⑧번의 합계금액을 업종변경 전과 후를 구분하여 기재(연도 중 산재보험 업종변경이 없는 경우에는 기재하지 않음)

7. ⑩란의 "매월말 현재 일용근로자 및 그 밖의 근로자수"는 매월 말 현재 근무하는 일용근로자의 수 및 그 밖의 근로자의 수를 기재(해당자가 없는 경우에는 기재하지 않음).

8. 사업장 정보가 틀린 경우 "보험관계변경신고서", 산재보험 근로자 고용정보가 틀린 경우 "근로자고용정정정청서", 신고가 누락된 근로자를 추가 신고하는 경우 "근로자고용신고서" 또는 "피보험자격취득신고서"를 별도 제출

※ 변경 및 정정에 필요한 각종 서식은 근로복지공단홈페이지(www.kcomwel.or.kr)에서 다운로드하거나, 고용·산재 토탈서비스(total.kcomwel.or.kr)에서 전자신고 가능

과납 보험료 선납 충당 또는 반환 신청서

과납된 [ ]산재보험료, [ ]고용보험료가 있을 경우 내야 할 보험료와 그 밖의 징수금에 충당하여 주시기 바랍니다.

반환금 입금 계좌	( )행	계좌번호:	예금주:

「고용보험 및 산업재해보상보험의 보험료징수 등에 관한 법률 시행령」 제31조제2항 및 「임금채권보장법 시행령」 제21조에 따라 아래와 같이 과납보험료를 선납 충당 신청합니다.

년   월   일   신고인(사업주)   (서명 또는 인)/ [
                ]보험사무대행기관   (서명 또는 인)

근로복지공단   장 귀하

6. 보험요율

1) 건강보험료율과 장기요양보험료

국민건강보험의 직장가입자에게 2019년 1월부터 적용되는 보험료율은 6.46%이며, 가입자가 3.23% 사업자가 3.23%를 부담하게 된다. 건강보험료와 별도로 장기요양보험료를 부담하여야 하는데 건강보험료에 장기요양보험료율 8.51%를 적용하여 산출을 하며 사업주와 근로자가 각각 50%씩 부담을 하게 된다.

2) 국민연금보험료율

국민연금보험료는 기준소득월액의 9%에 해당하는 금액으로 하고, 근로자와 사업자가 각각 50%씩 부담을 하게 된다. 국민연금의 경우 기준소득월액에 상한액과 하한액을 설정하고 있는데 2019년 적용되는 하한액은 300,000원이고 상한액은 4,480,000원이다. 따라서 소득월액이 고시된 하한액보다 적으면 그 하한액을, 상한액보다 많으면 그 상한액을 기준소득월액으로 하여 보험료율을 적용하면 된다.

3) 고용보험료율

고용보험은 실업급여와 고용안정 및 직업능력개발사업을 위한 보험으로 구분하고 있다. 실업급여의 보험료율은 보수총액에 1천분의 13 (1.3%)을 적용하여 근로자와 사업자가 50%씩 부담하게 되어 있다.

고용안정·직업능력개발사업의 보험료율은 사업자의 규모에 따라 다음과 같이 정하고 있으며, 전액 사업주가 부담하여야 한다.

    가. 상시근로자수가 150명 미만인 사업주의 사업: 1만분의 25 (0.25%)

    나. 상시근로자수가 150명 이상인 사업주의 사업으로서 우선지원 대상기업의 범위에 해당하는 사업: 1만분의 45(0.45%)

    다. 상시근로자수가 150명 이상 1천명 미만인 사업주의 사업으로서 우선지원 대상기업에 해당하지 않는 사업: 1만분의 65(0.65%)

    라. 상시근로자수가 1천명 이상인 사업주의 사업으로서 우선지원 대상기업에 해당하지 않는 사업 및 국가·지방자치단체가 직접 하는 사업: 1만분의 85(0.85%)

4) 산재보험료율

산재보험료율은 매년 6월 30일 현재, 과거 3년간의 임금총액에 대한 보험급여 총액의 비율을 기초로 재해 발생의 위험성에 따라 분류된 사업종류별 보험료율을 세분화하여 동년 12월 31일 경에 고시하여 다음 년도에 적용하고 있다. 2019년에 적용하게 될 산업별 산재보험료율표는 다음 표와 같다.

[별지]

2019년도 사업종류별 산재보험료율

(단위: 천분율)

사 업 종 류	요율	사 업 종 류	요율
0. 금융 및 보험업	6	**5. 운수·창고 및 통신업**	
1. 광업		철도·궤도·삭도·항공운수업	8
석탄광업 및 채석업	225	육상 및 수상운수업	18
석회석·금속·비금속광업 및 기타광업	57	창고 및 운수관련 서비스업	8
2. 제조업		통신업	9
식료품 제조업	16	**6. 임업**	72
섬유 및 섬유제품 제조업	11	**7. 어업**	28
목재 및 종이제품 제조업	20	**8. 농업**	20
출판·인쇄·제본 또는 인쇄물가공업	10	**9. 기타의사업**	
화학 및 고무제품 제조업	13	건물종합관리, 위생 및 유사서비스업	13
코크스, 연탄 및 석유정제품 제조업	9	기타의 각종사업	9
의약품·화장품 향료·담배 제조업	7	전문기술서비스업	6
유리·도자기·시멘트 제조업	13	보건 및 사회복지사업	6
기계기구, 비금속광물 및 금속제품 제조업	13	교육서비스업	6
금속 제련업	10	도·소매 및 소비자용품 수리업	8
전기기계기구, 전자제품 및 정밀기구 제조업	6	부동산업 및 임대업	7
선박건조 및 수리업	24	오락·문화 및 운동관련 사업	8
수제품 및 기타제품 제조업	12	국가 및 지방자치단체의 사업	9
3. 전기·가스·증기 및 수도사업	8	사회섭,스업	8
4. 건설업	36	※ 해외파견자 : 15/1,000	

산재보험료율 적용의 기본원칙은 다음과 같다.
- 하나의 적용사업장에 대하여는 하나의 보험료율을 적용한다.
- 하나의 사업장 안에서 보험료율이 다른 2종이상의 사업이 행해지는 경우에는 다음 순서에 따라 주된 사업을 결정하여 적용한다.

① 근로자수가 많은 사업
② 근로자수가 같거나 그 수를 파악할 수 없는 경우에는 보수총액이 많은 사업
③ 상기 방법에 의하여 주된 사업을 결정할 수 없는 경우에는 매출액이 많은 제품을 제조하거나 서비스를 제공하는 사업

7. 신고 불이행시 과태료

1) 국민연금

국민연금보험료와 관련하여 다음 어느 하나에 해당하는 자에게는 50만원 이하의 과태료를 부과하게 되어 있다.
- 사업장가입자의 사용자는 보건복지부령으로 정하는 바에 따라 당연적용사업장에 해당된 사실, 사업장의 내용 변경 및 휴업·폐업 등에 관한 사항과 가입자 자격의 취득·상실, 가입자의 소득월액 등에 관한 사항을 신고를 하지 아니하거나 거짓으로 신고한 사용자
- 가입자의 자격, 기준소득월액, 연금보험료 또는 급여에 관한 결정 등이나 수급권 또는 급여의 발생·변경·소멸·정지 등에 관한 확인을 위하여 공단 또는 공단의 직원이 서류나 그 밖의 자료 제출을 요구하거나 조사·질문을 할 때 이를 거부·기피·방해하거나 거짓으로 답변한 사용자

세부적인 위반사항에 대한 과태료 부과기준은 다음 표와 같다.

위반행위	근거 법조문	과태료 금액(단위 ; 만원)		
		1차 위반	2차 위반	3차 이상
가. 법 제21조제1항을 위반하여 신고를 하지 않거나 거짓으로 신고한 경우	법 제131조제1항 제1호	17	33	50
나. 법 제21조제2항에 따른 신고를 하지 않은 경우	법 제131조제2항 제1호	3	6	10
다. 법 제23조제2항에 따른 통지를 하지 않은 경우	법 제131조제2항 제2호	3	6	10
라. 법 제121조제1항 또는 제2항에 따른 신고를 하지 않은 경우	법 제131조제2항 제1호			
1) 지연신고기간이 3개월 미만인 경우		3		
2) 지연신고기간이 3개월 이상 6개월 미만인 경우		6		
3) 지연신고기간이 6개월 이상인 경우		10		
마. 법 제122조에 따라 사용자가 공단 또는 공단의 직원이 서류나 그 밖의 소득·재산 등에 관한 자료의 제출을 요구하거나 조사·질문할 때 이를 거부·기피·방해하거나 거짓으로 답변한 경우	법 제131조제1항 제2호	17	33	50
바. 법 제122조에 따라 가입자, 가입자였던 자 또는 수급권자가 공단 또는 공단의 직원이 서류나 그 밖의 소득·재산 등에 관한 자료의 제출을 요구하거나 조사·질문할 때 이를 거부·기피·방해하거나 거짓으로 답변한 경우	법 제131조제2항 제3호	3	6	10

2) 국민건강보험

국민건강보험법에서 규정하고 있는 제반 신고의무를 하지 않거나 위반한 경우에는 500만원 이하의 과태료를 부과하게 되어 있다. 세부적인 위반행위에 대한 과태료 금액은 다음 표와 같다.

위반행위	근거 법조문	과태료 금액(단위: 만원)		
		1차 위반	2차 위반	3차 이상
가. 법 제7조를 위반하여 신고를 하지 않거나 거짓으로 신고한 경우	법 제119조 제3항제1호	150	300	500
나. 법 제43조제1항 및 제2항을 위반하여 신고를 하지 않거나 거짓으로 신고한 경우	법 제119조 제4항제2호	30	60	100
다. 정당한 사유 없이 법 제94조제1항을 위반하여 신고·서류제출을 하지 않거나 거짓으로 신고·서류제출을 한 경우	법 제119조 제3항제2호	150	300	500
라. 법 제96조의2를 위반하여 서류를 보존하지 않은 경우	법 제119조 제4항제4호	30	60	100
마. 정당한 사유 없이 법 제97조제1항, 제3항 및 제4항을 위반하여 보고·서류제출을 하지 않거나 거짓으로 보고·서류제출을 한 경우	법 제119조 제3항제3호	150	300	500
바. 법 제98조제4항을 위반하여 행정처분을 받은 사실 또는 행정처분절차가 진행 중인 사실을 지체 없이 알리지 않은 경우	법 제119조 제3항제4호	500	500	500
사. 정당한 사유 없이 법 제101조제2항을 위반하여 서류를 제출하지 않거나 거짓으로 제출한 경우	법 제119조 제3항제5호	150	300	500
아. 법 제103조에 따른 명령을 위반한 경우	법 제119조 제4항제5호	30	60	100
자. 법 제105조를 위반한 경우	법 제119조 제4항제6호	30	60	100

3) 고용·산재보험

고용보험 및 산재보험의 신고의무를 위반한 경우에는 300만원 이하의 과태료를 부과하게 되어 있다. 세부적인 위반행위에 대한 과태료 금액은 다음 표와 같다.

위반행위	근거 법조문	과태료 금액		
		1차	2차	3차 이상
가. 법 제11조에 따른 보험관계의 신고, 법 제12조에 따른 보험관계의 변경신고, 법 제16조의10 제1항 및 제2항에 따른 보수총액 등의 신고, 법 제17조에 따른 개산보험료의 신고 또는 법 제19조에 따른 확정보험료의 신고를 하지 않거나 거짓 신고를 한 경우	법 제50조 제1항제1호	100만원	200만원	300만원
나. 법 제16조의10제3항부터 제5항까지의 규정에 따른 신고를 하지 않거나 거짓으로 신고한 경우	법 제50조 제1항제1호	근로자 1인당 5만원, 100만원 한도	근로자 1인당 8만원, 200만원 한도	근로자 1인당 10만원, 300만원 한도
다. 법 제29조의3제1항에 따른 금융거래정보의 제공을 요청받고 정당한 사유 없이 금융거래정보의 제공을 거부한 경우	법 제50조 제1항제2호	100만원	200만원	300만원
라. 법 제36조에 따른 장부 또는 그 밖의 서류를 갖추어 두지 않거나 거짓으로 적은 경우	법 제50조 제2항	10만원	30만원	50만원
마. 법 제44조에 따른 요구에 불응하여 보고를 하지 않거나 거짓으로 보고한 경우 또는 관계 서류를 제출하지 않거나 거짓으로 적은 관계 서류를 제출한 경우	법 제50조 제1항제3호	100만원	200만원	300만원
바. 법 제45조제1항에 따른 질문에 거짓으로 답변한 경우 또는 같은 항에 따른 조사를 거부·방해 또는 기피한 경우	법 제50조 제1항제4호	100만원	200만원	300만원

제4장
연말정산업무

 연말정산업무는 종업원의 급여 지급 시에 원천징수한 근로소득세를 정산하는 절차로서, 사업주인 원천징수의무자는 다음연도 2월분의 급여를 지급할 때에 전년도에 원천징수한 세액과 세법에 따라 정확하게 계산한 근로소득세를 비교하여 정산하는 것을 말한다. 과거에는 종업원의 연말정산을 위하여 종업원으로부터 일체의 소득공제와 세액공제 관련 서류를 제출받아 급여담당자가 직접 종업원 개개인에 대한 근로소득세를 산출·정산하였으나 국세청의 연말정산 간소화서비스의 개설로 인하여 대부분의 공제금액은 국세청의 연말정산간소화 서비스자료를 확인하는 것으로 대체되고, 연말정산간소화서비스에서 제공하지 않는 공제서류를 제출받아 연말정산 세액계산을 완료하고 원천징수영수증을 근로자에게 발급함으로서 연말정산의 절차는 종료된다. 기업에서는 연말정산에 의해 확정된 근로소득세액을 근로소득지급명세서에 작성하여 3월 10일까지 홈택스 또는 관할세무서에 제출하고 징수세액을 납부하면 된다.

제1절 연말정산 신고 업무

1. 연말정산 신고절차

1) 연말정산 업무준비

 매년 12월에서 다음해 1월 중순까지는 급여담당자는 근로자의 소득금액에 대한 소득세 원천징수세액의 연말정산을 원활하게 수행하기 위해 다음과 같은 준비 작업을 하여야 한다.
① 국세청 홈페이지의 「개정세법해설」 책자 및 개정서식 확인
② 연말정산 유형선택 및 프로그램 업데이트(12월)
　　• 자가개발 프로그램의 경우 세법 및 서식 개정사항 등을 반영하여 연말정산

프로그램 업데이트를 완료하여야 하며, '종이없는 연말정산'을 실시하고자 하는 회사는 국세청에서 제공하는 전자파일인식(영수증금액추출)프로그램과 회사의 프로그램이 연계되도록 설치해야 함]
- 근로소득 연말정산 대상 근로자 수가 적은 원천징수의무자의 경우 국세청홈택스(www.hometax.go.kr)에 접속하여 '연말정산프로그램'을 이용하면 된다.

③ 근로자에게 연말정산 일정 등 정보제공(1월 초)

회사는 국세청에서 발간한 「연말정산신고안내」 책자와 연말정산 관련 국세청 보도자료를 참조, 연말정산일정과 준비할 사항 등을 정리하여 매년 1월 초까지 근로자에게 제공해야 한다. 근로자가 연말정산을 위해 알아야 할 정보는 다음과 같다.
- 연말정산처리일정(소득·세액공제신고서제출,연말정산결과안내,환급일정포함)
- 세법개정 내용
- 소득·세액공제 증명자료 수집(연말정산간소화서비스포함)방법, 제출 시 유의사항
- 인적공제 및 소득·세액공제 관련 유의사항, 소득·세액공제신고서 작성방법

④ 연말정산 관련 내부자료 정리(1월말까지)
- 급여 지급 시 일괄 공제한 건강보험료·국민연금근로자부담금·기부금내역 등 정리
- 근로자별 근로소득원천징수부를 확인하여 총급여, 비과세소득, 원천징수세액을 함께 정리하여 연말정산 프로그램에 반영

2) 소득·세액공제 증명자료 수집·제출(2월 중순까지)

근로자는 연말정산간소화서비스(www.hometax.go.kr)를 통해 소득·세액공제 증명서류를 출력 또는 전산파일로 받아 소득·세액공제신고서와 함께 회사에 제출하여야 한다. 다만, 연말정산간소화서비스에서 제공되지 않는 소득·세액공제증명서류는 근로자가 직접 수집하여 제출하여야 한다.

기부금, 의료비, 신용카드공제를 받고자하는 근로자는 추가로 기부금명세서, 의료비 지급명세서, 신용카드 등 소득공제신청서를 회사에 별도로 제출해야 한다.

'종이없는 연말정산'을 실시하는 회사의 경우, 근로자는 연말정산간소화서비스에서 제공하는 소득·세액공제 증명서류를 전자파일로 다운받아 회사에 제출(다만, 해당발급기관을 통해 직접 수집한 소득·세액공제 증명서류는 종이문서로 제출)

3) 소득·세액공제서류 검토 및 원천징수영수증 발급(2월 말일까지)

① 근로자가 제출한 소득·세액공제증명서류에 의해 소득·세액공제신고서가 정확히 작성되었는지, 공제요건이 적정한지를 확인하고, 서류 및 자료보완이 필요한 경우 근로자에게 보완을 요청하여야 한다.

② 근로자가 제출한 소득·세액공제신고서 내용을 반영하여 세액을 계산하고 근로소득 원천징수영수증을 근로자에게 발급하여야 한다.

4) 원천징수이행상황신고서, 지급명세서등 제출(3월10일까지)

① 원천징수이행상황신고서(2월 지급분 + 연말정산 분), 근로소득 지급명세서, 기부금명세서, 의료비지급명세서 전산파일을 3월10일까지 국세청에 제출하여야 한다.
- 기부금명세서: 기부금 세액공제를 적용받는 근로자에 대해서는 기부금명세서를 전산매체로 작성·제출
- 의료비지급명세서: 의료비 세액공제를 적용받는 근로자에 대해서는 의료비지급명세서를 전산매체로 작성·제출

    * 원천징수이행상황신고서 및 지급명세서 제출 시 주의사항
    연말정산이 종료되면 원천징수이행상황신고서의 [근로소득연말정산(A04)]란의 ⑤총지급액은 지급명세서상 연말정산근로자의 총급여액과 비과세소득(지급명세서 작성대상 비과세소득에 한함)합계한 금액과 일치하여야 하고, 신고서상 ⑥소득세 등은 지급명세서상 연말정산근로자의 차감징수세액을 합계한 금액과 일치하여야 한다.

② 반기별 납부 원천징수의무자

원천징수이행상황신고서(상반기 지급분+연말정산분)는 반기별 원천징수내역을 포함하여 7월10일까지 제출하여야 한다.(다만, 환급신청 시에는 3월10일까지 제출)

③ 조정환급 또는 환급신청

원천징수의무자는 조정환급 시 환급힐 소득세가 연말정산하는 달에 원천징수하여 납부할 소득세를 초과하는 경우에는 다음 달 이후에 원천징수하여 납부할 소득세에서 조정하여 환급하여야 한다. 다만, 회사 전체적으로 환급세액이 많아 회사에서 근로자에게 환급금을 즉시 지급하기가 어려운 경우에는 세무서에 환급신청을 할 수도 있다.

<연말정산 신고절차>

구분	일정 / 대상	주요내용
연말정산 업무준비	12월 / 회사	• 회사는 연말정산 유형을 선택하고 근로자에게 일정 및 정보제공 국세청 홈페이지(www.nts.go.kr)
연말정산간소화 서비스자료 확인	1월 중순 / 제출기관 ⇨ 국세청	• 근로자가 홈택스의 연말정산간소화에서 소득·세액공제 증명자료 조회 여부 확인 • 소득·세액공제 자료 제출 기관은 1월 중순까지 미제출 자료에 대해 추가 및 수정제출 가능

소득·세액공제 증명자료 수집 및 제출	1월말 ~ 2월초 / 근로자 ⇨ 회사	• 연말정산간소화서비스 이용(www.hometax.go.kr)
		• 연말정산간고화서비스에서 제공하지 않는 영수증은 근로자가 직접 수집
		  이중 근로자 및 중도 입사자는 전(종) 무지의 근로소득원천징수영수증
		• 추가 작성 서류
		  기부금공제 ⇨ 기부금명세서
		  의료비공제 ⇨ 의료비지급명세서
		  신용카드공제 ⇨ 신용카드 등 소득공제 신청서

공제서류 검토 및 「원천징수영수증」 발급	1월말 ~ 2월말 / 회사 ⇨ 근로자	• 회사는 근로자가 제출한 「소득·세액공제신고서」와 증명서류, 공제요건 등 검토 • 근로자는 누락한 소득세액공제 증명서류 등 회사에 추가 제출 • 회사는 연말정산 세액계산을 완료하고 원천징수영수증을 근로자에게 발급 • 근로자는 「근로소득원천징수영수증」 기재 내용 확인 * 연말정산결과 추가납부세액이 10만원을 초과하는 경우 2~4월분 급여 지급 시까지 분할 납부 가능

원천징수이행상황 신고서 및 지급명세서 제출	3.10까지 / 회사 ⇨ 세무서	• 회사는 「근로소득 지급명세서」를 3.10.까지
		  홈택스(www.hometax.go.kr) 또는 관할세무서에 제출
		  기한 내 미제출시 미제출금액의 2%(3개월 이내 : 1%) 가산세 부담
		  기부금명세서와 의료비지급명세서를 홈택스 전자신고 시 함께 제출
		• 환급발생 시 회사는 조정환급과 환급신청 중 선택
		• 환급신청의 경우 '17.2월분 「원천징수이행상황신고서」 제출 (3.10일 기한)시 연말정산 환급도 함께 신청
		• 환급신청 후 세무서는 30일 이내 근로소득세 환급

(국세청, 2016 원천징수의무자를 위한 연말정산안내 리플릿 수정)

2. 연말정산 필요서류 및 중점 확인사항

1) 연말정산 필요서류

근로자 소득세 원천징수세액에 대한 연말정산을 위해 근로자가 회사에 제출해야 되는 서류는 다음과 같다.
- 주민등록표 등본
- 소득세액공제 증명서류
- 소득세액공제신고서 -
- 연금 저축 등 소득 세액공제 명세서
- 월세액 거주자간 주택임차차입금 원리금 상환액 소득세액공제 명세서
- 의료비지급명세서
- 기부금명세서
- 신용카드 등 소득공제 신청서
- 전(종)근무지 근로소득원천징수영수증

회사는 종업원에게 국세청 홈택스(www.hometax.go.kr) 연말정산간소화서비스를 통해 소득 세액공제 증명서류를 수집할 수 있도록 안내를 해야 하며, 연말정산간소화로 제출되지 않는 증명서류는 해당 영수증 발급기관에서 직접 수집하여 제출할 수 있도록 공지하여야 한다.

만일 종업원이 소득 세액공제신고서 및 소득 세액공제 증명서류를 제출하지 아니한 경우에는 근로자 본인에 대한 인적공제 및 표준세액공제(13만원)만 적용하여 연말정산을 수행하면 된다.

2) 연말정산 서류 중점 확인사항

연말정산 담당자는 근로자가 연말정산을 위해 제출한 소득·세액공제 증명서류를 확인하여 연말정산 과다공제에 따른 가산세 부담을 사전에 방지하여야 한다. 특히, 수동발급 소득세액공제 증명서류의 경우에는 중복공제, 주택자금공제 등 과다공제 사례가 많기 때문에 집중적인 확인이 필요하다. 근로자가 회사에 제출된 증명서류에 대해 중점적인 확인이 필요한 항목은 다음 표와 같다.

〈공제증명서류의 중점확인사항〉

구분	중점 확인사항
인적공제	• 해당 과세기간에 새로이 기본공제대상 부양가족 신청시 중복공제 및 연간 소득금액 100만원(근로소득만 있는 자는 총급여 500만원) 초과 여부를 근로자에게 직접 확인 (확인서 등) • 해당 과세기간 개시일(1.1.) 전 사망자 · 국외이주자는 기본공제 대상자가 아님
주택자금 공제	• 거주자(개인)간 주택임차차입금 원리금상환액 공제 　주민등록표등본을 통해 과세기간 종료일 현재 세대주(세대원 가능) 여부 확인 　임대차계약서 사본 및 금전소비대차계약서 사본을 통해 임대차계약서의 입주일과 주민등록표등본의 전입일 중 빠른 날부터 전후 1개월 이내 차입한 자금인지 확인 • 장기주택저당차입금 이자상환액 공제 　주민등록표등본을 통해 과세기간 종료일 현재 세대주(세대원 가능) 여부 확인 　등기부등본, 대출계약서 사본 등을 제출받아 주택의 근로자 본인 소유 확인 　국민주택규모 여부(2013년 이전 차입분) 확인 　등기접수일로부터 3개월 이내 차입 및 저당 확인 　대출 계약기간이 10년 또는 15년 이상인지, 대출조건(비거치식, 고정금리 등) 확인 　취득 시 기준시가 5억원 이하(2018.12.31. 이전 4억원)인지 확인 　과세기간 종료일 현재 2주택 보유 여부
주택마련 저축공제	• 주민등록표등본 상 과세기간 종료일 현재 세대주 여부 확인 • 장기주택마련저축을 소득공제 신청하였는지 확인 　장기주택마련저축은 2013년부터 소득공제 대상에서 제외됨
신용카드 소득공제	• 기본공제 대상자인 형제자매의 신용카드 등 사용금액을 제외하였는지 확인 • 연간소득금액이 100만원(근로소득만 있는 자는 총급여 500만원)을 초과한 배우자 등의 신용카드 등 사용금액을 제외하였는지 확인
연금계좌 세액공제	• 개인연금저축 납입액을 연금계좌세액공제 항목으로 잘못 신청하였는지 확인 • 수동으로 납입확인서를 제출한 경우 중도해지(공제 제외 대상) 또는 본인명의 여부 확인
보험료 세액공제	• 보장성보험료의 경우 피보험자가 기본공제대상자인지 여부 확인
의료비 세액공제	• 기본공제대상자인 직계존·비속 의료비를 근로자 본인이 직접 부담해야 함 　근로자 명의 신용카드, 현금영수증 등으로 지출하였는지 확인 • 사내근로복지기금 · 보험회사(실손보험금) · 국민건강보험공단 등에서 보전받은 의료비를 제외하였는지 여부 확인(근로자 본인이 직접 부담하지 않은 의료비 공제 대상이 아님)
교육비 세액공제	• 자녀 학원비는 취학 전(입학년도 1월~2월 까지)에 지출한 경우 공제가능 • 대학원 교육비는 근로자 본인을 위해 지출한 것인지 확인 　자녀를 위해 지출한 대학원 교육비는 공제대상이 아님

구분	중점 확인사항
	• 비과세 학자금을 지원한 경우 근로자가 교육비 공제를 제외하였는지 확인 • 사내근로복지기금에서 지원한 교육비(과세제외)를 제외하였는지 확인

기부금
세액공제
	• 정치자금 기부금의 경우 본인 명의의 기부금영수증인지 확인
	• 수동 제출 기부금영수증 상 '일련번호' 유무 확인
	  일련번호가 없는 기부금영수증의 경우 공제대상에 해당하지 않을 가능성이 높음
	• 기부금단체가 적격 단체에 해당하는지 영수증에 기재된 근거법령을 통해 확인
	  개별 종교단체의 경우 총회나 중앙회가 문화체육관광부장관 또는 지방 자치단체의 장의 허가를 받아 설립한 비영리법인지 여부는 기부금영수증, 법인설립허가증 사본, 소속증명서 등을 통해 확인
	  '고유번호증'의 유무가 적격 기부금 종교단체 여부 판단기준이 아님에 유의
	  사주, 궁합, 택일, 작명 등 대가성 비용을 지출하고 받은 기부금영수증은 공제대상이 아님
	  사단법인 또는 재단법인의 경우 기획재정부장관의 지정을 받았는지 여부 확인
	  단, 기획재정부장관 지정이 없더라도 관련법령에서 적격 기부금단체로 규정한 법인도 있으므로 '기부금영수증 상 기부금단체 근거법령'을 확인하여 적격 기부금단체 여부 판단

월세액 세액공제	• 주민등록표등본을 통해 과세기간 종료일 현재 세대주(세대원 가능) 여부 확인 • 월세액 세액공제 신청 근로자가 임대차계약서 상 계약자인지 여부 확인 • 주민등록표등본 상 주소지와 임대차계약서 상 주소지가 동일한지 여부 확인

3) 정산 후 서류 제출사항

(1) 원천징수이행상황신고서

원천징수의무자는 원천징수한 소득세를 다음달 10일까지 납부서와 함께 금융기관 등에 납부하고 원천징수이행상황신고서를 관할 세무서장에게 제출하여야 하며, 과세미달 등 원천징수세액이 없는 자에 대한 지급액도 신고서에 포함하여야 한다.

(2) 근로소득 지급명세서

소득세 납세의무가 있는 개인에게 근로소득을 국내에서 지급하는 자는 근로소득 지급명세서를 그 지급일이 속하는 과세기간의 다음연도 3월 10일까지 원천징수 관할 세무서장에게 제출하여야 한다.

① 다만, 원천징수의무자가 휴업 또는 폐업한 경우에는 근로소득지급명세서를 휴업일 또는 폐업일이 속하는 달의 다음다음 달 말일까지 제출하여야 한다.

② 다음에 해당하는 경우에도 다음연도 3월 10일까지 지급명세서를 제출하여야 한다.

- 원천징수의무자가 12월분의 근로소득을 다음연도 2월 말일까지 지급하지 아니한 경우
- 법인이 이익 또는 잉여금의 처분에 따라 지급하여야 할 상여로서 그 처분이 11월 1일부터 12월 31일까지의 사이에 결정되어 다음연도 2월 말일까지 그 상여를 지급하지 아니한 경우

근로소득 지급명세서는 직전 과세기간에 제출한 지급명세서의 매수가 50매 미만인 자 또는 상시 근무하는 근로자의 수(매월 말일의 현황에 의한 평균인원 수)가 10명 이하인 경우에는 서면으로 작성 제출하고 그렇지 않은 경우에는 홈택스(www.hometax.go.kr)에서 지급명세서를 작성하여 인터넷으로 제출하거나, 자체프로그램에 의하여 작성한 전산파일을 변환 제출방식으로 제출할 수 있다.

지급명세서를 제출하여야 할 자가 해당 지급명세서를 그 기한 내에 제출하지 아니한 경우, 제출된 지급명세서가 불분명한 경우에 해당하거나 제출된 지급명세서에 기재된 지급금액이 사실과 다른 경우에는 그 제출하지 아니한 경우의 지급금액 또는 불분명하거나 사실과 다른 분의 지급금액의 100분의 2에 상당하는 금액 [5천만원(중소기업이 아닌 기업 1억원) 한도. 다만, 고의적으로 위반한 경우에는 한도규정을 적용하지 않음]을 가산세로 하여 결정세액에 더하여 납부하여야 한다.

〈지급조서 제출불성실 가산세〉

사유/원천징수의무자		개인(소득세법 §81①)	법인(법인세법 §76⑦)
미 제 출		제출하지 아니한 분의 지급금액의 100분의 1	
제 출	불분명한 경우와 사실과 다른 제출	불분명 또는 사실과 다른 금액의 100분의 1	
	지연제출	3개월 이내에 제출하는 경우 지급금액의 1000분의 5	

(3) 기부금명세서 및 의료비지급명세서 전산파일 제출

기부금명세서, 의료비지급명세서 제출대상이 있는 경우 근로소득 지급명세서와 함께 원천징수 관할세무서에 매년 3월 10일까지 전산파일로 제출하여야 한다.

〈연말정산 후 제출서류 내용〉

제출서류	제출 내용
원천징수이행상황신고서·원천징수세액환급신청서 [소득세법시행규칙 별지 45호 서식]	• 원천징수의무자는 2월 지급분과 함께 연말정산분에 대한 원천징수한 소득세를 매년 3월 10일까지 납부서와 함께 금융기관 등에 납부하고, 신고서를 관할세무서장에게 제출(원천징수세액이 없는 자에 대한 지급 금액도 신고서에 포함) • 환급세액이 있는 경우 '원천징수세액환급신청서'(원천징수세액환급신청서 부표, 기납부세액명세서, 전월미환급세액 조정명세서 포함)를 제출하여 환급 신청할 수 있음 ⇨ 신고서 상 ②환급세액 조정 란의 '차월이월 환급세액'을 기재하여 조정환급도 가능
근로소득지급명세서 [소득세법시행규칙 별지 24호서식(1)]	• 근로소득지급명세서를 그 지급일이 속하는 과세기간의 다음연도 3월 10일까지 원천징수 관할세무서장에게 제출 • 지급명세서 제출방법 (홈텍스를 이용한 전자제출) 홈텍스(www.hometax.go.kr)의 근로소득 지급명세서 제출 메뉴에서 지급명세서를 작성하여 인터넷으로 제출하거나, 자체프로그램에 의하여 작성한 전산파일을 변환제출방식으로 제출 (전산매체(CD 등)를 이용한 제출) 자가 사용 프로그램으로 전산매체를 제출하고자 하는 경우 국세청에서 정한 「지급명세서 전산매체 제출요령」에 따라 지급명세서를 전산매체로 제출 (서면 작성 제출) 직전연도에 제출한 지급명세서의 매수가 50매 미만인 자와 상시근로자의 수가 10명 이하인 자는 서면으로 '소득자료 제출 집계표'를 부착하여 제출할 수 있음 • 지급명세서 관련 가산세 지급명세서를 기한 내 미제출한 경우, 제출한 지급명세서가 불분명한 경우나 기재된 지급금액이 사실과 다른 경우에는 그 제출하지 아니한 경우의 지급금액 또는 불분명한 경우나 기재된 지급 금액이 사실과 다른 경우에는 그 제출하지 아니한 경우의 지급금액 또는 불분명하거나 사실과 다른 분의 지급금액의 2% (3개월 이내 지연제출은 1%)를 소득세(법인세)에 가산함 * 가산세 한도 : 5천만원(중소기업이 아닌 기업 1억원)
기부금명세서 [소득세법시행규칙 별지 45호 서식] 의료비지급명세서 [소득세법시행규칙 별지 43호 서식]	• 원천징수의무자는 기부금세액공제, 의료비세액공제를 적용받는 근로자의 기부금명세서, 의료비명세서를 근로소득 지급명세서와 함께 관할세무서에 홈택스 등으로 전산 제출

4) 원천징수의무자의 연말정산 유형별 업무절차

국세청의 연말정산간소화서비스 프로그램이 제공됨에 따라 기업은 자체 전산 및 업무환경 등을 고려하여 기업에 적합한 유형의 연말정산 방법을 선택하고, 근로자에게 선택한 유형에 따른 일정과 준비사항 등의 정보를 제공하여야 한다.

구 분	이용 대상자
유형 1	근로자로부터 간소화의 공제 증명자료를 출력받아 해당 자료를 이용하여 연말 정산하는 회사(가장 보편적으로 이용)
유형 2	근로자의 간소화 공제 증명자료(PDF파일)를 회사의 연말정산 프로그램에 업로드하여 연말정산하는 대기업 및 국가기관 등("종이없는 연말정산")
유형 3	근로자로부터 공제 증명서류를 홈택스 온라인으로 수집하는 회사
유형 4	홈택스에서 근로자가 작성한 소득·세액공제신고서와 공제 증명서류를 온라인으로 수집하는 회사
유형 5	홈택스에서 연말정산 업부(공제 증명서류 수집, 소득·세액공제신고서 수집, 지급명세서 제출)를 전부 처리하는 회사(회사 프로그램 유지·보수 비용 절감)

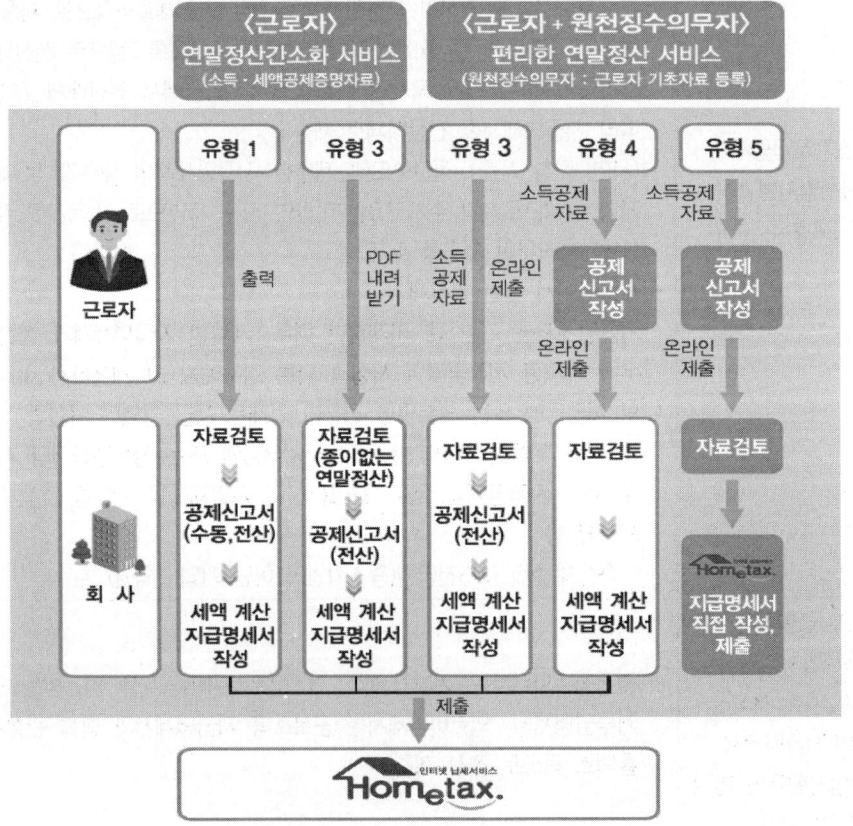

참조: 국세청, 2018 원천징수의무자를 위한 연말정산안내 리플릿

제2절 근로소득자의 세액계산

1. 근로소득공제

근로소득공제는 과세기간이 1년 미만이거나 과세기간 중 근로기간이 1년 미만인 근로자의 경우 월할계산하지 않고 근로소득공제에 해당하는 금액을 공제한다. 근로소득자의 해당 과세기간의 총급여액이 근로소득공제에 미달하는 경우 총급여액을 공제액으로 한다. 일용근로자가 아닌 사람이 2인 이상으로부터 급여를 받는 경우에는 그 근로소득의 합계액을 총급여액으로 하여 근로소득공제를 총급여액에서 공제한다.

총 급 여 액	근 로 소 득 공 제
500만원 이하	총급여액의 100분의 70
500만원 초과 1,500만원 이하	350만원 + (500만원을 초과하는 금액의 100분의 40)
1,500만원 초과 4,500만원 이하	750만원 + (1,500만원을 초과하는 금액의 100분의 15)
4,500만원 초과 1억원 이하	1,200만원 + (4,500만원을 초과하는 금액의 100분의 5)
1억원 초과	1,475만원 + (1억원을 초과하는 금액의 100분의 2)

2. 인적공제

구분	공 제 금 액
기본공제	기본공제대상자 1명당 150만원
추가공제	기본공제대상자가 다음에 해당되는 경우 기본공제 외에 추가로 공제 • 장애인인 경우 1명당 연 200만원 • 경로우대자(70세 이상)인 경우 1명당 연 100만원 • 근로소득금액이 3천만원 이하인 거주자가 배우자가 없는 여성으로서 기본공제대상 부양가족이 있는 세대주이거나, 배우자가 있는 여성근로자인 경우 연 50만원 • 배우자가 없는 근로자가 기본공제대상 직계비속 또는 입양자를 부양하는 경우 연 100만원(부녀자공제와 중복 배제 : 한부모 공제를 우선 적용)

1) 기본공제

종합소득 있는 거주자는 다음의 기본공제대상자 1명당 연 150만원씩 해당 과세기간의 종합소득금액에서 공제받을 수 있다.

- 근로자 본인
- 배우자(근로자의 배우자가 연간 소득금액이 없거나 연간 소득금액의 합계액이 100만원(근로소득만 있는 자는 총급여 500만원) 이하인 경우 연 150만원을 공제
- 생계를 같이하는 부양가족으로서 연간 소득금액의 합계액이 100만원(근로소득만 있는 자는 총급여 500만원)이하인 경우 1명당 연 150만원을 공제

구 분	공 제 대 상
직 계 존 속	만 60세 이상
직계비속, 동거입양자	만 20세 이하
형 제 자 매	• 만 20세 이하 • 만 60세 이상
그 밖 의 부양가족	• 국민기초생활보장법 제2조 제2호의 수급자 • 직계비속 또는 입양자와 그 배우자가 모두 장애인에 해당하는 경우 그 배우자 • 아동복지법에 따른 가정위탁을 받아 양육하는 아동으로서 해당 과세기간에 6개월 이상 직접 양육한 만 18세 미만 위탁아동. 다만, 직전 과세기간에 소득공제를 받지 아니한 경우에는 해당 위탁아동에 대한 직전 과세기간의 위탁기간을 포함하여 계산한다.

2) 추가공제

기본공제대상자가 다음의 어느 하나에 해당하는 경우 거주자인 근로자는 해당 과세기간의 종합소득금액에서 기본공제 외에 다음에서 정해진 금액을 추가로 공제한다.

- 기본공제대상자가 만 70세 이상 ⇒ 1명당 연 100만원 공제(경로우대자 추가공제)
- 기본공제대상자가 소득세법시행령 제107조에 따른 장애인에 해당하는 경우 ⇒ 1명당 연 200만원 공제 (장애인 추가공제)
- 부녀자 추가공제 - 종합소득금액이 3천만원 이하인 거주자가 아래의 어느 하나에 해당하는 경우 연 50만원을 추가적으로 공제 한다.
  ① 배우자가 있는 여성인 경우
  ② 배우자가 없는 여성으로서 기본공제대상자인 부양가족이 있는 세대주인 경우. 2017년부터 근로장려금 대상자는 부녀자 추가공제와 중복적용 가능

- 배우자가 없는 근로자로서 기본공제대상자인 직계비속 또는 입양자가 있는 경우에는 연 100만원을 한부모 추가공제 한다.(다만, 부녀자 추가공제와 중복되는 경우 한부모 추가공제를 적용한다). 해당 과세기간에 배우자가 사망한 경우로서 연말정산 시 기본공제대상자로 배우자를 기본공제 신청한 경우에는 한부모 추가공제를 적용받을 수 없다.

3) 연간 소득금액의 합계액

연말정산 시 배우자를 포함한 부양가족을 기본공제대상자로 공제하기 위해서는 해당 부양가족의 연간 소득금액의 합계액이 100만원(근로소득만 있는 자는 총급여 500만원)이하 요건을 충족하여야 한다. 종합소득세를 비롯한 여타 소득의 연간소득금액 산출과 관련하여 간략하게 정리하면 다음 표와 같다.

소득종류		소득금액 계산	소득금액 100만원 이하 사례
① 종합소득	근로소득	총급여액-근로소득공제	총급여액 333만원 – 근로소득공제 233만원 = 100만원
	연금소득	총연금액 – 연금소득공제	• 공적연금 : 총연금액 516만원 – 연금소득공제 416만원 = 100만원 • 사적연금 : 총연금액 1,200만원 이하로서 분리과세를 선택한 경우 종합소득금액에서 제외되어 기본공제 가능
	사업소득	총수입금액 – 필요경비	총수입금액에서 필요경비를 차감한 금액이 100만원이 되는 경우
	기타소득	총수입금액 – 필요경비	기타소득금액 300만원 이하로서 분리과세를 선택한 경우, 종합소득금액에서 제외되어 공제 가능
	이자·배당소득	총수입금액	이자소득과 배당소득의 합계금액이 2천만원 이하인 경우, 분리과세소득으로 종합소득금액에서 제외되어 공제 가능
	소계	종합소득금액	종합소득금액 100만원(단, 비과세 및 분리과세소득은 제외)(근로소득만 있는 자는 총급여 500만원)
② 퇴직소득		퇴직소득금액	비과세소득을 제외한 금액이 100만원인 퇴직금
③ 양도소득		양도가액 – 필요경비 – 장기보유 특별공제	필요경비와 장기보유특별공제금액을 차감한 금액이 100만원인 양도소득금액
연간 소득금액의 합계액 (①+②+③)			종합소득·퇴직소득·양도소득이 있는 경우 각 소득금액을 합계한 금액으로 함

3. 연금보험료공제

종합소득이 있는 거주자가 공적연금 관련법에 따른 기여금 또는 개인부담금(연금보험료)을 납입한 경우에는 해당 과세기간의 종합소득금액에서 해당 과세기간에 납입한 연금보험료를 공제한다. 다만, 소득공제를 모두 합한 금액이 종합소득금액을 초과하는 경우 그 초과하는 공제액은 없는 것으로 한다.

이상에서 살펴 본 기본공제와 추가공제 항목의 공제요건을 정리하면 다음과 같다.

〈기본공제와 추가공제의 공제요건〉

구 분		공제요건			
		나이요건	소득요건	동거 요건	
				주민등록동거	일시퇴거 허용
기본공제	본인	×	×	×	
	배우자	×	○	×	
	직계존속	60세 이상	○	△(주거형편상 별거 허용)	
	직계비속, 동거입양자	20세 이하	○	×	
	장애인 직계비속의 장애인 배우자	×	○	×	
	형제자매	60세 이상 20세 이하	○	○	○
	국민기초생활보장법에 의한 수급자	×	○	○	○
	위탁아동	18세 미만	○		
추가공제	장애인	기본공제대상자 중 장애인			
	경로우대	기본공제대상자 중 70세 이상인 자			
	부녀자	배우자가 없는 여성근로자로서 기본공제대상 부양가족이 있는 세대주 또는 배우자가 있는 여성 근로자 (근로소득금액 3천만원 이하 자)			
	한부모	배우자가 없는 자로서 부양자녀(20세 이하)가 있는 자			

* 나이요건 : 장애인의 경우 나이요건을 적용하지 않으며, 당해 과세기간 중 공제기준일이 해당하는 날이 있는 경우 적용
* 소득요건 : 연간 소득금액 100만원 이하(근로소득만 있는 경우 총급여 500만원 이하)

4. 특별소득공제

근로소득이 있는 거주자(일용근로자 제외)는 소득세법 제52조에 따른 특별소득공제(보험료·주택자금·이월기부금 공제)가 가능하다. 특별소득공제를 적용받기 위해서는 소득·세액공제 증명서류를 해당 과세기간의 다음 연도 2월분의 급여를 받는 날(퇴직한 경우에는 퇴직한 날이 속하는 달의 급여를 받는 날)까지 회사에 제출하여야 한다. 특별소득공제와 개인연금저축 소득공제를 비롯한 그 밖의 소득공제 항목에 대하여 공제항목과 공제한도액을 요약 정리하면 다음 표와 같다.

소 득 공 제		공 제 항 목	공 제 한 도 액
연금보험료 공제		공적연금보험료의 근로자 본인 불입분만 공제 가능	전액
보 험 료	건강보험, 고용보험, 장기요양보험	본인부담 보험료	전 액
주택자금	① 주택마련 저축	청약저축·주택청약종합저축(납입액 240만원 한도), 근로자주택마련저축 납입액 (180만원 한도)의 40%	연300만원 [①+②]
	② 주택임차차 입금원리금 상환액	무주택 세대의 세대주(세대원포함)가 국민주택 규모의 주택을 임차하기 위한 차입금의 원리금 상환액의 40%	
	③ 장기주택저 당차입금이자 상환액	무주택 또는 1주택 보유세대의 세대주 (세대원 포함)인 근로자가 기준시가 5억원 이하인 주택을 구입하기 위한 차입금의 이자상환액 공제	연 300만원 ~ 1,800 만원 [①+②+③]
기부금	이월분	2013.12.31.이전 기부금 지출액 (법정·지정 기부금)	공제한도 내 이월 기부금
개인연금저축	납입액	2000.12.31 이전 가입(납입액의 40%)	연 72만원
투자조합출자 등 공제	'20년 까지 투자	투자금액의 10%[개인이 벤처기업·벤처조합에 투자하는 경우 100%, 70, 30%(2017년 50%, 30%)]	종합소득금액의 50%
신용카드 등 사용액 공제*	신용카드, 현금영수증 직불카드, 선불카드	- 15% 공제대상 사용금액 • 신용카드 사용금액 - 30% 공제대상 사용금액 • 현금영수증 기재금액 • 직불카드(체크카드) 사용금액 • 총급여액 7,000만원이하 자의 도서·공연비 -40% 공제대상 사용금액 • 전통시장 사용분(카드, 현금영수증)	(①, ②)중 적은 금액 ① 연 300만원 ② 총급여액 20% + 전통시장 사용분 100만원, 대중교통 이용분 100만원, 도서·공연비 100만원 각각 추가 (최대 600만원)

소기업·소상공인공제	공제부금	• 대중교통 이용분(카드, 현금영수증)	
		소기업·소상공인 공제부금에 납입한 금액	연 300만원
우리사주조합 출연금	출연금	우리사주 취득을 위해 우리사주 조합에 출연한 출연금	연 400만원
고용유지중소기업근로자공제	임금삭감액	(직전 과세연도의 해당 근로자 연간 임금총액 - 해당 과세연도의 해당 근로자 연간임금총액) × 100분의 50	연 1,000만원
장기집합투자증권저축공제	장기집합투자증권저축 납입액	가입 시 직전 과세기간의 총급여액 5천만원 이하(해당 과세기간 8천만원 이하) 근로자가 장기집합 투자증권저축에 납입한 금액(연 600만원 한도)의 40%	연 240만원

* 신용카드 등 사용액 소득공제 한도 조정

총급여액	공제한도
7천만원 이하	300만원
7천만원 ~ 1.2억 이하	250만원
1.2억 초과	200만원

5. 세액감면(공제)

세액감면(공제)는 소득세법에 따른 감면, 조세조약에 따른 감면, 조세특례제한법에 따른 세액감면 등이 있는데 여기서는 기업에서 많이 적용되는 몇 가지 세액감면(공제)에 대하여 간략하게 설명하기로 한다.

1) 중소기업 취업자에 대한 소득세 감면

일정한 중소기업체에 2012년 1월 1일(60세 이상인 사람 또는 장애인의 경우 2014년 1월 1일)부터 2018년 12월 31일까지 취업하는 경우 그 중소기업체로부터 받는 근로소득으로서 취업일부터 3년이 되는 날이 속하는 달까지 발생한 소득에 대해서는 소득세의 100분의 70(과세기간별로 150만원을 한도로 함)에 상당하는 세액을 감면한다.

• 감면대상 근로자
① 청년 : 근로계약 체결일 현재 연령이 15세 이상 29세 이하인 사람(외국인 포함).
② 60세 이상의 사람 : 근로계약 체결일 현재 연령이 60세 이상인 사람
③ 장애인 : 장애인복지법의 적용을 받는 장애인과 국가유공자 등 예우 및 지원에 관한 법률에 따른 상이자

2) 근로소득세액공제

근로소득이 있는 거주자에 대해서는 그 근로소득에 대한 종합소득 산출세액에서 근로소득세액공제 금액을 차감한다.

〈세액공제금액〉

산 출 세 액	세 액 공 제 금 액
산출세액 130만원 이하	산출세액의 55%
산출세액 130만원 초과	71만5천원 + 130만원 초과금액의 100분의 30

〈세액공제 금액 한도〉

총 급 여 액	세액공제 금액 한도
3천300만원 이하	74만원
3천300만원 초과 ~ 7천만원 이하	74만원 − [(총급여액 − 3천300만원) × 0.008] 다만, 위 금액이 66만원보다 적은 경우에는 66만원
7천만원 초과	66만원 − [(총급여액 − 7천만원) × 1/2] 다만, 위 금액이 50만원보다 적은 경우에는 50만원

3) 자녀세액공제

종합소득이 있는 거주자의 공제대상자녀(기본공제대상자에 해당하는 자녀로 입양자, 위탁아동 포함)에 대해서는 다음에 따른 금액을 종합소득산출세액에서 공제한다. 만일 6세 이하의 공제대상자녀가 2명 이상인 경우 1명을 초과하는 1명당 연 15만원을 종합소득 산출세액에서 추가공제한다. 그리고 해당 과세기간에 출생하거나 입양 신고한 공제대상자녀가 있는 경우 첫째아 30만원, 둘째아 50만원, 셋째아 이상 70만원을 종합소득 산출세액에서 공제한다.

자녀의 수	세 액 공 제 금 액
1명	연 15만원
2명	연 30만원
3명 이상	연 30만원 + 2명 초과하는 1명당 연 30만원

※ 2019. 1. 1부터 만 7세미만(만 7세미만의 취학아동제외) 아동에 대해서는 아동수당이 월 100,000원 제공되므로 만 7세미만의 자녀세엑공제대상에서 제외한다.

4) 연금계좌세액공제

종합소득이 있는 거주자가 연금계좌에 납입한 금액 중 다음에 해당하는 금액을 제외한 금액[연금계좌 납입액 : 연 700만원(연금저축계좌는 400만원) 한도]의 12%[종합소득금액 4천만원 이하(근로소득만 있는 경우는 총급여액 5천5백만원 이하)인 거주자는 15%]에 해당하는 금액을 해당 과세기간의 종합소득산출세액에서 공제한다.

5) 특별세액공제

근로소득이 있는 거주자(일용근로자 제외)는 특별세액 공제 (보장성보험료·의료비·교육비·기부금)를 받을 수 있다. 특별세액공제를 적용받기 위해서는 세액공제 증명서류를 해당 과세기간의 다음 연도 2월분의 급여를 받는 날(퇴직한 경우에는 퇴직한 날이 속하는 달의 급여를 받는 날)까지 회사에 제출하여야 한다.

근로소득자로서 특별소득공제, 특별세액공제 및 월세액 세액공제를 신청하지 아니한 경우에는 연 13만원을 종합소득산출세액에서 공제한다. 특별세액공제의 공제항목과 한도금액 그리고 공제율에 대하여 요약·정리하면 다음 표와 같다.

세액공제		공 제 항 목	세액공제 대상금액 한도	공제율
보험료	보장성보험	생명보험, 상해보험 등의 보장성보험료	연 100만원	12%
	장애인전용 보장성보험	장애인을 피보험자 또는 수익자로 하는 장애인전용보장성보험료	연 100만원	15%
의료비	㉮ 본인장애인 만 65세 이상자,	의료비, 의약품, 안경 구입비(50만원 이내) 등 다만, 미용성형수술을 위한 비용 및 건강증진을 위한 의약품 구입비용 제외	총급여 3% 초과분 공제대상 ㉮, ㉯ 한도 제한 없음	㉮ 15%
	㉯ 난임시술비			㉯ 20%
	㉰ 그 외 부양가족		㉰ 연 700만원 한도	㉰ 15%
교육비	본인	대학원, 대학, 시간제과정 직업능력개발훈련시설 등 근로자(대출자)가 학자금 대출의 원리금 상환액	전 액	15%
	취학전 아동	어린이집·유치원·학원·체육시설 수업료, 급식비, 방과후과정 수업료(도서구입비 포함)	1명당 연 300만원	
	초중고등학생	등록금, 입학금, 급식비, 교과서대금 방과후학교 수업료(도서구입비 포함), 교복구입비(중고등학생 연50만원) 수학여행 등의 현장체험학습비(학생 1인당 30만원 한도)		
	대학생	등록금, 입학금	1명당 연 900만원	

기부금	장애인	장애인 재활교육비		전 액	
	정치자금 기부금	정당기부 등		근로소득금액 전액	100/110 (10만원 이하) 15%(25%) (10만원 초과)
	법정기부금	국방헌금, 위문금품 등			법정 + 우리사주+ 지정 15%(30%)
	우리사주조합기부금	우리사주조합원이 아닌 사람이 우리사주조합에 지출하는 기부금		근로소득금액의 30%	
	지정기부금	종교단체 외	지정된 사회복지문화예술단체	근로소득금액의 30%	
		종교단체	주무관청에 등록된 종교단체	근로소득금액의 10%	

〈세액공제 요건표〉

구분		기본공제대상자의 요건		근로기간 지출한 비용만 공제	비고
		나이요건	소득요건		
특별 소득공제	보 험 료	근로자 본인 부담분만 공제 가능 (건강 · 노인장기요양 · 고용보험료)			
	주택자금공제	-	-	○	본인만 가능
그 밖의 소득공제	개인연금저축	근로자 본인 불입분만 공제 가능 (배우자, 부양가족 불입분 제외)			
	주택마련저축	세대주인 근로자 본인 불입분만 공제 가능			
	신용카드 등	×	○	○	형제자매 제외
자녀세액공제		○	○	-	기본공제대상 자녀(입양자·위탁아동 포함, 손자녀, 7세미만 아동은 제외
연금계좌세액공제		근로자 본인 불입분만 세액공제 가능(배우자, 부양가족 불입분 제외)			
특별 세액공제	보장성보험료	○	○	○	
	의 료 비	×	×	×	
	교 육 비	×	○	○	직계존속 제외 *장애인특수교육비는 소득요건 제한 없으며 직계존속도 가능
	기 부 금	×	○	×	기본공제대상자 *장치자금기부금, 우리사주조합기부금은 본인만 가능)
표준세액공제		특별소득공제, 특별세액공제, 월세액공제를 신청하지 아니한 경우 표준세액공제(13만원) 적용			

| 제3절 | 연말정산 종합사례(국세청 제공) |

1. 소득 · 세액공제 금액 계산

이강모(670101-1234567)는 한강건설(주)(123-81-12345)에 근무하며 배우자(황정연, 사업소득 금액 1,000만원), 자녀 3명(이태현 만 19세, 이태희 만 6세, 이태영 만 0세('19년 출생)과 함께 살고 있다.

1) 연말정산을 위한 기본정보

- 근무기간 : 2019.1.1. ~ 2019.12.31. 근무
- 가족관계

부양가족	나 이	주민등록번호	성 명	비 고
배우자	만 47세	720701-2234567	황 정 연	사업소득
자녀 1	만 19세	000501-1234567	이 태 현	고등학생
자녀 2	만 6세	131230-4234567	이 태 희	취학전 아동
자녀 3	만 0세	191030-3234567	이 태 영	'18년 출생

* 만 6세와 만 0세인 자녀에 대해서는 아동수당을 지급받고 있음

- 급여 명세

월 급여 내역		상여금 등 내역	
구분	금액	구분	금액
기 본 급	250만원	연간 상여금	2,200만원
식 대	20만원	자녀 수업료	250만원
시간외 근무	40만원	비과세학자금	300만원
6세 이하 자녀 수당	30만원	성과급여[*]	190만원
배우자 수당	25만원		
합 계	365만원	합 계	2,940만원

* 성과급여는 계량적 · 비계량적 요소를 평가하여 2018년도 3월에 확정

- 원천징수내역

  2019년 급여에 대한 원천 징수세액 1,099,280원

- 소득공제 및 세액공제 기초자료

지출내역 구분		지 출 액	대 상 자	비 고
보 험 료	건강보험료	130만원	본 인	
	노인장기요양보험료	40만원	본 인	
	종신보험료	150만원	태희(자녀)	
	종신보험료	150만원	태영(자녀)	
	자동차보험	120만원	배 우 자	
의 료 비	수술비	250만원	배 우 자	근로자 지출
	보약(건강증진)	150만원	본 인	
	입원치료비	230만원	본 인	
	시력교정용안경	35만원	배 우 자	근로자 지출
	시력교정용	55만원	본 인	
교 육 비	수업료	250만원	태현(자녀)	회사 전액지원
	교복구입비	35만원	태현(자녀)	
	학원수강료	120만원	태현(자녀)	
	체육시설	120만원	태희(자녀)	주 1회 월 단위
	대학원(박사과정)	300만원	본 인	회사 전액지원(비과세)
기 부 금	정치자금기부금	20만원	본 인	
	법정기부금	50만원	본 인	
	우리사주조합	50만원	본 인	우리사주조합원에 해당
	노인복지시설	50만원	배 우 자	
연금보험료	국민연금	250만원	본 인	급여에서 징수
	퇴직연금	100만원	본 인	급여에서 징수(근로자부담금)
	연금저축	250만원	본 인	
저 축	장기주택마련저축	200만원	본 인	2009.12월 가입
이자상환액	장기주택저당차입금이자상환액	280만원	본 인	요건 충족(2011.3.2. 차입)

- 2019년 신용카드 등 본인 사용금액 내역 총 2,800만원 사용

구 분	연간 사용액	비고
신용카드	1,000만원	1,000만원(대중교통 200만원 포함)
현금영수증	1,000만원	1,000만원(전통시장 300만원 포함)
체크카드	800만원	800만원(전통시장 100만원 포함)
총 계	2,800만원	2,800만원

* 배우자 신용카드 500만원, 현금영수증 300만원

2) 근로자 소득금액 정보

• 급여 검토

구분	금액
월급여 합계	4,380만원=365만원 × 12월
연간상여금	2,200만원
자녀 수업료지원	250만원
학자금 지원	300만원
성과급여	190만원
합 계	7,320만원

⇨

비과세금액	금액
식 대	120만원
6세 이하 자녀수당	120만원
비과세학자금	300만원
소 계	540만원
총급여액	6,780만원

• 비과세금액 기재방법

비과세구분	지급명세서 기재대상	기재란번호	코 드
식 대	×		P01
6세이하 자녀	○	⑱-2	Q01
비과세학자금	○	⑱-5	G01

• 총급여액 및 근로소득금액 계산
  - 총급여액 : 6,780만원
  - 근로소득공제(소법 제47조)

총급여액	공 제 액
500만원 이하	총급여액의 100분의 79
500만원 초과 1천500만원 이하	350만원 + (500만원을 초과하는 금액의 100분의 40)
1천500만원 초과 4천500만원 이하	750만원 + (1천500만원을 초과하는 금액의 100분의 15)
4천500만원 초과 1억원 이하	1,200만원 + (4천500만원을 초과하는 금액의 100분의 5)
1억원 초과	1,475만원 + (1억원을 초과하는 금액의 100분의 2)

  - 근로소득 공제금액 계산

    13,140,000원 = 1,200만원 + (6,780만원 − 4,500만원) × 5%

  - 근로소득금액 54,660,000원

    54,660,000원 = 67,800,000원 − 13,140,000원

3) 인적공제와 소득공제

- 인적공제 ⇨ 6,000,000원

구 분	금액	비고
합 계	600만원	
기 본 공 제	600만원	○ 기본공제 1명당 150만원 : 본인, 부양가족(자녀3명)

※ 배우자는 소득금액이 100만원을 초과하여 인적공제 제외

- 연금보험료공제 ⇨ 2,500,000원

구 분	공 제 한 도	납입금액	공 제 금 액
국민연금	근로자 부담분 전액	250만원	250만원

※2014년 귀속분부터 본인명의 연금저축납입액과 퇴직연금 근로자부담금은 '연금계좌세액공제'로 전환됨

- 보험료 공제 ⇨ 1,700,000원

구분	납입금액	자료구분	공제한도	공제금액
건강보험료	130만원	기타 자료	없 음	130만원
노인장기요양보험료	40만원	기타 자료	없 음	40만원

자료 구분란에는 소득공제영수증을 연말정산간소화 서비스에서 발급받은 경우 "국세청 자료"로, 그 외의 경우에는 "기타 자료"로 구분

- 주택자금공제

> 주택자금공제 ⇨ 2,800,000원
> - 장기주택저당차입금 이자상환액 : 280만원
>   장기주택저당차입금 이자상환액공제는 상황기간과 상환방식에 따라 연 300~1,800만원의 공제한도가 적용됨(주택마련저축 등과 합하여 종합한도로 적용)

- 장기주택마련저축

> 장기주택마련저축 ⇨ 0원
> - 2012년 납입분까지만 소득공제 대상이었으며 2013년 이후 납입분은 소득공제 대상 아님

- 신용카드 등 사용액

  신용카드 등 사용액 소득공제 ⇨ 3,915,000원
  - 2018년 신용카드 등 사용금액 2,800만원이 총급여의 25%를 초과하므로 신용카드 공제 가능
  - 공제가능금액 = ① + ② + ③ + ④ - ⑤ = 1,600,000원+800,000원+4,200,000원 + 1,200,000원 - 3,885,000원 = 3,915,000원
    ① 전통시장 사용액 × 40% : 1,600,000원 = 4,000,000 × 40%
    ② 대중교통 이용액 × 40% : 800,000원 = 2,000,000 × 40%
    ③ 현금영수증 · 직불카드 사용액(전통시장 · 대중교통비 제외) × 30%
       = 4,200,000원 =현금영수증(1,000만원-300만원)×30% + 직불카드(800만원-100만원) × 30%
    ④ 신용카드(전통시장 · 대중교통비 제외) × 15% : 1,200,000원 = 8,000,000 × 15%
    ⑤ 최저사용금액에 해당하는 소득공제 금액(최저사용금액(67,800,000 × 25%) 〉 신용카드 사용분) = 3,885,000원 = 신용카드사용액(800만원) × 15% + {(최저사용금액(1,695만원) - 신용카드 사용액(800만원)× 30%)}
  - 공제한도액 MIN(총급여액의 20%, 300만원) = 3,000,000원
  - 추가공제금액 MIN(공제가능금액-공제한도액, 전통시장공제금액(한도 100만원)
    =(3,915,000-3,000,000, 한도1,000,000) = 915,000원
  - 신용카드공제액 = 3,915,000원

- 소득공제 종합한도 초과액

  소득공제 종합한도 초과액 ⇨ 0원(= 6,715,000원 - 25,000,000원) → 음수인 경우 '0'
  - 종합한도 대상 소득공제액 : 6,715,000원
    = 장기주택저당차입금 이자상환액(280만원) + 신용카드 등 소득공제(391.5만원)

4) 과세표준과 산출세액

- 근로소득금액(54,660,000원) - 종합소득공제(13,000,000원) - 그 밖의 소득공제(3,915,000원) + 소득공제종합한도초과액(0원) = 37,745,000원
- 산출세액 = 과세표준(37,745,000원) × 기본세율 = 4,581,750원
  (과세표준 1,200만원 초과 4,600만원 이하 : 72만원 + 1,200만원 초과금액 × 15%)

5) 세액공제 및 세액감면

- 근로소득세액공제

  근로소득세액공제 ⇨ 660,000원 = MIN(①, ②)
  ① 근로소득세액공제 1,699,525원 = 71.5만원 + {산출세액(4,581,750원) - 130만원} × 30%
  ② 세액공제한도 총급여액이 6,780만원인 경우
     66만원[*]= Max(66만원, 74만원 - (6,780만원 - 3,300만원) × 0.008)
       * 세액공제한도가 66만원보다 더 적은 경우 66만원을 한도 적용

- 자녀세액공제

  자녀세액공제 ⇨ 450,000원(①+②)
  ① 20세 이하(1명) : 150,000원 (만 7세 미만 자녀가 아동수당을 받는 경우 공제 배제)
  ② 출생·입양(1명) : 300,000원 (1명당 30만원)

- 연금계좌세액공제

  연금계좌 세액공제 ⇨ 420,000원

구 분	공 제 한 도	납입금액	세액공제 대상금액	세액공제액
연금저축	연 400만원	250만원	250만원	30만원
퇴직연금	연금저축과 합하여 연 700만원	100만원	100만원	12만원
합 계		350만원	350만원	42만원

  ※ 세액공제율 12%(총급여액이 5,500만원 이하는 15%)

- 보험료 세액공제

  보험료 세액공제 ⇨ 120,000원

구 분	납입금액	자료구분	세액공제 대상금액	세액공제액
종신보험료	300만원	국세청 자료	100만원	542,400원
자동차보험	120만원	국세청 자료	소득요건 초과 배우자의 보험료로 공제 제외	

  ※ 세액공제 대상금액이 100만원 초과할 경우 100만원을 한도로 세액공제 적용(공제율 12%)

- 의료비 세액공제

  의료비 세액공제 ⇨ 542,400원

구분	수술	입원치료비	시력교정용안경	세액공제 대상금액	세액공제액
본 인		230만원	55만원 -> 50만원한도	280만원	542,400원
그 외 부양가족	250만원		35만원	81.6만원	
합계	250만원	230만원	90만원->85만원	361.6만원	

  - 세액공제 대상금액 계산 : 3,616,000원(②+③)
    총급여의 3% -> 2,034,000원(67,800,000원 x 3%)
    그 외 부양가족 세액공제 대상금액 : 816,000원 (2,850,000원 - 2,034,000원)
    본인·장애인·65세 이상·세액공제 대상금액 : 2,800,000원
  - 세액공제액 계산 : 세액공제 대상금액(3,616,000원) x 15% = 542,400원
  - 건강증진을 위한 보약구입비는 공제대상 아님

- 교육비 세액공제

  - 공제여부 검토

부양가족	교육비 내역	자료구분	대상금액	공제대상여부
이태희 (취학전아동)	체육시설수강료	기타 자료	120만원	공제대상
이태현 (고등학생)	수업료	국세청 자료	250만원	공제대상
	교복구입비	기타 자료	35만원	공제대상
	학원비	-	120만원	공제대상 아님
이강모	대학원수강료(비과세학자금에 해당)	-	300만원	공제대상 아님

  - 교육비 세액공제 ⇨ 607,500

구분	공제대상	공제대상 제외	공제한도	대상금액	세액공제액
취학전아동	120만원		300만원	120만원	607,500
고등학생	285만원	120만원	300만원	285만원	
근로자본인		300만원	없음	-	
합계	405만원	420만원		405만원	

  세액공제액 계산 : 세액공제 대상금액(4,050,000원) x 15% = 607,500원

- 기부금 세액공제

  기부금 세액공제 ⇨ 180,909원

기부내역	기부자	공제대상여부	기부금액	대상금액		세액공제액
정치자금기부금	이강모	여	20만원	10만원 이하	10만원	90,909
				10만원 초과	10만원	15,000
법정기부금	이강모	여	50만원	50만원		75,000
우리사주조합	이강모	부	50만원	-		-
노인복지시설	황정연	부	50만원	-		-

  ① 근로소득금액 : 54,660,000원
  ② 정치자금기부금
  　- 20만원 중 10만원은 100/110의 공제율이 적용(90,909원)되고, 10만원 초과분 (근로소득금액 100% 한도)은 15% 공제율 적용(15,000원)
  ③ 법정기부금
  　- 세액공제 대상금액 : 50만원　Min(50만원, (근로소득금액 - 정치자금기부금) × 100%)
  　- 세액공제액 : 75,000원(세액공제 대상금액 × 15%)
  ④ 노인복지시설 50만원 ⇨ 소득금액 100만원(근로소득만 있는 자는 총급여 500만원)을 초과하는 배우자가 지출한 기부금으로 공제 대상 아님
  　우리사주조합원이 우리사주조합에 기부하는 금액은 기부금 공제대상에 해당하지 않음

6) 결정세액 및 환급(납부)세액

- 결정세액 ⇨ 1,600,941원
  산출세액 − 세액공제[근로소득 + 자녀 + 연금계좌 + 특별세액공제(보험료, 의료비, 교육비, 기부금)]
  = 4,581,750원 − (660,000원 + 4500,000원 + 420,000원 + 1,450,809원)
  = 1,6000,941원
- 납부세액 ⇨ 501,661원(10원 미만 절사)
  − 1,600,941원 − 1,099,280원(기납부세액) = 501,661원

2. 소득·세액공제신고서 작성

- 소득자의 인적사항, 세대주 여부, 거주구분, 근무기간을 기재하며 소득자가 비거주자인 경우 거주지국 및 거주지국 코드를 기재함
- 소득·세액공제대상 부양가족의 성명·주민등록번호 기재
- 관계코드 : 근로자와의 관계를 관계코드를 참고하여 숫자로 기재
- 내·외국인 : 내국인, 외국인 여부 숫자로 기재
- 인적공제항목 변동 여부 : 기본공제·추가공제 관련하여 변동 여부를 체크
- 인적공제항목 : 자녀 인원을 기재하고 부양가족에 해당하는 인적공제 항목에 "○"을 기재(장애인 공제는 해당자별 코드번호를 기재) 한다.

관계		기본공제	추가공제			
			부녀자	장애인	경로우대	한부모
본인		0	-	기혼여성 부양가족있는 세대주인 여성 (근로소득금액 3천만원 이하)	장애인등록증 장애인증명서 상이자증명을 제출한 자	70세 이상	배우자 없이 자녀를 부양하는 자
소득금액 100만원 이하 (근로소득만 있는자는 총급여 500만원)	소득자 직계존속	1	60세이상	×			×
	배우자 직계존속	2	60세이상				
	배우자	3	-				
	직계비속 자녀	4	20세이하				
	직계비속 자녀외	5	20세이하				
	형제자매	6	20세이하 60세이상				
	수급자	7	기초생활수급자				
	위탁아동	8	위탁아동				

■소득세법 시행규칙 [별지 제37호서식] (8쪽 중 제쪽)

소득·세액 공제신고서/근로소득자 소득·세액 공제신고서
(년 소득에 대한 연말정산용)

※ 근로소득자는 신고하여 소득·세액 공제 증명서류를 첨부하여 원천징수의무자(소속 회사 등)에게 제출하며, 원천징수의무자는 신고서 및 첨부서류를 확인하여 근로소득 세액계산을 하고 근로소득자에게 근로소득원천징수영수증을 발급하여야 합니다. 연말정산 시 근로소득자에게 환급이 발생하는 경우 원천징수의무자는 근로소득자에게 환급세액을 지급하여야 합니다.

소득자 성명		주민등록번호	-
근무처 명칭		사업자등록번호	- -
세대주 여부	[ ]세대주 [ ]세대원	국적	(국적코드)
근무기간	~	감면기간	~
거주구분	[ ]거주자 [ ]비거주자	거주지국	(거주지국 코드)
소득세 원천징수세액 조정신청	[ ]120% [ ]100% [ ]80%	분납신청 여부	[ ]신청 [ ]미신청
인적공제 항목 변동 여부	[ ]전년과 동일 [ ]변동	※ 인적공제 항목이 전년과 동일한 경우에는 주민등록등본을 제출하지 않습니다.	

I. 인적공제 및 소득·세액공제 명세

관계코드 내외국인	성명 주민등록번호	기본공제 부녀자 한부모	경로우대	장애인	출산입양	자료구분	보험료 건강고용등	보장성	장애인전용보장성	의료비	교육비	신용카드등 사용액 신용카드	직불카드등(장애시장·대중교통 제외)	현금영수증(장애시장·대중교통 제외)	전통시장 사용액	대중교통 이용액	기부금
	인적공제 항목에 해당하는 인원을 적습니다.(자녀 명)					국세청		3,000,000		4,800,000	2,500,000	8,000,000	7,000,000	7,000,000	4,000,000	2,000,000	
						기타	1,700,000			850,000	1,550,000						700,000
0	이갑모 (근로자 본인)	0				국세청				2,300,000		8,000,000	7,000,000	7,000,000	4,000,000	2,000,000	
						기타	1,700,000			500,000							700,000
	황장연 710701-2234567					국세청				2,500,000							
						기타				350,000							
	이태현 990501-1234567	0				국세청		1,500,000		2,500,000							
						기타					350,000						
	이태희 111230-4234567					국세청					1,250,000						
						기타											
	이태민 181030-3234567	0		0		국세청		1,500,000									
						기타											

유의사항

1. '소득세 원천징수세액 조정신청란'에는 소득세법 시행령 제194조제1항에 따라 원천징수세액의 비율을 변경하고자 하는 경우에 원하는 비율란에 "√"표합니다.
2. '분납신청 여부란'은 소득세법 제137조제4항에 따라 연말정산 추가 납부세액이 10만원 초과하는 경우에 추가 납부세액의 분납신청 여부를 표시합니다.
3. 관계코드

구 분	관계코드	구 분	관계코드	구 분	관계코드
소득자 본인 (소득세법 § 50 ① 1)	0	소득자의 직계존속 (소득세법 § 50 ① 3 가)	1	배우자의 직계존속 (소득세법 § 50 ① 3 가)	2
배우자 (소득세법 § 50 ① 2)	3	직계비속(자녀·입양자) (소득세법 § 50 ① 3 나)	4	직계비속(코드 4 제외) (소득세법 § 50 ① 3 나)	5*
형제자매 (소득세법 § 50 ① 3 다)	6	수급자(코드1~6제외) (소득세법 § 50 ① 3 라)	7	위탁아동 (소득세법 § 50 ① 3 마)	8

* 해당 직계비속과 그 배우자가 장애인인 경우 그 배우자를 포함합니다.
※ 관계코드 4~6은 소득자와 배우자의 각각의 관계를 포함합니다.

4. 연령기준
   - 경로우대 (. . .) 이전 출생하고 70세 이상 연 100만원 공제
   - 6세 이하 (. . .) 이후 출생한 6세 이하의 공제대상자가 2명 이상일 경우 1명을 초과하는 1명당 연 15만원 세액공제

5. '부녀자 공제'란에는 여성근로자 본인에 한정하여 그 적용 여부를 표시합니다.
6. '장애인 공제'란에는 다음의 해당 코드를 적습니다.

구분	「장애인복지법」에 따른 장애인	「국가유공자 등 예우 및 지원에 관한 법률」에 따른 상이자 및 이와 유사한 자로서 근로능력이 없는 자	그 밖에 항시 치료를 요하는 중증환자
해당코드	1	2	3

7. '직불카드등 란'에는 「여신전문금융업법」 제2조에 따른 직불카드 등 「조세특례제한법」 제126조의2제1항제2호에 해당하는 금액(전통시장사용분과 대중교통이용분이 포함된 금액은 제외합니다)을 적습니다.

(8쪽 중 제2쪽)

구 분		지출명세		지출구분	금 액	한도액	공제액
II. 연금보험료	연금보험료 (국민연금 등)	국민연금보험료	종(전)근무지	보험료	2,500,000	전 액	
			주(현)근무지	보험료		전 액	
		국민연금보험료 외의 공적연금보험료	종(전)근무지	보험료		전 액	
			주(현)근무지	보험료		전 액	
		연금보험료 계			2,500,000		
III. 특별소득공제	보험료	국민건강보험 (노인장기요양보험 포함)	종(전)근무지	보험료	1,700,000	전 액	
			주(현)근무지	보험료		전 액	
		고용보험	종(전)근무지	보험료		전 액	
			주(현)근무지	보험료		전 액	
		보험료 계			1,700,000		
	주택자금	주택임차차입금	대출기관차입	원리금상환액		작성방법 참조	
			거주자 차입				
		장기주택저당차입금	2011년 이전 차입분	15년 미만	이자 상환액		작성방법 참조	
				15년~29년		2,800,000	
				30년 이상			
			2012년 이후 차입분 (15년 이상)	고정금리이거나, 비거치상환 대출			
				기타 대출			
			2015년 이후 차입분	15년 이상	고정금리이면서, 비거치상환 대출			
					고정금리이거나, 비거치상환 대출			
					기타 대출			
				10년~15년	고정금리이거나, 비거치상환 대출			
		주택자금 공제액 계					
IV. 그 밖의 소득공제	개인연금저축(2000년 이전 가입)			납입금액		40%,72만원한	
	소기업·소상공인 공제부금			납입금액		작성방법 참조	
	주택마련저축	청약저축		납입금액		작성방법 참조	
		근로자주택마련저축		납입금액		작성방법 참조	
		주택청약종합저축		납입금액		작성방법 참조	
		주택마련저축 소득공제 계					
	투자조합 출자 등	2018년 출자·투자분		출자·투자금액		작성방법 참조	
		2017년 이후 출자·투자분		출자·투자금액		작성방법 참조	
		투자조합 출자 등 소득공제 계					
	신용카드등 사용액	① 신용카드(전통시장·대중교통 사용분 제외)		사용금액	8,000,000		
		② 직불·선불카드(전통시장·대중교통 사용분 제외)		사용금액	7,000,000		
		③ 현금영수증(전통시장·대중교통 사용분 제외)		사용금액	7,000,000		
		④ 전통시장사용분		사용금액	4,000,000		
		⑤ 대중교통이용분		사용금액	2,000,000		
		계(①+②+③+④+⑤)			28,000,000		
	우리사주조합 출연금			출연금액		작성방법 참조	
	우리사주조합 기부금			기부금액		작성방법 참조	
	고용유지중소기업 근로자			임금삭감액		작성방법 참조	
	장기집합투자증권저축			납입금액		작성방법 참조	

(8쪽 중 제3쪽)

구 분			세액감면·공제명세			세액감면·공제명세			
V. 세액감면 및 세액공제	세액감면	외국인근로자	입국목적	[ ]정부간 협약 [ ]기술도입계약 [ ]「조세특례제한법」상 감면 [ ]조세조약 상 감면					
			기술도입계약 또는 근로제공일			감면기간 만료일			
			외국인 근로소득에 대한 감면	접수일			제출일		
			근로소득에 대한 조세조약 상 면제	접수일			제출일		
			중소기업 취업자 감면	취업일			감면기간 종료일		
	세액공제	공제 종류		명 세		한도액	공제대상금액	공제율	공제세액
			과학기술인공제	납입금액				12% 또는 15%	
		연금계좌	「근로자퇴직급여 보장법」에 따른 퇴직연금	납입금액	1,000,000	작성방법 참 조	1,000,000		
			연금저축	납입금액	2,500,000		2,500,000		
			연금계좌 계		3,500,000		3,500,000		
		특별세액공제	보험료	보장성	보 험 료	3,000,000	100만원	1,000,000	12%
				장애인전용보장성	보 험 료		100만원		15%
				보험료 계		3,000,000		1,000,000	
			의료비	본인·65세 이상자·장애인·난임시술비	지 출 액	2,850,000	작성방법 참 조		15%
				그 밖의 공제대상자	지 출 액	2,850,000			
				의료비 계		5,700,000			
			교육비	소득자 본인	대학원 포함		전 액		15%
				취학전 아동 (2 명)	유치원·학원비 등	1,200,000	1명당 300만원	1,200,000	
				초·중·고등학교 (1 명)	공 납 금	2,850,000	1명당 300만원	2,850,000	
				대학생(대학원불포함)(명)	공 납 금		1명당 900만원		
				장애인 (명)	특수교육비		전 액		
				교육비 계		4,050,000		4,050,000	
			기부금	정치자금기부금	10만원 이하	기부금액	100,000	작성방법 참 조	100,000	100/110
					10만원 초과	기부금액	100,000		100,000	15% (25%)
				법정기부금		기부금액	500,000		500,000	
				우리사주조합기부금		기부금액				15% (30%)
				지정기부금		기부금액				
				기부금 계			700,000		700,000	
		외국납부세액		국외원천소득					
				납세액(외화)					
				납세액(원화)		-			
				납세국명			납 부 일		
				신청서제출일			국외근무처		
				근무기간			직 책		
		주택자금차입금이자세액공제		이자상환액		30%			
		월세액 세액공제		지출액		10%			

신고인은 「소득세법」 제140조에 따라 위의 내용을 신고하며, 위 내용을 충분히 검토하였고 신고인이 알고 있는 사실 그대로를 정확하게 적었음을 확인합니다.

2020년 1월 일

신고인 (서명 또는 인)

VI. 추가 제출 서류					
1. 외국인근로자 단일세율적용신청서 제출 여부(○ 또는 × 로 적습니다)					제출 ( )
2. 종(전)근무지 명세	종(전)근무지명		종(전)급여총액		종(전)근무지 근로소득 원천징수영수증 제출 ( )
	사업자등록번호		종(전) 결정세액		
3. 연금·저축 등 소득·세액 공제명세서 제출 여부(○ 또는 × 로 적습니다)			제출 ( ) ※ 연금계좌, 주택마련저축 등 소득·세액공제를 신청한 경우 해당 명세서를 제출해야 합니다.		
4. 월세액·거주자 간 주택임차차입금 원리금 상환액 소득			제출 ( ) ※ 월세액, 거주자 간 주택임차차입금 원리금상환액 소득·세액공제를 신청한 경우 해당 명세서를 제출해야 합니다.		
5. 그 밖의 추가 제출 서류	① 의료비지급명세서 ( ), ② 기부금명세서 ( ), ③ 소득·세액공제 증명서류				

(7 쪽)

연금 · 저축 등 소득공제 명세서

1. 인적사항	①상 호	한강건설(주)		②사업자등록번호	
	③성 명	이 강 모		④주민등록번호	
	⑤주 소	서울특별시 종로구 종로3길 1번길		(전화번호: 02-0000-0000)	
	⑥사업장소재지	서울특별시 종로구 종로3길 1번길		(전화번호: 02-0000-0000)	

2. 퇴직연금 공제
* 퇴직연금 공제에 대한 명세를 작성합니다.

퇴직연금구분	금융회사 등	계좌번호 (또는 증권번호)	불입금액	공제금액
퇴직연금	○○보험	987-65-43210	1,000,000	120,000

3. 연금저축 공제
* 연금저축 공제에 대한 명세를 작성합니다.

연금저축구분	금융회사 등	계좌번호 (또는 증권번호)	불입금액	공제금액
연금저축	ㅁㅁ은행	12345-67890	2,500,000	300,000

4. 주택마련저축 공제
* 주택마련저축 공제에 대한 명세를 작성합니다.

저축 구분	금융회사 등	계좌번호 (또는 증권번호)	불입금액	공제금액

5. 장기주식형저축 공제
* 장기주식형저축 공제에 대한 명세를 작성합니다.

금융회사 등	계좌번호 (또는 증권번호)	납입연차	불입금액	공제금액

작 성 방 법

1. 퇴직연금 · 연금저축 · 주택마련저축 · 장기주식형저축 공제를 받는 소득자에 대해서는 해당 소득공제에 대한 명세를 작성하여야 합니다. 해당 계좌별로 불입금액과 공제금액을 적고, 공제금액이 0인 경우에는 적지 않습니다.
2. 퇴직연금 공제에서 퇴직연금구분란은 퇴직연금 · 과학기술인공제회로 구분하여 적습니다.
3. 연금저축 공제의 연금저축구분란은 개인연금저축과 연금저축으로 구분하여 적습니다.
4. 주택마련저축 공제의 저축구분란은 청약저축, 주택청약종합저축, 장기주택마련저축 및 근로자주택마련저축으로 구분하여 적습니다.
5. 장기주식형저축 공제의 경우 동일 계좌라 하더라도 해당 과세기간에 납입연차가 달라지는 경우 구분하여 적습니다.
6. 공제금액란은 근로소득자가 적지 않아도 됩니다.

210㎜×297㎜(백상지 80g/㎡)

(8쪽 중 제8쪽)

[ ] 월세액·[ ] 거주자 간 주택임차차입금 원리금 상환액 소득·세액공제 명세서

1. 인적사항

① 상 호		② 사업자등록번호	
③ 성 명		④ 주민등록번호	
⑤ 주 소			(전화번호:)
⑥ 사업장 소재지			(전화번호:)

2. 월세액 세액공제 명세

⑦ 임대인 성명(상호)	⑧ 주민등록번호 (사업자번호)	⑨ 주택 유형	⑩ 주택 계약 면적(m²)	⑪ 임대차계약서 상 주소지	⑫ 계약서 상 임대차 계약기간 개시일	종료일	⑬ 연간 월세액(원)	⑭ 세액공제금액 (원)

※ ⑨ 주택유형 **구분코드** - 단독주택: 1, 다가구: 2, 다세대주택: 3, 연립주택: 4, 아파트: 5, 오피스텔: 6, 기타: 7
※ ⑫ 계약서상 임대차계약기간 - 개시일과 종료일은 예시와 같이 기재 **(예시)** 2013.01.01.

3. 거주자 간 주택임차차입금 원리금 상환액 소득공제 명세

1) 금전소비대차 계약내용

⑮ 대주(貸主)	⑯ 주민등록번호	⑰ 금전소비대차 계약기간	⑱ 차입금 이자율	원리금 상환액 ⑲ 계	⑳ 원금	㉑ 이자	㉒ 공제금액

2) 임대차 계약내용

㉓ 임대인 성명(상호)	㉔ 주민등록번호 (사업자번호)	㉕ 주택 유형	㉖ 주택 계약 면적(m²)	㉗ 임대차계약서상 주소지	㉘ 계약서상 임대차 계약기간 개시일	종료일	㉙ 전세보증금 (원)

※ ㉕ 주택유형 **구분코드** - 단독주택: 1, 다가구: 2, 다세대주택: 3, 연립주택: 4, 아파트: 5, 오피스텔: 6, 기타: 7
※ ㉖ 계약서상 임대차계약기간 - 개시일과 종료일은 예시와 같이 기재 **(예시)** 2013.01.01.

작 성 방 법

1. 월세액 세액공제나 거주자 간 주택임차자금 차입금 원리금 상환액 공제를 받는 근로소득자에 대해서는 해당 소득·세액공제에 대한 명세를 작성해야 합니다.
2. 해당 임대차 계약별로 연간 합계한 월세액·원리금상환액과 소득·세액공제금액을 적으며, 공제금액이 "영(0)"인 경우에는 적지 않습니다.
3. ⑨, ㉕ 주택유형은 단독주택, 다가구주택, 다세대주택, 연립주택, 아파트, 오피스텔, 기타 중에서 해당되는 **주택유형의 구분코드**를 적습니다.
4. ㉙ 전세보증금은 과세기간 종료일(12. 31.) 현재의 전세보증금을 적습니다.

3. 명세서의 작성

1) 의료비지급명세서

(1) 작성대상자

- 의료비 세액공제를 받고자 하는 모든 근로자
- 국세청에 전산 파일 제출 대상 ⇒ 의료비 세액공제금액이 있는 근로자

※ 연말정산을 전산으로 수행하여 근로자나 원천징수의무자가 의료비지급내역을 전산 입력하는 경우 의료비지급명세서를 별도로 작성하지 아니할 수 있다.

(2) 작성요령

- 1년간 지출한 의료비 내역을 기재한다.
- 의료비 지출액이 총급여액의 3%를 초과한 경우만 공제 가능
- 본인, 장애인, 65세 이상자를 위하여 지출한 의료비, 난임시술비는 '⑥본인 등 해당여부' 란에 ○표 하며, 그 외의 의료비공제 대상자는 X표 한다.
- 다음에 해당하는 의료증빙코드 중 해당하는 코드를 '⑨의료증빙코드' 란에 기재한다.

※ 의료증빙코드
  간소화서비스에서 출력한 의료비 자료
  국민건강보험공단의 의료비부담명세서
  진료비계산서, 약제비계산서
  장기요양급여비용명세서
  기타 의료비 영수증

- 간소화 서비스에서 발급한 의료비 내역은 인별로 합계액을 기재, 의료증빙코드 "1"(사업자등록번호, 건수는 기재하지 아니함)
- 의료비 영수증 제출분은 인별로 의료기관을 구분하여 의료기관 사업자등록번호, 건수, 금액을 기재한다.

■ 소득세법 시행규칙 [별지 제43호서식] 〈개정 2015.3.13.〉

의료비지급명세서

소득자 인적사항

① 성 명 : 이강모	② 주민등록번호 : 670101-1234567 (또는 외국인등록번호)
③ 상 호 :	④ 사업자등록번호 :

(2019)년 의료비 지급명세

의료비 공제 대상자 ⑤ 주민등록번호	⑥ 본인 등 해당 여부	지급처 ⑦ 사업자등록번호	⑧ 상호	⑨ 의료 증빙 코드	⑩ 건수	⑪ 금액	⑫ 난임시술비 해당 여부
670101-1234567	○	- -		1	1	2,300,000	×
670101-1234567	○	101-01-01010	A 안경	5	1	500,000	×
720701-2234567	×	- -		1	1	2,500,000	×
720701-2234567	×	101-01-01010	B 안경	5	1	350,000	×
		합 계			2	5,650,000	

「소득세법」 제59조의4와 같은 법 시행령 제113조제1항 및 제118조의5제3항에 따라 의료비를 공제받기 위하여 의료비지급명세서를 제출합니다.

2020년 1월 일

제출자 이 강 모 (서명 또는 인)

세무서장 귀하

첨부서류 : 작성방법 5번란의 증빙자료 ( )매 (의료비 지급명세 순서와 일치되도록 편철합니다.)

작성방법

(의료비 공제를 받으려는 근로자는 원천징수의무자에게 이 의료비지급명세서를 제출해야 합니다.)
1. ③항과 ④항은 「조세특례제한법」 제122조의3에 따른 사업자의 경우에만 적으며, 2008년 1월 1일 이후 발생하는 분부터 적용합니다.
2. 의료비 지급내용 중 의료비 공제가 가능한 내용만 적고, 같은 의료비명세를 중복하여 적을 수 없습니다.
   (예) 국세청장이 연말정산간소화서비스를 통해 제공하는 의료비자료에 포함된 금액을 별도의 진료비계산서를 첨부하여 중복으로 적는 경우
3. 본인 등 해당 여부란은 본인·65세 이상자·장애인인 경우에 "○"표시를 하며, 그 밖의 기본공제대상자인 경우에는 "×" 표시를 합니다.
4. 국세청장이 연말정산간소화서비스를 통해 제공하는 의료비자료의 경우에는 의료비 공제대상자 별로 의료비 지출 합계액을 적습니다. 따라서 지급처의 사업자등록번호, 건수를 적지 않습니다.
5. 의료증빙코드란에는 공제대상자 및 지급처별로 다음의 하나만을 선택하여 적습니다.
   · 국세청장이 연말정산간소화서비스를 통해 제공하는 의료비 자료 = 1
   · 국민건강보험공단의 의료비부담명세서 = 2
   · 진료비계산서, 약제비계산서 = 3
   · 「노인장기요양보험법 시행규칙」 별지 제24호서식 장기요양급여비용 명세서 = 4
     (장기요양급여비용 명세서의 '급여 본인부담금①' 란의 금액만을 적습니다.
      장기요양비급여액은 의료비공제대상이 아니므로 적는 금액에 포함할 수 없습니다.)
   · 기타 의료비 영수증 = 5
   ※ 신용카드·현금영수증 소득공제 증명서류는 의료비 세액공제증명서류로 사용하실 수 없습니다.
6. ⑫ 난임시술비 해당 여부란은 의료비 지급내용이 난임시술비에 해당하는 경우에 "○"표시를 하며, 해당하지 않는 경우에는 "×" 표시를 합니다.
7. 의료비 지급명세란이 부족할 때에는 별지로 작성합니다.

210mm×297mm[백상지 80g/㎡(재활용품)]

2) 기부금명세서 작성

(1) 작성 대상자

- 기부금 소득·세액공제를 받고자 하는 모든 근로자
- 국세청에 전산 파일 제출 대상 ⇒ 기부금 소득·세액공제금액이 있는 근로자
- ※ 공제대상 기부금 : 본인, 기본공제 배우자, 기본공제 부양가족이 지출한 기부금이 공제 대상이나 정치자금, 기부금, 우리사주조합기부금은 본인이 기부한 금액이 공제대상이다.
- ※ 근로자나 원천징수의무자가 기부금내역을 입력하여 연말정산을 전산으로 수행하는 경우 기부금명세서 서식을 별도로 작성할 필요 없다.

(2) 작성요령

- 인적사항에는 근로자의 성명, 주민등록번호, 주소 등을 기재
- 해당연도 기부 명세

  ⑦ 유형, ⑧ 코드 란에는 정치자금, 법정, 특례, 지정 등 기부금의 유형과 해당하는 코드를 기재한다.
    - 소득세법 제34조제2항에 따른 기부금: "법정", "10"
    - 조세특례제한법 제76조에 따른 기부금: "정치자금", "20"
    - 소득세법 제34조제1항에 따른 기부금(기부금대상민간단체에 대한 기부금을 포함하고, 종교단체 기부금은 제외) : "지정", "40"
    - 소득세법 제34조제1항에 따른 기부금 중 종교단체 기부금: "종교", "41"
    - 조세특례제한법 제88조의4에 따른 우리사주조합기부금: "우리사주", "42"
    - 그 밖의 기부금으로서 필요경비 및 세액공제금액 대상에 해당되지 아니한 기부금 : "공제제외", "50"

- ⑨ 기부내용 : 금전기부는 "금전", 금전 외 기부는 "현물"로 표시하고 자산명세를 기재하고, 현물의 기부금액 산정은 「소득세법 시행령」 제81조제3항에 따른 금액임
- ⑩ 상호, ⑪사업자등록번호 등 : 기부금단체의 상호, 사업자등록번호를 기재
    - 정치자금기부금은 기부처 구분 없이 대상기간의 합계액을 한 줄로 최상단에 기재
    - 기부처의 사업자등록번호나 고유번호가 없는 경우 기부처의 대표자 주민등록번호를 기재
- ⑫ 기부자 : 관계코드(1.거주자, 2.배우자, 3.직계비속, 4.직계존속, 5.형제자매, 6.그 외), 성명, 주민등록번호를 정확히 기재

⑬ 기부내역의 금액란 : 가지급금으로 처리한 기부금 등을 포함하고 미지급분은 부금 조정 명 "공제제외 기부금"에 포함
- 구분코드별 기부금의 합계에는 「❷해당연도 기부 명세」의 기부금액을 기부자별, 기부금 코드별로 구분하여 기재
- 기부금 조정 명세
  - 전년도 이월 금액과 해당 과세연도 기부금액 중 기부금 공제 금액과 이월금액, 소멸금액을 계산하여 기재
  - 공제받지 못한 기부금 중 이월공제 기간(법정기부금 : 5년, 지정기부금 : 5년)이 지난 기부금은 소멸금액에 기재
  - 전년도 이월된 기부금액에 대하여 공제를 받고자 하는 경우에는 전년도의 기부금명세서 추가 제출
  - 2013.12.31. 이전 지출한 기부금 중 이월된 기부금은 해당연도 지출 기부금보다 먼저 공제를 적용한다
  - 기부금 한도를 초과하는 경우 기부연도가 빠른 기부금부터 공제를 적용
  - 종교단체 지정기부금과 종교단체 외 지정기부금이 함께 있는 경우 종교단체외 기부금을 먼저 공제
  - 다음연도 이월 기부금은 해당 과세기간 이후 기본공제대상자의 변동에 영향 없음

■ 소득세법 시행규칙 [별지 제45호서식] <개정 2015.3.13.>

기 부 금 명 세 서

(앞쪽)

❶ 인적사항

① 근무지 또는 사업장 상호	한강건설(주)	② 사업자등록번호	123-81-12345
③ 성 명	이 강모	④ 주민등록번호	670101-1234567
⑤ 주 소	서울특별시 종로구 종로3길 1번길	(전화번호 : 02-0000-0000)	
⑥ 사업장 소재지	서울특별시 종로구 종로3길 1번길	(전화번호 : 02-0000-0000)	

❷ 해당 연도 기부 명세

구 분		⑨ 기부 내용	기 부 처		관계 코드	⑫ 기부자		⑬ 기부 명세	
⑦ 유 형	⑧ 코드		⑩ 상호(법인명)	⑪ 사업자등록 번호 등		성명	주민 등록번호	건수	금액
정치자금	20	금전			1	이강모	670101-1234567		200,000
법정	10	금전	00 대학교	101-82-00001	1	이강모	670101-1234567	1	500,000

❸ 구분코드별 기부금의 합계

기부자 구 분	총 계	공제대상 기부금					공제제외기부금
		법 정 기부금	정치자금 기부금	종교단체 외 지정기부금	종교단체 지정기부금	우리사주조합 기 부 금	
코 드		10	20	40	41	42	50
합 계	700,000	500,000	200,000				
본 인	700,000	500,000	200,000				
배우자							
직계비속							
직계존속							
형제자매							
그 외							

❹ 기부금 조정 명세

기부금 코드	기부 연도	⑭ 기부금액	⑮ 전년까지 공제된 금액	⑯ 공제대상 금액(⑭-⑮)	해당 연도 공제금액		해당 연도에 공제받지 못한 금액	
					필요경비	세액(소득)공제	소멸금액	이월금액
10	2019	500,000	-	500,000	-	500,000	-	-
20	2019	200,000	-	200,000	-	200,000	-	-

210mm× 297mm(백상지 80g/㎡)

3) 신용카드 등 소득공제신청서의 작성

■조세특례제한법 시행규칙[별지 제74호의6서식] (앞쪽)

신용카드 등 소득공제 신청서

거 주 자 성 명	이강모	생년월일	1967.01.01
근 무 처 명 칭	한강건설(주)	사업자등록번호	123-81-12345

1. 공제대상자 및 신용카드등사용금액 명세

공제대상자				신용카드등사용금액						
① 내·외국인 구분	② 관계	③ 성명	④ 생년월일	자료구분	⑤ 소 계 (⑥+⑦+⑧+⑨+⑩)	⑥ 신용카드 (전통시장·대중교통 제외)	⑦ 현금영수증 (전통시장·대중교통 제외)	⑧ 직불·선불카드등 (전통시장·대중교통 제외)	⑨ 전통시장 사용분 (신용카드, 직불·선불카드등, 현금영수증)	⑩ 대중교통 이용분 (신용카드, 직불·선불카드등, 현금영수증)
내국인	본인	이강모	670101	국세청 자료	28,000,000	8,000,000	7,000,000	7,000,000	4,000,000	2,000,000
				그 밖의 자료						
		-		국세청 자료						
				그 밖의 자료						
		-		국세청 자료						
				그 밖의 자료						
				국세청 자료						
				그 밖의 자료						
⑤-1 합 계 액					28,000,000	8,000,000	7,000,000	7,000,000	4,000,000	2,000,000

2. 신용카드등소득공제금액의 계산

⑪ 전통시장 사용분 공제금액 (⑨×40%)	⑫ 대중교통 이용분 공제금액 (⑩×40%)	⑬ 직불카드등사용분 공제금액 (⑦+⑧)×30%	⑭ 신용카드 사용분 공제금액 (⑥×15%)	⑮ 공제제외금액 계산		
				⑮-1 총급여	⑮-2 최저사용금액 [(⑮-1)×25%]	⑮-3 공제제외금액
1,600,000	800,000	4,200,000	1,200,000	67,800,000	16,950,000	3,885,000

⑯ 공제가능금액 [⑪+⑫+⑬+⑭-(⑮-3)]	⑰ 공제한도액 [3백만원과 (⑮-1)×20% 중 적은 금액]	⑱ 일반 공제금액 (⑯과⑰ 중 적은 금액)	⑲ 전통시장 추가 공제금액 [⑯ > ⑰인 경우에 ⑯-⑰과 ⑪(한도 1백만원) 중 적은 금액]	⑳ 대중교통 추가 공제금액 [⑯ > ⑰인 경우에 ⑯-⑰-⑲과 ⑫(한도 1백만원) 중 적은 금액]	㉑ 최종 공제금액 (⑱+⑲+⑳)
3,915,000	3,000,000	3,000,000	915,000	0	3,915,000

⑮-3 계산

구 분		계산식	⑮-3
(⑮-2) ≤ ⑥		(⑮-2) × 15%	
(⑮-2) > ⑥	(⑮-2) ≤ (⑥+⑦+⑧)	⑥×15% + [{(⑮-2) - ⑥} × 30%]	3,885,000
	(⑮-2) > (⑥+⑦+⑧)	⑥×15% + (⑦+⑧) × 30% + [{(⑮-2) - (⑥+⑦+⑧)} × 40%]	

⑯ 계산

「조세특례제한법 시행령」 제121조의2제8항에 따라 신용카드등사용금액에 대한 소득공제를 신청합니다.

2020 년 1 월 일

신청인 : 이 강 모 (서명 또는 인)

귀하

첨부 서류	다음 각 호의 어느 하나에 해당하는 서류 1. 신용카드등사용금액확인서(별지 제74호의5서식을 말합니다) 1부 및 승차권 등 대중교통이용분임을 증명할 수 있는 서류(대중교통이용분이 있는 경우로 한정합니다) 2. 소득공제명세를 일괄적으로 기재하여 국세청장이 발급하는 서류(국세청 연말정산간소화 서비스 (www.hometax.go.kr→조회/발급→연말정산간소화)에서 제공하는 연말정산소득공제 명세를 말합니다)	수수료 없 음

210mm× 297mm[백상지 80g/㎡ 또는 중질지 80g/㎡]

4. 근로소득 원천징수영수증의 작성

1) 개요

- 연말정산 대상자의 근무처별 소득명세와 비과세 및 감면소득명세와 세액명세를 나타내는 표로서 소득과 기납부세액은 근무지별로 구분하여 작성하여야 한다.
- 외국인근로자가 "외국인단일세율적용신청서"를 제출한 경우 외국인 단일세율 적용란에 "여 ①"표시(대한민국 국적을 가진 재외국민은 외국인단일세율 적용대상이 아니다)

2) 근무처별 소득명세

- 대상자의 주(현), 종(전)근무처별 근로소득 발생(재직)기간을 기재(특히 중도 입사자는 입사일자, 중도 퇴사자는 퇴직 일자를 정확히 기재)한다
- 2019.4.1 중도 입사(2018.12.31까지 계속 근무)한 경우 ⇨ 2019.4.1.부터 2019.12.31.까지 로 기재
- 2019.10.30 중도 퇴사(2019.1.1부터 근무)한 경우 ⇨ 2019.1.1.부터 2019.10.30.까지로 기재
- 전근무지에서 2019.1.1.~ 2019.4.1.까지 근무를 하고, 현근무지에서 2019.6.1. ~ 2019.12.31.인 경우, 주(현)근무지와 종(전)근무지의 근무기간을 명확하게 구분하여 기재
- 같은 회사 내에서 중도 퇴사 및 전입·전출의 경우도 별도로 구분하여 기재하고 "합계의 ⑪ 근무기간" 란에는 2019.1.1.부터 2019.12.31.까지로 기재한다.
- 근무처별 소득명세란에는 비과세소득을 제외한 금액을 기재한다. 다만, 외국인 근로자가 외국인단일세율적용신청서를 제출한 경우에는 합계란에 당해 근로자의 비과세소득을 합한 금액을 기재함

3) 비과세소득

- 주(현)근무지, 종(전)근무지별로 구분하여 기재하며, 지급명세서 작성대상 비과세소득을 해당 기재란에 해당 코드와 비과세금액을 기재
- 비과세소득 종류가 많은 근로자의 경우 원천징수영수증 Ⅱ 비과세소득란에 해당 번호별 총액을 기재하고 비과세 소득 세부 내역은 별지를 이용하여 기재할 수 있음

4) 세액명세

- 기납부세액(소득세)에는 주(현)근무지의 기납부세액(소득세)은 매월 급여 지급시 원천징수한 세액의 합계금액을 기재하고, – 종(전)근무지의 기납부세액(소득세)은 종(전)근무지에서 발급받은 근로소득 원천징수영수증의 "결정세액"란의 금액을 기재함(이 경우 종(전)근무지의 사업자등록번호란은 반드시 기재)
- 농어촌특별세는 투자조합출자등소득공제, 주택차입금 이자세액공제가 있는 경우에 작성

5) 소득·세액공제 명세

- 근로자 본인을 포함한 부양가족의 성명, 주민등록번호, 근로자와의 관계, 내/외국인, 장애인(구분코드 기재)여부, 인적공제항목을 기재
- 외국인 근로자가 외국인단일세율적용신청서를 제출하여 단일세율을 적용하는 경우에는 명세를 작성할 필요가 없음
- 퇴직연금계좌, 연금저축계좌, 주택마련저축, 장기집합투자증권저축 소득공제를 신청하는 근로자는 연금·저축 등 소득·세액공제 내역을 작성하여야 함
- 월세액과 거주자간 주택임차차입금 원리금 상환액 소득세액공제를 신청하는 근로자는 월세액, 거주자 간 주택임차차입금 원리금 상환액 소득·세액공제 내역을 작성하여야 함

■ 소득세법 시행규칙 [별지 제24호서식(1)] (8쪽 중 제1쪽)

관리번호		[　]근로소득 원천징수영수증 [　]근로소득 지 급 명 세 서 ([　]소득자 보관용 [　]발행자 보관용 [　]발행자 보고용)			거주구분	거주자1/비거주자2
					거주지국	거주지국코드
					내 · 외국인	내국인1 / 외국인9
					외국인단일세율적용	여 1 / 부 2
					외국법인소속 파견근로자 여부	여 1 / 부 2
					국적	국적코드
					세대주 여부	세대주1, 세대원2
					연말정산 구분	계속근로1, 중도퇴사2

징수 의무자	① 법인명(상 호) 한강건설(주)	② 대 표 자(성 명) 김OO
	③ 사업자등록번호 123-81-12345	④ 주 민 등 록 번 호 400101 - 1234567
	⑤ 소 재 지(주소) 서울특별시 종로구 종로5길 100번지	
소득자	⑥ 성　　　 명 이강모	⑦ 주 민 등 록 번 호 670101-1234567
	⑧ 주　　　 소	

	구 분	주(현)	종(전)	종(전)	⑯-1 납세조합	합 계
Ⅰ 근 무 처 별 소 득 명 세	⑨ 근 무 처 명	한강건설(주)				
	⑩ 사업자등록번호	123-81-12345				
	⑪ 근무기간	19.01.01~19.12.31	~	~	~	19.01.01~19.12.31
	⑫ 감면기간	~	~	~	~	~
	⑬ 급　　　 여	41,400,000				41,400,000
	⑭ 상　　　 여	26,400,000				26,400,000
	⑮ 인 정 상 여					
	⑮-1 주식매수선택권 행사이익					
	⑮-2 우리사주조합인출금					
	⑮-3 임원 퇴직소득금액 한도초과액					
	⑮-4					
	⑯ 계					

Ⅱ 비 과 세 및 감 면 소 득 명 세	⑱ 국외근로	M0X				
	⑱-1 야간근로수당	O0X				
	⑱-2 출산·보육수당	Q0X	1,200,000				1,200,000
	⑱-4 연구보조비	H0X				
	⑱-5 비과세학자금	G01	3,000,000				3,000,000
	⑱-6					
	~					
	⑱-25					
	⑲ 수련보조수당	Y22				
	⑳ 비과세소득 계		4,200,000				4,200,000
	⑳-1 감면소득 계					

	구 분	㉙ 소 득 세	㉚ 지방소득세	㉛ 농어촌특별세
Ⅲ 세 액 명 세	㉓ 결 정 세 액	1,600,941	160,094	
	㉔ 종(전)근무지 (결정세액란의 세액을 적습니다) / 사업자등록번호			
	㉕ 주(현)근무지	1,099,280	109,928	
	㉖ 납부특례세액			
	㉗ 차 감 징 수 세 액(㉓-㉔-㉕-㉖)	501,661	50,166	

위의 원천징수액(근로소득)을 정히 영수(지급)합니다.

2020 년 1 월 일

징수(보고)의무자　　한강건설(주)　　(서명 또는 인)

세 무 서 장　　　귀하

210mm×297mm[백상지 80g/㎡(재활용품)]

(8쪽 중 제2쪽)

㉑ 총급여(⑯, 다만 외국인단일세율 적용 시에는 연간 근로소득)					67,800,000	㊾ 종합소득 과세표준				37,745,000
㉒ 근로소득공제					13,140,000	㊿ 산출세액				4,581,750
㉓ 근로소득금액					54,660,000					
Ⅳ 정산명세	종합소득공제	기본공제	㉔ 본인		1,500,000	세액감면	㊿① 「소득세법」			
			㉕ 배우자				㊿② 「조세특례제한법」(㊿③ 제외)			
			㉖ 부양가족(3명)		4,500,000		㊿③ 「조세특례제한법」제30조			
		추가공제	㉗ 경로우대(명)				㊿④ 조세조약			
			㉘ 장애인(명)				㊿⑤ 세액감면 계			
			㉙ 부녀자							
			㉚ 한부모가족							
		연금보험료공제	㉛ 국민연금보험료		2,500,000		㊿⑥ 근로소득			660,000
			㉜ 공적연금보험료	㉮ 공무원연금			㊿⑦ 자녀	공제대상자녀 (1명)		150,000
				㉯ 군인연금				출산·입양자 (1명)		300,000
				㉰ 사립학교교직원연금						
				㉱ 별정우체국연금						
		특별소득공제	㉝ 보험료	㉮ 건강보험료(노인장기요양보험료포함)	1,700,000	세액공제	㊿⑧ 과학기술인공제	공제대상금액		
				㉯ 고용보험료				세액공제액		
			㉞ 주택자금	㉮ 주택임차차입금원리금상환액	대출기관			㊿⑨ 「근로자퇴직급여보장법」에 따른 퇴직연금	공제대상금액	1,000,000
					거주자				세액공제액	120,000
				㉯ 장기주택저당차입금이자상환액	2011년 이전 차입분	15년 미만		㊿⑩ 연금저축	공제대상금액	2,500,000
						15년~29년	2,800,000			세액공제액	300,000
						30년 이상		㊿⑪ 보험료	보장성	공제대상금액	120,000
					2012년 이후 차입분 (15년 이상)	고정금리이거나, 비거치상환 대출				세액공제액	
						그 밖의 대출			장애인전용보장성	공제대상금액	
					2015년 이후 차입분	15년 이상	고정금리이면서, 비거치상환 대출			세액공제액	
							고정금리이거나, 비거치상환 대출	㊿⑫ 의료비		공제대상금액	5,650,000
							그 밖의 대출			세액공제액	542,400
						10년~15년	고정금리이거나, 비거치상환 대출	㊿⑬ 교육비		공제대상금액	4,050,000
										세액공제액	607,500
			㉟ 기부금(이월분)				㊿⑭ 기부금	㉮ 정치자금기부금	10만원 이하	공제대상금액	100,000
			㊱ 계		4,500,000					세액공제액	90,909
		㊲ 차감소득금액			41,660,000				10만원 초과	공제대상금액	100,000
		㊳ 개인연금저축								세액공제액	15,000
		㊴ 소기업·소상공인 공제부금						㉯ 법정기부금		공제대상금액	500,000
		㊵ 주택마련저축소득공제	㉮ 청약저축							세액공제액	75,000
			㉯ 주택청약종합저축					㉰ 우리사주조합기부금		공제대상금액	
			㉰ 근로자주택마련저축							세액공제액	
		㊶ 투자조합출자 등						㉱ 지정기부금(종교단체외)		공제대상금액	
		㊷ 신용카드등 사용액			3,915,000					세액공제액	
		㊸ 우리사주조합 출연금						㉲ 지정기부금(종교단체)		공제대상금액	
		㊹ 고용유지 중소기업 근로자								세액공제액	1,450,809
		㊺ 목돈 안드는 전세 이자상환액					㊿⑮ 계				
		㊻ 장기집합투자증권저축					㊿⑯ 표준세액공제				
		㊼ 그 밖의 소득공제 계					㊿⑰ 납세조합공제				
							㊿⑱ 주택차입금				
							㊿⑲ 외국납부				
							㊿⑳ 월세액		공제대상금액		
									세액공제액		3,580,809
							㊼① 세액공제 계				
		㊽ 소득공제 종합한도 초과액			0	㊼② 결정세액(㊿①-㊿⑮-㊼①)					1,600,941

(8쪽 중 제3쪽)

㉘ 소득·세액공제 명세[인적공제항목은 해당란에 "○"표시(장애인 해당 시 해당 코드 기재)를 하며, 각종 소득공제·세액공제 항목은 공제를 위하여 실제 지출한 금액을 적습니다.]

인적공제 항목						각종 소득공제·세액공제 항목									
관계코드	성 명	기본공제	경로우대	출산입양		보험료			의료비	교육비	신용카드등 사용액공제				기부금
내·외국인	주민등록번호	부녀자	한부모	장애인	6세이하	자료구분	건강·고용 등	보장성	장애인전용보장성			신용카드 (전통시장·대중교통 제외)	직불카드등 (전통시장·대중교통 제외)	현금영수증 (전통시장·대중교통 제외)	전통시장 사용액	대중교통 이용액	
인적공제 항목에 해당하는 인원수를 적습니다. (자녀: 명)						국세청		3,000,000		4,800,000	2,500,000	8,000,000	7,000,000	7,000,000	4,000,000	2,000,000	
						기타	1,700,000			850,000	1,550,000						700,000
0	이강모	○				국세청				2,300,000		8,000,000	7,000,000	7,000,000	4,000,000	2,000,000	
1	(근로자 본인)					기타	1,700,000			500,000							700,000
3	황정연					국세청				2,500,000							
1	720701-2234567					기타				350,000							
4	이태현	○				국세청		1,500,000		2,500,000							
1	000501-1234567					기타				350,000							
4	이태희	○				국세청											
1	131230-4234567					기타				1,250,000							
4	이태영	○		○		국세청											
1	191030-3234567					기타		1,500,000									
	-					국세청											
						기타											

[근로소득 원천징수영수증 작성방법]

「소득세법」 제149조제1호에 해당하는 납세조합이 「소득세법」 제127조제1항제4호 각 목에 해당하는 근로소득을 연말정산하는 경우에도 사용하며, 이 경우 "⑨ 근무처명"란 및 "⑩ 사업자등록번호"란에는 실제 근무처의 상호 및 사업자번호를 적는다. 다만, 근무처의 사업자등록이 없는 경우 납세조합의 사업자등록번호를 적는다.

1. 거주지국과 거주지국코드는 근로소득자가 비거주자에 해당하는 경우에만 적으며, 국제표준화기구(ISO)가 정한 ISO코드 중 국명약어 및 국가코드를 적는다 (※ ISO국가코드: 국세청홈페이지→국세정보→국제조세정보→국세조세자료실에서 조회할 수 있다).
   예) 대한민국 : KR, 미국 : US

2. 근로소득자가 외국인에 해당하는 경우에는 "내·외국인"란에 "외국인 9"를 선택하고 "국적 및 국적코드"란에 국제표준화기구(ISO)가 정한 ISO코드 중 국명약어 및 국가코드를 적습니다. 해당 근로소득자가 외국인근로자 단일세율적용신청서를 제출한 경우"외국인단일세율 적용"란에 여1를 선택한다.

3. 원천징수의무자는 지급일이 속하는 연도의 다음 연도 3월 10일(휴업 또는 폐업한 경우에는 휴업일 또는 폐업일이 속하는 달의 다음 다음 달 말일을 말합니다)까지 지급명세서를 제출해야 한다.

4. "Ⅰ. 근무처별 소득명세"란은 비과세소득를 제외한 금액을 해당 항목별로 적고, "Ⅱ. 비과세 및 감면소득 명세"란에는 지급명세서 작성대상 비과세소득 및 감면대상을 해당 코드별로 구분하여 적는다(적을 항목이 많은 경우 "Ⅱ. 비과세 및 감면소득 명세"란의 "⑳ 비과세소득 계"란 및 "⑳-1 감면세액 계"란에 총액만 적고, "Ⅱ.비과세 소득"란을 별지로 작성할 수 있다).

5. 「소득세법」 제127조제1항제4호의 각 목에 해당하는 근로소득과 그 외 근로소득을 더하여 연말정산하는 때에는 "⑯-1 납세조합"란에 각각 근로소득납세조합과 「소득세법」 제127조제1항제4호 각 목에 해당하는 근로소득을 적고, 「소득세법」 제150조에 따른 납세조합공제금액을 "㊆ 납세조합공제"란에 적는다. 합병, 기업형태 변경 등으로 해당 법인이 연말정산을 하는 경우에 피합병법인과 기업형태 변경 전의 소득은 근무처별 소득명세 종(전)란에 별도로 적는다. 또한, 동일회사 내에서 사업자등록번호가 다른 곳에서 전입 등을 한 경우 해

당 법인이 연말정산을 하는 경우에 전입하기 전 지점 등에서 발생한 소득은 "근무처별 소득명세 종(전)"란에 별도로 적는다.

6. "㉑ 총급여"란에는 "⑯계"란의 금액을 적되, 외국인근로자가 「조세특례제한법」 (이하 이 서식에서 "조특법"이라 합니다) 제18조의2제2항에 따라 단일세율을 적용하는 경우에는 "⑯계"의 금액과 비과세소득금액을 더한 금액을 적는다. 이 경우 소득세와 관련한 비과세·공제·감면 및 세액공제에 관한 규정은 적용하지 않는다.

7. "종합소득 특별소득공제(㉝~㉟)"란과 "그 밖의 소득공제(㊳~㊻)"란은 근로소득자 소득·세액 공제신고서(별지 제37호서식)의 공제액을 적는다(소득공제는 서식에서 정하는 바에 따라 순서대로 소득공제를 적용하여 종합소득과세 표준과 세액을 계산한다).

8. "연금계좌(㊽~㊿)"란과 "특별세액공제(㉠~㉥)"란은 근로소득자 소득·세액 공제신고서(별지 제37호서식)의 공제대상금액 및 세액공제액을 적는다.

9. ㊽ 소득공제 종합한도 초과액은 ㉞ 주택자금공제(㉮+㉯), ㊴ 소기업·소상공인 공제부금 소득공제, ㊵ 주택마련저축 소득공제(㉮+㉯+㉰), ㊶ 투자조합출자 등 소득공제(「조세특례제한법」 제16조제1항제3호·제4호는 제외), ㊷ 신용카드등 사용액 소득공제액, ㊸ 우리사주조합 출연금 소득공제액, ㊻ 장기집합투자증권저축 소득공제액 전체를 합한 금액이 2,500만원을 초과하는 경우 적는다.

10. ㊾ 종합소득 과세표준은 ㊲ 차감소득금액에서 ㊼ 그 밖의 소득공제 계를 차감하고 ㊽ 소득공제 종합한도 초과액을 더하여 적는다.

11. ㊆ 납부특례세액은 「조세특례제한법」 제16조의2제1항에 따라 주식매수선택권을 행사함으로써 얻은 이익에 대하여 벤처기업의 임원 또는 종업원이 원천징수의무자에게 납부특례의 적용을 신청한 경우에 해당 과세기간의 결정세액에서 해당 과세기간의 근로소득금액 중 주식매수선택권을 행사하므로써 얻는 이익에 따른 소득금액을 제외하여 산출한 결정세액을 뺀 금액을 적는다.

12. 파견외국법인 소속 파견근로자의 경우 기납부세액은 해당 파견근로자 개인별 근로소득에 대한 소득세로 실제 원천징수된 세액을 확인하여 적는다. 다만, 파견근로자별로 원천징수세액을 구분하기 어려운 경우에는 사용내국법인이 파견외국법인에게 지급한 파견근로 대가에 대한 원천징수세액(17%)에 총 파견근로자의 결정세액 합계에 대한 각 파견근로자별 결정세액의 비율을 곱하여 적는다.

13. 이 서식에 적는 금액 중 소수점 이하 값만 버리며, ⑦ 차감징수세액이 소액부징수(1천원 미만을 말합니다)에 해당하는 경우 세액을 "0"으로 적는다.

14. "⑱ 소득·세액공제 명세"란은 다음과 같이 작성한다.
    가. 관계코드란

구 분	관계코드	구 분	관계코드	구 분	관계코드
소득자 본인 (소득세법§50① 1)	0	소득자의 직계존속 (소득세법§50① 3 가)	1	배우자의 직계존속 (소득세법§50①3 가)	2
배우자 (소득세법§50① 2)	3	직계비속(자녀·입양자) (소득세법§50① 3 나)	4	직계비속(코드 4 제외) (소득세법 §50 ① 3 나)	5*
형제자매 (소득세법 §50 ① 3 다)	6	수급자(코드1~6제외) (소득세법 §50 ① 3 라)	7	위탁아동 (소득세법 §50 ① 3 마)	8

  * 직계비속과 그 배우자가 장애인인 경우 그 배우자는 포함하되 코드 4는 제외한다.
  ※ 관계코드 4~6는 소득자와 배우자의 각각의 관계를 포함한다.

  나. 내·외국인란: 내국인의 경우 "1"로, 외국인의 경우 "9"로 적는다.

  다. 인적공제항목란: 인적공제사항이 있는 경우 해당란에 "○" 표시를 한다(해당 사항이 없을 경우 비워둔다).

  라. 국세청 자료란: 소득·세액공제 증명서류로 국세청 연말정산간소화 홈페이지(www.yesone.go.kr)에서 제공하는 자료를 이용하는 경우 각 소득·세액 공제 항목의 금액 중 소득·세액 공제대상이 되는 금액을 적는다.

  마. 기타 자료란: 국세청에서 제공하는 증명서류 외의 증명서류를 이용하는 경

우를 말한다(예를 들면, 시력교정용 안경구입비는 "의료비 항목"의 "기타" 란에 적는다).

바. 각종 소득·세액 공제 항목란: 소득·세액공제항목에 해당하는 실제 지출 금액을 적습니다(소득·세액공제액이 아닌 실제 사용금액을 공제항목별로 구분된 범위 안에 적는다).

15. 해당 근로소득자가 월세액, 거주자 간 주택임차자금 차입금 원리금 상환액을 소득·세액공제를 한 경우에는 근로소득지급명세서를 원천징수 관할 세무서장에게 제출 시 해당 명세서를 함께 제출해야 한다.

16. 해당 근로소득자가 퇴직연금, 연금저축, 주택마련저축, 장기집합투자증권저축 소득공제를 한 경우에는 근로소득지급명세서를 원천징수 관할 세무서장에게 제출 시 해당 명세서를 함께 제출해야 한다.

17. ㉞ 주택자금공제의 15년 이상 29년 이하, 30년 이상에는 「소득세법 시행령」 제112조제10항제5호가 해당되는 경우를 포함하여 적는다.

18. ㉘ 소득·세액공제 명세 작성 시 인적공제 항목 중 본인 또는 부양가족이 장애인인 경우 다음의 코드를 해당 항목에 적는다.

구분	코드
「장애인복지법」에 따른 장애인	1
「국가유공자 등 예우 및 지원에 관한 법률」에 따른 상이자 및 이와 유사한 자로서 근로능력이 없는 자	2
그 밖에 항시 치료를 필요로 하는 중증환자	3

19. 전통시장 사용액과 대중교통 이용액은 전통시장이나 대중교통을 이용 시 신용카드, 현금영수증, 직불카드·선불카드 등으로 사용한 금액의 합계액을 적는다.

제5장
퇴직급여의 관리

　퇴직급여는 근로자의 퇴직 후 생활안정을 위하여 법령에서 지급하도록 규정된 급여로서, 근로자의 계속근로기간 1년에 대해 30일분 이상의 평균임금을 퇴직금으로 지급하도록 규정하고 있는 제도이다. '사용자는 근로자에게 퇴직금을 지급하기 위하여 퇴직급여제도 중 하나 이상의 제도를 설정하여야 하며, 하나의 사업장에서 급여 및 부담금 산정방법의 적용 등에 관하여 차등을 두어서는 안된다'고 규정하고 있다. 퇴직급여제도는 퇴직금제도, 퇴직연금제도, 그리고 개인퇴직계좌(상시근로자 10인 미만 사업에 한함)를 말한다.

　퇴직연금제도는 사용자가 근로자의 재직기간 중 퇴직금 지급재원을 외부의 금융기관에 적립하고, 이를 사용자 또는 근로자의 지시에 따라 운용하여 근로자 퇴직시 연금 또는 일시금으로 지급하는 제도로서 퇴직연금제도의 종류에는 확정급여형퇴직연금제도와 확정기여형퇴직연금제도가 있다.

제1절　퇴직금과 퇴직연금

1. 퇴직금제도

　퇴직금은 기업에 1년 이상 계속 근로한 근로자가 퇴직하는 경우에 근로자퇴직급여보장법에 의해 지급하는 급여로서, 계속근로기간 1년에 대하여 30일분 이상의 평균임금을 퇴직금으로 퇴직 근로자에게 지급해야 한다.

$$\text{퇴직금} = \text{평균임금} \times 30\text{일} \times \text{계속근로기간} \div 365$$

　평균임금은 퇴직일 이전 3개월간의 임금총액을 퇴직일 이전 3개월간의 총일수로 나누어 산출하며, 기본급, 연·월차 유급휴가수당, 연장, 야간, 휴일근로수당, 특수

작업수당, 위험작업수당, 기술수당, 임원, 직책수당, 일·숙직수당, 장려, 정근, 개근, 생산독려수당 뿐만 아니라 단체협약 또는 취업규칙에서 근로조건의 하나로서 전 근로자에게 일률적으로 지급하도록 명시되어 있거나 관례적으로 지급되는 급여를 포함한다.

근로자가 퇴직한 경우에는 그 지급사유가 발생한 날부터 14일 이내에 퇴직금을 지급해야 한다. 그러나 퇴직하기 이전이라도 사용자는 주택구입 등 대통령령으로 정하는 사유로 근로자가 요구하는 경우에는 근로자가 퇴직하기 전에 해당 근로자의 계속근로기간에 대한 퇴직금을 미리 정산하여 지급할 수 있다. 이 경우 미리 정산하여 지급한 후의 퇴직금 산정을 위한 계속근로기간은 정산시점부터 새로 계산한다.

중간정산을 위하여 "주택구입 등 대통령령으로 정하는 사유"란 다음 각 호의 어느 하나에 해당하는 경우를 말한다.
① 무주택자인 근로자가 본인 명의로 주택을 구입하는 경우
② 무주택자인 근로자가 주거를 목적으로 「민법」 제303조에 따른 전세금 또는 「주택임대차보호법」 제3조의2에 따른 보증금을 부담하는 경우. 이 경우 근로자가 하나의 사업에 근로하는 동안 1회로 한정한다.
③ 6개월 이상 요양을 필요로 하는 근로자 본인, 배우자 또는 그 부양가족의 질병이나 부상에 대한 요양비용을 근로자가 부담하는 경우
④ 퇴직금 중간정산을 신청하는 날부터 역산하여 5년 이내에 근로자가 「채무자 회생 및 파산에 관한 법률」에 따라 파산선고를 받은 경우
⑤ 퇴직금 중간정산을 신청하는 날부터 역산하여 5년 이내에 근로자가 「채무자 회생 및 파산에 관한 법률」에 따라 개인회생절차개시 결정을 받은 경우
⑥ 사용자가 기존의 정년을 연장하거나 보장하는 조건으로 단체협약 및 취업규칙 등을 통하여 일정나이, 근속시점 또는 임금액을 기준으로 임금을 줄이는 제도를 시행하는 경우
⑦ 사용자가 근로자와의 합의에 따라 소정근로시간을 1일 1시간 또는 1주 5시간 이상 변경하여 그 변경된 소정근로시간에 따라 근로자가 3개월 이상 계속 근로하기로 한 경우
⑧ 그 밖에 천재지변 등으로 피해를 입는 등 고용노동부장관이 정하여 고시하는 사유와 요건에 해당하는 경우

2. 퇴직연금제도

퇴직금제도는 40여년 전에 도입된 제도로서 그 동안의 사회경제적 변화를 적절히 반영하지 못하고 있을 뿐만 아니라, 잦은 이직과 퇴직금 중간정산, 조기퇴직 등으로 퇴직금이 생활자금으로 소진되어 노후 소득재원으로서의 역할을 수행하지 못하고 있으며, 또한 적립방법에 있어서도 사내유보가 일반적이므로 기업도산 시 근로자의 수급권이 보호되기 어려운 상황이다. 기업의 입장에서도 퇴직금제도는 퇴직부채에 대한 실질적인 비용 예측이 어려워 경우에 따라 일시금 부담이 가중되는 등 기업의 재무관리가 용이하지 어려운 상황이다. 이러한 상황을 고려하여 도입된 제도가 퇴직연금제도이다.

퇴직연금제도란 기업이 근로자의 노후소득보장과 생활안정을 위해 근로자 재직기간 중 퇴직금 지급재원을 외부의 금융기관에 적립하고, 이를 사용자(기업) 또는 근로자의 지시에 따라 운용하여 근로자 퇴직시 연금 또는 일시금으로 지급하도록 하는 제도이다.

퇴직연금의 종류에는 근로자가 지급받을 급여의 수준이 사전에 결정되어 있는 확정급여형 퇴직연금제도와 급여의 지급을 위하여 사용자가 부담해야 할 부담금의 수준이 사전에 결정되어 있는 확정기여형 퇴직연금제도가 있다.

1) 확정급여형 퇴직연금제도(Defined Benefit : DB)

근로자가 지급받을 급여의 수준이 사전에 결정되어 있는 퇴직연금을 확정급여형퇴직연금제도라 하며, 근로자의 퇴직 시 지급해야 할 급여수준을 노사가 사전에 약정하고, 사용자가 그 적립금의 운용방법을 결정하여 퇴직시점에 사용자는 적립금에서 사전에 약정된 퇴직급여를 지급하는 방식이다. 이 방법은 적립금의 운용결과에 따라 기업의 부담이 변동되는 방법으로 확정급여형퇴직연금제도를 설정한 사용자는 급여지급능력을 확보하기 위하여 퇴직급여로 지급할 금액의 최저 60% 이상(최소적립금 - 2016년과 2017년에는 80%, 2018년 이후에는 80%이상의 금액)이상을 적립금으로 적립하여야 한다.

2) 확정기여형 퇴직연금제도(Defined Contribution : DC)

근로자가 지급받을 급여의 지급을 위하여 사용자가 부담해야 할 부담금의 수준이 사전에 결정되어 있는 퇴직연금을 확정기여형 퇴직연금제도라 하며, 기업이 부담할 기여금 수준을 노사가 사전에 확정하고, 근로자가 적립금 운용방법을 결정한다. 이

방법에서는 매년 기업의 부담금은 근로자 임금의 일정비율(연간 임금총액의 1/12)로 확정된다.

3) 개인형 퇴직연금제도(Individual Retirement Pension : IRP)

개인형퇴직연금제도란 가입자의 선택에 따라 가입자가 납입한 일시금이나 사용자 또는 가입자가 납입한 부담금을 적립·운용하기 위하여 설정한 퇴직연금제도로서 급여의 수준이나 부담금의 수준이 확정되지 않은 퇴직연금제도를 말한다. 상시 10명 미만의 근로자를 사용하는 사업의 경우, 사용자가 개별 근로자의 동의를 받거나 근로자의 요구에 따라 개인형퇴직연금제도를 설정하는 경우에는 해당 근로자에게 퇴직급여제도를 설정한 것으로 본다.

〈퇴직연금제도의 비교〉

구 분	확정급여형 퇴직연금제도	확정기여형 퇴직연금제도	개인형 퇴직연금제도
개 념	퇴직시 지급할 급여수준을 노사가 사전에 약정 사용자가 적립금 운용방법을 결정 근로자가 퇴직시 사용자는 사전에 약정된 퇴직급여를 지급	기업이 부담할 기여금 수준을 노사가 사전에 확정 근로자가 적립금 운용방법을 결정 근로자가 일정연령에 도달하면 운용 결과에 따라 퇴직급여를 지급	근로자 직장 이전시 퇴직연금 유지를 위한 연금통산장치 또는 10명 미만 사업체 적용 근로자가 적립금 운용방법을 결정 퇴직일시금 수령자 가입시 등 일시금에 대해 과세이연
기업부담	적립금 운용결과에 따라 기업부담 변동	매년 기업의 부담금은 근로자 임금의 일정비율로 확정(연간 임금총액의 1/12에 해당하는 금액 이상)	없음(다만, 10명 미만 사업체는 확정기여형퇴직연금제도와 동일)
퇴직급여	근로기간과 퇴직시 임금수준에 따라 결정(계속근로기간 1년에 대하여 30일분의 평균임금에 상당하는 금액 이상)	자산운용실적에 따라 퇴직급여 수준이 변동	자산운용실적에 따라 퇴직급여 수준이 변동
손금산입 대상	법인세제는 현행 퇴직금제와 동일	사용자가 납부한 부담금 전액	기업형IRP는 확정기여형과 동일
제도간 이전	어려움(퇴직시 개인퇴직계좌로 이전)	직장 이동시 이전 용이	연금 이전 용이
적합한 기업 근로자	도산 위험이 없고, 정년 보장 등 고용이 안정된 기업	연봉제 도입기업 체불위험이 있는 기업 직장이동이 빈번한 근로자	퇴직일시금 수령자 및 소규모 기업 근로자

제2절 퇴직소득세

1. 퇴직소득세의 과세

1) 퇴직소득의 범위

퇴직소득은 해당 과세기간에 발생한 다음 각호의 소득으로 한다.
- 사용자 부담금을 기초로 하여 현실적인 퇴직을 원인으로 지급받는 소득
- 공적연금 관련법에 따라 받는 일시금
- 공적연금 관련법에 따라 받는 일시금을 지급하는 자가 퇴직소득의 일부 또는 전부를 지연하여 지급하면서 지연지급에 대한 이자를 함께 지급하는 경우 해당이자
- 과학기술인공제회법에 따라 지급받는 과학기술발전장려금
- 건설근로자의 고용개선 등에 관한 법률에 따라 지급받는 퇴직공제금

2) 퇴직소득세 계산구조

근로자의 퇴직소득에 대한 과세방식은 2014년 소득세법의 개정으로 인해 2016년을 기준으로 퇴직하는 근로자부터 변경된 계산구조를 적용하고 있다. 세법개정으로 변경된 내용은 먼저 퇴직소득의 40%를 공제하는 정률공제를 폐지하는 대신 환산급여를 산출하여 환산급여별 공제를 하여 퇴직소득과세표준을 산출하는 방식이다. 또한 경과규정에 의하여 2016년 1월 1일 이후에 퇴직하는 근로자에 대하여는 종전방식에 의한 산출세액과 개정방식에 의한 산출세액을 일정비율로 안분하여 퇴직소득세액 납부금액을 확정하도록 하고 있다. 개정된 세법에 의한 퇴직소득세 계산구조는 다음 표와 같다.

퇴직소득세 계산 구조(2016년 이후 적용)

종전 규정 방식
(2014.12.23. 법률 제12852호로 개정되기 전)

⬇

퇴직소득금액
(퇴직급여액 - 비과세 소득)

⬇

퇴직소득공제
(정률공제, 근속연수공제)

⬇

퇴직소득과세표준

⬇

2012년 이전분 (근속연수 안분)	2013년 이후분 (근속연수 안분)
산출세액 (과세표준÷근속연수) ×세율×근속연수	산출세액 (과세표준×5÷근속연수) ×세율÷5×근속연수

⬇

퇴직소득산출세액 ①

개정 규정 방식
(2014.12.23. 법률 제12852호로 개정된 것)

⬇

퇴직소득금액
(퇴직급여액 - 비과세 소득)

⬇

퇴직소득공제
(근속연수공제)

⬇

환산급여 계산
(퇴직소득금액 - 근속연수공제) ÷ 근속연수 × 12

⬇

퇴직소득공제
(환산급여공제)

⬇

퇴직소득과세표준

⬇

퇴직소득산출세액 ②
(과세표준 × 세율) ÷ 12 × 근속연수

⬇

(퇴직소득산출세액 ① × 80%) + (퇴직소득산출세액 ② × 20%)
- 종전 규정 방식에 의한 산출세액에 적용하는 비율은 2016년 80%, 2017년 60%, 2018년 40%, 2019년 20%
- 개정 규정 방식에 의한 산출세액에 적용하는 비율은 2016년 20%, 2017년 40%, 2018년 60%, 2019년 80%

⬇

기납부(과세이연)세액

⬇

차감원천징수세액

1) 종전 규정 방식에 의한 퇴직소득세 계산(2015년 이전 퇴직)

- 퇴직소득금액 = 퇴직급여액 – 비과세 소득
- 퇴직소득공제는 정률공제와 근속연수공제를 순차적으로 공제한다.
  - 정률공제 = 퇴직소득금액 × 40%
  - 근속연수공제는 1년 미만의 기간은 1년으로 간주하여 근무한 연수에 따라 다음 표와 같이 공제한다.

〈근속연수공제〉

근속연수	공제금액
5년 이하	근속연수×30만원
10년 이하	150만원+(근속연수-5)×50만원
20년 이하	400만원+(근속연수-10)×80만원
20년 초과	1,200만원+(근속연수-20)×120만원

- 퇴직소득과세표준 = 퇴직소득금액 – 퇴직소득공제
- 퇴직소득산출세액은 2012년 12월 31일 이전 근무에 대한 산출세액과 2013년 1월 1일 이후 근무에 대한 산출세액을 분리하여 산출한 후 합산을 한다.
- 근속연수 안분을 위한 근속연수 산정원칙은 먼저 전체근속연수를 산정하여 2012년 12월 31일까지의 근속연수를 차감한 근속연수가 2013년 1월 1일 이후 근무한 근속연수가 되는 것이다. 예를 들어 2010년 3월 1일 입사하여 2013년 4월에 퇴사를 하였다면 전체 근속연수는 3년이 되는 것이며, 2012년 12월 31일까지의 근속연수도 3년이 되기 때문에 전체근속연수 3년에서 종전 규정을 적용받는 근속연수 3년을 차감하면 개정규정을 적용받는 근속연수는 0이 되어 퇴직소득 과세표준을 안분할 필요가 없게 된다.
- 근속연수를 산정한 후 다음 산식에 의해 퇴직소득과세표준을 안분하여 퇴직소득산출세액을 하여 합산을 한다.
  ㉮ 2012년 이전분 = (과세표준 ÷ 근속연수) × 세율 × 근속연수
  ㉯ 2013년 이후분 = (과세표준 ÷ 근속연수) × 5 × 세율 ÷ 5 × 근속연수
- 퇴직소득산출세액을 산정하기 위한 기본세율은 소득세법상 세율을 적용한다.

⟨소득세율⟩

과세표준	세율	누진공제
1,200만원 이하	6%	-
4,600만원 이하	15%	1,080,000원
8,800만원 이하	24%	5,220,000원
15,000만원 이하	35%	14,900,000원
15,000만원 초과	38%	19,400,000원
30,000만원 초과	40%	29,400,000원
50,000만원 초과	42%	39,400,000원

2) 개정규정 방식(2016년 이후 퇴직)

- 퇴직소득금액(㉮) = 퇴직급여액 − 비과세 소득
- 퇴직소득공제는 근무연수에 따른 근속연수공제(㉯)만 공제하고 퇴직소득의 40%를 공제하던 정률공제는 폐지되었다.
- 환산급여(㉰)는 퇴직소득금액에서 퇴직소득공제를 차감한 금액을 근속연수로 나누어 12를 곱하여 산정한다.((㉮ − ㉯) ÷ 근속연수 × 12)
- 퇴직소득과세표준 = 환산급여 − 환산급여공제
- 개정세법에서 환산급여공제방식을 도입한 이유는, 종래에 퇴직소득의 경우 퇴직소득금액의 100분의 40에 해당하는 금액을 일률적으로 공제하는 정률공제 방식을 사용하였으나, 저소득자와 고소득자의 퇴직소득에 대한 과세 형평에 맞지 아니하므로 이러한 정률공제 방식을 사용하지 않고, 환산급여액이 증가할수록 공제율이 감소하는 형태의 차등공제 방식을 도입함으로써 저소득자의 퇴직소득에 대한 세부담을 완화하고, 고소득자의 퇴직소득에 대한 세부담은 강화하여 과세 형평성을 높이는 데 그 목적이 있는 것이다.

⟨환산급여공제⟩

환산급여	공제금액
8백만원 이하	전액 공제
7천만원 이하	8백만원+(㉰-8백만원)×60%
1억원 이하	4천520만원+(㉰-7천만원)×55%
3억원 이하	6천170만원+(㉰-1억원)×45%
3억원 초과	1억5천170만원+(㉰-3억원)×35%

- 퇴직소득산출세액(②) = (과세표준 × 세율) ÷ 12 × 근속연수
- 개정세법에서는 2016년 1월 1일부터 2019년 12월 31일까지의 기간 동안 퇴직한 경우에는 퇴직소득 산출세액을 계산함에 있어 퇴직소득세 개정규정에도 불구하고 퇴직소득 산출세액을 다음 표와 같이 퇴직일이 속하는 과세기간에 해당하는 비율을 적용하여 산출된 금액으로 한다.

경과규정에 의한 퇴직소득산출세액 = (① × 적용비율) + (② × 적용비율)
① 종전규정(2015년)에 의한 산출세액
② 개정규정(2016년)에 의한 산출세액

〈연도별 산출세액 적용비율〉

구 분	2016년	2017년	2018년	2019년
종전방식 산출세액	80%	60%	40%	20%
개정방식 산출세액	20%	40%	60%	80%

2. 퇴직소득세의 이연제도

퇴직소득세의 이연이라 함은 근로자의 퇴직소득이 퇴직일 현재 연금계좌에 있거나 연금계좌로 지급되는 경우 또는 퇴직하여 지급받은 날부터 60일 이내에 연금계좌에 입금되는 경우에는 퇴직소득을 지급하더라도 해당 퇴직소득에 대한 소득세를 연금을 수령하기 전까지는 원천징수하지 아니하는 제도를 말한다. 이 경우 이연퇴직소득에 대한 소득세가 이미 원천징수된 경우 해당 거주자가 원천징수세액에 대해 환급 신청이 가능하다.

이연퇴직소득세는 다음의 계산식에 따라 계산한 금액으로 하며, 이연퇴직소득세를 환급하는 경우 퇴직소득금액은 이미 원천징수한 세액을 뺀 금액으로 한다.

$$\text{이연퇴직소득세} = \text{퇴직소득 산출세액} \times \frac{\text{연금계좌로 지급·이체된 금액}}{\text{퇴직소득금액}}$$

3. 퇴직소득세의 원천징수

퇴직소득을 지급하는 원천징수의무자는 퇴직소득세를 원천 징수하여 그 징수일이 속하는 달의 다음 달 10일까지 국세청에 납부하여야 한다.

- 확정급여형 퇴직연금제도(DB)에서는 적립금과 운용수익 귀속자가 사용자(회사)이고 퇴직연금사업자는 회사를 대신하여 퇴직급여를 지급할 뿐이므로 확정급여형퇴직연금제도에서 퇴직금을 지급할 경우 회사가 퇴직소득세를 원천징수하여야 한다.

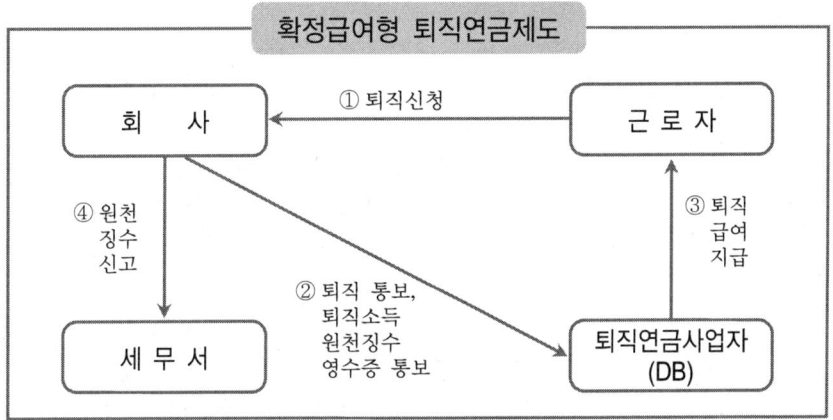

- 확정기여형 퇴직연금제도(DC)에서는 회사의 퇴직금 적립과 동시에 퇴직금 지급의무가 퇴직연금사업자에게 위임되고, 퇴직연금사업자는 근로자의 지시에 따라 적립금을 운용하다가 근로자 퇴직 시 퇴직금을 지급하면서 퇴직소득세를 원천징수하여야 한다.

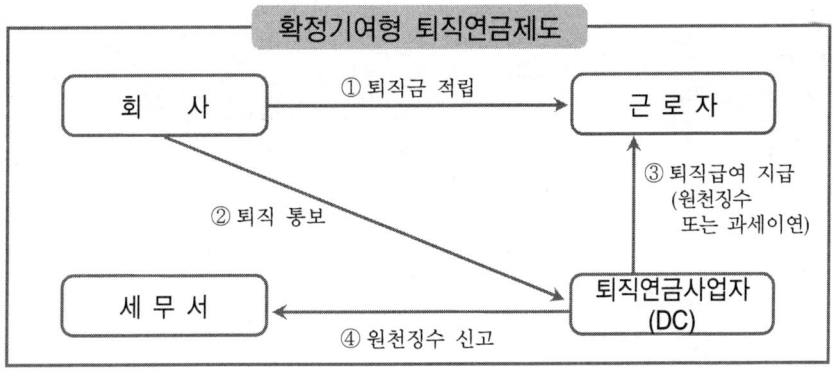

4. 퇴직소득세액의 계산사례

김한국씨는 ㈜백두에 2001.01.01. 입사하였고 2016.10.31. 퇴사하였다. 퇴사시점에 기 중간정산 분(2010.07.31 중간정산)을 합산하여 퇴직소득세를 정산하려고 한다. 김한국씨가 중간정산 시 지급받은 퇴직급여는 150,000,000원이며, 기납부세액은 5,500,000원이다. 김한국씨는 최종 퇴사 시 지급받은 퇴직급여 8천만 원 중 3천만 원만 2016.04.01. IRP계좌로 이체하려고 한다. 김한국씨의 퇴직소득세를 계산하시오.

① 종전규정 방식에 의한 산출세액

퇴직소득금액(중간정산 금액 포함)			₩230,000,000
(-) 퇴직소득공제			
정률공제(40%)		92,000,000	
근속연수공제(16년)		8,800,000	100,800,000
(=) 퇴직소득과세표준		0	129,200,000

	2012년 이전 근무	2013년 이후 근무	합계
과세표준 안분	96,900,000 (129,200,000×12/16)	32,300,000 (129,200,000×4/16)	129,200,000
(÷) 근속연수	12	4	
(=) 연평균과세표준	8,075,000		
(=) 환산과세표준 (÷ 근속연수 × 5)		40,375,000	
(×) 세율	6%	15%	
(=) 연평균산출세액	484,500	4,976,250	
(×) 근속연수	12		
÷ 5 × 근속연수		÷ 5 × 4년	
(=) 퇴직소득산출세액	₩5,814,000	₩3,981,000	₩9,795,000

② 개정규정 방식에 의한 산출세액

퇴직소득금액			₩230,000,000
(−) 퇴직소득공제			
근속연수공제	16	8,000,000	8,000,000
(=) 환산급여 (÷ 15년 × 12)			166,500,000
(−) 환산급여공제(45%, 61,700,000)			91,625,000
(=) 퇴직소득과세표준			74,875,000
(×) 세율			24%
(=) 환산산출세액			12,750,000
÷ 12 × 근속연수			÷12×16년
(=) 퇴직소득산출세액			17,000,000

특례적용 산출세액의 계산	종전방식	개정방식	
산출세액	9,795,000	17,000,000	
적용비율(2016년)	80%	20%	
특례적용 산출세액	₩7,836,000	₩3,400,000	₩11,236,000
(−) 기납부세액			5,500,000
(=) 차감납부세액			5,736,000
(−) 이연퇴직소득세(30,000,000 / 80,000,000)			2,151,000
(=) 차감원천징수세액			₩3,585,000

5. 퇴직소득 원천징수영수증의 작성

■ 소득세법 시행규칙[별지 제24호서식(2)] <개정 2016.2.25.>

관리번호		퇴직소득원천징수영수증/지급명세서	거주구분	거주자1 / 비거주자2
			내·외국인	내국인1 / 외국인9
		([ ]소득자 보관용 [ ]발행자 보관용 [ ]발행자 보고용)	거주지국	거주지국코드
			징수의무자 구분	사업장1/공적연금사업자3

징수의무자	① 사업자등록번호		② 법인명(상호)		③ 대표자(성명)	
	④ 법인(주민)등록번호		⑤ 소재지(주소)			

소득자	⑥ 성 명		⑦ 주민등록번호			
	⑧ 주 소				⑨ 임원 여부	[ ]여 [ ]부
	⑩ 확정급여형 퇴직연금제도 가입일				⑪ 2011.12.31.퇴직금	

귀 속 연 도		부터 까지	⑫ 퇴직사유	[ ]정년퇴직 [ ]정리해고 [ ]자발적 퇴직 [ ]임원퇴직 [ ]중간정산 [ ]기 타

	근 무 처 구 분	중간지급 등	최종	정산
퇴직급여현황	⑬ 근무처명			
	⑭ 사업자등록번호			
	⑮ 퇴직급여			
	⑯ 비과세 퇴직급여			
	⑰ 과세대상 퇴직급여(⑮-⑯)			

	구 분	⑱ 입사일	⑲ 기산일	⑳ 퇴사일	㉑ 지급일	㉒ 근속월수	㉓ 제외월수	㉔ 가산월수	㉕ 중복월수	㉖ 근속연수
근속연수	중간지급 근속연수									
	최종 근속연수									
	정산 근속연수									
	안분 2012.12.31.이전									
	2013.1.1.이후									

2016~2019년간 퇴직소득세액 계산방법
(※ 개정규정 및 종전 규정에 따른 산출세액에 퇴직연도별 비율을 적용하여 계산합니다)

개정규정에 따른 계산방법	과세표준계산	계 산 내 용	금 액
		㉗ 퇴직소득(⑰)	
		㉘ 근속연수공제	
		㉙ 환산급여 [(㉗-㉘) × 12배/정산근속연수]	
		㉚ 환산급여별공제	
		㉛ 퇴직소득과세표준(㉙-㉚)	
	세액계산	계 산 내 용	금 액
		㉜ 환산산출세액(㉛ × 세율)	
		㉝ 산출세액(㉜ × 정산근속연수/12배)	

		계 산 내 용		금 액	
종전 규정에 따른 계산 방법	과세 표준 계산	㉞ 퇴직소득(⑰)			
		㉟ 퇴직소득정률공제			
		㊱ 근속연수공제			
		㊲ 퇴직소득과세표준(㉞-㉟-㊱)			
	세액 계산	계 산 내 용	2012.12.31.이전	2013.1.1.이후	합 계
		㊳ 과세표준안분 (㊲× 각근속연수/정산근속연수)			
		㊴ 연평균과세표준(㊳/각근속연수)			
		㊵ 환산과세표준(㊴× 5배)	■	■	
		㊶ 환산산출세액(㊵× 세율)	■	■	
		㊷ 연평균산출세액 (12.12.31.이전: ㊴× 세율, 13.1.1.이후: ㊶/5배)			
		㊸ 산출세액(㊷× 각 근속연수)			

퇴직소득 세액계산	㊹ 퇴직일이 속하는 과세연도		
	㊺ 퇴직소득세 산출세액 (㉝× 퇴직연도별 비율) + [㊸× (100%-퇴직연도별 비율)]		
	㊻ 기납부(또는 기과세이연) 세액		
	㊼ 신고대상세액(㊺-㊻)		

		연금계좌 입금명세				㊿ 퇴직급여(⑰)	51 이연퇴직소득세 (㊽×㊾/㊿)
이연퇴직소득세액계산	㊽ 신고대상세액(㊼)	연금계좌취급자	사업자등록번호	계좌번호	입금일	㊾계좌입금액	
	52 합 계						

	구 분	소득세	지방소득세	농어촌특별세	계
납부명세	53 신고대상세액(㊼)				
	54 이연퇴직소득세(51)				
	55 차감원천징수세액 (53-54)				

위의 원천징수세액(퇴직소득)을 정히 영수(지급)합니다.

년   월   일

징수(보고)의무자

(서명 또는 인)

세 무 서 장   귀하

210mm× 297mm[백상지 80g/㎡(재활용품)]

[퇴직소득원천징수영수증 작성방법]

1. 거주지국과 거주지국코드는 비거주자에 해당하는 경우에만 적으며, 국가표준화기구(ISO)가 정한 국가별 ISO코드 중 국명약어 및 국가코드를 적는다.
2. 원천징수의무자가 근로를 제공받은 사업장의 지위로서 원천징수하는 경우에는 '사업장1'을, 공적연금 관련법에 따른 연금사업자의 경우에는 '공적연금사업자3'을 체크한다. 연금계좌 취급자가 지급하는 퇴직소득은 연금계좌 원천징수영수증을 제출해야 한다.
3. 원천징수의무자는 퇴직소득 해당 과세기간의 다음 연도 3월 10일까지(휴업 또는 폐업한 경우에는 휴업일 또는 폐업일이 속하는 달의 다음 다음 달 말일을 말합니다)까지 이 서식을 제출한다.
4. 징수의무자란의 ④ 법인(주민)등록번호는 소득자 보관용에는 적지 않는다.
5. 소득자란의 임원 여부 ⑨에서 임원은 「법인세법 시행령」 제20조제1항제4호 각 목의 어느 하나의 직무에 종사하는 사람을 말한다. ⑨에서 임원으로 표시하는 경우 ⑪ 2011.12.31.퇴직금 란에 해당 임원이 "2011년 12월 31일에 퇴직하였다고 가정할 때 지급받을 퇴직소득금액"을 적는다.
6. ⑩ 확정급여형 퇴직연금제도 가입일란: 해당 퇴직자가 확정급여형 퇴직연금제도의 가입자인 경우만 적는다.
7. 퇴직급여현황(⑬~⑰)의 작성방법은 다음과 같다.
    가. ⑬ 근무처명 및 ⑭ 사업자등록번호란: 해당 퇴직자의 근무처를 적는다. 중간지급 등란에는 현 근무처의 퇴직 전 중간지급, 퇴직금의 분할지급 또는 퇴직으로 해당 연도에 이미 발생한 퇴직금이 있는 경우 그 퇴직금이 발생한 근무처 및 사업자등록번호를 적는다.
    나. ⑮ 퇴직급여, ⑯ 비과세퇴직급여, ⑰ 과세대상 퇴직급여란: 사용자에게 퇴직으로 지급받은 퇴직소득(임원의 경우 임원퇴직소득 한도초과금액은 제외합니다)과 퇴직소득 중 비과세퇴직소득을 적는다.
8. 근속연수(⑱~㉖)의 작성방법은 다음과 같다.
    가. ⑱ 입사일란: 해당 근무처에서 근로를 제공하기 시작한 날을 적는다.
    나. ⑲ 기산일란: 해당 근무처에서 근로를 제공하기 시작한 날을 적는다. 다만, 중간지급을 받은 경우 중간지급 받은 날의 다음 날을 적는다.
    다. ⑳ 퇴사일란: 퇴직한 날(「소득세법 시행령」 제43조제2항에 따라 퇴직한 날로 보는 경우를 포함합니다.)을 적는다.
    라. ㉓ 제외월수란: 퇴직금 산정 시 근속연수에서 제외된 기간의 월수를 적는다.

마. ㉔ 가산월수란: 「소득세법 시행령」 제105조제2항에 따른 근속연수가 입사일·퇴사일로 계산한 근속연수와 다른 경우 가산해야 하는 월수를 적는다.

9. ㉖ 근속연수란의 작성방법은 다음과 같다.

가. 기산일부터 2012. 12. 31.까지의 근속연수를 2012. 12. 31. 이전의 근속연수로 한다.

나. 정산 근속연수에서 가목의 근속연수를 뺀 기간을 2013. 1. 1. 이후의 근속연수로 한다.

10. 2016~2019년간 퇴직소득세액 계산방법(㉗~㊻)의 작성방법은 다음과 같다.

가. ㉗ 퇴직소득란: ⑰ 과세대상 퇴직급여를 적는다.

나. ㉚ 환산급여별공제란: 환산급여에 따라 아래의 공제액을 적는다.

구분\환산급여	8백만원 이하	8백만원 초과 7천만원 이하	7천만원 초과 1억원 이하	1억원 초과 3억원 이하	3억원 초과
환산급여공제	환산급여의 100%	8백만원+ (8백만원 초과분의 60%)	4천520만원+ (7천만원 초과분의 55%)	6천170만원+ (1억원 초과분의 45%)	1억5천170만원+ (3억원 초과분의 35%)

다. ㉜ 환산산출세액란: ㉛ 퇴직소득과세표준에 세율을 적용하여 산출한 값을 적는다.

라. ㊳ 과세표준안분란: ㊲ 퇴직소득과세표준에 2012. 12. 31.이전 근속연수비율과 2013. 1. 1. 이후 근속연수비율을 각각 곱하여 계산한다.

마. ㊵ 환산과세표준란과 ㊶ 환산산출세액란: 2013. 1. 1. 이후 부분의 연평균과세표준에 5배수 한 값과 세액을 산출하여 적는다.

바. ㊷ 연평균산출세액란: 2012. 12. 31. 이전 부분은 ㊴ 연평균과세표준에 세율을 적용하여 산출하고, 2013. 1. 1. 이후 부분은 ㊶ 환산산출세액을 5로 나누어 산출한 값을 적는다.

사. ㊺ 퇴직소득세 산출세액란: ㊹ 퇴직일이 속하는 과세연도에 따라 아래의 퇴직연도별 비율을 적용한다.

구분\퇴직연도	2016년	2017년	2018년	2019년
퇴직연도별 비율	20%	40%	60%	80%

11. 이연퇴직소득세액 계산(㊽~㊾)은 「소득세법」 제146조제2항에 따라 퇴직급여액을 연금계좌에 입금(이체)하여 퇴직소득세 징수를 하지 않은 경우에 작성한다.(거주자인 경우만 작성한다)

가. ㊾ 계좌입금금액란: 과세이연계좌에 입금(이체)한 금액을 적는다. 다만, 징수 후 환급하는 경우 해당 거주자가 과세이연계좌신고서에 입금금액으로 표기한 금액을 적는다.

나. ㊿ 퇴직급여란: ⑰ 퇴직급여를 적는다. 다만, 징수 후 환급하는 경우 퇴직급여액에서 처음 원천징수한 소득세 등을 차감한 금액을 적는다.

다. 51 이연퇴직소득세란: ㊽ 신고대상세액에 연금계좌 입금비율(㊾ 계좌입금금액 / ㊿ 퇴직급여)을 곱하여 산정한다.

12. 납부명세(53~55)의 작성방법은 다음과 같다.

가. 53 신고대상세액란: 퇴직소득세액계산에서 산출된 ㊼ 신고대상세액을 적는다.

나. 54 이연퇴직소득세란: 이연퇴직소득세로 계산된 세액(51)을 적는다.

다. 55 차감원천징수세액란: 53 신고대상세액에서 54 이연퇴직소득세를 차감한 값을 적는다.

해 답 편

(예제 1) [답안]

| [1] | (차) 현금 | 4,300,000 | (대) 외상매출금 | 4,300,000 |

| [2] | (차) 세금과공과 | 628,500 | (대) 현금 | 628,500 |

| [3] | (차) 복리후생비 | 18,000 | (대) 현금 | 18,000 |

| [4] | (차) 소모품비 | 150,000 | (대) 현금 | 150,000 |

| [5] | (차) 접대비 | 210,000 | (대) 미지급금 | 210,000 |

| [6] | (차) 예수금 | 128,000 | (대) 보통예금 | 256,000 |
| | 복리후생비 | 128,000 | | |

| [7] | (차) 통신비 | 135,740 | (대) 보통예금 | 135,740 |

| [8] | (차) 선급금 | 500,000 | (대) 보통예금 | 500,000 |

| [9] | (차) 상품 | 4,000,000 | (대) 선급금 | 500,000 |
| | | | 외상매입금 | 3,500,000 |

| [10] | (차) 현금 | 300,000 | (대) 상품매출 | 3,300,000 |
| | 외상매출금 | 3,000,000 | | |

| [11] | (차) 급여 | 7,000,000 | (대) 예수금 | 314,000 |
| | | | 보통예금 | 6,686,000 |

455

(예제 2-1) 답안

입 금 전 표
2019년   2월   1일

결재	담당	과장	부장	사장

과목	외상매출금	항목	
적요		금액	
외상매출금의 회수		1,000,000	
합계		1,000,000	

(예제 2-2) 답안

입 금 전 표
2019년   2월   2일

결재	담당	과장	부장	사장

과목	상품매출, 부가세예수금	항목	
적요		금액	
상품(갑)의 판매		2,000,000	
부가세예수금		200,000	
합계		2,200,000	

(예제 3-1) [답안]

출 금 전 표
2019년 3월 10일

결재	담당	과장	부장	사장

과목	비품, 부가세대급금	항목	
적요		금액	
영업부용 컴퓨터		1,200,000	
부가세대급금		120,000	
합계		1,320,000	

(예제 3-2) [답안]

출 금 전 표
2019년 3월 20일

결재	담당	과장	부장	사장

과목	외상매입금	항목	
적요		금액	
외상매입금 상환 ((주)하동)		200,000	
합계		200,000	

(예제 4-1) [답안]

대 체 전 표
2019년 4월 12일

결재	담당	과장	부장	사장

과목	적요	금액	과목	적요	금액
외상매출금	(주)상동	2,200,000	상품매출	갑상품	2,000,000
			부가세예수금		200,000
합 계		2,200,000	합 계		2,200,000

(예제 4-2) [답안]

대 체 전 표
2019년 4월 25일

결재	담당	과장	부장	사장

과목	적요	금액	과목	적요	금액
접대비		50,000	미지급금	국민카드	50,000
합 계		50,000	합 계		50,000

(예제 5) [답안]

지 출 품 의 서					담당	과장	이사	대표이사
부서명	구매부	직위	과 장	성 명	일 지 매			
지출금액					11,000,000			
제목	업무용 컴퓨터 구입							
지출형태	현 금		계좌이체	국민은행 110-11-11324	기 타			
지 출 내 역								
계정과목	적요	금액		지급처	비고			
비품	컴퓨터	11,000,000		(주)일신전자				
합계		₩11,000,000						

위와 같이 지출품의서를 제출하오니 결재하여 주시기 바랍니다.

2019 년   5 월   2 일

(예제 6) [답안]

지출결의서				담당	과장	이사	대표이사
부서명	구매부	직위	과장	성명	일지매		
지출금액		11,000,000		지출예정일			
제목	업무용 컴퓨터 구입						
지출형태	현금		계좌이체	국민은행 110-11-11324		기타	
지출내역							
계정과목	적요		금액		지급처	증빙서류	
비품	컴퓨터 10대		11,000,000		㈜일신전자	전자세금계산서	
합계			₩11,000,000				

위 금액을 청구하오니 결재 바랍니다.(사전 지출품의서, 영수증 뒷면 첨부)
2019년 5월 20일

대체전표
2018년 5월 20일

결재	담당	과장	부장	사장

과목	적요	금액	과목	적요	금액
비품	컴퓨터	1 0 0 0 0 0 0 0	보통예금	국민은행	1 1 0 0 0 0 0 0
VAT대급금		1 0 0 0 0 0 0			
합계		1 1 0 0 0 0 0 0	합계		1 1 0 0 0 0 0 0

(예제 7) [답안]

거 래 명 세 서
(공급자 보관용)

납품년월일 : 2019. 3. 25
증빙번호 :

공급자	등록번호	107-26-35109			공급받는자	등록번호	211-23-11111		
	상 호	(주)숭의상사	성명	이우진		상 호	(주)세운전자	성명	김찬영
	주 소					주 소			
	업 태	제조	종목	전자제품		업 태	도소매업	종목	전자제품

순번	품 명	규 격	단 위	수 량	단 가	금 액	비 고
	하드디스크			20	80,000	1,600,000	

수량계	20	부가세계	160,000	공급가액계		1,600,000	
비 고		전일미수액		당일거래총액	입금액	미수액	인수자
		2,500,000		1,760,000		4,260,000	홍길동

(예제 8) [답안]

일련NO.

입 금 표
(공급받는자 보관용)

㈜세운전자 귀하

공급자	사업자등록번호	107-26-35109				
	상 호	㈜숭의상사		성 명		이우진
	사업장 소재지					
	업 태	제조		종 목		전자제품

작 성			공란수	금 액								세 액					
연	월	일		십	억	천	백	십	만	천	백	십	일	천	백	십	만	천	백	십	일
2019	8	10					1	6	0	0	0	0	0			1	6	0	0	0	0

합 계	십	억	천	백	십	만	천	백	십	일
					1	7	6	0	0	0	0

내 용: 외상매출금의 회수(하드디스크 20개)

위 금액을 영수함.

※ 본 입금표는 계약금 또는 선수금을 받을 때와 법정 계산서 또는 검인 받은 거래 명세서표에 의하여 물건을 외상으로 판매하고 대금을 받을 때 사용하는 것이다.

(예제 9) [답안]

1. 매입매출전표의 입력 : 전자세금란은 공란으로 둠

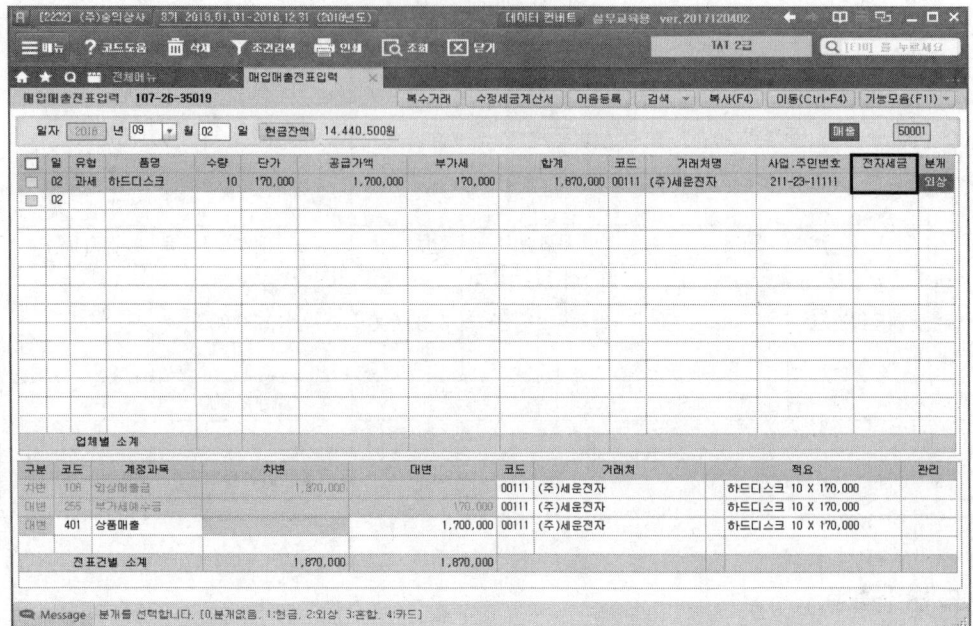

2. 전자세금계산서 발행 및 내역관리 메뉴 선택
   (1) 기간과 거래처 입력 후 미전송된 거래의 체크박스를 체크

(2) 메뉴상단의 전자발행 선택 → 활성화된 로그인 창에서 아이디와 비밀번호를 입력(학습용 버전은 기 등록된 아이디와 비밀번호를 사용)후 확인버튼 선택 → 활성화된 전자세금계산서에서 하단의 발행(F3) 버튼 선택

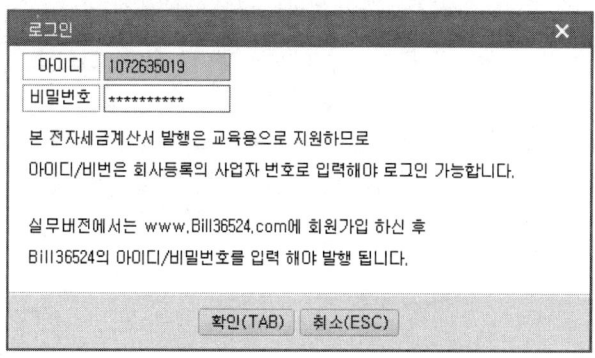

(3) 발행대상 거래에 대해 체크박스를 체크
   → 메뉴상단의 ACADEMY 전자세금계산서 선택

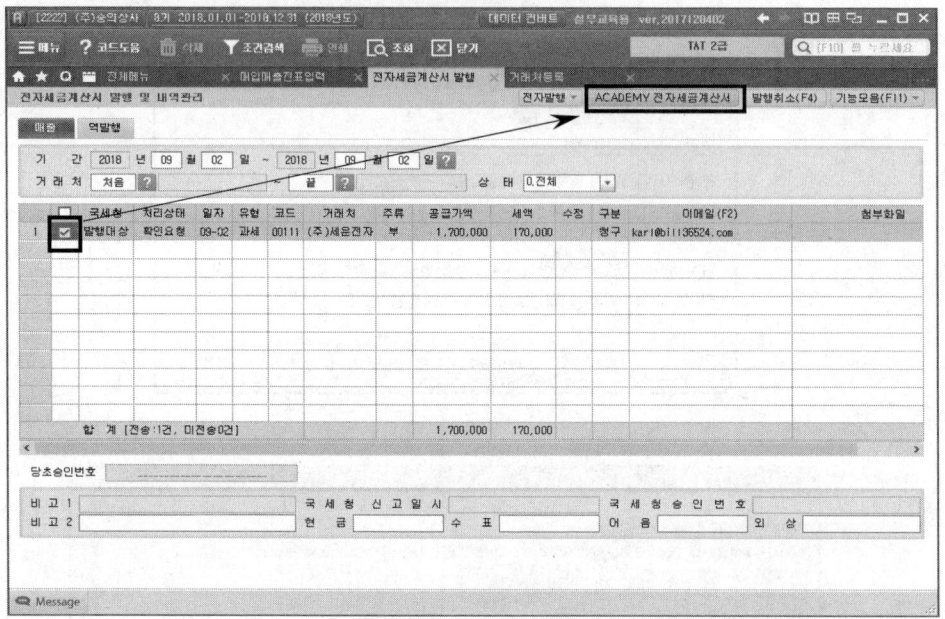

(4) 활성화된 Bill36524(더존전자세금계산서)에서 아이디/비밀번호 입력(생략)
   → 로그인 선택

해답편 ◆

(5) 세금계산서리스트 좌측화면의 매출조회 선택 → 좌측, 우측하단의 발행 선택

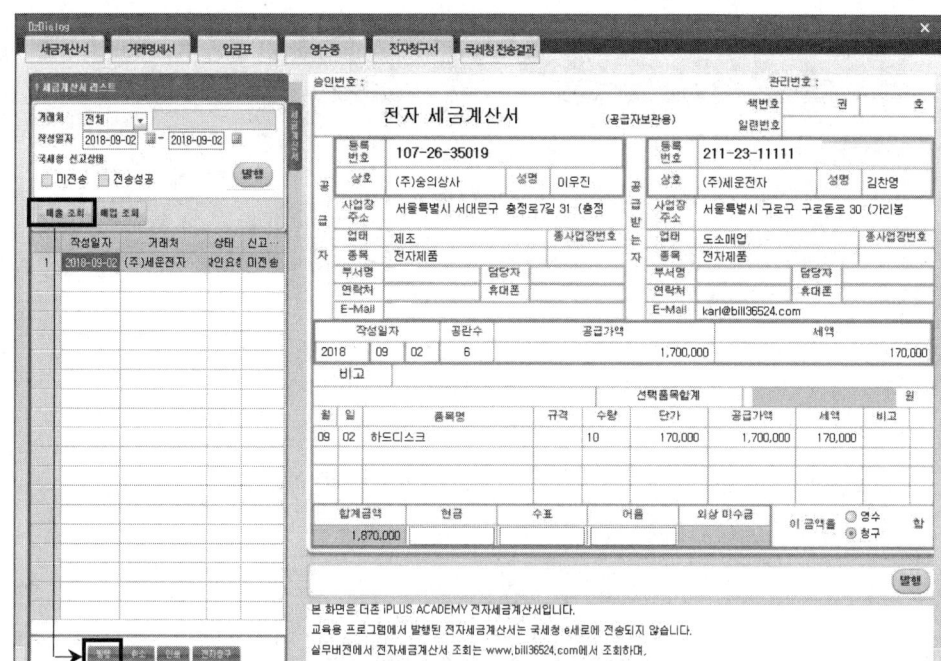

(6) 세금계산서리스트 메뉴 상단의 국세청전송결과 선택
→ 중간의 매출조회 선택 후 국세청신고상태「전송성공」확인

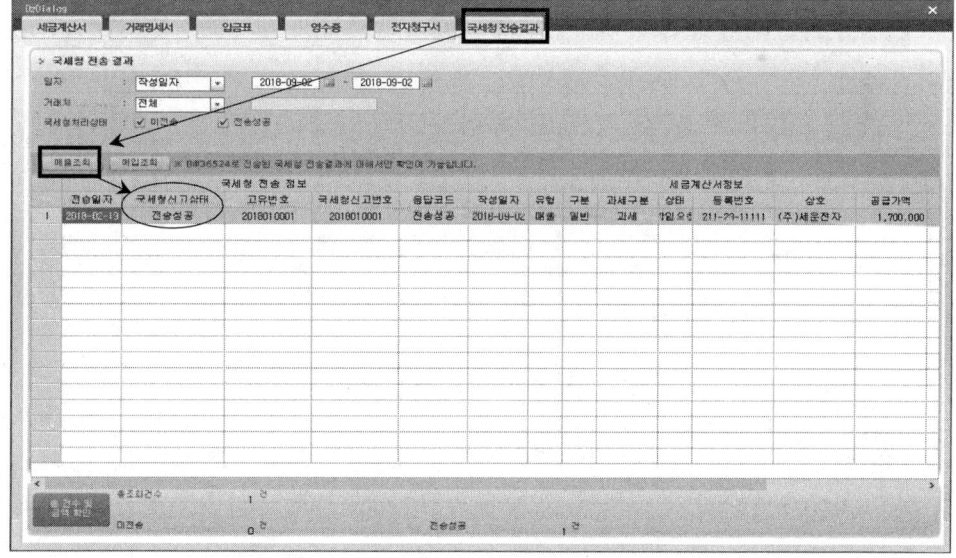

(7) 전자세금계산서 발행 및 내역관리 메뉴에서 조회 후 전송성공 확인

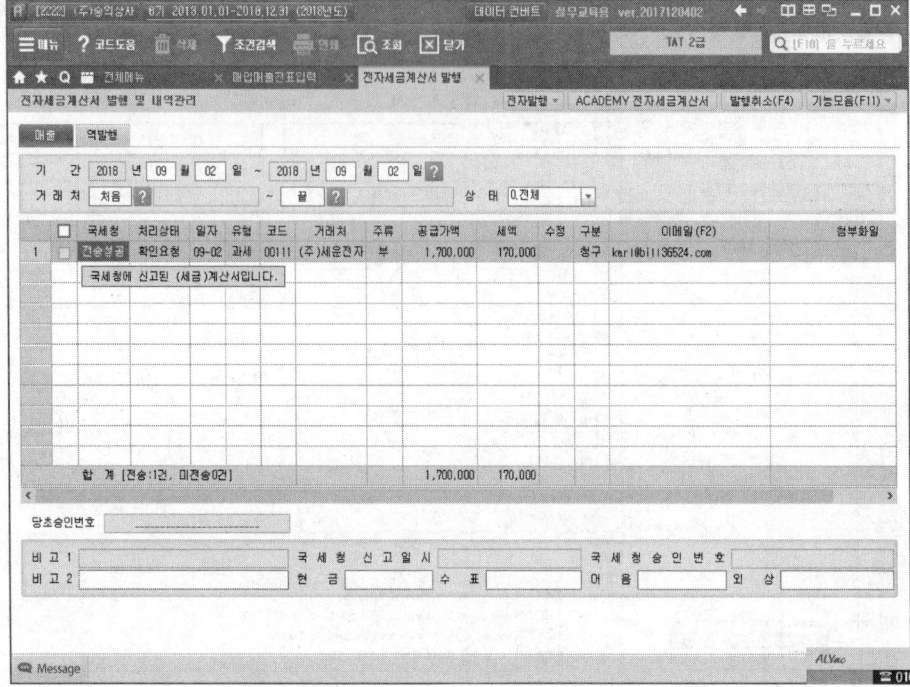

3. 매입매출전표의 조회 : 전자세금란이 전자발행으로 자동으로 표시됨

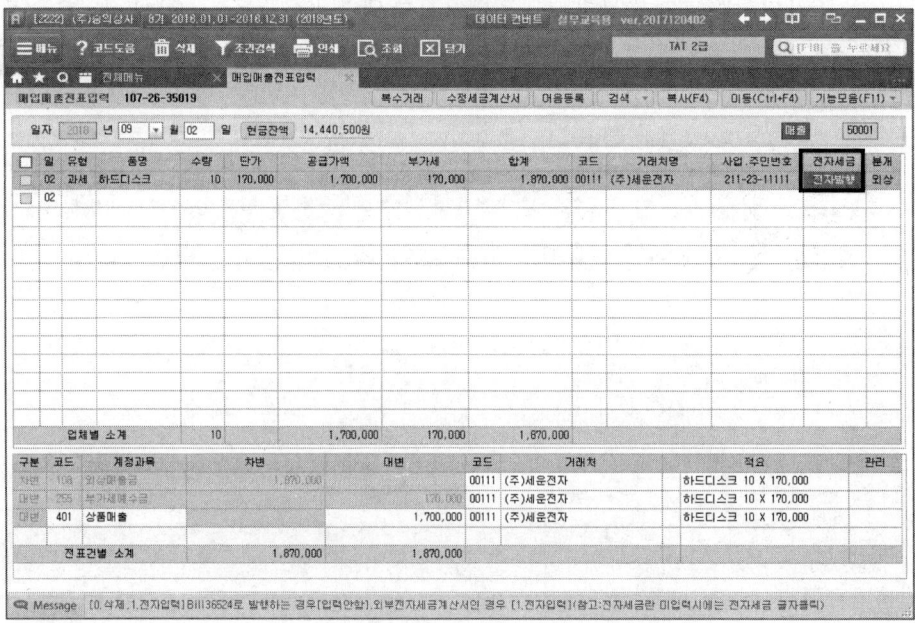

(예제 10) [답안]

1. 매입매출전표의 입력 : 전자세금란은 공란으로 두고 수정세금계산서 선택

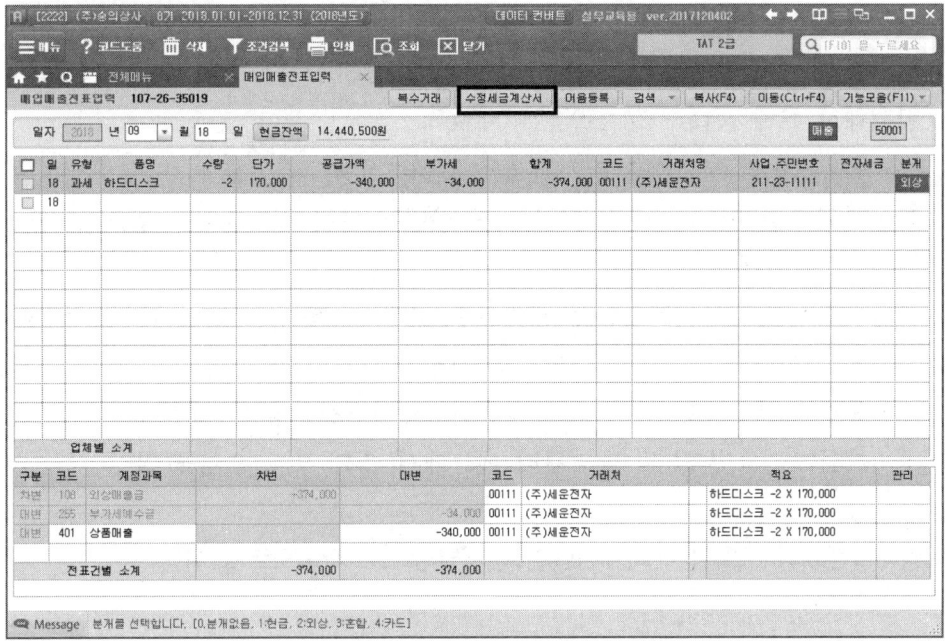

2. 수정사유 버튼을 선택 → 환입을 선택하고 당초의 세금계산서 발행일자 입력
   → 확인

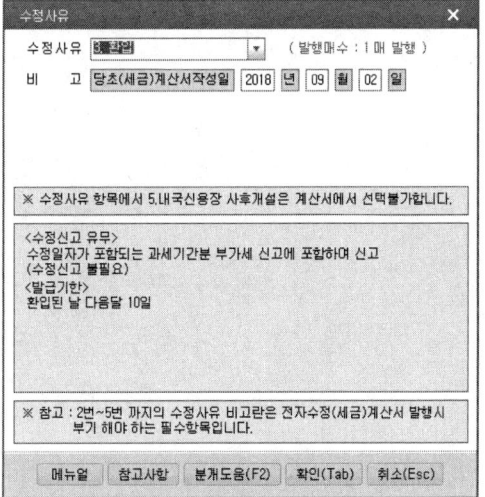

3. 전자세금계산서 발행 및 내역관리 메뉴 선택(전자세금계산서 발행절차와 동일)
   (1) 기간과 거래처 입력 후 미전송된 거래의 체크박스를 체크
   (2) 메뉴상단의 전자발행 선택 → 활성화된 로그인 창에서 아이디와 비밀번호를 입력(학습용 버전은 기 등록된 아이디와 비밀번호를 사용)후 확인버튼 선택 → 활성화된 전자세금계산서에서 하단의 발행(F3) 버튼 선택
   (3) 발행대상 거래에 대해 체크박스를 체크
      → 메뉴상단의 ACADEMY 전자세금계산서 선택
   (4) 활성화된 Bill36524(더존전자세금계산서)에서 아이디/비밀번호 입력(생략)
      → 로그인 선택
   (5) 세금계산서리스트 좌측화면의 매출조회 선택 → 좌측, 우측하단의 발행 선택
   (6) 세금계산서리스트 메뉴 상단의 국세청전송결과 선택
      → 중간의 매출조회 선택 후 국세청신고상태 「전송성공」 확인
   (7) 전자세금계산서 발행 및 내역관리 메뉴에서 조회 후 전송성공 확인

4. 매입매출전표의 조회 : 전자세금란이 전자발행으로 자동으로 표시됨

(예제 11) [답안]

(1면)

<table>
<tr><td colspan="6" rowspan="2">자금일보(일일자금명세)
2019년 3월 31일</td><td>담당</td><td>과장</td><td>이사</td><td>대표이사</td></tr>
<tr><td></td><td></td><td></td><td></td></tr>
</table>

1. 현금 및 예금

			전일잔액	증가	감소	금일잔액	비고
	현금		3,000,000	5,000,000	20,000	7,980,000	
	통장명	계좌번호	전일잔액	증가	감소	금일잔액	비고
보통예금	국민	123-11-142345	10,000,000	1,000,000		11,000,000	
	하나	333-11-98745	7,000,000	500,000		7,500,000	
	합계		17,000,000	1,500,000		18,500,000	
당좌예금	국민	444-11-12222	20,000,000		1,500,000	18,500,000	
	합계		20,000,000		1,500,000	18,500,000	

	통장명	계좌번호	가입일	만기일	전일잔액	증가	감소	금일잔액	비고
정기예.적금	국민예금	11123			10,000,000			10,000,000	
	하나적금	12458			5,000,000			5,000,000	
	합계				15,000,000			15,000,000	

2. 받을어음

	은행명	어음번호	발행일	만기일	전일잔액	증가	감소	금일잔액	비고
받을어음	우리은행	1111	3.31	6.30		3,000,000		3,000,000	
	합계					3,000,000		3,000,000	

3. 지급어음

	은행명	어음번호	발행일	만기일	전일잔액	증가	감소	금일잔액	비고
지급어음	국민	2222	1.15	3.31	1,500,000		1,500,000	0	
	합계				1,500,000		1,500,000	0	

4. 차입금

	은행명	계좌번호	전일잔액	증가	감소	금액잔액	비고
차입금명	하나			5,000,000		5,000,000	
	합계			5,000,000		5,000,000	

전일 보유자금		55,000,000
당일 수입금액		6,500,000
당일 지출금액		1,520,000
당일 보유자금		59,980,000

(2면)

5. 일자금 실적 및 계획

구분	금일 수입 및 지출 실적			익일 수입 및 지출 계획		
	전일 보유자금		55,000,000	당일 보유자금		59,980,000
수입	계정	적요	금액	계정	적요	금액
	외상매출금	A사	1,000,000	외상매출금	D사	2,000,000
	임대료	3월분	500,000			
	차입금	하나은행	5,000,000			
	소계		6,500,000	소계		2,000,000
지출	계정	적요	금액	계정	적요	금액
	소모품비	행정소모품	20,000	가지급금	출장비	500,000
	지급어음	C사	1,500,000	수도광열비	본사	50,000
	소계		1,520,000	소계		550,000
	당일 보유자금		59,980,000	익일 보유자금		61,430,000

(예제 12) [답안]

현금및현금성자산(730,000원) = 현금(100,000원) + 보통예금(150,000원)
　　　　　　　　　　　　　　 + 당좌예금(200,000원) + 양도성예금증서(280,000원)
단기금융상품(560,000원) = 정기적금(400,000원) + 어음관리계좌(160,000원)
장기금융상품(850,000원) = 정기예금(350,000원) + 특정현금과예금(500,000원)

(예제 13-1) [답안]

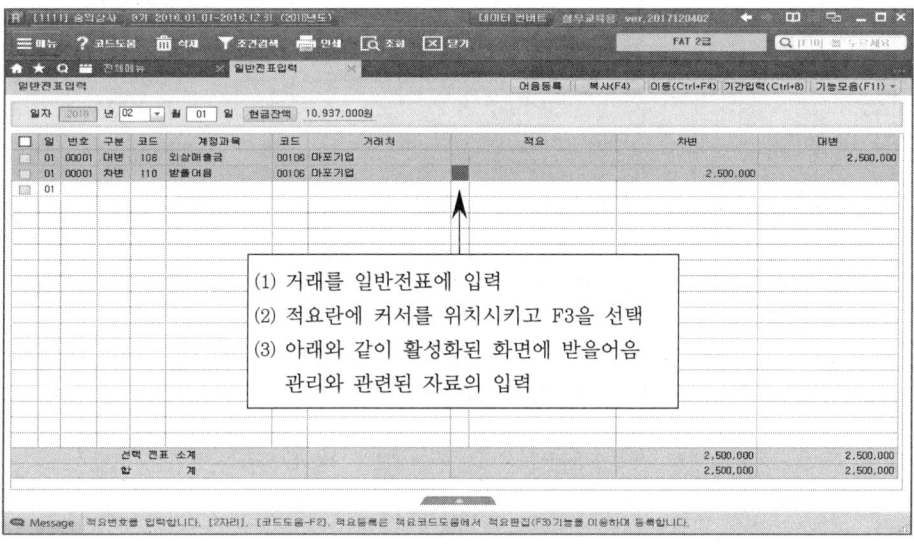

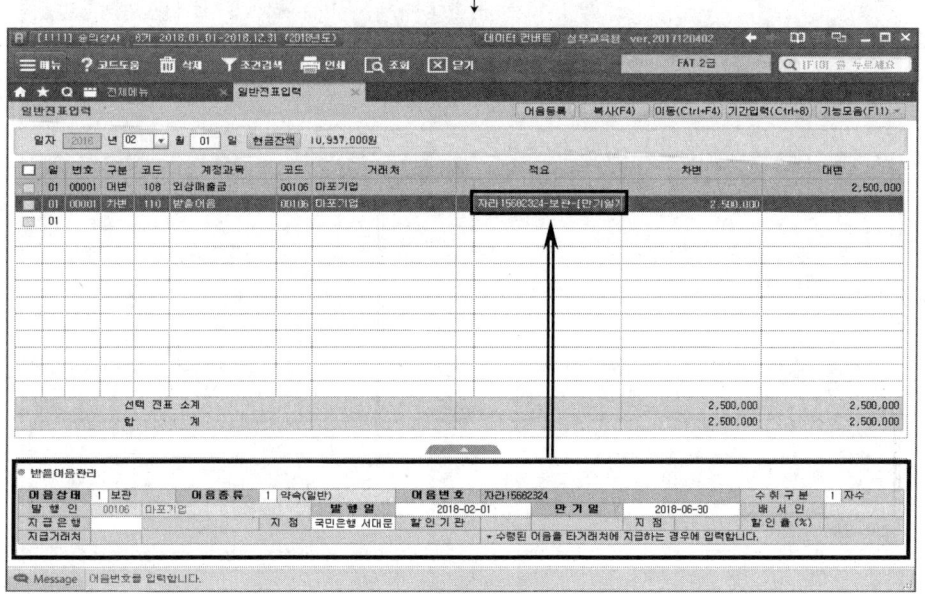

(예제 13-2) [답안]

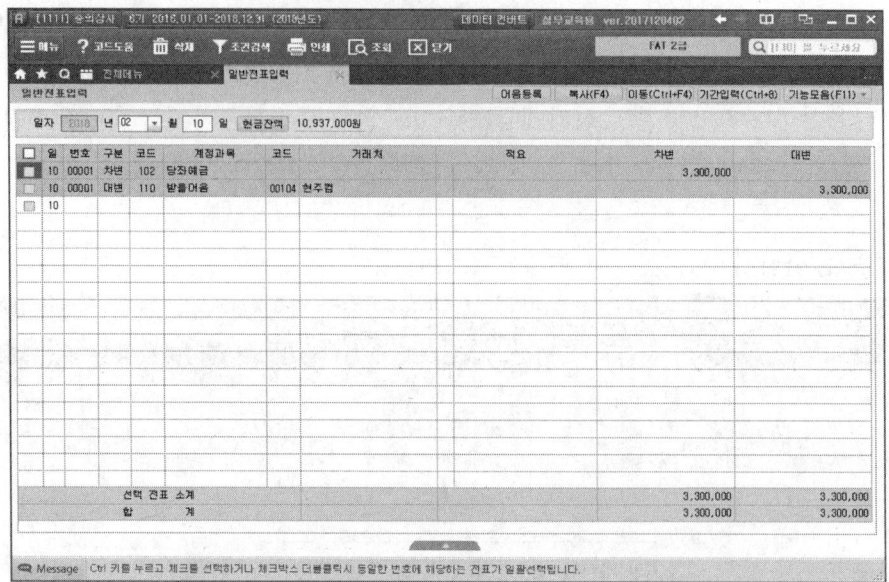

(1) 거래를 일반전표에 입력
(2) 적요란에 커서를 위치시키고 F3을 선택
(3) 아래와 같이 활성화된 화면에 받을어음 관리 창에서
 - 어음상태 : 4.만기
 - 어음번호 : F2 도움키를 선택하여 어음번호 자가12345678(현주컴) 선택

↓

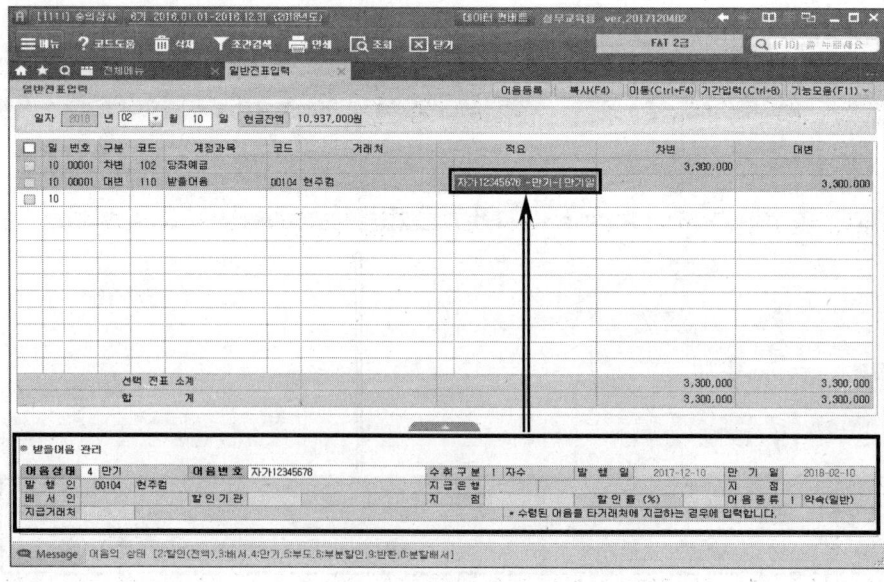

(예제 13-3) [답안]

(1) 거래를 일반전표에 입력
(2) 적요란에 커서를 위치시키고 F3을 선택
(3) 아래와 같이 활성화된 화면에 받을어음 관리 창에서
 - 어음상태 : 2.할인
 - 어음번호 : F2 도움키를 선택하여 어음번호 자라15682324(마포기업) 선택

↓

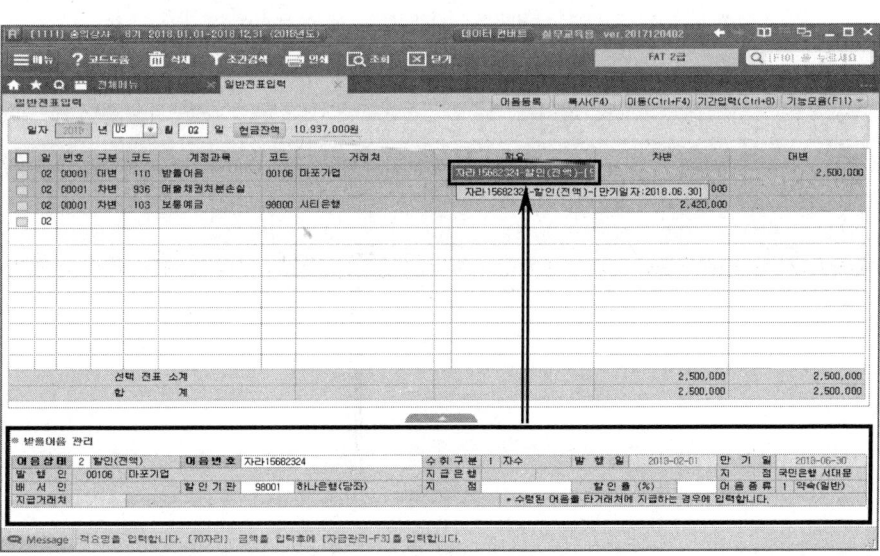

(예제 13-4) [답안]

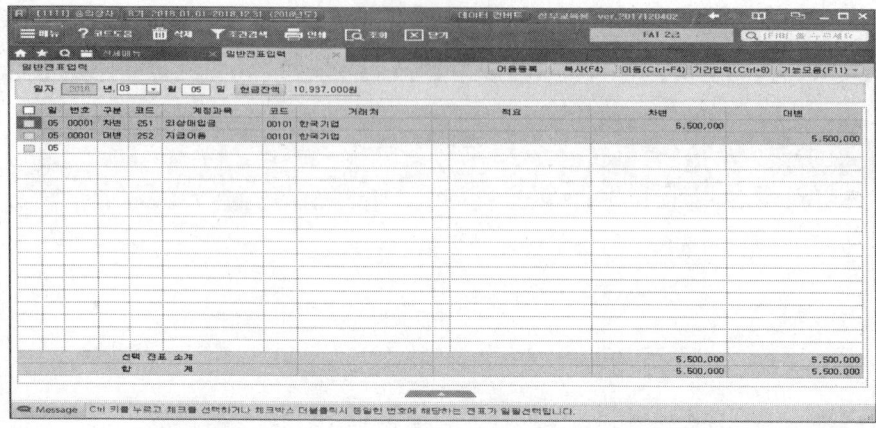

(1) 거래를 일반전표에 입력
(2) 단축키 [어음등록]을 선택하여 어음책을 등록한다.

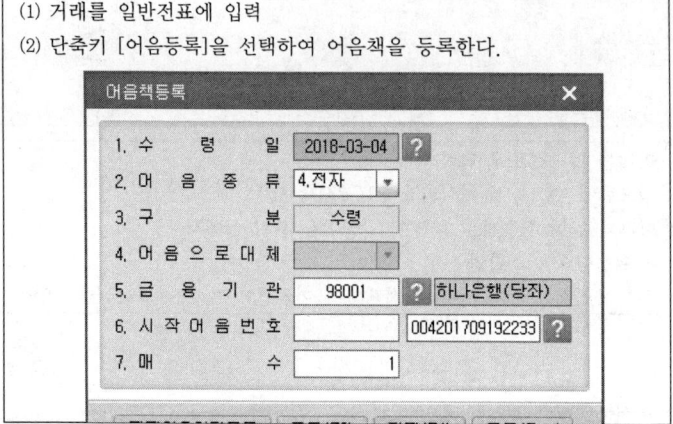

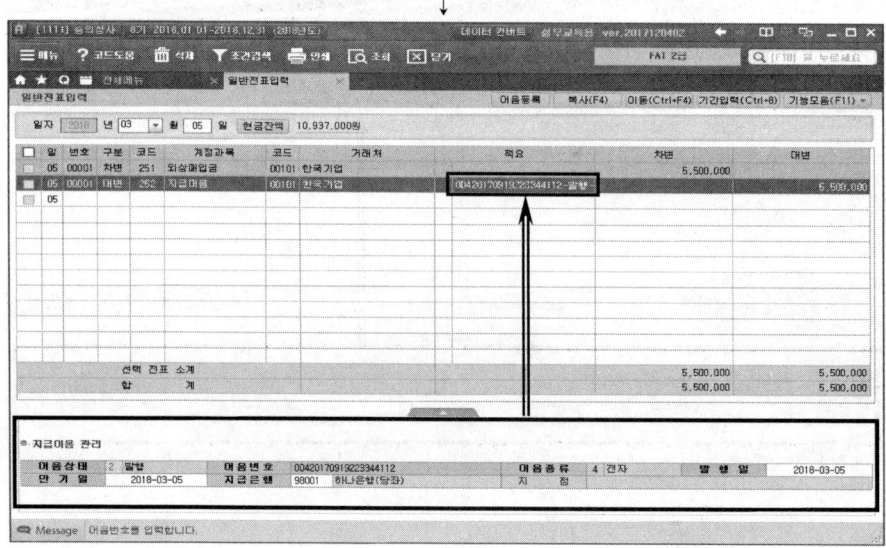

(예제 13-5) [답안]

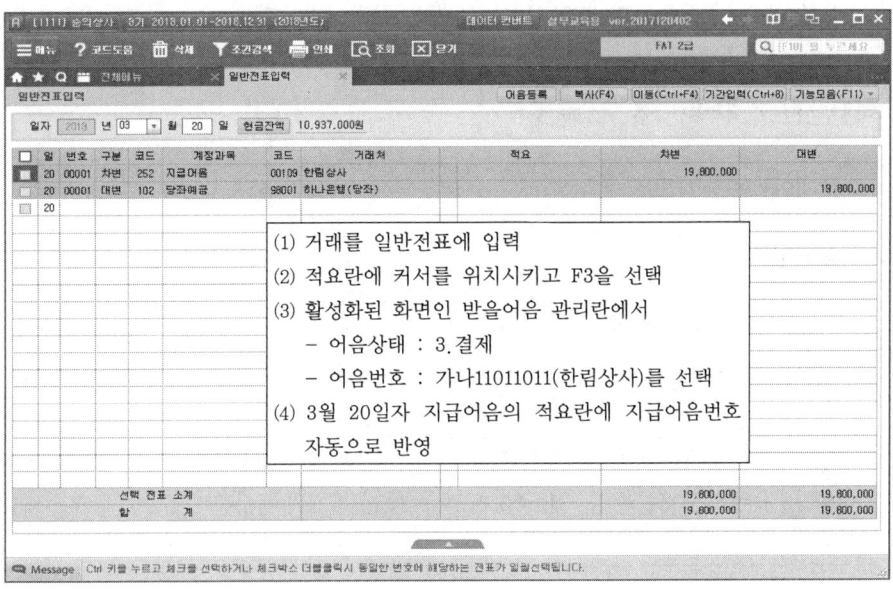

(예제 14) [답안]

| [14-1] | (차) | 현금 | 120,000,000 | (대) | 토지
유형자산처분이익 | 100,000,000
20,000,000 |

| [14-2] | (차) | 현금
감가상각누계액 | 2,200,000
99,999,000 | (대) | 건물
부가세예수금
유형자산처분이익 | 100,000,000
200,000
1,999,000 |

| [14-3] | (차) | 현금
감가상각누계액
유형자산처분손실 | 22,000,000
70,000,000
10,000,000 | (대) | 건물
부가세예수금 | 100,000,000
2,000,000 |

(예제 15) [답안]

| (차) | 차량운반구 | 27,500,000 | (대) | 현금 | 27,500,000 |

(예제 16) [답안]

| (차) | 감가상각비 | 10,335,416* | (대) | 감가상각누계액 | 10,335,416 |

$^{*}\ 25,000,000 \times 0.451 \times \dfrac{11개월}{12개월}$

(예제 17) [답안]

| [17-1] | (차) | 감가상각누계액 유형자산처분손실 | 9,999,000 505,000 | (대) | 차량운반구 현금 | 10,000,000 500,000 |

| [17-2] | (차) | 감가상각누계액 유형자산처분손실 | 40,000,000 8,800,000 | (대) | 차량운반구 부가세예수금 유형자산처분이익 | 45,000,000 800,000 3,000,000 |

(예제 18) [답안]

공구기구비품인 삼성노트북 9를 2019년 2월에 재무(관리)팀에서 취득하였으며, 관리담당사원은 이재무이다.

<참고문헌>

국세청(2018), "원천징수의무자를 위한 연말정산안내 리플릿"
국세청(2018), "원천징수의무자를 위한 연말정산 신고안내"
김경하(2016), "경리장부를 통한 기초 경리실무", 경제법륜사
김재승, 최동춘(2018), "Easy 전산세무 2급",
어울림출판사 손원준(2013), "왕초보 경리실무", 지식만들기
업무지원 학습모듈(2016), 한국직업능력개발원
이선표, 김재승, 유승억, 최동춘(2017), "전산회계 1급", 신영사
자금관리 학습모듈(2016), 한국직업능력개발원 자산관리 학습모듈(2016), 한국직업능력개발원 전표관리 학습모듈(2016), 한국직업능력개발원

▶▶▶ **약 력**

서정록
- 서강대학교 대학원 경영학박사(회계전공)
- GE Appliances Korea Service 대표이사/사장
- 현. 부천대학교 세무회계과 교수
  미국공인회계사

〈논문 및 저서〉
- BSC 이행요인과 성과측정지표 특성이 성과에 미치는 영향
- 조직문화적 특성과 성과측정지표 특성이 기업성과에 미치는 영향
- 외국법인 국내사업장의 과세에 관한 연구 외 다수
- 원가회계(도서출판 청람)
- 관리회계(이엔비플러스, 역저)

김재승
- 경기대학교 대학원 회계학과 졸업(경영학박사)
- ROTC 31기 임관
- (주) 한국알에프
- 현. 부천대학교 세무회계과 교수
- 전. 경기대학교 회계세무학과 강사
  한국외국어대학교 경영학부 강사

〈논문 및 저서〉
- 4분기 자산처분이익을 통한 이익조정과 감사인의 역할
- 기업수명주기에 따른 경영자의 이익조정행위에 관한 연구
- 신용평가사의 신용등급측정의 신뢰성에 관한 연구
- 이자보상비율과 실제영업활동을 통한 이익조정 외 다수
- KcLep 전산회계(신영사)
- 전산세무2급(세무정보시스템운용)(어울림)
- 더존 아이플러스(비앤엠북스)

중소기업 회계·경영지원 실무
(중소기업 경리실무)

제 3 판	2019년 2월 22일
저 자	서정록 · 김재승
발 행 인	허병관
발 행 처	도서출판 어울림
표지/편집	강정숙
주 소	서울시 영등포구 양평동3가 14번지 이노플렉스 707호
등 록	제2-4071호
전 화	02-2232-8607, 8602
팩 스	02-2232-8608
정 가	23,000원
I S B N	978-89-6239-663-8-13320

저자와의 협의하에 인지생략

도서출판 어울림의 발행도서는 정확하고 권위있는 해설 및 정보의 제공을 목적으로 하고 있습니다. 그러나 항상 그 완전성이 보장되는 것은 아니기 때문에 적용결과에 대하여 당사가 책임지지 아니합니다. 따라서 실제 적용할 경우에는 충분히 검토하시고 저자 또는 전문가와 상의하시기 바랍니다.